# 西部地区
## 中小企业领导品牌成长机理研究

李纯青 等◎著

教育部人文社会科学重点研究基地——西北大学中国西部经济发展研究院建设项目西北大学"双一流"建设项目资助

科学出版社

北 京

## 内 容 简 介

为纪念西部大开发 25 周年，西北大学中国西部经济发展研究院（教育部设立于西北大学经济管理学院的国家级研究机构）联合国家一级出版社——科学出版社，出版系列丛书。本书作为其中一部，通过梳理西部大开发发展战略实施以来国家及政府对于西部地区中小企业领导品牌发展的扶持，以西部 12 个省区市一、二、三产业的 29 家龙头企业作为案例研究对象，研究这些企业在品牌的形成期、成长期和发展期等不同阶段的成长规律，进而总结出这些品牌如何"立得住""叫得响""做得久"。

本书出版的宗旨是为处于品牌不同成长阶段的企业实现永续发展建言献策，为政府和行业协会实现精准帮扶提供新的思路，为学术界进一步探讨品牌发展贡献思想。

---

图书在版编目（CIP）数据

西部地区中小企业领导品牌成长机理研究 / 李纯青等著. -- 北京：科学出版社，2025.6. -- ISBN 978-7-03-081619-1

Ⅰ. F279.243

中国国家版本馆 CIP 数据核字第 2025RG3355 号

责任编辑：徐　倩 / 责任校对：王晓茜
责任印制：张　伟 / 封面设计：有道设计

科 学 出 版 社 出版
北京东黄城根北街 16 号
邮政编码：100717
http://www.sciencep.com

中煤（北京）印务有限公司印刷
科学出版社发行　各地新华书店经销

\*

2025 年 6 月第　一　版　开本：720×1000　1/16
2025 年 6 月第　一　次印刷　印张：20
字数：400 000
**定价：220.00 元**
（如有印装质量问题，我社负责调换）

# 前 言

在万物互联的数智化背景下,企业如何实现长效发展,实现客户留存,更好地区别于其他企业发展以获得持久的竞争优势,是品牌发展亟须关注的问题。西部地区中小企业在品牌发展的进程中,一直面临着运输不便、资源紧缺、沟通不畅、信息落后的发展难题,因此国家提出了西部大开发的发展战略,旨在推动西部地区经济发展。在此战略背景下,西部地区中小企业积极响应国家号召,开始创建并助推西部地区中小企业品牌的发展。《西部地区中小企业领导品牌成长机理研究》一书,立足于西部大开发25周年,通过梳理该战略实施以来,国家以及西部地区对中小企业品牌发展的支持,进而总结出西部地区中小企业领导品牌的成长规律。本书从历史沿革、发展困境分析到困境解决方案的提出,系统性地梳理了西部地区中小企业领导品牌在发展中面临的机遇与挑战,以及在品牌成长中如何抓住时代发展的契机,并为品牌不断实现可持续发展建言献策。本书旨在探究领导品牌从形成期到成长期再到发展期相关核心要素的变化,寻找在不同发展阶段品牌如何突出重围的策略与途径。本书不仅帮助企业在发展过程中紧跟时代步伐,深入分析企业发展面临的挑战,更能为品牌的传播与建设提供新思路,找寻品牌传播与发展的最佳路径。

本书共分为五篇,从发展沿革、问题剖析再到提出方案,层层推进,逐步深入。第一篇主要梳理了西部地区中小企业品牌的发展历程、成长的重要性及意义,以及研究范围。我们主要通过梳理国家和政府对中小企业品牌发展与西部地区中小企业品牌发展的战略规划,明确品牌发展对于区域发展的重要带动作用。

品牌发展显然是一个纵向发展的过程,经历从形成期到成长期再到发展期的成长历程。因此,在不同的发展阶段,品牌发展所面临的困境也是不尽相同的。基于此背景,本书第二篇主要探讨了领导品牌在不同的发展阶段面临的不同现状以及主要困境。具体来说,领导品牌在形成期主要面临的是如何确定品牌定位、提升产品品质、优化商业模式等问题;领导品牌在成长期主要面临的是如何实施品牌传播、进行品牌联盟和引发品牌共鸣等问题;领导品牌在发展期主要面临的是如何进行接触点体验管理、引发多元品牌认同和形成品牌生态系统等问题。总之,领导品牌在纵向发展过程中,伴随动态化的市场演化,需要不断识别挑战,抓住机遇,更好地应对发展过程中所出现的困境。

通过对西部地区中小企业品牌的调研,我们发现这些品牌在发展中面临的三大困境是"立不住""叫不响""做不久",进而提出推动西部地区中小企业领导品牌发展的三阶段九要素品牌成长机理模型。本书第三篇主要就领导品牌发展的三大困境提出了针对性的解决方案。领导品牌在形成期,企业可以通过精准的品牌定位、优质的产品品质、有效的商业模式来实现"立得住",解决"立不住"的困境。领导品牌在成长期,企业可以通过有效的品牌传播、品牌联盟、引发品牌共鸣来实现"叫得响",解决"叫不响"的困境。领导品牌在发展期,企业可以通过全面接触点体验管理、多元品牌认同、和谐品牌生态系统实现"做得久",解决"做不久"的困境。该篇对品牌发展过程中所面临的困境提出的解决方案,旨在为品牌解决实际问题给出一些思考与启发。

品牌在不同的成长路径中呈现出不同的发展特色以及发展路径。本书第四篇探讨了在不同的发展阶段中不同产业的品牌具有何种差异性,这些差异性对于促进品牌的发展是否有影响。通过对不同发展阶段不同品牌企业的分析,可以发现,品牌发展伴随产品服务、技术水平、地域特色等均呈现不同的表达形式。但是通过案例的对比分析,品牌发展的状况不只受这些因素影响,反而更加体现出因地制宜和因时制宜的重要性。

纵观品牌发展的演进历程,其受到多方因素的共同影响,其中不乏政府政策、技术水平、地域特色等方面的因素。当今社会,人工智能(artificial intelligence,AI)和数字化技术的突飞猛进,广泛影响了社会发展的各行各业,在对企业的访谈和实地考察中也可以发现品牌对智能化发展的重视。因此,本书第五篇对于品牌未来的前行道路给出了两方面的建议,分别是充分挖掘数字技术的带动作用和积极融合西部地区的民族特色,这两方面的建议一方面考虑了发展过程中的与时俱进,另一方面考虑了发展过程中的因地制宜。西部地区作为少数民族聚居地区,具有浓郁的民族特色,充分开发民族特色不仅响应国家对于匠人精神的号召,也有利于品牌差异化的发展。

本书的亮点在于通过对西部地区中小企业领导品牌发展路径的纵向研究,丰富了品牌发展的现实指导意义。我们针对西部地区12个省区市精心挑选了来自不同产业、不同领域的龙头企业或者链主企业作为案例研究对象,希望通过这些发展较为成功的企业,为西部地区中小企业品牌的发展提供新思路、开拓新途径。同时,借助对这些案例企业的分析,可以深入探究在不同的品牌发展阶段,企业发展的关键驱动力到底是什么,怎样才能推动品牌持续发展。

我们相信,通过本书的研究和深入分析,能够启发企业以及政府在经济发展过程中对于品牌发展的重视,并在实践中不断与时俱进、因地制宜。我们期待本书能够为企业发展与政府帮扶提供积极的参考和借鉴,共同推动西部地区中小企业品牌的建设与发展。最后，感谢所有参与本书编写的人员和校外的专家、学者，积极配合案例调研的企业家和推荐人共同为推动西部地区中小企业品牌发展所做出的贡献。

在本书撰写过程中，我们根据2010年以来对近50家案例企业的跟踪研究的判断以及西部企业的特殊情况，提出相应的理论框架，并反复向我们挑选出的西部企业征求意见和建议，进而提出西部地区中小企业领导品牌发展过程的共同困境需要经过三个阶段、九个要素进行解决，并通过案例研究来实证我们提出的框架及相应的观点。在这个过程中，我们确保每个案例分析的模型都能对接理论前沿，每一家案例企业的选取都能贴合实际发展，通过对西部地区12个省区市几十家企业的深入分析，最终确定了本书分析所需的29家企业，从而让本书的实践性与理论性能更加充分反映研究的实践价值。

在本书撰写过程中，选择和联系研究的企业是一件非常耗费心力与时间的事情，我们对于在此过程中提供大力支持和帮助的同行、企业和政府等做出的贡献深表感谢：宁夏大学创新创业学院院长冯蛟教授、宁夏大学科技园发展有限公司常务副总经理全晓虎博士、内蒙古工业大学经济管理学院原院长长青教授、桂林理工大学管理学院原院长连漪教授、贵州财经大学工商管理学院周立影教授、云南财经大学商学院原书记朱立教授、西南交通大学经济管理学院蒋玉石教授、西北大学经济管理学院齐捧虎教授、甘肃莫高实业发展股份有限公司党委书记（董事长）杜广真先生、同鸣心（重庆）企业管理有限公司首席执行官李春平先生、陕西羊奶哥食品有限公司总经理李钢锋先生等。

此外，感谢我指导的本、硕、博学生，将我所教授的理论知识、对于学术的思考以及实际指导转化为一部融合理论前沿、实践启发和社会发展价值的学术著作。具体贡献为：吕萌8.6万字，张雪彤2.9万字，白佳玉2万字，蔡金珂2万字，杨雨欢1.8万字，程明魁1.3万字。衷心希望这本专著能够成为一部既具学术价值又富含实践指导意义的书，为推动西部地区中小企业领导品牌的发展做出贡献。

最后，感谢西北大学中国西部经济发展研究院（教育部设立于西北大学经济管理学院的国家级研究机构）的邀请和资助，感谢国家一级出版社——科学出版社的大力支持。

李纯青

2025年2月25日

# 目　　录

## 第一篇　西部地区中小企业品牌的发展与演进

### 第1章　西部地区中小企业品牌的发展历程 ··················· 3
1.1　中国企业品牌的发展历程 ····································· 3
1.2　西部地区企业品牌的发展历程 ································· 5
1.3　西部地区中小企业品牌发展历程 ······························· 8
参考文献 ····························································· 9

### 第2章　西部地区中小企业品牌成长的重要性及意义 ········· 10
2.1　西部地区中小企业成长的重要性 ······························ 10
2.2　西部地区中小企业品牌成长的重要性 ·························· 11
2.3　西部地区中小企业品牌成长的意义 ···························· 13
参考文献 ···························································· 13

### 第3章　西部地区中小企业领导品牌发展的研究范围 ········· 15
3.1　西部地区中小企业领导品牌发展的研究对象及范围选择 ······ 15
3.2　西部地区中小企业领导品牌发展的研究方法及数据来源 ······ 33
参考文献 ···························································· 35

## 第二篇　西部地区中小企业领导品牌发展的三大困境

### 第4章　领导品牌形成期遇到的困境："立不住" ············ 41

4.1 西部地区中小企业领导品牌形成期的现状⋯⋯⋯⋯⋯⋯⋯⋯⋯⋯ 41
4.2 西部地区中小企业领导品牌形成期的困境⋯⋯⋯⋯⋯⋯⋯⋯⋯⋯ 43
参考文献⋯⋯⋯⋯⋯⋯⋯⋯⋯⋯⋯⋯⋯⋯⋯⋯⋯⋯⋯⋯⋯⋯⋯⋯⋯⋯ 45

## 第5章 领导品牌成长期遇到的困境："叫不响"⋯⋯⋯⋯⋯⋯⋯⋯ 47

5.1 西部地区中小企业领导品牌成长期的现状⋯⋯⋯⋯⋯⋯⋯⋯⋯⋯ 47
5.2 西部地区中小企业领导品牌成长期的困境⋯⋯⋯⋯⋯⋯⋯⋯⋯⋯ 49
参考文献⋯⋯⋯⋯⋯⋯⋯⋯⋯⋯⋯⋯⋯⋯⋯⋯⋯⋯⋯⋯⋯⋯⋯⋯⋯⋯ 52

## 第6章 领导品牌发展期遇到的困境："做不久"⋯⋯⋯⋯⋯⋯⋯⋯ 54

6.1 西部地区中小企业领导品牌发展期的现状⋯⋯⋯⋯⋯⋯⋯⋯⋯⋯ 54
6.2 西部地区中小企业领导品牌发展期的困境⋯⋯⋯⋯⋯⋯⋯⋯⋯⋯ 56
参考文献⋯⋯⋯⋯⋯⋯⋯⋯⋯⋯⋯⋯⋯⋯⋯⋯⋯⋯⋯⋯⋯⋯⋯⋯⋯⋯ 59

## 第三篇 西部地区中小企业领导品牌发展困境的解决方案

## 第7章 西部地区中小企业领导品牌如何在形成期"立得住"⋯⋯⋯ 63

7.1 解决领导品牌形成期困境的理论基础⋯⋯⋯⋯⋯⋯⋯⋯⋯⋯⋯⋯ 63
7.2 解决领导品牌形成期困境的建议方案⋯⋯⋯⋯⋯⋯⋯⋯⋯⋯⋯⋯ 68
参考文献⋯⋯⋯⋯⋯⋯⋯⋯⋯⋯⋯⋯⋯⋯⋯⋯⋯⋯⋯⋯⋯⋯⋯⋯⋯ 107

## 第8章 西部地区中小企业领导品牌如何在成长期"叫得响"⋯⋯ 111

8.1 解决领导品牌成长期困境的理论基础⋯⋯⋯⋯⋯⋯⋯⋯⋯⋯⋯ 111
8.2 解决领导品牌成长期困境的建议方案⋯⋯⋯⋯⋯⋯⋯⋯⋯⋯⋯ 117
参考文献⋯⋯⋯⋯⋯⋯⋯⋯⋯⋯⋯⋯⋯⋯⋯⋯⋯⋯⋯⋯⋯⋯⋯⋯⋯ 157

## 第9章 西部地区中小企业领导品牌如何在发展期"做得久"⋯⋯ 161

9.1 解决领导品牌发展期困境的理论基础⋯⋯⋯⋯⋯⋯⋯⋯⋯⋯⋯ 161

9.2 解决领导品牌发展期困境的建议方案 ················· 167

参考文献 ······················································ 200

## 第四篇　西部地区中小企业领导品牌成长的路径分析

### 第 10 章　西部地区中小企业领导品牌形成期的路径分析 ········· 207

10.1　领导品牌形成期的路径分析 ···························· 207

10.2　基于领导品牌形成期的政策建议 ························ 222

参考文献 ······················································ 223

### 第 11 章　西部地区中小企业领导品牌成长期的路径分析 ········· 224

11.1　领导品牌成长期的路径分析 ···························· 224

11.2　基于领导品牌成长期的政策建议 ························ 238

参考文献 ······················································ 239

### 第 12 章　西部地区中小企业领导品牌发展期的路径分析 ········· 241

12.1　领导品牌发展期的路径分析 ···························· 241

12.2　基于领导品牌发展期的政策建议 ························ 255

参考文献 ······················································ 256

## 第五篇　西部地区中小企业领导品牌的发展方向

### 第 13 章　西部地区中小企业领导品牌的发展趋势 ··············· 259

13.1　充分挖掘数字技术的带动作用 ·························· 259

13.2　积极融合西部地区的民族特色 ·························· 262

### 第 14 章　基于品牌发展方向的建议方案 ······················· 266

14.1　促进企业品牌的科技创新与产业创新融合 ················ 266

14.2 促进企业品牌平台化的建设 …………………………………… 278
14.3 促进企业品牌人机共生的构建 ………………………………… 293
参考文献 ………………………………………………………………… 306

# 第一篇

## 西部地区中小企业品牌的发展与演进

# 第 1 章

# 西部地区中小企业品牌的发展历程

## 1.1 中国企业品牌的发展历程

我国品牌建设与发展历经了多个重要阶段，每个阶段都承载着特定的历史使命与时代特征。谢俏和丁亦思（2024）将我国品牌发展分为四个阶段：20 世纪 80 年代至 21 世纪初，品牌被理解为一种广告传播的促销工具；2002~2012 年，品牌的附加值逐渐凸显，代表着企业的标识和形象以及消费者自我形象的彰显；2013~2016 年，情感和体验的关系影响着品牌发展，品牌成为多重价值、体验、关系以及社会符号的象征；2017 年至今，品牌有着"意义、文化符号、社会贡献和精神体验等"更高层次的价值。

新中国成立后，通过社会主义改造和工业化建设，我国初步形成了较为完整的全产业结构布局和工业地区布局，尽管品牌意识尚未广泛觉醒，但为后续的品牌建设奠定了坚实的物质基础。而随着市场经济体制的逐步建立，一批批具有影响力的本土品牌开始崭露头角。1982 年《中华人民共和国商标法》的颁布，开启了我国品牌发展历程的新篇章。进入 20 世纪 90 年代，通过评选中国十大驰名商标等活动，全社会对品牌价值的认识不断深化，同时《质量振兴纲要》等政策的相继出台，则为民族企业和品牌的发展提供了有力支持，许多老字号品牌经过重新定位和改造，焕发出了新的生机与活力，新兴的民族品牌也迅速崛起，成为行业内的佼佼者。随着中国加入世界贸易组织（World Trade Organization，WTO），我国品牌建设迎来了全新的发展阶段。2002 年，党的十六大报告明确提出关于"形成一批有实力的跨国企业和著名品牌"的总体要求，这是中央对"企业兴国、品牌强国"战略的高度认识。在这一时期，国家大力推动自主创新，鼓励企业通过技术创新提升品牌价值，并积极支持企业进行跨国并购和国际市场拓展。海尔、华为等一大批优秀品牌在国际市场上崭露头角，不仅赢得了全球消费者的认可，也极大地提升了中国品牌的国际知名度和影响力。

通过对近 25 年国家提出的五个五年规划/计划的分析，整理出有关品牌发展的重要指导。如图 1-1 所示，在"十五"提出时，品牌发展仍然处于概念界限模糊阶段，将品牌与产品、企业等概念等同；"十一五"提倡建立优势企业，并开始逐步重视建立具有自主知识产权的品牌，并借助独特的优势提升品牌竞争力；"十二五"则在推动自主品牌建设的基础上进一步提升品牌的价值和效应；"十三五"将开展品牌质量提升作为重点；"十四五"提升自主品牌影响力，将文化作为品牌提升竞争力和拓展影响力的重要因素，同时加强对老字号品牌的保护。

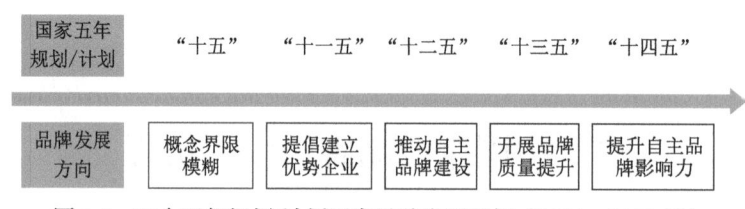

图 1-1　五个五年规划/计划国家品牌发展目标（2001～2025 年）

从具体政策的角度来看，2014 年 5 月 10 日，习近平总书记在河南考察中铁工程装备集团有限公司时提出了"三个转变"①，即"推动中国制造向中国创造转变、中国速度向中国质量转变、中国产品向中国品牌转变"。这一重要指示将品牌战略提升到了更高的高度，为我国品牌建设指明了新的方向。2016 年，《国务院办公厅关于发挥品牌引领作用推动供需结构升级的意见》的印发指导品牌以"增品种、提品质、创品牌"的角度推动供给结构升级。2017 年，《工商总局关于深入实施商标品牌战略推进中国品牌建设的意见》则强调"以商标注册便利化改革为突破口，以商标品牌有效运用和依法保护为重点，以提升中国品牌竞争力为目标，创新商标品牌战略实施工作理念和举措，着力构建企业自主、市场主导、政府推动、行业促进和社会参与的实施商标品牌战略工作格局，推动实现中国产品向中国品牌转变，促进经济社会持续发展。"

近几年，《国家发展改革委等部门关于新时代推进品牌建设的指导意见》《关于加强商务领域品牌建设的指导意见》《工业和信息化部办公厅关于开展 2023 年工业和信息化质量提升与品牌建设工作的通知》等相关文件则为品牌建设提供了新的发展方向。一是以高质量发展为核心，推动品牌建设和质量提升；二是加大品牌建设和质量提升的宣传推广力度，营造全社会重视品牌、争创品牌的良好氛围；三是支持企业开展海外品牌建设推广，提升中国品牌的国际影响力和竞争力；四是加强文化赋能，丰富消费新场景，促进品牌新发展。以习近平新时代中

---

① 《中国品牌日，习近平"三个转变"重要指示指明方向》，https://baijiahao.baidu.com/s?id=1666291002055247956&wfr=spider&for=pc，2020 年 5 月 10 日。

国特色社会主义思想为指导，深入贯彻落实党的二十大精神，推动中国制造向中国创造转变、中国速度向中国质量转变、中国产品向中国品牌转变，提高中国品牌在全球市场的影响力。

我国品牌发展具体政策汇总如表1-1所示。

表1-1 品牌发展具体政策汇总

| 时间 | 颁发机构 | 文件名称 |
| --- | --- | --- |
| 2016年6月 | 国务院办公厅 | 《国务院办公厅关于发挥品牌引领作用推动供需结构升级的意见》 |
| 2017年5月 | 国家工商行政管理总局 | 《工商总局关于深入实施商标品牌战略推进中国品牌建设的意见》 |
| 2021年7月 | 国家知识产权局 | 《国家知识产权局关于进一步加强商标品牌指导站建设的通知》 |
| 2022年6月 | 农业农村部办公厅 | 《农业品牌精品培育计划（2022—2025年）》 |
| 2022年7月 | 国家发展和改革委员会等 | 《国家发展改革委等部门关于新时代推进品牌建设的指导意见》 |
| 2023年2月 | 国务院 | 《质量强国建设纲要》 |
| 2023年6月 | 工业和信息化部办公厅 | 《工业和信息化部办公厅关于开展2023年工业和信息化质量提升与品牌建设工作的通知》 |
| 2023年10月 | 商务部 | 《关于加强商务领域品牌建设的指导意见》 |

## 1.2 西部地区企业品牌的发展历程

通过对近25年国家五个五年规划/计划（包括"十五""十一五""十二五""十三五""十四五"）的深入分析，我们整理出了一系列关于西部地区企业品牌发展的重要指导。如图1-2所示，这些规划/计划明确指出了从"十五"到"十四五"期间，建设和发展西部地区企业品牌的核心方向始终围绕着利用并提升西部地区的独特优势展开。

起初，计划强调根据西部的自然条件发展农牧业与资源开发加工，通过加强生态建设和支持资源优势转化为产业优势，为西部地区企业品牌奠定了坚实的基础。之后，随着技术的进步和市场的变化，规划逐步向技术含量更高的先进产业倾斜，推动西部地区的产业升级和转型。在"十一五""十二五"期间，规划进一步明确了西部地区企业品牌在国家能源战略中的重要地位，推进优势资源合理开发，发展先进制造业、高技术产业及能源、矿产等重要战略资源接续地。进入"十三五""十四五"，西部地区在对外开放中的作用逐渐凸显，提出要积极融入

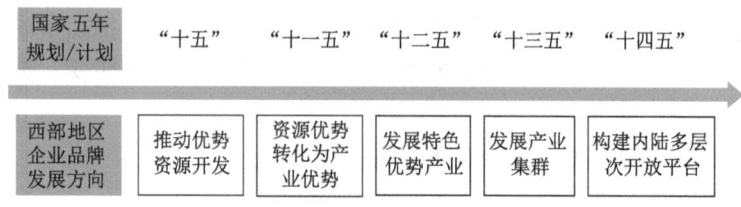

图 1-2　五个五年规划/计划西部地区企业品牌发展方向

"一带一路"建设，构建内陆多层次开放平台，规划更加注重西部地区企业品牌的特色化和集群化发展，支持发展有特色的农牧业产业、文化旅游等优势产业，并设立一批国家级产业转移示范区，促进产业集聚和产业升级。同时，加大对西部地区基础设施的投资力度，支持发展具有竞争优势的产业，为西部地区企业品牌的崛起提供了强有力的支撑。

从具体政策来看，2000 年，《国务院关于实施西部大开发若干政策措施的通知》提出了实施西部大开发的若干政策措施，通过政策引导和资金投入，支持西部的基础设施建设和生态环境改善，为西部地区企业品牌的后续发展提供了必要的环境和条件，为商品流通和品牌推广奠定了基础。2010 年，《中共中央 国务院关于深入实施西部大开发战略的若干意见》总结了西部大开发第一个十年的成就，并明确了未来十年的目标和任务，国家重视西部地区特色优势产业的发展，这为西部地区企业品牌的建设提供了政策导向和支持。2020 年，《中共中央 国务院关于新时代推进西部大开发形成新格局的指导意见》提出以新发展理念引领西部大开发，注重西部地区的创新驱动和高质量发展，鼓励企业加大科技投入和品牌建设力度。在政策的支持下，西部地区企业品牌逐渐走向高端化和差异化发展道路，品牌影响力不断增强。

从相关会议和活动来看：2024 年 4 月，习近平主持召开新时代推动西部大开发座谈会，强调了在新时代背景下进一步推动西部大开发的重要性，提出了更高水平的对外开放、绿色低碳发展、科技创新能力提升等要求[①]。在此背景下西部地区企业品牌迎来了新的发展机遇，国家层面的政策支持和保障为西部地区企业品牌提供了更加稳定与广阔的市场空间，使其不仅在国内市场占据了重要地位，还逐步走向国际市场，展现出强大的竞争力和发展潜力。为进一步推动西部地区企业品牌建设，相关机构和部门启动了多项品牌培育计划。2024 年 5 月，以"赓续中华文脉，光耀中国品牌"为主题的 2024 品牌中国（西部）发展论坛隆重举办，并启动了"西部品牌中国培育计划"，旨在通过整合资源、提供专业指导等方式支持西部地区企业品牌发展。

---

① 《习近平主持召开新时代推动西部大开发座谈会强调：进一步形成大保护大开放高质量发展新格局 奋力谱写西部大开发新篇章》，https://www.gov.cn/yaowen/liebiao/202404/content_6947130.htm，2024 年 4 月 23 日。

西部各省区市在国家总体政策的引领下根据自身资源禀赋和产业基础，发展具有地方特色的品牌，同时出台相关政策措施、举办相关活动，推动本地品牌的快速发展和转型升级，具体措施如表 1-2 所示。重庆市以消费促进活动为抓手，培育"爱尚重庆"活动品牌，发布《关于统筹推进 2024 年"爱尚重庆·渝悦消费"系列消费促进活动的通知》，加强多方联动和政策支持；四川省承办中国质量大会（成都），围绕党中央、国务院对高质量发展的决策部署，彰显坚定不移推动高质量发展的决心和信心，凝聚以质量提升提振消费信心、促进经济复苏等方面的共识；广西品牌建设促进会发起召开"全面助力广西品牌化建设暨筹建广西品牌智库座谈会"，通过品牌智库的建设提升广西品牌的知名度和影响力；青海省制定《青海省品牌建设实施方案》，明确品牌建设的指导思想、发展目标和重点任务，依托绿色有机农畜产品输出地建设，大力实施"青字号"农畜产品品牌培育行动；宁夏回族自治区将"质量品牌建设工程"纳入《宁夏回族自治区质量强区建设纲要》，推动品牌向高端化发展，组织企业参加"中国品牌日"活动，推

**表 1-2 西部地区品牌发展具体措施汇总**

| 时间 | 地区 | 具体措施 |
| --- | --- | --- |
| 2021 年 | 内蒙古自治区 | 印发《农畜产品区域公用品牌建设三年行动方案（2021—2023 年）》 |
| 2022 年 | 新疆维吾尔自治区 | 出台《关于实施"新疆品质"区域公共品牌建设工程的指导意见》 |
| 2023 年 | 四川省 | 承办中国质量大会（成都） |
| 2023 年 | 云南省 | 提出《云南省人民政府关于加快推动旅游高质量发展守护好云南旅游金字招牌的意见》 |
| 2023 年 | 西藏自治区 | 召开西藏特色"藏品出藏"产品发布会，以"地球第三极"品牌效应带动"七大产业"发展壮大 |
| 2023 年 | 贵州省 | 提出《关于突出贵州民族文化特色大力打造"贵系列"品牌的实施意见》 |
| 2023 年 | 陕西省 | 出台《"陕西精品"区域公共品牌建设实施意见》，在第七届丝博会上举办"一带一路"品牌建设论坛 |
| 2023 年 | 青海省 | 制定《青海省品牌建设实施方案》，大力实施"青字号"农畜产品品牌培育行动 |
| 2023 年 | 宁夏回族自治区 | 将"质量品牌建设工程"纳入《宁夏回族自治区质量强区建设纲要》，印发《关于推进宁夏品牌建设高质量发展的行动方案（2023—2025 年）》 |
| 2024 年 | 甘肃省 | 构建"甘味+地理标志+企业商标"的品牌培育体系 |
| 2024 年 | 重庆市 | 发布《关于统筹推进 2024 年"爱尚重庆·渝悦消费"系列消费促进活动的通知》，培塑"爱尚重庆"消费品牌 |
| 2024 年 | 广西壮族自治区 | 召开"全面助力广西品牌化建设暨筹建广西品牌智库座谈会" |

介宁夏企业的先进产品和先进质量管理模式；甘肃省通过构建"甘味+地理标志+企业商标"的品牌培育体系，成功打造"甘味"品牌；陕西省建立健全品牌培育发展机制，实施"陕西精品"评价认定机制，发挥品牌标杆引领作用；其余地区也在积极推进政策实施、举办相关活动、营造良好的品牌发展环境和构建具有区域特色的品牌，促进品牌数量增长和质量提升，为地方经济的高质量发展注入了新的动力。

## 1.3　西部地区中小企业品牌发展历程

通过对近 25 年国家关于中小企业品牌的相关政策进行整理和深入分析，我们整理出了一系列关于全国中小企业品牌发展以及西部地区中小企业品牌发展的重要指导，如《"十二五"中小企业成长规划》《促进中小企业发展规划（2016—2020 年）》《"十四五"促进中小企业发展规划》，以及 2000 年颁布的《关于鼓励和促进中小企业发展的若干政策意见》、2009 年发布的《国务院关于进一步促进中小企业发展的若干意见》等，根据相关政策绘制了五年发展规划期间西部中小企业品牌发展方向图，如图 1-3 所示，体现了不同时期西部地区中小企业品牌发展的重心和方向。

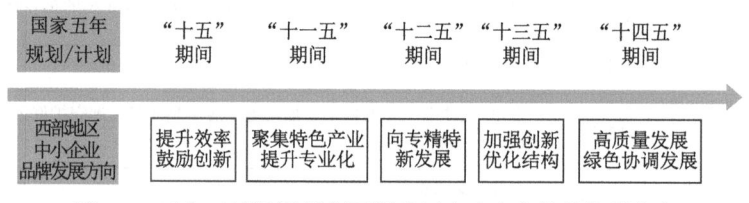

图 1-3　五个五年规划/计划西部地区中小企业品牌发展方向

从具体政策上来看，2000 年，《关于鼓励和促进中小企业发展的若干政策意见》中提出"加大对中西部地区中小企业发展的扶持力度"，给予财政、税收和土地使用等方面的政策支持，以鼓励和吸引各类投资，为西部地区中小企业品牌发展提供了良好的政策环境。2009 年，为帮助中小企业克服困难，改善中小企业经营环境，颁发的《国务院关于进一步促进中小企业发展的若干意见》鼓励东部地区先进的中小企业加强与中西部地区中小企业的合作，形成特色鲜明的产业集群，提升品牌专业化水平。2011 年，《工业转型升级规划（2011—2015 年）》指出"引导大型企业与中小企业通过专业分工、服务外包、订单生产等多种方式开展合作，培育一批'配套专家'，提高协作配套水平"，西部地区中小企业品牌通过合作能够提升自身实力和知名度。近年来，国家高度重视中小企业的发展，尤其是其在品牌建设方面的潜力与贡献。2019 年，中共中央办公厅、国务院办公厅联合印发《关于促进中小企业健康发展的指导意见》，明确提出了"引导中小企业专精特新发展"的战略方向，为西部地区中小企业提供了明确的政策指引，鼓励其聚焦于专业领域，追求技术创新与品质卓越，以此为基础构建具有鲜明特色的品牌形象。为了进一步推动中小企业向高质量、专业化方向发展，2022年6月，工业和信息化部印发了《优质中小企业梯度培育管理暂行办法》，标志着专精特新企业的认定工作进入了更加规范化、标准化的新阶段；工业和信息化部于同年印发了《促进中小企业特色产业集群发展暂行办法》，在产业集群中，中小企业可以依托集群内的资源共享、协同创新、市场共拓等优势，实现品牌价值的共同提升，通过集群内部的良性互动与竞争，西部地区中小企业能够更快地积累品牌资产，扩大品牌影响力。2023年，《质量标准品牌赋值中小企业专项行动（2023—2025年）》指出"以推动中小企业高质量发展为目标，通过质量提升、标准引领、品牌建设""持续推进中小企业发展理念、管理、产品、技术和模式创新"，以此不断增强西部及全国企业品牌的竞争力和发展力。

2023年5月，第十届中国西部中小企业发展论坛在四川省成都市龙泉驿区举行，搭建了西部地区中小企业交流与合作平台，这有助于优化营商环境，激发市场活力，为中小企业创造更多发展机遇，共同推动西部地区经济持续健康发展。

# 参 考 文 献

谢俏, 丁亦思. 2024. 品牌通识: 科学系统的品牌全景[M]. 北京: 中国科学技术出版社.

# 第 2 章

# 西部地区中小企业品牌成长的重要性及意义

## 2.1 西部地区中小企业成长的重要性

在中国西部地区，中小企业以其数量众多、分布广泛等特点，成为推动地区经济发展的重要力量。以陕西省为例，中小企业数量在过去十年增长了近两倍，其对地方经济的贡献率已超过 60%。这些企业通过不断的技术创新和市场拓展，不仅提升了产品附加值，还吸引了大量投资，促进了产业链的完善和经济结构的优化。

国家层面对中小企业的支持政策，为品牌的成长提供了坚实的基础。《2023 年度中小企业发展环境评估报告》显示，截至 2023 年 12 月底，国家中小企业发展基金已累计投资 36 支子基金，认缴总规模约 988 亿元，子基金累计投资金额达到 478 亿元，其中投资种子期、初创期成长型中小企业金额占比达到 70%以上。

中小企业的壮大为就业市场注入了新的活力。"十三五"时期，中小企业数量大幅增加，吸纳就业作用显著，经营实力不断加强，经济贡献稳步提高。2020 年规模以上企业中，中小企业户数为 90.9 万户，占全部规模以上企业的 95.68%，营业收入为 137.3 万亿元，占全部规模以上企业的 60.83%，资产总额为 168.3 万亿元，占全部规模以上企业的 55.01%，地位作用凸显。同时中小企业成为技术创新和模式创新的生力军，2020 年规模以上工业企业中，有研发活动的小微企业占全部有研发活动企业的比重为 81.1%，研发经费比 2015 年增长 102.5%，有效发明专利数比 2015 年增长 233.2%。以云南省为例，中小企业在旅游、农业和手工艺等行业提供了大量的就业机会，有效促进了当地居民的收入增长和生活质量的提升。品牌企业在提供就业的同时，也注重员工的职业发展和技能培训，为提升劳动力素质和生活质量做出了贡献。

在追求经济效益的同时，西部地区的中小企业也在积极承担环保责任，推动绿色发展。例如，青海省近年来聚焦国家布局打造"国家清洁能源产业高地"的要求，构建多能互补清洁能源新格局，2024年资料表明按龙羊峡"水光互补"光伏电站年均约14.94亿千瓦时的发电量计算，每年可节约标准煤约46.46万吨，减少二氧化碳排放约122.66万吨；四川省的九寨沟景区通过实施生态旅游策略，2024年上半年，九寨沟县共接待游客350万人次，同比增长23.8%，旅游收入36.4亿元，推动经济增长的同时保护了自然环境，实现了经济与生态的双赢。

## 2.2　西部地区中小企业品牌成长的重要性

　　品牌的定义在学术界有多种理解，但可以用一句话概括其核心概念：品牌是基于物质产品或服务、客户体验感知、符号体系及象征意义等要素的综合体现，它是一个独特的利益载体、价值系统与信用体系，品牌在现代商业环境中扮演着至关重要的角色，它远远超过一个商标、一个名字或一个符号的范畴。品牌实质上构建起了企业与客户之间联系和信任的桥梁（Munuera-Aleman et al.，2003）。它通过传递产品或服务的独特价值和承诺，协助客户在纷繁复杂的选择中做出明智的决策，同时为企业打造独树一帜的市场定位。

　　品牌在市场交易过程中起到了至关重要的作用（王崇和王延青，2016）。一个声誉卓越的品牌常常被认为是高质量和卓越服务的象征。当客户做出购买决策时，他们通常更倾向于信任那些知名度较高的品牌，因为他们坚信这些品牌能够提供始终如一的可靠性，以及满足他们需求的高质量的产品和服务。一旦一个品牌在客户的心中建立了深厚的信赖，那么它就有可能激发出强烈的忠诚度（Rios and Riquelme，2008）。这样的忠诚度不仅激励客户不断地挑选和购买该品牌的商品，还能通过口碑传播，将他们的正面体验分享给亲友，从而进一步扩大品牌的影响和市场份额。这种建立在信任之上的忠诚度，被视为品牌中最有价值的资产之一，因为它助力于建立持久的客户关系，并为公司带来稳定的收益和市场的持续增长。

　　品牌减少了客户在购物时的潜在风险（Mudambi and Navarra，2002）。在交易活动中，由于信息的不对称，客户往往处于不利的位置，他们对产品的深度认识常常不如企业。然而，品牌之所以强大，是因为它能为客户带来一种基于品牌历史和市场声誉的质量预期与保障。客户可以通过品牌传达的信息来降低购买决策的不确定性，从而减少购买过程中的风险。品牌对质量的承诺不只是市场推广的一种手段，更深层次的，它代表了一种责任和担当。此外，品牌通过赢得客户的信赖，也有助于增强其口碑。满足的客户更有可能主动成为品牌的推广者，他们可以通过推荐和积极的评价来帮助品牌吸引更多的潜在客户。这样一种以信任和满意度为基础的推荐方式，不仅进一步增强了品牌价值，还在市场环境中形成了一个健康的循环。

拥有知名品牌的公司在市场竞争中展现出明显的优越性（Chaudhuri and Holbrook，2001）。一个成功的品牌可以使产品或服务超越竞争者而赢得更多的客户，并最终获得高额利润。具有高知名度和良好形象的品牌能够吸引众多客户的注意，通过其独特的价值观念和市场定位，能够激发客户的购买欲望，从而在市场份额和利润率上获得显著的优势。在激烈的竞争环境下，品牌已经成为一个企业最重要的无形资产之一，是企业获取利润的主要来源。品牌的影响力不只是在市场上显现，它在企业之间的合作和谈判过程中也扮演着至关重要的角色。强势品牌往往能借助其良好的社会声誉、美誉度以及产品特性等影响企业间关系并获得竞争优势。拥有知名品牌的公司在与商业合作伙伴的交往中，更有可能展示其在市场上的影响力和信誉，从而在谈判过程中提高其立场和议价实力。除此之外，一个品牌对于企业的长远成长也有着不可忽视的作用。因此，品牌是企业获得持续竞争优势的重要来源之一。品牌不仅仅是一种资产，它还能在资本市场上吸引投资者和融资，因为投资者更倾向于信任和投资那些拥有优秀品牌形象的企业。因此，品牌是<u>企业获取竞争优势的重要手段之一</u>。

品牌能提高产品在市场上的竞争力（李新建等，2022）。在现代社会中，品牌已成为一种特殊的商品符号，被广泛应用于企业与个人之间的沟通互动之中。通过为产品注入独特的品质保证、深厚的文化内涵和价值理念，显著地提高了产品的吸引力，并为其带来了额外的价值。客户购买商品时往往会考虑到品牌的因素，如品牌名称、价格、包装等，而不是单纯地关注产品质量或功能。当客户在挑选产品时，品牌背后所蕴含的故事和承诺变得尤为关键，这些因素共同塑造了客户对产品的整体看法。客户会根据自己的需求进行购买决策，而品牌则成为影响购买行为的决定性因素。一个有吸引力的品牌可以有效地提高产品在市场上的定位，使其在激烈的市场竞争中突出重围。客户对于品牌的感知会直接作用于他们的消费行为，进而影响其决策。在企业发展中，品牌资产是衡量企业经营绩效及核心竞争力的重要标准之一。那些拥有知名品牌的公司可以获得持续的收益和更大的市场份额，并在资本市场上实现更高的估值。品牌忠诚是一个长期的过程，可以通过持续不断的营销活动来实现。此外，建立品牌的忠诚度可以帮助企业在经济不稳定的情况下维持一个稳固的客户群体，进而减少市场上的风险。

品牌更是企业文化和社会价值观的展现（许晖等，2022）。现代社会，品牌已经不再只是一个简单的商品或企业名称，而被赋予更多内涵和外延，品牌与客户之间存在着一种无形的"心灵契约"，一个成功的品牌有能力与客户建立深刻的情感联系，即品牌对客户产生心理上的影响，进而改变其行为模式。这样的关系不仅仅局限于简单的交易往来，它可以深入到客户的心灵深处，与他们的信仰、期望和目标产生深厚的共鸣。在某种意义上，品牌既是企业强大感染力的体现，也是客户认同的载体。品牌传达的文化意义有能力激发客户的强烈情感，从而产生品牌认同。品牌故事是客户了解和认知产品或服务的重要来源之一。随着客户对于品牌故事的深度认同，品牌在市场上的影响逐渐扩大，为商业带来了更多的机遇。

## 2.3 西部地区中小企业品牌成长的意义

在全球经济一体化的背景下，品牌已经成为国家经济实力和文化软实力的重要象征。中国西部12个省区市作为中国的重要区域，其品牌的发展不仅关系到区域经济的繁荣，更直接关系到国家品牌形象的塑造与提升。本书致力于深入剖析西部地区中小企业领导品牌成长的内在机理和战略路径，旨在为西部地区中小企业领导品牌的发展提供有力的理论支持和实践指导，进而推动国家品牌形象的整体提升并实现品牌强国战略目标。

本书将深入分析西部地区中小企业领导品牌发展的现状，识别它们在产业升级和市场拓展过程中所面临的挑战与机遇，研究如何将这些机遇转化为品牌发展的动力。本书将重点分析西部地区中小企业领导品牌如何利用其独特的地理优势和文化资源，以及如何通过创新和市场策略来应对挑战。这包括品牌如何在市场上创新商业模式、进行品牌定位、选择合适的联盟合作伙伴，如何通过多元化的品牌传播手段形成品牌共鸣，如何充分利用政府有形的手和市场无形的手构建多元品牌认同。通过对西部地区中小企业领导品牌发展机遇的挖掘和挑战的应对策略的研究，本书旨在为品牌提供清晰的理论基础，助力品牌实现更长远的发展。

本书的核心目标是深入了解并揭示西部地区中小企业领导品牌成长的内在机理。通过全面剖析不同行业品牌在不同市场环境和竞争态势下的形成、成长与发展过程，提炼出品牌实现持续、健康增长的关键要素和成功策略。西部地区中小企业领导品牌发展的内在机理可概括为资源禀赋、文化特色、创新能力和市场需求等多方面。西部地区拥有得天独厚的自然资源和丰富的文化遗产，为品牌发展提供了独特的素材和灵感。随着西部地区经济的持续向好，消费需求日益丰富，品牌发展也拥有了广阔的市场空间和极大的发展潜力。创新能力作为品牌成长发展不可或缺的驱动力，它能够协助品牌在激烈的市场竞争中保持领先地位，并不断适应快速变化的市场需求。上述研究成果将为西部地区乃至全国中小企业品牌建设提供坚实的实践指导。

参 考 文 献

李新建, 杨红, 曾玲, 等. 2022. 参与农产品区域公用品牌提升的三方演化博弈[J]. 中国管理科学, 30(8): 196-209.

王崇, 王延青. 2016. 基于交易成本的风险规避型消费者购物渠道决策行为研究[J]. 管理评论, 28(9): 172-181.

许晖, 李阳, 王亚君. 2022. 场域视角下中国国际化企业如何通过赛事营销突破跨文化传播障碍: 基于海信集团的案例研究[J]. 管理学报, 19(12): 1744-1755.

Chaudhuri A, Holbrook M B. 2001. The chain of effects from brand trust and brand affect to brand performance: the role of brand loyalty[J]. Journal of Marketing, 65(2): 81-93.

Mudambi R, Navarra P. 2002. Institutions and internation business: a theoretical overview[J]. International Business Review, 11(6): 635-646.

Munuera-Aleman J L, Delgado-Ballester E, Yague-Guillen M J. 2003. Development and validation of a brand trust scale[J]. International Journal of Market Research, 45(1): 1-18.

Rios R E, Riquelme H E. 2008. Brand equity for online companies[J]. Marketing Intelligence & Planning, 26(7): 719-742.

# 第 3 章

# 西部地区中小企业领导品牌发展的研究范围

通过梳理前两章有关西部地区中小企业领导品牌的发展脉络和历史沿革，为确保研究典型性与代表性，最终将研究对象确定为西部地区中小企业领导品牌。在确定西部中小企业领导品牌作为案例研究对象的过程中，首先界定了西部 12 个省区市作为研究范围，并依据《中小企业划型标准规定》设定了选择标准，确保品牌符合地区做得好的企业的定义且存续时间超过七年。接着，通过理论抽样，从 2022 年至 2024 年各省区市评选的中小企业特色产业中，筛选出经济贡献显著且获得政府表彰的产业集群中的前三名。

在进一步的筛选过程中，为了确保研究对象覆盖第一、第二和第三产业，我们针对产业重复的企业进行了筛选，同时补充了未涉及的产业。筛选出 36 家龙头企业后，通过一手数据收集，结合企业受访意愿，初步确立 18 家案例企业。

为了增加研究的全面性，采用理论标准和业内人士的标准两种相结合的方法，通过政府推荐、业内人士推荐的方式补充了 11 家案例企业，并进行了初步筛选和深度访谈。最终，确定了 29 家案例企业品牌作为研究对象，这些品牌覆盖了西部地区 12 个省区市的多个产业，确保了研究的区域和产业代表性。这一流程确保了研究对象的选择既科学又具有代表性，能够全面反映西部地区中小企业领导品牌的现状和特点，如图 3-1 所示。

## 3.1 西部地区中小企业领导品牌发展的研究对象及范围选择

### 3.1.1 步骤一：明确研究对象选择方法

1. 界定西部地区 12 个省区市

中国西部地区包括了 12 个省、自治区和直辖市，这些地区位于中国的内陆，

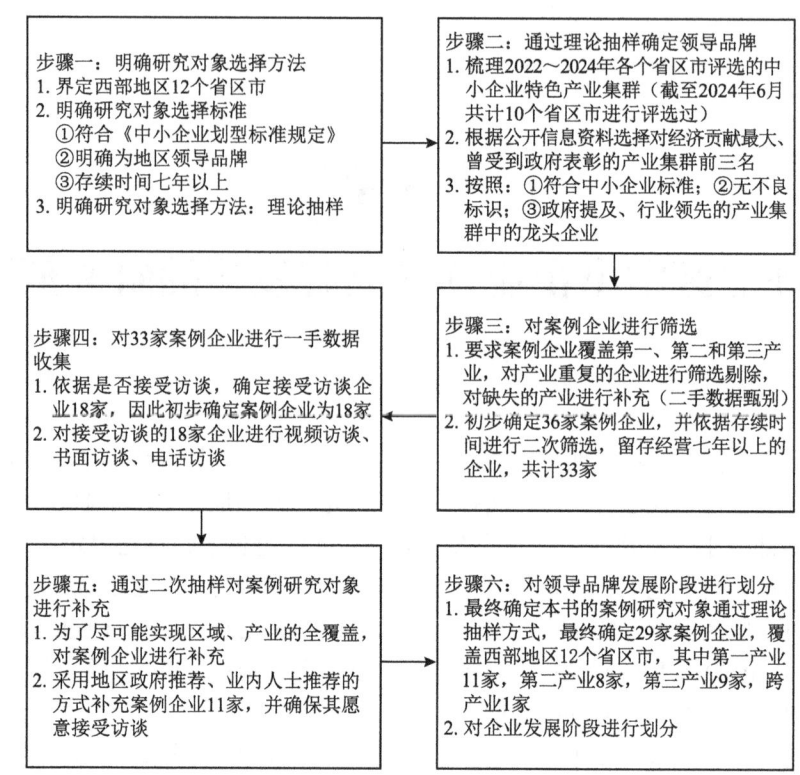

图 3-1　研究对象选择步骤及方法

虽然与东部沿海地区相比经济发展水平相对较低，但它们拥有丰富的自然资源和巨大的发展潜力。西部地区包括四川省、重庆市、贵州省、云南省、西藏自治区、陕西省、甘肃省、青海省、宁夏回族自治区、新疆维吾尔自治区、广西壮族自治区和内蒙古自治区。四川省以其省会成都作为西部地区的重要经济、文化和交通中心而闻名；重庆市作为直辖市，是长江上游的重要城市；广西壮族自治区、贵州省和云南省则以其独特的喀斯特地貌与丰富的民族文化著称；西藏自治区是中国海拔最高的省级行政区，拥有独特的高原文化；陕西省是中国古代文明的重要发源地；甘肃省是古丝绸之路的重要通道；青海省是中国重要的生态保护区；宁夏回族自治区是中国唯一的回族自治区；新疆维吾尔自治区是中国面积最大的省级行政区，拥有丰富的自然资源和多元的民族文化；而内蒙古自治区则以其广阔的草原和丰富的矿产资源闻名。这些省区市在中国西部大开发战略中扮演着至关重要的角色，是实现区域均衡发展和民族团结的关键地区。

## 2. 明确研究对象选择标准

### 1）符合《中小企业划型标准规定》

根据国家统计局的划分，中国西部地区包括内蒙古、广西、重庆、四川、贵州、云南、西藏、陕西、甘肃、青海、宁夏和新疆。这些省区市因其地理位置、自然资源和民族文化的多样性，在中国的区域发展中占有重要地位。

根据国家统计局发布的《中小企业划型标准规定》，中小企业被划分为中型、小型和微型三种类型[①]。具体的划分标准根据企业从业人员数量、营业收入和资产总额等指标，并结合不同行业的特定特点来制定。我们在选取研究对象过程中依据其所属的行业参照国家统计局公布的标准最终确定企业规模的划分。

### 2）明确为地区领导品牌

品牌作为一种产品或服务被认为是一种广为人知的符号，是一个企业长期且持续建立品牌定位的结果。一个成功的领导品牌，其所带来的企业利润与市场地位也是很突出的（Keller，2003）。因此，在对品牌研究过程中，品牌资本的研究价值也随之兴起，品牌资本的估值则反映出了品牌在行业里地位的差异（袁帆等，2023）。据此，依据品牌资本评估的方法，我们认为领导品牌具有较高的市场认可度，其在相关行业具有领先地位，在品牌趋势、品牌支持、品牌保护等方面会引发其他企业的模仿与追随，因此，我们将领导品牌定义为：具有较高的市场认可度，其在相关行业具有领先地位，且被其他企业高度认可或优先选择模仿的品牌。

在品牌发展过程中，不可避免地会出现品牌竞争，而如何在激烈的品牌竞争中脱颖而出，则需要充分评估品牌强度。常用的品牌强度测量方式有两种，一种是 Interbrand 品牌价值评估模型，另一种则是由世界品牌实验室提出的"经济适用法"（马远方和李春波，2021）。在这里我们结合领导品牌的定义及其发展阶段，总结领导品牌在形成过程中的几类特征。

（1）外部支持强：国家或政策的扶持力度大、对外融资能力强、资源获取渠道广泛等。

（2）品牌保护多：权威部门的检测认证、行业专家的认可、专利技术的获得、相关荣誉证书的取得等。

（3）品牌地位高：品牌忠诚度高、品牌流行趋势强、品牌情感象征丰富等。

（4）市场竞争力强：产品营销范围广、市场份额占有率高、品牌带来的营业收入多等。

---

① 《中小企业划型标准规定》，https://www.gov.cn/gongbao/content/2012/content_2041870.htm，2011年6月18日。

3）存续时间七年以上

在进行企业案例研究时，选择那些已经在市场上稳定运营了七年以上的企业是一种明智的策略。这种方法借鉴了 Celikyurt 等（1999）的研究，他们倾向于选择成熟企业作为样本。根据企业生命周期理论，企业在成立5～7年后，会进入一个关键的发展阶段，即盛年期。在这一时期，企业不仅在管理和运营上更为成熟，而且在市场竞争力和战略执行力方面也表现出色。它们已经建立了稳定的客户基础、品牌影响力和市场份额，这些都是评估企业成功的重要指标。此外，这些企业在风险管理、战略规划和执行方面通常更为成熟，能够更好地应对市场变化和内部挑战。

选择存续时间七年以上的企业进行案例研究的另一个重要原因是数据的可靠性。相比新成立的企业，长期运营的企业拥有更完整的历史数据和运营记录。这为研究者提供了更丰富、更可靠的数据来源，有助于进行深入的分析。通过研究这些企业，我们可以深入了解它们如何在竞争激烈的市场中生存和发展，以及它们如何通过有效的管理和战略规划实现长期的成功。这些研究结果对于理解企业成长路径、提升企业竞争力和指导企业实践具有重要的理论与实践价值。

3. 明确研究对象选择方法

1）抽样方法

我们严格按照案例研究要求的理论抽样方法来展开。理论抽样是从总体中抽取具有代表性的和适当的样本以得出有效推论的原则与分析技术的一种统计学理论。运用理论抽样方法进行案例选取时要遵循案例与研究问题的契合性、案例的典型性与启发性、数据可获取性等基本原则（Yin，2009）。当然，抽样过程并不是一次就达到研究要求的，我们进行了两次抽样，第一次是按我们制定的标准，从公开数据中找到36家企业，但由于有的企业没有合适的熟人引荐，有的是联系到企业后并不愿意接受我们的调研或者时间不合适，所以，第一次抽样我们只访谈到了11家企业。为了保证12个省区市全覆盖，我们进行了第二次抽样，这次同样按照我们前面选择研究对象的标准，通过政府、业内人士和当地专业人士的推荐，我们又筛选出18家企业，这样基本满足我们研究西部地区12个省区市中小企业领导品牌的要求（原计划是12个省区市每个省区市选一、二、三产业的做得好的中小企业各一家，这样就是36家，但由于条件和时间的限制，我们最终确定29家企业作为案例研究的对象）。基于学术界对领导品牌的界定尚未形成统一标准，本书对该定义进行了进一步界定。因此，本部分在案例研究对象的选择上既涵盖了区域内具有示范效应的中小企业品牌，也重点纳入了在行业或地区中具有显著市场影响力、技术领先性和品牌号召力的品牌，以确保研究成果有一定的引领性、示范性和参考性。

2）抽样设计

首先，我们在进行抽样前，需要做如下准备。

第一，明确研究群体。针对以研究问题为导向的理论抽样，明确研究群体是首要考虑的因素。在对领导品牌的研究过程中，如何选取具有代表性的、可作为龙头企业进行研究的中小企业则成了我们选取研究对象关键的一步。

第二，明确研究资料。在收集资料的相关过程中，我们从国家公布的官方企业排名、官方报道采访以及企业官网等正式途径对于需要的中小企业数据进行筛选，尽量保证数据来源的可靠性，减少主观选择带来的误差。

其次，抽样过程须依照如下四个步骤进行。

第一，选择理论。理论抽样通常用于支持验证相关概念或研究，因此在进行理论抽样之前我们首先需要确定所要深入研究的主题。领导品牌作为品牌发展过程中可以带动整个品牌产业在发展趋势、传播途径及营销手段等方面具有领头作用的品牌，其对于整个行业的发展乃至产业集群的发展都具有无可比拟的重要地位。

第二，确定研究问题。领导品牌在成长过程中也不是一蹴而就的，通过探究领导品牌在形成期、成长期、发展期的发展路径，来解决中小企业"立不住""叫不响""做不久"的发展困境，从而为提升企业经营环境、拓宽发展脉络建言献策。

第三，样本选取。通过对研究问题的确定，主要对西部地区 12 个省区市龙头企业的发展进行深入研究。在样本选取过程中，主要经历以下三个阶段。首先，每个省区市先确定三个优势产业集群，在选取过程中考虑政府重点产业集群、当地先进产业集群、中小企业特色产业集群，并且注重选取差异化产业集群；其次，在特色产业集群中我们选取中小企业中的龙头企业，在企业的选取过程中我们剔除了具有不良标识的企业，全部选取民营企业作为研究对象；最后，在龙头企业的选取过程中，我们参考政府提及的企业、具有行业领先标识的企业、具有多项特色标识的企业，尽量使得选取的企业具有代表性。

第四，数据收集与分析。在数据收集和分析过程中，根据研究问题和已有理论，不断分析和比较数据，并对样本数据进行调整与修改，以便更好地发展和构建理论。

## 3.1.2　步骤二：通过理论抽样确定领导品牌

1. 产业集群

产业集群是指同类产品在空间上大规模聚集的生产现象（Marshall，1920）。

产业集群在发展过程中具有明显的优势特征：区域内信息和技术的外溢；市场服务和专用性劳动力市场的共享（Marshall，1920）、集体行动的促进（Schmitz and Nadvi，1999）以及进入壁垒的降低（Huang and Wu，2008）等。从经济学角度来看，效用性与外部经济规模的增强提升了产业集群的竞争力；从系统科学角度来看，产业集群内部规模效应与结构效应的优化也促进了产业集群竞争力的提升（任虹，2019）。

中小企业特色产业集群的评选标准旨在确保入选的集群在多个关键领域展现出卓越的表现和发展潜力。首先，集群需要在核心竞争力方面表现强劲，主导产业应成为地区的经济支柱，并且在品牌知名度和市场影响力上位居全省乃至全国前列。其次，集群应有效培育优质中小企业，包括国家级制造业单项冠军和专精特新"小巨人"企业，以促进产业的多元化和创新能力；集群的产业链和供应链应展现出高效的协作能力，通过共享资源和优化生产流程，增强集群内部的协同效应；可以通过与高校、科研机构的紧密合作，推动技术创新和产业升级。数字化转型效果的明显性也是评选的重要标准之一，集群需要在信息基础设施建设和数字化应用方面取得实质性进展。环境友好和绿色发展水平同样是评价的重要指标，集群应展现出在能源消费结构优化、污染物排放减少和资源利用效率提升方面的积极作为。集群还应积极参与国内外的产业开放合作，通过技术、管理和资本的交流，提升自身的国际竞争力。最后，集群需要具备强大的治理和服务能力，通过建立有效的运营管理机构和公共服务体系，为集群内的企业提供支持和服务。

本书在进行产业集群筛选的时候，主要依据以下三点原则：一是参考政府公布的中小企业特色产业集群名单；二是参考不同产业集群对省份经济社会发展的贡献情况；三是参考政府公开报道以及相关新闻报道。在此基础上，对西部地区12个省区市的中小企业产业集群进行初步梳理。

2. 选择优秀产业集群

在对中国西部地区各省区市的产业集群进行深入分析时，我们特别关注那些对地方经济贡献显著并受到政府表彰的产业集群。这些产业集群不仅在推动地区经济发展、促进就业和技术革新方面发挥着关键作用，而且它们的发展成就也得到了官方的认可和鼓励。以下是根据公开信息资料评选出的对经济贡献最大，且曾受到政府表彰的产业集群前三名。

陕西省以其在钛及钛合金新材料、LCD（liquid crystal displayer，液晶显示器）面板显示、羊乳制品等领域的产业集群而闻名，如宝鸡市渭滨区的钛及钛合金新材料产业集群[①]、咸阳市秦都区的LCD面板显示产业集群和渭南市富平县的羊乳

---

① 《从1户到600户——陕西宝鸡钛产业链集群发展观察》，http://www.xinhuanet.com/2023-12/14/c_1130027083.htm，2023年12月15日。

制品产业集群等具有区域特色的代表性产业集群，已成为推动地区经济增长的重要力量。

四川省的产业集群特色鲜明，如四川省成都市青羊区航空配套产业集群、四川省广汉市油气钻采装备制造产业集群以及四川省攀枝花市东区钒钛产业集群[①]，都是该省技术创新和产业升级的典范。

贵州省的产业集群以贵州省正安县吉他产业集群、贵州省玉屏县锰系新型功能材料产业集群以及贵州省六盘水市水城区铝制家居产业集群等特色产业集群为代表，展现了该省在装备制造和新材料领域的发展潜力。

云南省的产业集群以普洱茶加工、磷精深加工和数控机床产业为特色，如云南省勐海县普洱茶加工产业集群、云南省安宁市磷精深加工产业集群、云南省玉溪市红塔区数控机床产业集群，不仅促进了当地经济发展，也提升了云南省的产业竞争力。

甘肃省的产业集群以镍铜钴新材料、废弃资源综合利用和饲料加工为主导，如甘肃省白银市白银区废弃资源综合利用产业集群、白银市白银区基础化学原料与化学药品原料制造产业集群、张掖市甘州区玉米制种产业集群，体现了该省在资源循环利用和新材料开发方面的努力。

广西壮族自治区的产业集群以铝精深加工[②]、小型新能源汽车零部件和蔗糖深加工产业为特色，如南宁市宁邕区铝精深加工产业集群、贵港市港北区电动两轮车产业集群、来宾市兴宾区蔗糖精深加工产业集群，展现了该区在推动工业现代化和绿色发展方面的成就。

重庆市的产业集群以铝基新材料、榨菜食品加工和新能源汽车电驱系统为代表，如涪陵区榨菜食品加工产业集群、大足区结构性五金产业集群、巴南区先进动力装备产业集群，不仅提升了当地的产业技术水平，也为重庆市的经济发展注入了新动力[③]。

新疆维吾尔自治区的产业集群以风电装备、石油装备和纺织原料生产及加工为特色，如昌吉州木垒县新能源及装备制造配套产业集群、克拉玛依市白碱滩区石油装备产业集群[④]、喀什地区巴楚县棉花和纺织服装产业集群，展现了该区在能源和纺织领域的产业优势。

---

① 《四川省钒钛产业链供应链合作推进大会在攀枝花举行 经济和信息化厅发布〈四川省钒钛产业链供应链合作清单〉》，https://jxt.sc.gov.cn/scjxt/gzdt/2023/11/27/4b463967c1b943098cd118f70cc8ba5e.shtml，2023年11月27日。

② 《广西有色金属之最》，http://m.gxdfz.org.cn/gxzz/gy/201807/t20180703_55707.html，2018年7月3日。

③《2027年→破5000亿元！重庆这个产业打造计划、分工定了》，http://news.sohu.com/a/753040190_121123889，2024年1月19日。

④ 《【一线报道】承接千亿产业集群规划项目 白碱滩区（克拉玛依高新区）将大变样》，https://mp.weixin.qq.com/s?__biz=MzA4NDYzMDIwNw==&mid=2823671243&idx=3&sn=f8b8c1278f87773f8bc4f8695f113b74&chksm=b25d221b852aab0dfdae2680f8c6c8f442eaf22f2d084cc1c0c3dcd38546b5c11d451fdb0477&scene=27，2020年5月20日。

内蒙古自治区的产业集群以稀土金属冶炼及应用、硅材料光伏和绿色农畜产品加工为主导，如包头市稀土金属冶炼及应用产业链集群、呼和浩特市托克托经济开发区生物医药产业集群、乌海市现代煤化工中小企业特色产业集群[①]，体现了该区在资源开发和绿色产业方面的战略布局。

宁夏回族自治区的产业集群以绿色食品、枸杞和精细化工（新材料）产业为特色，如贺兰县绿色食品产业集群、中宁县枸杞产业集群[②]、中卫工业园区精细化工（新材料）产业集群，不仅推动了当地特色农业的发展，也为宁夏的产业多元化和技术创新提供了支撑。

3. 选择产业集群龙头（链主）企业作为领导品牌

在产业集群发展过程中，龙头企业在促进集群品牌建设及整体价值提升方面发挥了重要的带动作用（杜建刚等，2022）。龙头企业的研究最初被定义为行业建立初期早期进驻的企业（Lieberman and Montgomery，1988），但是由于中小企业发展的崛起，对于龙头企业的定义开始关注商业模式的发展以及科学技术的引进（王节祥等，2018；刘贵文等，2019）。因此，在对龙头企业的筛选中，借鉴了领军企业的发展特征，认为龙头企业在行业中具有生产体系完备、科技水平高、行业领先地位明显和资源储备丰富等明显特征（邵记友等，2023）。由此，将龙头企业界定为行业发展的核心力量，对于引领技术升级、产业创新、经济发展具有重要的示范作用（张树满和原长弘，2022）。产业链中的龙头企业具有强大的品牌传播能力，因此可以很好地建立行业形象与区域形象，行业内的其他企业将受益于龙头企业对于品牌传播的溢出效应（Bernard et al.，2019）。因此，龙头企业凭借自身的优势将对品牌的领导地位产生积极推动作用。

链主企业一般是指能够带动产业链协调发展的龙头企业，通常具有生产规模大、连接范围广和品牌优势强的特点（范剑勇等，2021）。在链主企业的发展过程中，众多研究者发现链主企业在科技创新、引领变革和成功示范等方面具有良好的领头作用（贾生华和杨菊萍，2007）。并且，链主企业依据强大的资源整合与创新能力，对产业链的发展方向具有引领作用（刘志彪和孔令池，2021）。在国家的发展战略中，政府部门也纷纷培育链主企业，希望实现以大带小的示范作用，促进产业集群的良性发展（陈凯旋和张树山，2023）。

因此，我们在龙头企业的选取过程中，依据每个省区市公布的产业集群优先

---

[①]《"链"动未来，打造优势特色产业集群》，https://kjt.nmg.gov.cn/kjdt/mtjj/202307/t20230724_2351377.html，2023年7月24日。

[②]《小枸杞大产业！中宁县全面构建枸杞全产业链发展体系》，https://www.nxnews.net/yc/jrww/202206/t20220622_7605886.html，2022年6月22日。

选择三个具有代表性的产业集群。在产业集群的选取过程中，首先关注该省区市政府重点扶持的产业，选取一到两个产业，并加以区分不同的行业；其次关注中小企业产业集群名单，以中小企业发展过程中最为突出的产业集群作为选取标准，选取过程中尽量与政府扶持行业有所差异，避免案例选取重复。在链主企业的选择过程中，我们关注了每个省区市公布的百强企业名单，剔除了具有高风险标识的企业，优先选取政府提及的企业、具有行业领先标识的企业、具有多项特色标识的企业，在此过程中，我们不对行业性质进行区分，充分考虑龙头企业品牌发展过程中的成长差异性，并以此作为龙头企业带动的领导品牌差异化研究的基础。

在对中国西部地区各省区市的产业集群进行深入分析后，我们可以识别出那些对经济贡献最大且曾受到政府表彰的产业集群中的龙头企业。以下是这些产业集群中的领导品牌企业。

陕西省的产业集群中，宝鸡拓普达钛业有限公司在钛及钛合金新材料领域发挥着领导作用，冠捷显示科技（咸阳）有限公司在LCD面板显示产业中占据领先地位，而陕西红星美羚乳业股份有限公司则在羊乳制品产业中展现出强大的市场影响力。

四川省的产业集群亮点包括成都青羊工业建设发展有限公司在航空配套产业中的卓越贡献，四川精控阀门制造有限公司在油气钻采装备制造产业的技术创新，以及攀枝花兴中钛业有限公司在钒钛产业中的领导地位。

贵州省的产业集群中，遵义神曲乐器制造有限责任公司在吉他产业中独树一帜，贵州红星发展大龙锰业有限责任公司在锰系新型功能材料产业中占据主导地位，贵州省六盘水双元铝业有限责任公司则在铝制家居产业中展现出强劲的竞争力。

云南省的产业集群由勐海茶业有限责任公司引领普洱茶加工产业，云南祥丰金麦化工有限公司在磷精深加工产业中表现突出，云南玉溪正成工精密机械有限公司则在数控机床产业中占据重要地位。

甘肃省的产业集群中，白银华鑫九和再生资源有限公司在废弃资源综合利用产业中发挥着关键作用，甘肃皓天医药科技有限责任公司在化学原料制造产业中处于领先地位，甘肃金源种业股份有限公司则在玉米制种产业中展现出强大的市场竞争力。

广西壮族自治区的产业集群中，南南铝业股份有限公司在铝精深加工产业中占据领导地位，广西爱玛车业有限公司在电动两轮车产业中表现卓越，广西来宾东糖集团有限公司则在蔗糖精深加工产业中具有显著的市场影响力。

新疆维吾尔自治区的产业集群中，新疆天玉种业有限责任公司在棉花和纺织服装产业中发挥着重要作用，新疆正通石油天然气股份有限公司在石油装备产业中占据领导地位，新疆双杰新能源有限公司则在新能源及装备制造配套产业中展现出强劲的竞争力。

内蒙古自治区的产业集群中，包头三钐稀土有限公司在稀土金属冶炼及应用产业中具有显著优势，金宇保灵生物药品有限公司在生物医药产业中处于领先地位，内蒙古易高煤化科技有限公司则在现代煤化工产业中展现出强大的市场竞争力。

宁夏回族自治区的产业集群中，宁夏厚生记食品有限公司在绿色食品产业中占据领导地位，早康枸杞股份有限公司在枸杞产业中具有显著的市场影响力，宁夏钢铁（集团）有限责任公司则在精细化工（新材料）产业中发挥着关键作用。

重庆市的产业集群中，重庆市涪陵区洪丽食品有限责任公司在榨菜食品加工产业中表现卓越，重铝科技集团有限公司在结构性五金产业中占据领导地位，重庆吉力芸峰实业（集团）有限公司则在先进动力装备产业中展现出强劲的竞争力。

### 3.1.3 步骤三：对案例企业进行筛选

在对中国西部地区各省区市的产业集群进行深入分析的基础上，我们甄选出了一批在各自领域内具有显著影响力和竞争力的领导品牌企业。这些企业不仅在经济贡献上占据重要地位，而且在技术创新、市场拓展、社会责任等方面也有卓越的表现。为了确保每个省区市的领导品牌能够全面覆盖第一产业（农业）、第二产业（工业和制造业）和第三产业（服务业），我们对产业重复的企业进行了筛选，并对未涉及的产业领域进行了补充，同时增加作者密切追踪的陕西恒盛集团作为跨产业的代表，将其列为研究的案例企业之一。

在对西部地区各省区市的产业集群领导品牌进行初步筛选之后，我们进一步细化了评估标准，以确保所选企业不仅在当前市场环境中表现出色，而且具备长期稳定的发展潜力。为此，我们引入企业存续时间作为重要的考量因素，旨在识别那些在行业中长期屹立不倒、历经市场考验的企业。通过这一严格的筛选过程，我们剔除了成立时间不足7年的企业，最终确定了33家成立7年以上的领导品牌。这些企业不仅证明了自己在行业中的持久竞争力，也展现了对未来发展的深远规划和承诺。以下是经过二次筛选后留存的33家领导品牌企业。

陕西省：陕西红星美羚乳业股份有限公司、宝鸡拓普达钛业有限公司、易点天下网络科技股份有限公司、陕西恒盛集团。

四川省：四川精控阀门制造有限公司、成都青羊工业建设发展有限公司。

贵州省：贵州贵茶（集团）有限公司、遵义神曲乐器制造有限责任公司、飞利达科技股份有限公司。

甘肃省：甘肃金源种业股份有限公司、甘肃皓天医药科技有限责任公司、甘肃国通大宗商品供应链管理股份有限公司。

内蒙古自治区：敖汉旗惠隆杂粮种植农民专业合作社、金宇保灵生物药品有限公司、内蒙古食全食美股份有限公司。

宁夏回族自治区：早康枸杞股份有限公司、宁夏厚生记食品有限公司、宁夏梦驼铃科技有限责任公司。

云南省：昆明东辉农牧有限公司、云南玉溪正成工精密机械有限公司、云南鲲鹏农产品电子商务批发市场有限公司。

重庆市：重庆市涪陵区洪丽食品有限公司、正南（重庆）实业有限公司。

新疆维吾尔自治区：新疆天玉种业有限责任公司、新疆兄弟联盟网络科技有限公司。

广西壮族自治区：广西来宾东糖集团有限公司、南南铝业股份有限公司、广西华翔贸易有限公司。

青海省：青海瑞湖生物资源开发有限公司、青海聚智龙线缆科技有限公司、白果科技股份公司。

西藏自治区：阿里欧威科技集团有限公司、西藏旅游股份有限公司。

### 3.1.4 步骤四：对33家案例企业进行一手数据收集

在筛选出地方中小企业领导品牌后，我们进行了初步的数据收集工作，依照步骤三的筛选内容并且参考所筛选企业的访谈意愿，初步确定接受访谈企业18家，以增强研究的实证基础。这些企业通过线上、书面或电话访谈的形式，提供了关键的一手资料。基于访谈的参与情况，我们最终选定了参与访谈的18家企业作为案例研究对象，而未参与的企业则未被纳入研究范围。这一策略确保了研究对象的代表性和研究数据的丰富性。

因此，确定的18家访谈企业名单如表3-1所示。

表3-1 初步筛选受访企业清单

| 序号 | 受访企业 | 省区市 |
| --- | --- | --- |
| 1 | 陕西红星美羚乳业股份有限公司 | 陕西省 |
| 2 | 宝鸡拓普达钛业有限公司 | |
| 3 | 易点天下网络科技股份有限公司 | |
| 4 | 陕西恒盛集团 | |
| 5 | 成都青羊工业建设发展有限公司 | 四川省 |
| 6 | 贵州贵茶（集团）有限公司 | 贵州省 |
| 7 | 遵义神曲乐器制造有限责任公司 | |
| 8 | 飞利达科技股份有限公司 | |

续表

| 序号 | 受访企业 | 省区市 |
| --- | --- | --- |
| 9 | 甘肃皓天医药科技有限责任公司 | 甘肃省 |
| 10 | 敖汉旗惠隆杂粮种植农民专业合作社 | 内蒙古自治区 |
| 11 | 内蒙古食全食美股份有限公司 | |
| 12 | 宁夏梦驼铃科技有限责任公司 | 宁夏回族自治区 |
| 13 | 云南玉溪正成工精密机械有限公司 | 云南省 |
| 14 | 重庆市涪陵区洪丽食品有限公司 | 重庆市 |
| 15 | 正南（重庆）实业有限公司 | |
| 16 | 广西华翔贸易有限公司 | 广西壮族自治区 |
| 17 | 阿里欧威科技集团有限公司 | 西藏自治区 |
| 18 | 西藏旅游股份有限公司 | |

## 3.1.5 步骤五：通过二次抽样对案例研究对象进行补充

为了确保研究的广泛性和深入性，我们采取了额外的措施来补充领导品牌的选择。通过与地方政府合作以及行业专家的推荐，我们对其他11家中小企业进行了再次筛选。这些企业随后接受了深度访谈，以便我们获取企业相关的经营状况、市场策略和竞争优势的详细信息。

甘肃莫高实业发展股份有限公司作为葡萄酒和环保新材料领域的领先企业，展示了如何通过整合自然资源和文化资源来构建品牌。因此，本书将其补充为甘肃省的案例企业。

内蒙古赛诺种羊科技有限公司，该公司的主营业务为优秀品质羊的育种与扩繁，研发了"基因组选择+活体取卵+体外授精+胚胎移植"的核心技术，在传统养殖业的基础上更加突出了生物科技的引领。因此，本书将这一家企业补充为内蒙古自治区的案例企业。

百瑞源枸杞股份有限公司是一家专业从事枸杞科技研发、有机种植、生产加工、市场营销、文化旅游的全产业链国家高新技术企业。宁夏志辉源石葡萄酒庄有限公司和宁夏阳阳国际润梅酒庄有限公司作为宁夏地区葡萄酒产业的代表企业，打造了集生产、加工、销售、文化体验于一体的产业链，赋予产品鲜明的区域地理标志和文化内涵，在传播中国葡萄酒特色的发展道路上具有独特的发展优势。因此，本书将三家企业补充为宁夏回族自治区的案例企业。

云南褚氏农业有限公司是云南省农业领域内的一家杰出企业。其品牌矩阵涵盖"褚橙""云冠橙""褚橙庄园"等知名品牌,其中褚橙更是荣获"中国驰名商标""中国十大柑橘品牌"等诸多殊荣,成为全国范围内备受追捧的高端水果品牌。因此,本书将其补充为云南省的案例企业。

新疆冠农股份有限公司是全国第二大番茄制品生产企业,棉花期货交割库入库量在南疆排名第一,全疆排名第二,也是国家知识产权示范企业、全国供应链创新与应用示范企业。因此,本书将其补充为新疆维吾尔自治区的案例企业。

由于青海省在2022~2024年并未有获评中小企业特色产业集群,所以青海省的领导品牌选择过程主要是相关企业通过地区政府推荐和业内人士引荐。格尔木亿林枸杞科技开发有限公司专注于有机枸杞的种植、加工与销售,开辟出不同于传统枸杞产业发展的新市场。藏格矿业股份有限公司作为青海省第二产业的杰出代表,充分展现了制造业凭借深厚技术积累与持续创新精神塑造品牌的成功实践。圣源地毯集团有限公司巧妙地将传统手工艺与现代科技相结合,制造出既具民族特色又符合现代审美的高品质藏毯,既满足了国内外市场对高品质手工艺品的需求,也促进了民族文化的传承与发展。格尔木昆仑物流运业有限公司代表第三产业,一期物流园被交通运输部验收确认为"一带一路"节点通用集散型货运枢纽物流区,提供全方位驿站服务和返程货物配载。因此,本书选择格尔木亿林枸杞科技开发有限公司作为第一产业的代表,藏格矿业股份有限公司、圣源地毯集团有限公司作为青海省第二产业的代表,格尔木昆仑物流运业公司为第三产业的代表。

这一补充过程旨在增强研究的全面性,确保能够从多个角度和层面理解中小企业的领导品牌,最终确定了29家中小企业领导品牌作为本书的案例研究对象,如表3-2所示。

表 3-2 最终研究对象汇总

| 省区市 | 产业 | 领导品牌 |
| --- | --- | --- |
| 陕西省 | 第一产业 | 1. 陕西红星美羚乳业股份有限公司(以下简称"红星美羚") |
| | 第二产业 | 2. 宝鸡拓普达钛业有限公司(以下简称"拓普达") |
| | 第三产业 | 3. 易点天下网络科技股份有限公司(以下简称"易点天下") |
| | 第二、三产业 | 4. 陕西恒盛集团(以下简称"恒盛集团") |
| 四川省 | 第三产业 | 5. 成都青羊工业建设发展有限公司(以下简称"青羊工业") |
| 贵州省 | 第一产业 | 6. 贵州贵茶(集团)有限公司(以下简称"贵茶集团") |
| | 第二产业 | 7. 遵义神曲乐器制造有限责任公司(以下简称"神曲乐器") |
| | 第三产业 | 8. 飞利达科技股份有限公司(以下简称"飞利达科技") |
| 甘肃省 | 第一产业 | 9. 甘肃莫高实业发展股份有限公司(以下简称"莫高股份") |
| | 第二产业 | 10. 甘肃皓天医药科技有限责任公司(以下简称"皓天科技") |

续表

| 省区市 | 产业 | 领导品牌 |
| --- | --- | --- |
| 内蒙古自治区 | 第一产业 | 11. 敖汉旗惠隆杂粮种植农民专业合作社（以下简称"惠隆杂粮"） |
| | 第三产业 | 12. 内蒙古食全食美股份有限公司（以下简称"食全食美"） |
| | 第一产业 | 13. 内蒙古赛诺种羊科技有限公司（以下简称"赛诺公司"） |
| 宁夏回族自治区 | 第一产业 | 14. 宁夏阳阳国际润梅酒庄有限公司（以下简称"润梅酒庄"） |
| | 第一产业 | 15. 宁夏志辉源石葡萄酒庄有限公司（以下简称"志辉源石"） |
| | 第二产业 | 16. 百瑞源枸杞股份有限公司（以下简称"百瑞源"） |
| | 第三产业 | 17. 宁夏梦驼铃科技有限责任公司（以下简称"梦驼铃"） |
| 云南省 | 第一产业 | 18. 云南褚氏农业有限公司（以下简称"褚氏农业"） |
| | 第二产业 | 19. 云南玉溪正成工精密机械有限公司（以下简称"正成工"） |
| 重庆市 | 第一产业 | 20. 重庆市涪陵区洪丽食品有限公司（以下简称"洪丽食品"） |
| | 第三产业 | 21. 正南（重庆）实业有限公司（以下简称"正南实业"） |
| 新疆维吾尔自治区 | 第一产业 | 22. 新疆冠农股份有限公司（以下简称"冠农股份"） |
| 广西壮族自治区 | 第三产业 | 23. 广西华翔贸易有限公司（以下简称"广西华翔"） |
| 青海省 | 第一产业 | 24. 格尔木亿林枸杞科技开发有限公司（以下简称"亿林枸杞"） |
| | 第二产业 | 25. 藏格矿业股份有限公司（以下简称"藏格矿业"） |
| | 第二产业 | 26. 圣源地毯集团有限公司（以下简称"圣源地毯"） |
| | 第三产业 | 27. 格尔木昆仑物流运业公司（以下简称"昆仑物流"） |
| 西藏 | 第二产业 | 28. 阿里欧威科技集团有限公司（以下简称"阿里欧威"） |
| | 第三产业 | 29. 西藏旅游股份有限公司（以下简称"西藏旅游"） |

在执行了系统的筛选流程和补充策略之后，本书采纳了理论抽样与便利抽样相结合的方法论，旨在确保研究样本的广泛性和多样性。通过这一严谨的抽样框架，我们最终确定了29家中小企业作为案例研究对象，这些企业广泛覆盖了中国西部地区的12个省区市。在这些企业中，第一产业11家，第二产业8家，第三产业9家，以及1家跨产业的企业。这一精选的样本集合旨在提供一个全面的视角，用以剖析和理解在不同产业领域内，中小企业如何通过其领导力影响区域经济的发展轨迹。通过对这些企业的深入研究，我们期望能够揭示其在促进地方经济增长、创新和技术进步方面的具体作用与潜在价值。

## 3.1.6　步骤六：对领导品牌发展阶段进行划分

**1. 领导品牌形成期**

企业在创立品牌之初，总是会遇到重重困难，面对资金、技术、人力资源的紧缺，强大品牌的压制，如何建立具有特色标识，能被客户快速认可的品牌成为企业建立领导品牌所需迈出的关键一步。

从品牌最初的形成期来看，品牌作为一种无形的资产条件，塑造强势品牌形象有助于企业自我身份识别（Lehu，2004）。品牌的塑造根源于精准的品牌定位，品牌定位更加强调品牌在客户心中的定位，从而对品牌的发展起到强根固本的作用。在形成品牌定位的过程中，企业所依托的产品品质则成了打开市场或吸引客户的关键要素，并且产品的特征、延伸产品的营销环境及其与母品牌的关系等都对品牌延伸起到了至关重要的作用（于春玲等，2012）。在企业初期发展过程中，我们还发现如何依据产品、技术、渠道、客户及制度设定适合自身发展的商业模式，这是开发企业品牌市场的关键因素（Timmers，1998；Kjellberg and Helgesson，2007）。

在此阶段的领导品牌已经开始为了明确品牌定位、建立核心产品、寻找商业模式而积极探寻适合品牌的发展途径。其在市场占有率、贡献率等方面可能表现并不突出，但是这一阶段的明显特征则表现为行业品牌知名度迅速提升，品牌发展态势优异，开始在某一领域被广泛知晓。

**2. 领导品牌成长期**

在领导品牌的成长过程中，企业更加注重通过全渠道的品牌传播来扩大品牌影响力，以强有力的品牌联盟增强品牌的市场地位，并且通过引发品牌共鸣增强利益相关者对于品牌的认可度，这也是品牌快速成长的重要标识。

品牌的传播渠道已从单一的途径转向线下实体店、网站、广告宣传、社交媒体等线上与线下相融合的全渠道传播（Ailawadi and Farris，2017）。在企业发展过程中，单一品牌的发展可能并不能在激烈的市场竞争中脱颖而出，在成长期的领导品牌则会选择品牌联盟，通过品牌间资源优势的整合来获得竞争优势（Simonin and Ruth，1998）。在品牌强劲的发展过程中，也逐步建立了与客户之间"同喜同悲"的情感联系，品牌共鸣的形成展示了客户与品牌之间的高度互动，而这也被认为是建立强势领导品牌的关键一步（Keller，2009；王静一和王海忠，2014）。

成长期的领导品牌已经初具自身发展的品牌特色，无论是加工制造业还是高科技产业，均在自己所选择的领域展露风采，获得了国家、地方或者行业所授予的各种奖励性头衔。在大众视野里，此时的领导品牌已经在某个行业或者某个区域形成龙头引领作用，成为新兴企业开始模仿的企业品牌。

3. 领导品牌发展期

领导品牌在经历了形成期与成长期的品牌积累及沉淀之后，更加注重品牌的持续性发展。在反反复复的客户旅程中，品牌不断完善自己的接触点管理，提供更好的客户体验，并且在持续的发展中，逐步形成的多元品牌认同也是对品牌形象的极大提升。在此阶段，品牌生态系统的构建更是为品牌的持续发展创造了良好和谐的环境。

在品牌持续化的发展过程中，领导品牌积极抓住机会，营销对自己品牌具有认同感的客户，全方位、全流程地对接客户体验，通过接触点体验来有效留住客户，维持客户忠诚（Nysveen et al., 2013）。客户在选择过程中更容易选择与自己价值观相契合的品牌（Aaker, 1991），这种品牌认同所带来的互动会极大推动企业品牌的发展（殷建平和王泽鹏, 2020）。而在万物互联、多元企业身份发展背景下，不同利益相关者有助于多元企业身份构建（李纯青等, 2022）。在多维结构取向研究中，社会身份理论与品牌认同划分具有一致性（Lam et al., 2010），因此多元企业身份的构建利于促成多元品牌认同。从企业发展的长期角度来看，企业在品牌延伸发展的过程中，会基于自身资源、产品特征、细分市场等构建多元化品牌，形成品牌生态系统（Aaker, 1998）。在该生态系统中，不同品牌利用互补性与品牌溢价实现品牌增值（Pinar et al., 2011），以自我修复机制形成自适应能力（许晖等, 2017；Baskin, 2012），促成品牌实力由低阶向高阶的演化。

因此，我们基于中国20余家不同行业的中小企业案例，创新性地从关系营销的视角提出逻辑递进又相互独立的领导品牌的成长机理，并针对三个阶段的困境给出相应解决方案：①在领导品牌形成期，提出品牌定位、产品品质和商业模式是解决"立不住"困境的三个重要方面，而品牌定位的关键在于精准，产品品质的关键在于创新，商业模式的关键在于盈利；②在领导品牌成长期，提出品牌传播、品牌联盟和品牌共鸣是解决"叫不响"困境的三个重要方面，而品牌传播的关键是全渠道，品牌联盟的关键是信任，品牌共鸣的关键是文化创新；③在领导品牌发展期，提出接触点体验管理、多元品牌认同和品牌生态系统是解决"做不久"困境的三个重要方面，而接触点体验管理的关键是一致性，多元品牌认同的关键是平衡多元身份张力，品牌生态系统的关键是价值主张。

## 3.1.7 界定领导品牌成长机理与战略路径的研究内容与边界

1. 领导品牌形成期

在领导品牌的形成期，中小企业面临着"立不住"的风险。为了稳固根基，企业必须首先进行商业模式的深度创新。这不仅仅是简单地模仿或跟随市场趋势，而是需要深入理解行业本质，洞察客户未被满足的需求，从而设计出既具有独特性又具备盈利潜力的商业模式。例如，通过数字化转型，优化供应链流程，提升运营效率，或是开发新的服务模式，以满足客户日益增长的个性化需求。精准的品牌定位也是这一时期不可或缺的一环。品牌定位不仅仅是确定一个标语或口号，它涉及对目标市场的深入理解、对竞争对手的精准分析，以及对自身品牌价值的清晰阐述。企业需要通过市场调研，明确自身的差异化优势，并将其转化为客户易于理解和接受的品牌信息。只有这样，才能在客户心中树立起独特的品牌形象，为未来的品牌发展奠定坚实的基础。产品品质是品牌声誉和客户信任的基石。高品质的产品不仅能够满足客户的需求，还能提升品牌在市场中的竞争力。客户倾向于推荐和重复购买他们认为质量高的产品，这有助于品牌建立忠实的客户群和良好的市场口碑。

2. 领导品牌成长期

进入成长期后，领导品牌需要解决"叫不响"的问题，即提升品牌知名度和市场影响力。此时，全渠道品牌传播成为关键。企业需充分利用线上线下多种渠道，如社交媒体、搜索引擎、电商平台、广告媒体等，进行品牌信息的广泛传播。通过整合营销传播策略，企业可以将品牌信息精准地传递给目标客户，提高品牌的可见度和认知度。文化创新与品牌共鸣的深化也至关重要。品牌文化是企业与客户之间建立情感联系的重要桥梁。企业需要深入挖掘自身的品牌文化内涵，通过创新的文化表达方式与客户建立情感共鸣。例如，通过举办品牌活动、赞助公益活动等方式，展现企业的社会责任感和价值观，增强客户对品牌的认同感和忠诚度。构建品牌生态系统是成长期企业的重要任务之一，建立品牌联盟也是成长期企业的重要策略之一。通过与行业内外的知名企业建立合作关系，企业可以共享资源，扩大市场影响力，降低市场风险。品牌联盟不仅有助于提升企业的品牌知名度，还能够为企业带来更多的商业机会和发展空间。例如，通过跨界合作，企业可以吸引更多潜在客户，拓宽市场边界，实现品牌价值的最大化。

### 3. 领导品牌发展期

在领导品牌的发展期，企业需要面对"做不久"的挑战，即如何保持长期的市场竞争力。持续创新成为核心驱动力。企业需在技术、产品、服务等方面不断创新和改进，以满足客户日益变化的需求。这种创新不仅体现在产品的更新换代上，更体现在服务模式的升级和用户体验的优化上。企业需要不断关注市场动态和客户反馈，及时调整策略和方向，确保自身始终保持在行业的前沿。同时，多元品牌认同也是发展期的重要课题。随着企业规模的扩大和业务的拓展，企业需要平衡不同身份之间的张力，确保品牌核心价值的一致性。这要求企业在拓展新业务领域时，仍能保持品牌的核心识别和价值观的连续性。接触点体验管理则是提升品牌形象和忠诚度的关键。企业需要注重在产品设计、客户服务、售后支持等各个环节提供卓越的用户体验。这种体验不仅能够帮助企业赢得客户的信任和忠诚，还能够通过口碑传播吸引更多的潜在客户。品牌生态系统是一个以价值主张为核心的完整体系，它整合了企业内外部的各种资源，为客户提供一致且优质的用户体验。企业需积极整合供应链、渠道商、合作伙伴等各方资源，构建一个协同发展的品牌生态系统。这个系统不仅能够提升企业的市场竞争力，还能够为企业带来持续的增长动力。

根据30余家不同行业的西部地区中小企业领导品牌经营案例，本书创新性地提出领导品牌成长机理及战略路径，如图3-2所示。

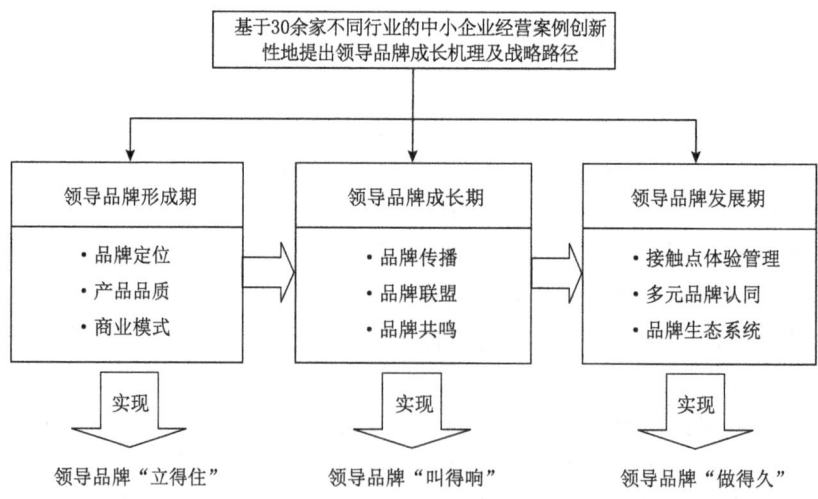

图3-2 领导品牌成长机理及战略路径

## 3.2 西部地区中小企业领导品牌发展的研究方法及数据来源

### 3.2.1 研究方法

案例研究法作为一种深入探索特定情境下复杂现象及其内在机制的研究方法，在社会科学与管理学领域中广泛应用。本书选择多案例研究方法作为核心分析工具，旨在深入剖析并揭示西部地区中小企业领导品牌成长的内在机理，这一选择基于以下几个方面的深思熟虑与充分依据。

第一，理论探索的迫切性与创新性。当前，关于西部地区中小企业领导品牌成长机理的研究缺乏系统而完整的理论框架来全面阐释其背后的动因、路径及影响因素，这不仅限制了学术界对该领域现象的理解，也制约了实践界在品牌建设上的有效策略制定。因此，采用以归纳逻辑为主导的案例研究方法显得尤为重要。通过深入剖析多个具体案例，本书能够提炼出共性与差异性的规律，为构建新的理论模型提供丰富的实证基础，从而填补现有理论的空白，推动学术研究的创新与发展。

第二，问题导向的深入剖析。本书的研究问题聚焦于"如何"（how）实现西部地区中小企业领导品牌的成长，这是一个典型的动态过程性问题，要求研究者不仅要理解现象的表面特征，更要深入挖掘其背后的运作机制与逻辑链条。案例研究方法以其对情境敏感度高、能够深入剖析复杂现象的特点，成为解答此类问题的理想工具。通过详细描绘每个案例中的关键事件、决策过程及其结果，本书能够揭示出品牌成长过程中的关键要素、相互作用关系及动态演变规律，为理解品牌成长的"黑箱"提供深刻的洞见。

第三，多案例研究的独特优势。相较于单案例研究，多案例研究在构建理论命题、提升研究结论的稳健性和普适性方面具有显著优势。首先，多案例研究通过"复制逻辑"的运用，即在多个案例中寻找相似或相异的模式与规律，能够增强研究结论的可靠性。这种跨案例的比较分析有助于识别出普遍适用的规律与特殊情境下的变异因素，使研究结论更加全面和深入。其次，多案例研究还具备"扩展逻辑"的功能，即通过不断增加新的案例来丰富和完善理论模型，使其更具解释力和预测力。最后，多案例研究还能够有效应对研究中的"偏见"问题，通过多个案例的相互印证和补充，减少单一案例可能带来的片面性和偶然性，提升研究结论的普适性和应用价值。

综上所述，本书选择多案例研究方法作为探索西部地区中小企业领导品牌成长机理的主要手段,是基于对当前研究现状的深刻认识、对问题特性的准确把握以及对多案例研究方法独特优势的充分考量。这一选择不仅有助于推动相关理论的发展与创新,也为实践界提供了宝贵的参考与指导。

### 3.2.2 数据来源及处理方法

1. 数据来源

本书在构建其研究框架与论证基础时,融合了一手数据与二手数据,以确保分析的全面性、准确性和深度。在二手数据的收集上,采取了多元化的信息渠道,具体而言,企业官方网站作为官方信息发布的重要平台,提供了企业基本情况、业务布局、战略规划等核心信息,是二手数据收集的首要来源。此外,企业公众号作为企业与公众互动的重要窗口,定期发布的文章、公告及活动信息,为研究者提供了了解企业文化、市场动态及用户反馈的宝贵视角。新闻媒体报道,尤其是权威财经媒体与行业专刊的报道,不仅涵盖了企业的最新动态、行业趋势分析,还往往包含对企业发展策略、市场表现的深度剖析,这些报道为本书的二手数据增添了时效性与深度。并且,公开的案例研究,特别是那些由知名咨询机构、研究机构或高校学者撰写的案例,通过翔实的数据分析、严谨的逻辑推理,为本书提供了丰富的行业背景知识、成功与失败经验的借鉴,进一步丰富了二手数据的维度和深度。企业公开发表的年报作为全面反映企业财务状况、经营成果及未来展望的重要文件,也是本书获取二手数据的重要来源。

在一手数据的获取上,则采取了更为直接和深入的方式。通过精心设计的访谈提纲,与企业高层管理人员进行了深入交流,这些访谈不仅揭示了企业内部运营的真实情况、面临的挑战与机遇,还获取了企业内部视角的独到见解与未来规划,为本书的研究提供了鲜活的数据支持。

综上所述,本书通过综合运用一手数据与二手数据,构建了一个立体、多维的研究体系,既确保了数据的广泛性与多样性,又保证了研究的深入性与可靠性,为后续的分析与结论奠定了坚实的基础。

2. 处理方法

1)数据整理

数据收集:首先,从多种渠道收集相关数据,包括一手数据和二手数据。

一手数据通过访谈、实地走访参观等方式获取,而二手数据来源于企业年报、新闻报道、学术文献等。

数据分类与编码:将清洗后的数据按照研究目的进行分类,并为分类后的数据建立编码系统,以便后续的数据处理和分析。

数据整合:将不同来源、不同格式的数据整合成一个统一的数据集,便于后续的统一分析和处理。

2)内容分析

确定分析框架:根据研究目的和问题,确定内容分析的分析框架和类别系统,这有助于确保分析的一致性和系统性。

编码与分类:按照分析框架对文本内容进行编码和分类,将文本信息转化为可量化的数据,这通常涉及对文本中的关键词、短语、主题等进行识别和分类。

内容解读:对编码后的数据进行解读和分析,揭示文本内容中的隐含信息、主题分布、情感倾向等,这有助于深入理解案例的背景、过程和结果。

3)三角验证

多来源数据验证:通过比较不同来源的数据(如一手数据和二手数据、不同渠道收集的数据等),验证数据的可靠性和一致性,这有助于减少单一数据源可能带来的偏差和误差。

# 参 考 文 献

阿克 D A, 乔基姆塞勒 E. 2019. 品牌领导[M]. 珍藏版. 耿帅, 译. 北京: 机械工业出版社.

阿诺 D. 1995. 品牌保姆手册: 13 个名牌产品推广、重建范本[M]. 林碧翠, 李桂芬, 译. 北京: 时报文化出版企业有限公司.

陈金至, 刘元春, 宋鹭. 2023. 进退相济: 国有经济的产业布局与宏观稳定效应[J]. 管理世界, 39(10): 23-41.

陈凯旋, 张树山. 2023. 产业链链主何以赋能本地企业全要素生产率[J]. 南京财经大学学报, (6): 1-11.

陈小亮, 陈伟泽. 2017. 垂直生产结构、利率管制和资本错配[J]. 经济研究, 52(10): 98-112.

杜建刚, 孟朝月, 李宇航, 等. 2022. 产业集群根植性对集群品牌价值影响的研究: 基于我国 73 个茶叶集群的面板数据分析[J]. 南开管理评论, 25(4): 15-29.

范剑勇, 刘念, 刘莹莹. 2021. 地理距离、投入产出关系与产业集聚[J]. 经济研究, 56(10): 138-154.

盖庆恩, 朱喜, 程名望, 等. 2015. 要素市场扭曲、垄断势力与全要素生产率[J]. 经济研究, 50(5): 61-75.

韩刚. 1999. 品牌资产的使用价值与价值[J]. 西安政治学院学报, (3): 85-87.

贾生华, 杨菊萍. 2007. 产业集群演进中龙头企业的带动作用研究综述[J]. 产业经济评论, (1): 129-136.

李纯青, 郝日艳, 贺文华. 2024. 当机器人也有体验时: 人机共生体验的研究脉络、理论视角和未来研究[J]. 西北大学学报（哲学社会科学版）, 54(5): 72-86.

李纯青, 王肖利, 张洁丽, 等. 2022. 多元企业认同中企业身份的意义建构: 基于环意国际旅行社的纵向单案例研究[J]. 南开管理评论, 25(4): 199-213.

里斯 A, 特劳特 J. 2021. 定位: 争夺用户心智的战争[M]. 经典重译版. 邓德隆, 火华强, 译. 北京: 机械工业出版社.

刘贵文, 李凯健, 张应珍, 等. 2019. 技术变革背景下在位企业资源基础与商业模式创新: 二元动态能力的中介作用[J]. 管理评论, 31(7): 252-263.

刘志彪, 孔令池. 2021. 从分割走向整合: 推进国内统一大市场建设的阻力与对策[J]. 中国工业经济, (8): 20-36.

马远方, 李春波. 2021. 品牌资产价值评估研究: 一个文献综述[J]. 商业会计, (14): 66-69.

任虹. 2019. 基于核心企业孵化效应的产业集群竞争力构建[J]. 商业经济研究, (9), 179-181.

任颋, 茹璟, 尹潇霖. 2015. 所有制性质、制度环境与企业跨区域市场进入战略选择[J]. 南开管理评论, 18(2): 51-63.

任晓猛, 钱滔, 潘士远, 等. 2022. 新时代推进民营经济高质量发展: 问题、思路与举措[J]. 管理世界, 38(8): 40-54.

邵记友, 杨忠, 汪涛, 等. 2023. 以领军企业为核心主体的创新链: 结构特征与协同机制[J]. 中国科技论坛, (11): 97-107.

王节祥, 蔡宁, 盛亚. 2018. 龙头企业跨界创业、双平台架构与产业集群生态升级: 基于江苏宜兴"环境医院"模式的案例研究[J]. 中国工业经济, (2): 157-175.

王静一, 王海忠. 2014. 企业社会责任活动中感知伪善的结构与量表开发[J]. 心理科学进展, 22(7): 1075-1083.

王琳, 陈志军. 2020. 价值共创如何影响创新型企业的即兴能力?——基于资源依赖理论的案例研究[J]. 管理世界, 36(11): 96-110, 111, 131.

王永进, 刘灿雷. 2016. 国有企业上游垄断阻碍了中国的经济增长?——基于制造业数据的微观考察[J]. 管理世界, (6): 10-21.

许晖, 邓伟升, 冯永春, 等. 2017. 品牌生态圈成长路径及其机理研究: 云南白药1999~2015年纵向案例研究[J]. 管理世界, (6): 122-140.

杨园争. 2023. 医疗服务获取方式会受到突发公共卫生事件的影响吗?——来自新冠肺炎疫情期间网络问诊采纳意愿方便抽样的证据[J]. 河北师范大学学报（哲学社会科学版）, 2023, 46(3): 142-156.

殷建平, 王泽鹏. 2020. 情怀营销、品牌认同与品牌忠诚的关系[J]. 中国流通经济, 34(9): 109-118.

于春玲, 李飞, 薛镭, 等. 2012. 中国情境下成功品牌延伸影响因素的案例研究[J]. 管理世界, (6): 147-162.

袁帆, 董大海, 金玉芳. 2023. 数字化网络时代品牌资产共建的路径模型: 基于淘宝网的探索性案例研究[J]. 管理案例研究与评论, 16(3): 323-336.

张树满, 原长弘. 2022. 制造业领军企业如何培育关键核心技术持续创新能力?[J]. 科研管理, (4): 103-110.

张文魁. 2021. 我国企业发展政策的历史逻辑与未来取向[J]. 管理世界, 37(12): 15-24, 25, 40.

Aaker D A. 1991. Managing Brand Equity[M]. New York: Free Press.

Aaker D A. 1998. Building Strong Brands[M]. New York: Free Press.

Ailawadi K L, Farris P W. 2017. Managing multi-and omin-channel distribution: metrics and research directions[J]. Journal of Retailing, 93(1): 120-135.

Baskin K. 2012. Corporate DNA[M]. London: Routledge.

Bernard A B, Moxnes A, Saito Y U. 2019. Production networks, geography, and firm performance[J]. Journal of Political Economy, 127(2): 639-688.

Celikyurt U, Williams T M, Netessine S M. 1999. An empirical analysis of the operational implications of product proliferation[J]. Manufacturing & Service Operations Management, 16(2): 223-240.

Chailan C. 2008. Brands Portfolios and competitive advantage: an empirical study[J]. Journal of Product & Brand Management, 17(4): 254-264.

Huang N E, Wu Z H. 2008. A review on Hilbert-Huang transform: method and its applications to geophysical studies[J]. Reviews of Geophysics, 46(2): RG2006.

Inga J, Ruess M, Robens J H, et al. 2023. Human-machine symbiosis: a multivariate perspective for physically coupled human-machine systems[J]. International Journal of Human-Computer Studies, 170: 102926.

Keller K L. 2003. Understanding brands, branding, and brand equity[J]. Journal of Direct Data and Digital Marketing Practice, 5: 7-20.

Keller L. 2009. Building strong brands in a modern marketing communications environment[J]. Journal of Marketing Communications, 15(2/3): 139-155.

Kjellberg H, Helgesson C F. 2007. On the nature of markets and their practices[J]. Marketing Theory, 7(2): 137-162.

Lam S K, Ahearne M, Hu Y, et al. 2010. Resistance to brand switching when a radically new brand is introduced: a social identity theory perspective[J]. Journal of Marketing, 74(6): 128-146.

Lehu J M. 2004. Back to life! Why brands grow old and sometimes die and what managers then do: an exploratory qualitative research put into the French context[J]. Journal of Marketing Communications, 10(6): 133-152.

Lieberman M B, Montgomery D B. 1988. First-mover advantages[J]. Strategic Management Journal, 9(S1): 41-58.

Marshall A. 1920. Principles of Economics[M]. 8th ed. London: Macmillan.

Miller G A. 1956. The magical number seven, plus or minus two: some limits on our capacity for processing information[J]. Psychological Review, 63(2): 81-97.

Nysveen H, Pedersen P E, Skard S. 2013. Brand experiences in service organizations: exploring the individual effects of brand experience dimensions[J]. Journal of Brand Management, 20(5): 404-423.

Phelan S. 2011. Case study research: design and methods[J]. Evaluation & Research in Education,

24(3): 221-222.

Pinar M, Trapp P, Girard T, et al. 2011. Utilizing the brand ecosystem framework in designing branding strategies for higher education[J]. International Journal of Educational Management, 25(7): 724-739.

Schmitz H, Nadvi K. 1999. Clustering and industrialization: introduction[J]. World Development, 27(9): 1503-1514.

Simonin B L, Ruth J A. 1998. Is a company known by the company it keeps? Assessing the spillover effects of brand alliances on consumer brand attitudes[J]. Journal of Marketing Research, 35(1): 30-42.

Timmers P. 1998. Business models for electronic markets[J]. Electronic Markets, 8(2): 3-8.

Yin R K. 2009. Case Study Research: Design and Methods[M]. 4th ed. New York: Sage Publications.

# 第二篇

# 西部地区中小企业领导品牌发展的三大困境

  随着品牌从无到有,逐步走向市场,其面临的挑战也多种多样,复杂多变。在领导品牌形成期,企业往往面临"立不住"的困境,即品牌难以在竞争激烈的市场中稳固立足;领导品牌进入成长期,新的挑战,即"叫不响"便接踵而至。此时如何提升品牌知名度成为企业亟待解决的问题;而到了领导品牌发展期,"做不久"的困境则成为制约品牌长远发展的关键因素,如何在快速变化的市场环境中保持竞争力,实现可持续发展,成为所有企业必须面对的终极考验。对于西部地区的品牌与产业而言,这三大困境尤为突出,亟须我们深入分析并寻找破解之道。

# 第 4 章

# 领导品牌形成期遇到的困境："立不住"

## 4.1 西部地区中小企业领导品牌形成期的现状

在领导品牌形成初期，西部地区中小企业领导品牌展现出了独特且值得关注的现状：企业需要明确品牌的目标和方向是什么，应该以什么样的方式塑造和建立品牌，在此过程中对于产品和服务有着什么样的要求。通过总结发现，西部地区中小企业在品牌形成过程中大多依托当地的资源进行发展，这些资源可能包括丰富的自然资源、深厚的文化底蕴等。借助这些资源的优势，品牌能够逐步以差异化战略形成独特的竞争优势。

### 4.1.1 依托本土资源，聚焦一、二产业

工业和信息化部在推动中小企业高质量发展、促进产业集聚与升级的战略布局下，分别于 2022 年与 2023 年揭晓了两批中小企业特色产业集群名单。这两批特色产业集群的遴选，严格遵循了地域特色鲜明、主导产业突出、优质中小企业集聚、创新能力强劲等标准。入选的中小企业，作为各自省区市的代表性力量，在一定程度上映射出该省区市品牌建设的整体风貌与特色优势。

通过对西部地区入选中小企业特色产业集群的深入分析，发现其品牌集中分布于农业与工业两大领域，深刻反映了西部地区依托其独特的自然资源禀赋和区位条件，积极探索适合自身发展的产业路径。在农业领域，西部地区中小企业充分利用当地优越的自然环境，发展起了一系列具有地域特色和优势的农业产业，如洪丽食品利用青菜头制作风味独特的榨菜、红星美羚培育奶山羊以生产高品质奶粉等，这些产品不仅满足了市场对健康、安全食品的需求，也有效提升了农产品的附加值。而在工业领域，西部地区中小企业更是展现出了非凡的创造力和竞争力，通过深入挖掘矿产、新能源等资源优势，拓普达和皓天科技引进先进技术

和设备，大力发展高端装备制造、生物医药等新兴产业，形成了一批具有核心技术和自主知识产权的特色产业集群，为西部地区乃至全国的经济社会发展注入了新的活力与动力。由此可见西部地区中小企业特色产业集群的崛起，是西部地区依托资源优势、坚持创新驱动、促进产业集聚与升级的生动实践。

### 4.1.2 差异化战略，铸就品牌优势

西部地区拥有丰富的自然资源、深厚的文化底蕴和独特的民族风情，这些都是其他地区难以复制的优势，在此基础上通过树立更高的标准，引进先进技术和管理经验，提升产品的性能等，提升品牌总体竞争力。比如，一些品牌利用西部地区优越的自然优势，不仅注重提高葡萄、果橙、枸杞等特色作物的种植技术，确保其自然成熟，富含营养与糖分，还将其转化为高附加值的葡萄酒、饮品及枸杞保健品，同时一些品牌结合消费者体验，开创生态旅游模式，打造集生产、加工、销售、文化体验于一体的产业链，赋予产品鲜明的区域地理标志和文化内涵。在藏族文化丰富的地区，圣源地毯则巧妙地将传统手工艺与现代科技相结合，利用优质的羊毛原料和先进的生产技术，制造出既具民族特色又符合现代审美的高品质藏毯，既满足了国内外市场对高品质手工艺品的需求，也促进了民族文化的传承与发展。这种基于本土资源的差异化策略，不仅能够增强产品的市场竞争力，还能促进地方经济的发展，实现双赢。

深入挖掘市场需求，发展契合顾客理念的产品服务。西部地区作为我国对外交流的重要节点与通道，对于发展陆路交通，实现多网络运输具有重要意义。企业积极构建物流贸易一体化的供应链管理体系，建设高效运转的物流园区，不仅降低了物流成本，提高了运输效率，还促进了区域内外的经济交流与合作；位于高海拔的西藏空气稀薄，当地人民和游客极易出现缺氧的情况，企业基于市场需求发展制氧产业，保障人民身体健康的同时助推经济的发展。这种基于战略地位和市场需求精准定位的发展模式，使得西部地区的品牌在激烈的市场竞争中脱颖而出，形成了独特的竞争优势。

### 4.1.3 品质至上为核心，构建品牌竞争力

在当今竞争激烈的市场环境中，重视产品品质和构建品牌核心竞争力已成为企业生存与发展的重要基石。要真正将差异化竞争优势转化为品牌的核心竞争力，就必须在产品品质上狠下功夫，以卓越的品质赢得消费者的信赖与忠诚。

重视产品品质，是品牌立足之本。品牌在发展中深知"质量是生命，品质赢

未来"的道理,从原材料的选择到生产流程的每一个环节,都严格把控,确保产品从源头到终端都符合甚至超越消费者的期待。例如,在农产品领域,亿林枸杞不仅注重生态种植,还引入先进的农业技术,提升作物的抗病性和产量;在加工过程中,更是采用科学配方和精细工艺,保留食材的天然风味与营养价值,让消费者在品尝美味的同时,也能感受到企业对品质的执着追求。在工业制造领域,遵义神曲秉持着专业生产理念,深耕几十年的制造技术,以品质保障作为企业生产的指导,达到行业领先水平,不断以高标准要求和衡量产品品质,获得了顾客的认可,在市场上得以立足。

"酒香不怕巷子深",这句话在西部地区企业的发展历程中得到了生动的诠释。当产品品质达到了一定的高度,即使不做过多的市场推广,也能凭借消费者的口碑相传,迅速占领市场。因此,对于西部地区企业来说,坚持品质至上,不断提升品牌核心竞争力,是其在形成期保持领先地位、在市场中"立得住"的关键所在。

## 4.2 西部地区中小企业领导品牌形成期的困境

通过对西部地区中小企业领导品牌的访谈以及前沿品牌管理理论的运用,我们发现,在领导品牌形成期,"立不住"的问题主要反映在品牌定位、产品品质和商业模式三个方面,具体分析如下。

### 4.2.1 品牌定位模糊,品类创新缺乏

里斯和特劳特(2021)认为别具一格的、鲜明生动的品牌能给用户留下深刻的印象,进而在潜在客户的心目中确定一个合适的位置,这是品牌定位的核心。随着品牌定位理论的不断发展,独特的品牌个性塑造以及品牌的整体形象和综合价值等多维度研究受到关注。品牌再定位则是在消费者心智中重构品牌的独特位置,建立新的、强有力的品牌联想,以区别于竞争对手(Keller,2003)。从服务生态系统来看,品牌定位则是与消费者需求、市场动态、技术革新以及整个生态系统的协同进化紧密相连,并非孤立的市场系统。明确的品牌定位能够帮助品牌彰显其独特性,使消费者在众多品牌中将它区分开来并记住它,因此品牌定位对于企业和品牌来说都至关重要。

部分企业以产品类型进行定位,一方面在消费者心智已被先进入的品牌占领的情况下,品牌作为后来者再借助同样的定位建设品牌时,难以改变消费者已经形成的心智模式,不能在消费者心智中占据独特的地位。另一方面是品牌定位强

调品类优势，没有突出品牌的差异性，即与其他品牌的不同之处，弱化了品牌的特征，使消费者不能在众多品牌中快速识别和深刻记忆；同时部分企业定位于打造高端产品，但其产品线中依然存在部分低端产品，这样的布局在一定程度上难以平衡高端与低端产品之间的品牌形象及市场定位，容易造成消费者认知的混乱。更为复杂的是，这些企业在产品价格设定上呈现出参差不齐的态势，高端产品以其独特的价值和稀缺性为支撑，定价往往较高；低端产品定价则相对较低。价格的明显差异在产品实际体验或功能差异不显著的情况下，容易引发消费者的疑虑和不满。模糊的定位和形象不仅淡化品牌特色，削弱其辨识度，还影响到消费者的认知并对其造成困惑，减少其购买欲望，因此当消费者产生相关需求时，可能不会坚定地选择这类品牌。在定位过程中对品牌认知不够清晰，多类产品混杂，造成消费者认知混乱，同时复杂的定位使企业无法专注某一具体领域，难以获取头部品牌身份，成为品类级品牌，无法在消费者心智中占据有利地位。

### 4.2.2 品质标准参差，影响消费认知

产品品质是衡量产品满足特定规格和消费者期望的关键指标，涵盖了性能、功能、可靠性、耐用性和外观等多个方面，同时也是企业战略的核心，它影响产品设计、功能选择、供应商和材料选择的标准，以及实现世界级性能的关键因素（Kenyon and Sen，2015）。通过优化产品性能、功能等来提升品质，同时持续的产品创新也是保持产品品质的关键。

部分学者认为可以通过提升产品功能性、耐用性等实用角度提升产品品质，同时也可以通过美化产品这个观赏性角度进行（Garvin，1984；Radford and Bloch，2011；Kenyon and Sen，2015）。不管从哪个角度看，产品创新都是维持产品品质的重要举措。同时消费者感知产品创新性是产品品质的重要方面，即让消费者体会到产品是不断创新与发展来保证高质量的产品品质。企业并非自成立起便能自然而然地保证产品的优秀品质，这是一个循序渐进、不断精进的过程，它要求企业在激烈的市场竞争中持续地进行探索与创新，不断寻求技术上的飞跃和管理上的优化。

然而部分品牌曾经在创新性提升产品品质方面还较为欠缺。例如，在农业品牌发展过程中以往普遍依赖人工对果子进行筛选，这样原始的方式一方面无法对果子的大小进行统一的标准划分，另一方面无法衡量果子的糖度，使得产品品质不一，严重影响消费者对产品及品牌的印象。另外，部分企业在进行企业产品转型升级过程中自顾自地进行创新，忽视了消费者真正的需求。对于消费者来说，这样的产品明显不符合自己的消费预期，即使运用再昂贵的材料、高超的技术，

也是品质无法保障的产品。

### 4.2.3 价值主张模糊，盈利机制滞后

商业模式是为企业组织进行价值创造的方法和逻辑，是由产品或服务的设计、生产流程、市场渠道、客户关系、成本结构以及收入来源等多个决策变量相互作用构成的动态系统（Timmers，1998）。商业模式创新则是企业基于全新的价值主张，对价值创造、传递及获取机制进行全面而深刻的重构（陈劲等，2022），需要迅速捕捉市场变化并做出相应调整。清晰且合适的商业模式能够为企业指明发展方向，确保企业在提供有价值的产品或服务的同时，实现可持续的盈利增长，且企业持续的创新和发展能力则是企业保持竞争优势的关键。

许多企业都曾面临着新技术对传统生产方式的冲击，人工制造过程中过度依赖工人的技能与经验，不仅生产效率较低，且产品质量受人为因素影响较大。这不仅反映了企业价值主张层面的滞后，未能根据实际情况和行业趋势及时调整企业战略，指导企业的价值创造，而且原有的生产方式已然不是适应时代发展的价值创造方式，其生产的产品、提供的服务就不能精准地满足市场需求；此外在落后的商业模式下，企业的盈利模式往往也并非最有效的，会造成企业的竞争力减弱，影响市场份额。同时从价值传递的角度看，大多数企业都涉及产品服务的销售和传播环节，但尚未建立整体性的传递模式，仅停留在将产品售出的层面，并且没有重视消费者在价值传递过程中的重要作用，未与消费者建立联系，不利于企业商业模式的持续盈利和发展。

部分企业的价值主张不清晰，只停留于业务范围与经营业务的描述，而非从指导企业整体发展的角度出发。此外，企业的价值主张独特性不足，不能体现企业商业模式的独特之处；价值创造方式的落后则阻碍了企业生产能力的提升，削弱了企业的市场竞争力；闭塞的价值传递渠道则影响企业品牌的传播，使品牌在市场上不能占据有利地位，从而影响盈利。

<h1 style="text-align:center">参 考 文 献</h1>

陈劲，杨洋，于君博. 2022. 商业模式创新研究综述与展望[J]. 软科学, 36(4): 1-7.
里斯 A, 特劳特 J. 2021. 定位: 争夺用户心智的战争[M]. 经典重译版. 邓德隆, 火华强, 译. 北京: 机械工业出版社.
Garvin D A. 1984. What does 'product quality' really mean?[J]. Sloan Management Review, 26(1): 25-43.
Keller K L. 2003. Understanding brands, branding, and brand equity[J]. Journal of Direct Data and

Digital Marketing Practice, 5: 7-20.

Kenyon G N, Sen K C. 2015. The dimensions of product quality[M]//Kenyon G N, Sen K C. The Perception of Quality. London: Springer: 173-178.

Mina V L F, Franco M M V, de Souza Pinto J, et al. 2018. Business model innovation influencing factors: an integrative literature review[J]. Brazilian Journal of Operations & Production Management, 15(4): 610-617.

Radford S K, Bloch P H. 2011. Linking innovation to design: consumer responses to visual product newness[J]. Journal of Product Innovation Management, 28(1): 208-220.

Timmers P. 1998. Business models for electronic markets[J]. Electronic Markets, 8(2): 3-8.

# 第 5 章
# 领导品牌成长期遇到的困境:"叫不响"

领导品牌成长期,作为品牌生命周期中承前启后的阶段,是企业深化品牌形象、拓展市场份额、增强品牌影响力的关键时期。然而,即便是已成功迈进品牌形成期门槛的西部地区中小企业,在品牌发展的道路上也常遇"叫不响"的瓶颈,具体表现为品牌难以在信息爆炸的市场中突出重围,无法进一步拓展市场、难以触动消费群体的心弦,缺乏深度共鸣。

为有效应对这些挑战,我们需要对西部地区中小企业在成长期的现状进行深入剖析。通过搜集企业资料、进行深度访谈以及运用前沿品牌管理理论,我们可以整理出这些企业在品牌不断成长过程中所面临的挑战和困难。这些资料和数据不仅反映了企业的实际情况,也为后续的问题分析和建议提供了有力支撑。

## 5.1 西部地区中小企业领导品牌成长期的现状

当品牌步入成长期,西部地区中小企业领导品牌展现出了更为强劲的增长势头与独特的市场活力。在这一阶段,企业开始聚焦于如何将品牌推向新的高度,实现更广泛的市场覆盖和更深层次的消费者连接。企业需不断优化品牌塑造与传播策略,通过多元化的渠道和创新的手段,提升品牌的知名度和美誉度。在此过程中,品牌故事的深化、品牌形象的升级以及品牌文化的积淀成为重中之重,它们共同构建了品牌独特的价值体系,吸引着与品牌理念相契合的消费者群体。通过总结发现,西部地区中小企业领导品牌在成长过程中品牌传播范围集中在本地和周边区域,并且影响深远;通过多种形式的联盟合作,有效提升品牌竞争力,促进协同发展;将优质的产品与深厚的企业文化相结合,实现客户持续购买,提升品牌影响力。

### 5.1.1 精准聚焦，深度传播显成效

通过对企业传播策略的分析发现大多数企业都采取了一种既务实又高效的传播路径，它们并非盲目地追求大而全的覆盖，而是精准地聚焦于核心客户群体，达到深而精的传播，这一策略不仅符合其资源禀赋和市场定位，也有效降低了营销成本，提升了市场响应速度。

由于西部地区中小企业大多依托当地优势资源发展，其产品或服务往往与本地经济、生活习惯紧密相连，因此其目标客户群体也主要集中在本地及周边区域。这种客户集中性使得企业在品牌传播时能够更加精准地定位受众，采用更加贴近消费者需求的传播策略，从而提高了传播的有效性和针对性。与大型企业相比，西部地区中小企业在资金、人才等方面往往处于劣势地位，难以承担大规模、广覆盖的品牌宣传费用。因此，它们更多地依赖于口碑传播，使品牌迅速在亲朋好友间传播开来；设立线下实体店直观地展示产品和提供服务体验，直接触达并吸引核心客户群体；同时借助电商平台、社交媒体等低成本且高效率的传播方式，尽管传播范围有限，但往往能够深入目标受众的内心，产生强烈的共鸣和认同感，从而实现品牌传播的"影响深"。

客户的集中性以及传播方式效果的有限性，共同促使西部地区中小企业的品牌传播呈现出范围小而力度深的特点。这种特点虽然限制了品牌传播的广度，但却在深度上实现了突破，让品牌信息更加深入人心，为企业的长远发展奠定了坚实的基础。

### 5.1.2 联盟合作，拓宽商业版图

中小企业深知单打独斗已难以满足日益激烈的市场竞争需求，因此纷纷采取多种联盟策略，以更加开放和协同的姿态来深度挖掘并增强品牌的综合竞争力，这体现在跨界合作、激发创新活力、共同开拓新的市场蓝海等多方面。

企业积极寻求与科研机构、高等院校等智力密集型的合作伙伴建立紧密的联盟关系，为企业带来了源源不断的创新动力，也为企业品牌的科技创新形象树立了标杆。通过这种联盟，品牌能够第一时间接触到最前沿的科技成果，提升产品的科技含量，从而在产品形式上实现突破，引领行业潮流。同时与高等院校的合作还涵盖了人才培养、学术交流等多个层面，为企业注入了新鲜血液，提升了整体技术实力和服务水平。企业还致力于与业务相关的品牌建立战略联盟。这种基于共同利益和市场需求的联盟，旨在通过联盟实现经济效益最大化，达到多赢的局面。具体来说，联盟成员可以通过联合宣传的方式，共同扩大品牌影响力和市

场份额，提升品牌知名度和美誉度；同时通过减少中间交易环节，优化供应链管理，企业能够显著提升运营效率，降低成本，增强市场竞争力。

总之，企业通过多种形式的联盟合作，不仅能够有效提升品牌的竞争力，还能够促进产业的协同发展，推动整个行业的转型升级。这种开放包容、合作共赢的理念，正成为现代企业发展的重要趋势和必然选择。

### 5.1.3　深耕品牌文化，筑牢品牌忠诚度

在企业的成长历程中，客户的持续购买行为不仅是企业稳健前行的重要基石，更是其在激烈的市场竞争中保持领先地位的关键驱动力，为企业的品牌塑造注入了不竭的活力。

优质的产品，作为企业与客户之间最直接的沟通桥梁，是赢得客户信任与忠诚的首要条件。企业不断追求卓越，从设计、研发到生产，每一个环节都力求精益求精，确保产品不仅功能强大、性能卓越，更能深刻洞察并满足客户的多元化需求。这种对品质的极致追求，不仅能让客户在使用过程中收获良好的体验，更能激发他们对品牌的深度认同与依赖，从而促成一次又一次的回购行为。而企业文化则是企业灵魂的体现，吸引着广大消费者、志同道合的合作伙伴，并且能够激发员工的归属感和自豪感，促进团队协作与创新能力的提升；同时它也能通过对外传播，展现企业的独特魅力和社会责任感，吸引更多潜在客户的关注与信赖。企业文化与品牌价值高度契合，形成独特的品牌个性时，便在消费者心中树立起鲜明的品牌形象，进一步提升企业的知名度和美誉度。

因此将优质的产品与深厚的品牌文化相结合，是实现客户持续购买、保持竞争优势、提升品牌影响力的核心策略，使企业能在激烈的市场竞争中脱颖而出，赢得更加辉煌的未来。

## 5.2　西部地区中小企业领导品牌成长期的困境

通过对西部地区中小企业领导品牌的访谈以及前沿品牌管理理论的运用，我们发现，在领导品牌成长期，"叫不响"的问题主要反映在品牌传播、品牌联盟和品牌共鸣三个方面，具体分析如下。

### 5.2.1　传播媒介整合弱，品牌声量待提升

全媒介品牌传播是企业通过整合多种零售渠道来满足消费者的综合体验需求

（李飞，2014），强调线上与线下渠道相结合，以不同的交互方式提供无缝的顾客体验。重要的传播渠道包括线下实体店、网站、广告宣传、社交媒体等，意在通过向消费者传递品牌信息、促使消费者购买并保持品牌记忆（de Chernatony and Riley，1997），这是一个长期维系品牌与消费者关系的过程。全媒介品牌传播不仅能够提高品牌知名度和增强客户信任度，还能借助某些渠道让企业了解用户需求、促进用户参与和创新。

对于大部分企业来说官网都是建立品牌必不可少的阶段，有助于帮助客户了解企业的基本信息、产品详情、企业实力等。部分企业官网的缺失首先削弱了品牌的传播效果，不能够很好地吸引客户，影响企业知名度的进一步提升；此外还可能使客户对企业的专业性和真实性产生怀疑，让消费者觉得企业不够正规，缺乏必要的透明度和可信度，不利于品牌与顾客之间建立信任。同时部分企业的官网成立多年却仍采用老旧模式，缺乏新意和吸引力，这使得用户体验大打折扣。更为关键的是，一些官网对品牌的展示也十分有限，内容不够充分，无法充分展现企业的实力和优势，容易错失潜在的客户。

同时部分企业对于自媒体传播还不够重视，在互联网高度发达的时代，自媒体运营已经成为企业连接消费者、洞察市场需求的重要桥梁，通过自媒体平台，企业可以与顾客进行实时互动，及时洞察其需求变化，并将前端收集到的信息反馈给后端，对产品及服务的调整做出指导。部分企业在自媒体传播渠道的过程中仅将它作为一种单向传递信息和塑造形象的平台，未充分利用其与顾客进行双向沟通与交流，可能无法及时捕捉到市场趋势和消费者需求的变化，导致营销策略的滞后。

品牌传播重点在于多种媒介的整合和有效利用，而品牌在构建传播体系过程中，或多或少地有所缺失，传播覆盖面不够充分，涉及的受众也不够广泛，影响企业知名度的提升。在已经形成的传播渠道中品牌对渠道的利用还不够充分，未能及时更新品牌动态以及与现有或潜在的顾客互动，同时存在各渠道传播信息不一致、真假信息混杂的情况，损害品牌形象，降低顾客信任度，更容易产生负面的口碑传播，带来持续性的顾客丢失，不利于企业的发展。

### 5.2.2 联盟形式较单一，合作广度待拓展

郭锐等（2010）学者指出，品牌联盟是两个或两个以上现有企业品牌之间的联合形式，旨在通过整合各自的优势资源，形成单个品牌所难以企及的竞争优势。通过品牌联盟，企业可以互相借鉴先进经验、共同开发新产品、拓展新市场，形成优势互补和协同效应，并在激烈的市场竞争中保持领先地位，贯穿从

产品概念孵化、设计开发、生产制造到市场营销、售后服务等各个环节。在形成品牌联盟的情况下，一个品牌的市场表现、声誉或形象会对另一个品牌产生直接或间接的影响（简予繁等，2021），这种影响可能是积极的也可能是消极的，这种由品牌联盟产生的溢出效应让品牌之间变得更加紧密相连。目前大部分企业对于品牌联盟的含义存在误解，品牌联盟并不是一味攀附大品牌，通过获得其他品牌的扶持来提升自身品牌的价值，同时品牌联盟并不是单纯的资源对接和商业合作，而应涉及品牌层面的联合开发和宣传等，形成优势互补和协同效应。

从企业的联盟情况来看，目前同级的互补型联盟居多，借助上位品牌优势宣传品牌以及通过杠杆获取资源的意识不强。企业以同类型的联盟为主且范围较小，这意味着参与的品牌数量较少，且涉及的行业、领域少，不仅限制了联盟内部资源的丰富性和多样性，也限制了其影响力扩大的潜力；同时企业与其他行业的互动较少，限制了品牌多元化发展的可能性。企业联盟的侧重点也各有不同，有些企业倾向于与高校及科研机构合作，但缺乏市场化的商业联盟，有的企业则重视与属性类似的企业进行联盟，缺少信息共享、技术交流等方面的联盟。单一的品牌联盟对于企业来说都存在一定的局限性，只是销售关系的联盟，停留在供应与经销的关系层面，并且着眼于单一的销售领域，涉及的合作层次浅，难以形成长期稳定的合作生态和持久的竞争优势。

品牌联盟单一和范围小的问题，对于初创品牌来说十分典型，低层次的联盟形式是远远不够的，对于深层次的共同开发新产品、拓展新市场、降低运营成本等方面还有所欠缺；同时大部分企业的联盟仅涉及与业务有关的同领域品牌，与属性不同的品牌进行跨行业的联盟较少，限制了品牌进一步扩大新市场的潜力；另外品牌在联盟时对于高位品牌的"借势"能力还有待加强，不能仅局限于同等地位以及更低地位的品牌联盟，而需要发挥杠杆作用，撬动更多更有利的资源为自己所用。

## 5.2.3　情感互动较消极，品牌共鸣需深化

品牌共鸣是消费者对品牌的心理和行为上的忠诚（Chokpitakkul and Anantachart，2020），是顾客与品牌之间终极关系的象征。品牌共鸣通常表现为行为忠诚、态度依附、社区归属感和主动介入四个方面（Keller，2014），即持续购买该品牌产品、对品牌的情感态度和依附、对品牌社区的归属感、对品牌的深度参与和投入。实现品牌共鸣能够帮助品牌与消费者建立起深层次的情感联系和持久的关系。

尽管许多企业通过提供稳定和高质量的产品及服务与客户追求品质的价值观相契合，大部分客户也呈现出持续购买的行为，但当价格更低的仿制产品出现时，一些客户依旧抵不住诱惑去购买，因此情感联系作为品牌与顾客之间产生共鸣的桥梁则显得更为重要。这种共鸣不仅体现在情感上的依赖，也表现在愿意花费比其他产品更高的价格来支持品牌，产生行为忠诚。然而部分企业所依赖的品牌名称、产品的质量价格等远不足以建立起深厚的情感联系。承载着品牌文化的品牌故事是连接企业与消费者、合作伙伴乃至整个社会的情感纽带，它赋予品牌以独特的个性和生命力，一旦与顾客的内在需求达到契合，顾客就会发出"这正是我想要的"的感慨，在心中认定品牌。然而目前部分企业在建立品牌与顾客情感上的联系方面还依然欠缺，同时目前品牌与顾客的互动还比较匮乏。

品牌形象并不是冷冰冰的文字和标识能够充分展现的，需要通过与客户的多方位交流以及互动来传递，通过及时回复客户真正关心的问题、以聊天的形式拉近距离，能够提升品牌在客户心中的可信度，同时促进顾客对品牌的归属感形成。部分品牌忽视了与消费者进行深层次、多维度交流的重要性，使客户难以触及品牌背后的价值观、文化理念及社会责任感，从而导致他们无法全面且深刻地理解和认同品牌的核心魅力以及找到个人情感的共鸣点，进而难以形成对品牌的特有归属感和依赖感。

企业在成长过程中常常借助技术和产品优势等实体资源进行宣传，但缺少深厚的企业文化内涵、独特的价值理念和有吸引力的品牌故事，难以触及消费者的情感，无法形成共鸣；同时企业与消费者的互动还不够充分，消费者无法深刻理解和认同品牌，与企业之间难以形成特有的归属感和依赖感，无法形成品牌忠诚，难以在众多品牌中脱颖而出。

# 参 考 文 献

郭锐, 严良, 苏晨汀, 等. 2010. 不对称品牌联盟对弱势品牌稀释研究："攀龙附凤"还是"引火烧身"？[J]. 中国软科学, (2): 132-141.

简予繁, 朱丽雅, 周志民. 2021. 品牌跨界联合态度的生成机制：基于消费者灵感理论视角[J]. 南开管理评论, 24(2): 25-38.

李飞. 2014. 全渠道营销理论：三论迎接中国多渠道零售革命风暴[J]. 北京工商大学学报（社会科学版）, 29(3): 1-12.

史范隽. 2012. 奔驰汽车中国市场品牌联合策略[D]. 上海：上海交通大学.

Chokpitakkul N, Anantachart S. 2020. Developing and validating a scale of consumer-based brand equity for SMEs: evidence from Thailand[J]. Journal of Small Business and Enterprise Development, 27(3): 383-404.

de Chernatony L, Riley F D. 1997. The chasm between managers' and consumers' views of brands: the experts' perspectives[J]. Journal of Strategic Marketing, 5(2): 89-104.

Keller K L. 2014. Strategic Brand Management[M]. London: Pearson Education.

Kumar V, Pansari A. 2016. Competitive advantage through engagement[J]. Journal of Marketing Research, 53(4): 497-514.

# 第 6 章

# 领导品牌发展期遇到的困境："做不久"

在领导品牌发展期，企业的目标则是实现长远且持续地发展，然而在品牌发展的道路上也常遇"做不久"的瓶颈，具体表现为在不断变化的市场环境中品牌难以保持持续的竞争优势，难以形成稳定的消费群体和市场占有率。

为充分应对这些挑战，我们需要对西部地区中小企业领导品牌在发展期的现状进行深入剖析。通过搜集企业资料、进行深度访谈以及运用前沿品牌管理理论，我们可以整理出这些企业在品牌持续发展过程中所面临的挑战和困难。这些资料和数据不仅反映了企业的实际情况，也为后续的问题分析和建议提供了有力支撑。

## 6.1 西部地区中小企业领导品牌发展期的现状

当领导品牌进入发展期，西部地区中小企业领导品牌逐渐展现出稳固的市场地位与独特的品牌魅力，在这一阶段，企业致力于将品牌推向新的巅峰，不仅实现了市场的全面渗透，更深化了与消费者的情感纽带。企业不断提升产品服务体验，确保每一项产品与服务都能精准对接市场需求，满足甚至超越客户的期待；企业持续增强品牌的认同度与好感度，确保品牌的长久发展；构建独特且联系紧密的生态系统，促进协同发展。

### 6.1.1 提升顾客体验，满足客户期待

提升顾客体验，满足客户期待，是企业在发展期追求的核心目标之一。这一过程不仅仅是简单的服务升级或产品优化，还需要全方位、多维度地增强客户与品牌之间的连接和互动。

许多企业都建立了较为有效的客户反馈机制，通过市场调研、在线评价等多

种渠道收集客户意见与建议,深入了解并准确把握客户的需求与期望,为后续的产品与服务改进提供有力支持;在此基础上不断优化产品设计与服务流程,包括提升产品的功能性、耐用性,简化操作步骤、缩短响应时间、提高服务质量等,确保产品能够精准满足客户的实际需求的同时使客户感受到便捷与舒适;企业还注重个性化与定制化服务的提供,借助大数据、人工智能等先进技术,为客户提供更加精准、个性化的服务体验。例如,易点天下根据客户的购买历史、浏览行为等数据,为客户推荐符合其兴趣与需求的产品或服务。在提升顾客体验的过程中,企业还注重情感连接的建立与维护,青羊工业常举办客户活动、提供关怀服务等让客户对品牌产生深厚的情感认同与归属感,增强客户的品牌忠诚度与满意度,还能够为企业赢得良好的口碑与声誉。

总之,提升顾客体验、满足客户期待是企业持续发展的关键所在。企业需要以客户需求为中心,不断优化产品设计与服务流程;注重个性化与定制化服务的提供;同时建立和维护与客户之间的情感连接。只有这样,企业才能在激烈的市场竞争中脱颖而出,赢得客户的信任与支持。

## 6.1.2 多方认同强化,品牌忠诚度提升

企业需要获得并持续增强多方利益相关者对品牌的认同度与好感度,这是品牌能够稳固市场地位、实现长久发展的重要因素。

首先,聚焦于提供独特且满足客户需求的优质的产品与服务,是赢得顾客认同的关键。圣源地毯则密切关注顾客需求变化,通过持续创新和技术升级,打造出具有差异化竞争优势的产品和服务赢得客户认同。其次,企业力求高品质的目标获得了那些能够供应优质产品原材料的供应商,以及能够提供良好服务的经销商的认同,因为这种以"高品质"为价值主张的合作关系,不仅确保了产品从源头到终端的每一个环节都符合高标准,还共同塑造了一个值得信赖、追求卓越的品牌形象,并且企业将员工的职业规划与发展视为己任。例如,皓天科技为员工提供到大学学习的机会、良好的工作环境和福利待遇,激励员工积极贯彻和践行企业的发展目标。这种以人为本的管理理念,有助于建立一支忠诚度高、凝聚力强的员工队伍,将为品牌的长期发展提供源源不断的动力。此外,企业还积极履行社会责任,展现合规经营的态度。多家企业高管积极担当社会责任,主动融入政策制定过程,贡献行业洞察与策略建议,这不仅能够赢得政府的信任与支持,还能借助政府资源推动自身发展。同时企业也以优异的经济表现回馈于社会,参与公益事业等社会活动,提升品牌形象和社会声誉,进一步增强政府等多方利益相关者对品牌的认同度。

### 6.1.3 生态系统构建，协同发展共赢

在日益复杂且多变的商业环境中，企业将自身定位为一个多元主体交织的复杂生态系统中的核心参与者，主动拥抱并融入这一生态系统，积极寻求与各方利益相关者的深度合作与协同。这一战略视野不仅体现了企业对外部环境的高度敏感性和适应性，更是其追求长期竞争优势与可持续发展的关键路径。

为了实现进一步的协同发展，企业通过技术合作加速了技术创新与产品迭代的步伐，降低了企业在研发上的独立成本，还促进了新技术、新工艺的快速应用，提高了生产效率和产品质量；同时帮助企业拓宽了销售网络，触达了更广泛的消费群体，进一步提升了市场份额和品牌影响力。在品牌价值共创方面，企业更是展现出了前所未有的开放性和包容性，邀请各利益相关者共同参与品牌建设的全过程，将他们的智慧、资源和经验融入其中，这不仅丰富了品牌内涵，更提升了品牌的市场吸引力和认同感。

为了维护这一复杂生态系统的健康与稳定，企业还建立了完善的生态治理机制，包括清晰明确的合作规则与标准，确保各方在合作过程中有章可循、有据可依；设立纠纷调解机制，及时妥善处理合作过程中可能出现的各种矛盾与冲突。通过这些措施，企业有效保障了各利益相关者的合法权益，促进了合作关系的和谐与稳定。

综上所述，企业通过积极构建并维护一个包含多元主体的复杂生态系统，实现了与各方利益相关者的深度融合与协同发展。这一战略不仅提高了市场竞争力，还增强了品牌的市场影响力与竞争力，为企业的可持续发展奠定了坚实的基础。同时，完善的生态治理机制也为生态系统的健康与稳定提供了有力保障，促进了各参与方的共同成长与繁荣。

## 6.2 西部地区中小企业领导品牌发展期的困境

通过对西部地区中小企业领导品牌的访谈以及前沿品牌管理理论的运用，我们发现，在领导品牌发展期，"做不久"的问题主要反映在接触点体验管理、多元品牌认同、品牌生态系统三个方面，具体分析如下。

### 6.2.1 接触点布局失当，客户体验待优化

接触点体验管理是客户体验管理的一个分支，通过聚焦于顾客与企业接触的每一个触点，从整体上设计顾客从预购到购买再到售后的体验过程，来帮助顾客

感知品牌以及企业传递价值和建立关系，最终达到维持顾客忠诚度的目的。企业常常利用新技术和新工具，如人工智能等来提升接触点体验管理的效率；运用社交媒体监测等多种渠道收集客户的反馈和意见来优化接触点体验管理的服务；统一和美化接触点的视觉设计来吸引目标受众的注意。

大部分企业都建立了与客户的沟通渠道，能够快速地解答顾客的疑问，使其充分了解产品和品牌，同时在售后能够收集到顾客对于产品的评价和意见，为产品的改进和完善提供指导，然而有些企业在接触点方面仍存在不足。一方面，企业建立的客户与企业之间的沟通平台还不够完善，如依靠微信群建立与客户的联系，从客户对话中信息收集对产品的反馈，这种方式比较耗费人力，并且效率较低，关键信息可能被群聊中的其他对话打断和淹没；另一方面，客户面对这种公开的反馈可能不愿意表达意见以及对于产品的建议较为保守，影响信息的有效性。部分企业在接触点体验管理建设时引入 AI 直播、机器人客服等形式提升与客户交流的及时性和效率，但存在答非所问、回答僵硬等情况，并且客户接受度不高，这样的接触点形式容易让客户心生抵触，对品牌产生负面的印象。

企业在布局接触点体验管理过程中布局不够完善，接触点停留于表面，未触及消费者能够反映真实信息的层面，同时新兴技术的发展驱使着接触点的多样性和便利性，但是并非所有创新下的产物都能够被消费者接受，企业应权衡各接触点的利弊后选择性地使用，同时对于客户亲身体验的接触点，部分企业尚未布局。

## 6.2.2 身份价值错位，认同构建遇阻

多元品牌认同是指外部利益相关者对企业的认同，这包括消费者、中间商、供应商和影响者等多方外部利益相关者对企业的认同（李纯青等，2018），既包含对组织目标的实现产生影响的个人或群体，又涵盖了其自身利益会因组织目标的实现而受到影响的个人或群体。企业与消费者之间的认同构建，需要实现企业特性与消费者自我认知特征之间的共鸣与匹配（Bhattacharya and Sen, 2003）；对于企业与其他外部利益相关者而言，其本质则在于对身份的共同认知和接纳。建立认同则需要通过情感叙述的共鸣、认同重置工作等手段，以建立共同的价值观和情感联系（李纯青等，2018）。

员工认同是品牌获得多元认同的重要方面，同时也是促进其他主体形成认同的因素之一，然而部分企业中，工作十几年的员工出现了大量离职的情况，一方面是因为品牌价值观与个人价值观的不匹配，随着员工在企业中工作年限的增加，他们对企业品牌所代表的价值观和理念有了更深入的理解与体验，在这个过程中，员工发现企业的品牌价值观与个人的价值观存在较大的偏差，或者企业未能持续

践行其宣传的价值观，那么这种不匹配则会导致员工对企业品牌的认同度下降，进而产生离职的念头；另一方面则是品牌内部认同感的缺失，企业在内部管理中存在不公、不尊重员工、缺乏沟通等问题，那么员工可能会感到自己并未被企业真正认可和重视，认为自己并不是企业需要的员工，会削弱其对企业品牌的忠诚度和归属感，增加其离职的风险。

部分企业也存在与客户终止合作的情况，这不仅对企业的经营造成损失，损害了企业先前建立的品牌身份，也影响着其他利益相关者对企业的认同。其认同的缺失主要在于双方企业文化、战略愿景、经营理念等利益需求与价值主张的不匹配，使得双方在合作过程中难以形成高效的沟通机制、共同的目标导向以及稳定的协同效应，最终导致了合作的破裂，这也说明了该企业在构建品牌身份时未能触及顾客的核心利益需求，以至于不能得到客户的长期认同。

企业在发展过程中构建的品牌身份与利益相关者的需要不匹配、价值主张不吻合等问题都可能导致不能获得其认同；并且同样的身份在面对不同利益相关者时，可能会出现不契合的情况，其原因在于不同利益相关者的需要不同，而企业也应根据不同的主体，以不同的身份对应，找到契合点，实现认同；此外应重视多元化的利益相关者认同，不能局限于某一主体，缺失的认同可能会对企业构建的身份形成威胁，损害企业在利益相关者面前的形象，不利于长期发展优势的形成。

### 6.2.3 合作深度不足，生态系统不成熟

品牌生态系统被视为一个复杂、动态且充满活力的有机组织（Winkler，1999），包括品牌产品、企业、股东、供应商、顾客、中间商、竞争者、金融机构、媒体、政府及社会公众等多个维度（张燚等，2013）。品牌生态系统强调各成员的合作共赢，通过技术整合、跨界创新、战略协同等方式构建长期竞争优势（王兴元，2006）。

品牌生态系统中的各主体之间的关系远非简单的商业交易能涵盖的，它们更像是一个错综复杂的、相互依存的生态网络，其核心在于实现多方共赢的局面。在系统中，各主体不仅追求自身利益的最大化，更致力于整个生态系统的繁荣与成长。品牌生态系统鼓励成员间开放合作，基于共同的发展愿景和战略目标，制定协同作战的策略，这种协同不仅体现在市场营销、渠道拓展等前端环节，还体现在共同研发新产品以及资源跨品牌、跨行业流动方面，并且可以通过跨界创新为品牌生态系统注入新的活力，催生出新增长点，提升市场竞争力。然而部分企业生态系统建设过程中各主体仍然处于较为独立的状态，仅存在业务上的往来，

各主体之间缺乏深层次、多维度的合作与融合，导致生态系统内资源流动不畅，协同效应难以充分发挥，其带来的弊端也是多方面的。信息共享不足和市场洞察未能有效流通会限制决策的科学性与及时性；各主体难以形成合力推动产业升级；供应链协同不够紧密，影响整体运营效率和响应速度；文化融合与价值观共识的缺失，使得各主体凝聚力和稳定性降低。

企业在品牌生态系统建设过程中往往只立足于商业关系的合作，处于孤立和碎片化的状态，忽视了生态系统中各主体在资源流通及共享、技术及新品的创新等多方面的协同发展；同时生态系统中价值共识的缺失使合作变得功利化，缺乏共同进退、互帮互助的精神，在利益点变更的情况下容易造成生态系统的破坏。因此要推动企业生态系统向更加成熟、高效的方向发展，加强各主体之间的深度交流与合作，通过构建开放共享的信息平台、建立互利共赢的合作模式、优化供应链管理体系以及促进文化融合与价值认同，实现资源的高效配置与共享，激发创新活力，共同应对市场挑战，推动生态系统整体竞争力的提升。

# 参 考 文 献

李纯青, 吕俊峰, 马宝龙, 等. 2018. 多元企业认同的身份构建及其张力调和机理[J]. 心理科学进展, 26(8): 1331-1348.

王兴元. 2006. 品牌生态系统结构及其适应复杂性探讨[J]. 科技进步与对策, (2): 85-88.

张燚, 张锐, 刘进平. 2013. 品牌生态理论与管理方法研究[M]. 北京: 中国经济出版社.

Bhattacharya C B, Sen S. 2003. Consumer-company identification: a framework for understanding consumers relationships with companies[J]. Journal of Marketing, 67(4): 76-88.

Winkler A. 1999. Warp-Speed Branding: The Impact of Technology on Marketing[M]. New York: Wiley.

## 第三篇

# 西部地区中小企业领导品牌发展困境的解决方案

# 第 7 章

# 西部地区中小企业领导品牌如何在形成期"立得住"

## 7.1 解决领导品牌形成期困境的理论基础

### 7.1.1 品牌定位

1. 品牌定位及其发展历程

品牌定位最初萌芽于市场营销的实践之中,旨在帮助企业在激烈的市场竞争中脱颖而出。20 世纪 60 年代,USP(unique selling proposition,独特的销售主张)理论的提出标志着品牌定位思想的初步形成。USP 理论由罗瑟·瑞夫斯提出,强调产品必须向消费者传达其独特的销售主张,这一理论为品牌定位奠定了基础,即产品需通过独特卖点吸引消费者注意。随着市场竞争的日益激烈,品牌形象逐渐成为品牌建设的核心。

进入 20 世纪 70 年代,里斯和特劳特(2017)共同提出了品牌定位理论,标志着品牌定位正式成为市场营销的重要理论之一。他们认为,品牌定位应从消费者心理出发,而非产品本身,强调在消费者心中建立品牌的独特形象。品牌定位与 STP(市场细分 market segmenting、目标市场选择 market targeting、市场定位 market positioning)理论的结合,为企业制定系统性的市场策略提供了有力支持。品牌定位作为 STP 理论的重要组成部分,通过精准的市场定位和差异化策略,帮助企业更好地满足消费者需求,提高市场竞争力。

进入 20 世纪 90 年代,品牌定位理论进一步发展,开始更加关注品牌与消费者之间的情感联系和品牌个性的塑造。科特勒(1997)等学者指出,品牌不仅是产品的标识,更是企业与消费者之间情感联系的纽带。随着互联网和数字技术的飞速发展，品牌定位开始融入更多数字化元素，数字化时代为企业提供了更广阔的品牌传播渠道和互动平台。企业通过线上渠道与消费者建立联系和互动，实现品牌信息的快速传播和精准营销。数字化技术不仅丰富了品牌定位的手段和方式，也为企业提供了更多创新性的品牌定位策略。

进入 21 世纪，品牌定位不再局限于传统的市场定位，而是扩展到了品牌故事、品牌文化、社会责任等多个维度。科特勒（1997）和 Keller（2003）等学者指出，品牌定位应关注品牌的整体形象和综合价值，通过讲述品牌故事、传承品牌文化、履行社会责任等方式，提升品牌的综合竞争力和市场影响力。近年来，品牌定位开始考虑与新技术如人工智能的共演关系。企业应积极探索品牌与技术的共演关系，通过技术创新实现品牌价值的共创和提升。

2. 品牌再定位

品牌再定位是品牌管理中的一项战略性举措，对于应对市场环境的变化、消费者需求的演进以及品牌发展中的挑战至关重要。品牌再定位的动因可能源于市场环境的快速变化、消费者偏好的微妙转变，或是品牌在成长过程中遇到的瓶颈与挑战（Keller，1993）。这一过程的核心目标是在消费者心智中重构品牌的独特位置，建立新的、强有力的品牌联想，以区别于竞争对手（Keller，2003）。

品牌再定位的过程开始于对现有品牌定位的深入分析，这涉及对消费者心中既有品牌认知的评估、品牌面临的挑战和潜在机遇的识别（Aaker et al.，2010）。品牌认知，包括品牌知名度和品牌形象两个维度，共同塑造了消费者的品牌偏好与选择行为（Keller，1993）。品牌联想的偏好性、强度和独特性是制定再定位策略的关键依据，它们反映了品牌与消费者之间的情感联系，并指引品牌发展的方向（Keller，1993）。

在策略制定阶段，企业需要根据目标消费者群体的需求变化，调整品牌利益、优化传播方式、更新品牌标识，甚至重新定义品牌核心价值，以实现品牌的全面升级（Keller，2003）。这包括对产品性能与情感价值的重塑（Pham and Muthukrishnan，2002）、创意性地利用广告和媒体渠道进行传播（Droge and Darmon，1987）、通过视觉元素的革新重塑品牌形象（Heinberg et al.，2017），以及明确品牌在新市场环境下的独特竞争优势（Chernev et al.，2011）。

实施品牌再定位策略是一场系统性的变革，要求企业在广告、公关、产品开发及市场推广等多个维度进行协同调整，确保再定位信息的精准传达与有效接收（Aaker et al.，2010）。持续的监测与评估对于再定位的成功落地至关重要，通过实时反馈，企业能够及时调整策略（Keller，2003）。品牌再定位是一个持续管理的过程，要求企业保持敏锐的市场洞察力和灵活的战略调整能力，以应对不断变化的市场和消费者需求（Keller and Lehmann，2006）。

## 7.1.2 产品品质

产品品质是衡量产品满足特定规格和消费者期望的关键指标，涵盖了性能、功能、可靠性、耐用性和外观等多个方面。在企业发展中需要理解目标市场对产品质量期望的重要性，并且可以从产品质量、技术进步等多个方面考量产品品质。产品品质也是企业战略的核心，它影响产品设计、功能选择、供应商和材料选择的标准，是实现世界级性能的关键因素。

产品品质的多个维度包括性能、特征、可靠性、符合性、耐用性、可维护性、美学和创新性，这些维度相互关联，一个维度的改进可能会以另一个维度为代价。性能指产品满足特定需求的基本运行特性；特征是辅助性能的次要特性，如汽车的四座设置、数字收音机等；可靠性是产品在规定时间内按规格运行的概率；符合性是产品设计和操作特性与预设标准一致性的程度；耐用性是产品使用期限的度量，涉及技术和经济方面；可维护性涉及产品维护和修理的容易程度；美学是基于个人偏好的产品外观和感觉的主观评价；创新性涉及新思想和概念的综合，是产品成功商业化的关键（Franzak et al.，2014）。这些维度共同定义了消费者对产品质量的感知。

## 7.1.3 商业模式

1. 商业模式的定义及重要性

商业模式，作为"用于创造价值的交易的内容、结构和治理"（Amit and Zott，2001），是推动经济活动持续发展的关键力量。这一定义揭示了商业模式在连接市场需求、技术创新与资源配置中的核心地位。随着全球经济环境的日益复杂化和动态化，商业模式的研究也逐渐从传统的单一维度向系统化和制度化的综合视角转变。在市场和商业模式的关系上，Kjellberg 和 Helgesson（2007）认为，市场并非一个静态的、预先存在的实体，而是一个由参与者通过行动与互动不断构建与演变的动态过程。在这个过程中，商业模式扮演了至关重要的桥梁角色。它不仅连接了市场需求和技术创新，还通过优化资源配置和协调利益相关者关系，推动了市场的形成和发展。因此，商业模式的创新不仅关乎企业自身的发展，更对整个市场的演进和变革具有深远的影响。当前学术界对商业模式的研究已经超越了单一的公司视角，开始融入系统和制度视角。这种跨学科的研究方法不仅丰富了商业模式的理论内涵，也为其在实践中的应用提供了更广阔的空间。Vargo 和 Lusch（2004）呼吁采用纵向研究方法和多学科理论支持来深入研究商业模式，这有助于我们更全面地理解商业模式的形成机制、发展路径以及影响因素。

在探讨商业模式分类时，国内外学者从不同角度和维度出发，提出了多种分类框架，旨在揭示商业模式创新的多样性和复杂性。Osterwalder 等（2005）的商业模式画布模型为理解商业模式奠定了一个综合视角，其九大要素不仅涵盖了价值主张、目标客户等核心环节，还涉及了资源配置、伙伴关系等支持性要素，这一模型为商业模式的系统分类提供了基础。Hamel（2001）的四要素商业模式模型则更侧重于企业内部结构与外部环境的互动，通过顾客接口、核心能力、战略资源、网络价值四大要素及其之间的桥梁作用，揭示了商业模式各要素之间的内在联系和动态变化。Mitchell 和 Coles（2003）的战略视角为商业模式分类提供了更广阔的视野。他们指出，战略分析能够帮助企业了解竞争环境、把握自身优势和劣势，从而为企业制定商业模式创新策略提供指导。这一观点强调了商业模式分类与企业战略之间的紧密联系，进一步凸显了商业模式分类在企业管理中的重要性。

2. 商业模式创新的定义与驱动力

商业模式创新作为企业在数字经济时代转型升级的关键策略，其重要性不言而喻。首先，从定义上来看，商业模式创新远不止简单的业务模式调整，而是企业基于全新的价值主张，对价值创造、传递及获取机制进行全面而深刻的重构（陈劲等，2022）。这一过程涉及企业内外部资源的重新配置、业务流程的优化以及组织结构的调整，旨在形成更具竞争力的商业逻辑（Osterwalder and Pigneur，2005）。

驱动商业模式创新的因素多样且相互交织。企业内部资源与能力是企业进行商业模式创新的基石，它们不仅决定了企业能够触及的价值创造边界，还为企业提供了持续创新的动力源泉（Morris et al.，1994）。同时，企业管理者的领导力与洞察力在创新过程中发挥着至关重要的作用，他们的决策与行动直接影响了商业模式创新的启动、执行与成功。此外，技术创新作为外部驱动因素，不断推动商业模式的变革与升级，为企业开辟了新的增长点（Amit and Zott，2001）。而市场需求的快速变化与行业竞争的日益激烈，则迫使企业不断寻求新的商业模式以应对挑战，实现差异化竞争与可持续发展（Sinkovics et al.，2014）。

为了更好地推动商业模式创新的发展与实践，未来的研究应进一步关注以下几个方面：一是深入探讨企业组织架构与政策导向对商业模式创新的影响机制；

二是加强对企业自身能力及其利益相关者在创新过程中作用的研究；三是完善商业模式创新的评价体系与方法论框架；四是关注新技术、新业态对商业模式创新的推动作用与影响路径。通过这些研究努力，我们能够更全面地理解商业模式创新的本质与规律，为企业实践提供更有价值的指导与借鉴。

3. 人机共生背景下的商业模式创新

人工智能技术的迅速发展，为商业模式创新提供了新的动能。人工智能不仅能够执行与人类智能相关的任务，还在商业模式创新及其演化方面展现出显著的成效（Hillebrand et al., 2025）。人工智能技术的应用正在重新定义企业构建和调整商业模式的方式，其作为通用技术（general-purpose technology）的特性，能够通过任务间的相互依赖和系统互动，推动组织流程的整合与重构（Hillebrand et al., 2025）。商业模式的演化在人工智能时代不再局限于局部优化，而是通过算法与人类在管理任务中的协同（如决策与控制的双向互动），实现商业模式要素及其关系的系统性变革（Gebauer et al., 2020）。在人工智能与商业模式的研究领域中，共演指算法系统与组织管理架构之间通过层级互联、集体代理和跨层次结果实现动态协同过程（Hillebrand et al., 2025）。这种共演关系强调人工智能从孤立任务应用向组织级整合扩展，具体表现为：①从单一任务场景向组织情境的迁移，推动商业模式要素的重新配置；②从个体代理向集体代理的转变，形成人机混合决策网络；③从局部互动向系统性交互的演进，催生跨职能的商业模式创新原型（Hillebrand et al., 2025）。

4. 从服务生态系统视角看企业商业模式

服务生态系统作为一个由客户、供应商、合作伙伴、竞争对手、政府机构及非政府组织等多方参与者共同构建的网络体系（Wieland et al., 2017），其核心特征在于其开放性、高度互动性和持续动态性（Vargo and Lusch, 2004）。这一生态系统鼓励跨组织边界的价值共创，促使企业在更加广阔的市场环境中寻求增长机遇。企业通过积极参与这一系统，不仅能够获取更丰富的资源，还能通过紧密的合作关系降低市场风险，提升整体竞争力。

在服务生态系统中，企业商业模式的核心在于价值共创与关系网络的构建（Webster and Lusch, 2013）。企业不再局限于传统的产品交易模式，而是转而与客户、供应商及合作伙伴等共同探索新的价值创造途径。通过持续的互动、协作与反馈机制，企业能够更深入地理解市场需求，优化资源配置，提供定制化的解决方案，从而增强客户体验与忠诚度。同时，构建和维护一个稳固的关系网络，对于实现企业间的资源共享、风险共担和利益共享至关重要,它促进了整个生态系统的协同进化与健康发展。

面对服务生态系统带来的挑战与机遇,企业需具备强大的资源整合能力和持续的创新精神(Wieland et al.,2017)。一方面,企业需有效整合来自不同渠道的资源,包括技术、人才、资金、信息等,以形成独特的竞争优势。这种资源整合能力不仅有助于企业快速响应市场变化,还能在激烈的竞争中保持领先地位。另一方面,企业还需不断推动技术创新、管理创新和市场创新,以满足日益多元化的市场需求。通过持续的创新,企业能够不断推出符合市场趋势的新产品和服务,保持自身的生命力和活力。

## 7.2 解决领导品牌形成期困境的建议方案

### 7.2.1 基于品牌定位的解决方案

#### 1. 引言

在当今激烈的市场竞争环境中,品牌已成为企业核心竞争力的重要组成部分。品牌不仅代表了企业的形象和信誉,更是企业与消费者之间建立信任与情感连接的重要桥梁。然而,随着市场需求的日益多样化和消费者偏好的不断变化,传统的品牌建设模式已难以满足现代企业的需求。因此,如何实现精准的品牌定位,通过品类创新推动品牌价值创新,成为企业亟须解决的问题。

在品牌相关性的研究领域中,Sood 和 Tellis(2009)的研究从市场回报的角度探讨了创新对品牌价值的影响。他们发现,创新项目不仅能为企业带来直接的经济效益,还能通过提升品牌知名度、增强消费者忠诚度等方式,间接提升品牌价值。这一发现证明了创新是推动品牌价值增长的关键因素之一。品类创新作为推动品牌价值创新的重要手段,对于品牌定位的精准实现具有重要意义。通过品类创新,企业可以开发出符合市场需求的新产品或服务,满足消费者多样化的需求,进而提升品牌的市场竞争力。同时,品类创新还能够推动品牌的功能性价值、体验性价值和象征性价值的全面提升,为企业创造更多的品牌资产和市场机会(邓伟升,2024)。

然而,品类创新与品牌定位的结合并非易事。企业需要在明确品牌定位的基础上,围绕核心痛点展开资源能力组合配称,通过功能性价值创新满足消费者的实际需求;同时,通过体验性价值创新提升消费者的使用体验和情感认同;最终通过象征性价值创新构建独特的品牌形象和品牌价值体系。这一过程需要企业具备敏锐的市场洞察力和强大的创新能力，同时也需要企业在实践中不断探索和优化。

本部分聚焦于精准的品牌定位与品类创新的关系，通过深入分析贵茶集团、皓天科技和飞利达科技等三家企业的案例，探讨如何通过品类创新实现品牌价值的全面提升。本部分旨在揭示品类创新与品牌定位的内在机制，为西部地区中小企业实现品牌突围提供理论指导和实践参考。

2. 文献评述

1）价值迁移理论

品牌价值迁移实际上表现为基于产品创新和品牌二次定位的品牌延伸与品牌价值链扩张（Vukasovič，2012）。品牌延伸主张通过产品结构创新和目标市场变革构建多元的品牌族群架构，从而提升品牌价值；品牌价值链扩张则更注重充分利用企业内外部的资源，通过系统有序的品牌真实性管理，实现品牌核心价值的选择、创造、传递、沟通、实现与管控，实现品牌价值增值（许晖等，2018）。根据品牌迁移与品牌原型之间的离散性，价值迁移可以分为横向迁移和纵向迁移两个类型（Doyle and Armenakyan，2014）：横向迁移是指企业通过跨品类延伸进行经营范围和领域的扩张，实现产品结构的创新，现有品牌与品牌原型之间的偏离程度较高；纵向迁移则是指企业通过前向延伸和后向延伸，进行产业链整合和一体化运营，借此推动品牌价值链的创新，现有品牌与品牌原型契合度较高。

然而，当前的品牌定位研究大多聚焦于静态的品牌属性和价值，对于品牌定位在动态市场环境中的演变过程关注不足。品牌定位并非一成不变，它随着市场趋势、消费者偏好的变化以及竞争对手的策略调整而不断演进。因此，未来的研究应更加关注品牌定位的动态性，探讨如何根据市场变化灵活调整品牌定位策略，以保持品牌的竞争力和吸引力。

2）品牌资产

品牌资产是指具有品牌知识的消费者对品牌营销的差异化反应（Keller，1993），是品牌赋予产品的附加价值（Farquhar，1989）。品牌资产（如知名度、声誉、深层价值和专利）产生品牌优势（如市场份额、市场领导力和品牌忠诚度以及获取价格溢价的能力），是基于过程沉淀的可持续竞争优势塑造以及可防御的竞争地位构建（de Chernatony and McDonald，2003）。从顾客视角看，品牌的力量存在于消费者心中（Leone et al.，2006），消费者将已发展出具有理想属性联想的品牌视为知名品牌（Grohs et al.，2016）。基于消费者的品牌资产理论认为：品牌认知和品牌形象是品牌资产的核心来源（Keller，1993）。

此外，品牌定位研究在消费者心理层面的深度探索尚显不足。品牌定位不仅仅是品牌自身属性的体现，更是与消费者心理互动的结果。消费者的认知、情感和行为反应对品牌定位的效果具有重要影响。然而，现有研究往往忽略了消费者心理过程的复杂性和多样性，未能充分揭示品牌定位如何通过影响消费者心理来塑造品牌形象和品牌价值。因此，未来的研究应加强对品牌定位与消费者心理互动机制的探讨，揭示品牌定位在消费者心理层面的作用机理和效果。

3. 研究方法

在学术研究中，案例研究的数量选择对于确保研究结论的稳健性和说服力至关重要。研究指出，相较于单一案例，两个或更多案例的研究能够提供更加坚实和有说服力的结论（Yin，2009）。通过多案例研究，可以构建具有更广泛普适性和深度的理论。本部分聚焦于品牌定位的精准性，解决"如何实现精准的品牌定位"这一核心问题。我们关注品牌定位的过程，包括其形成、实施及市场响应，并着重分析这一过程背后的因果逻辑和影响因素。通过选取多个具有代表性的品牌案例进行深入剖析，我们能够更全面地理解不同品牌在复杂多变的市场环境中如何精准定位，以及这些定位策略如何助力品牌实现差异化竞争和可持续发展。

1) 案例选择

本部分选择了贵茶集团、皓天科技、飞利达科技作为案例研究对象，选择这些企业是基于它们在各自产业中的典型性、数据的可获取性以及研究的便利性。

首先，就典型性而言，贵茶集团代表了第一产业，展现了农产品从生产到加工再到市场的品牌化全过程。皓天科技作为第二产业的代表，体现了制造业通过匠心与创新来塑造品牌的实践。飞利达科技则代表了第三产业，特别是科技服务领域，它利用现代信息技术提供解决方案，展示了服务品牌的成长路径。这三个案例分别代表了不同产业的品牌形成期特点，为研究品牌从无到有的过程提供了丰富的实例和洞见。

其次，在数据的可获取性方面，本部分对三家企业的负责人进行访谈获取一手信息和资料。同时，贵茶集团、皓天科技、飞利达科技作为西部地区中小企业领导品牌的代表，均积累了丰富的运营数据、市场反馈和客户评价。这些数据不仅包括销售业绩、市场份额等基本指标，还涵盖了客户满意度、品牌忠诚度等关键的用户反馈信息。数据的丰富性和翔实性为研究者提供了多维度的分析视角，有助于深入理解这些企业品牌化过程的动态和市场表现。

最后，在研究便利性方面，这三家企业均与研究团队有着良好的沟通渠道和合作关系。这使得研究团队能够高效地安排实地调研、访谈和数据收集工作。此外，这些企业在品牌建设过程中已经形成了较为完善的内部资料和文档记录，能够为研究提供翔实的第一手资料。同时，企业的管理层对参与研究持开放态度，愿意配合研究团队进行深入的案例分析，这为研究的顺利开展提供了有力的支持和保障。研究团队能够便捷地获取企业的运营数据、战略规划文件以及品牌建设过程中的关键决策信息，从而确保了研究的深度和广度，使研究能够更加准确地揭示品牌形成过程中的关键因素和内在机制。

2）数据收集

本部分通过综合利用经过访谈收集的一手数据，公开资料、学术文献、行业数据库和市场调研以及网络资源等二手数据，确保了数据的全面性和深度。公开资料提供了企业财务和市场表现的详细数据；学术文献为品牌定位的理论基础和实践应用提供了支撑；行业数据库和市场调研揭示了企业市场定位与消费者行为；网络资源捕捉了品牌形象和市场动态。通过对这些数据的严格筛选和综合分析，研究揭示了企业如何通过精准的品牌定位构建品牌核心竞争力，并为其他企业提供策略借鉴。具体数据收集信息如表7-1所示。

表 7-1 数据收集信息（一）

| 案例企业 | | 数据来源 | 数据内容 | 字数/万字 |
| --- | --- | --- | --- | --- |
| 贵茶集团 | 一手数据 | A1 书面访谈 | 企业发展路径，品牌定位 | 0.40 |
| | 二手数据 | A2 企业公开资料（包括网页、公众号、商域账号、公开报道） | 企业市场表现，经营状况 | 3.80 |
| | | A3 政府报道 | 企业监管，资源管理 | 0.18 |
| 皓天科技 | 一手数据 | B1 线上访谈：董事长秘书 | 企业发展路径，品牌定位 | 1.70 |
| | 二手数据 | B2 企业公开资料（包括网页、公众号、商域账号、公开报道） | 发展历程、生产规模、工艺流程及市场定位 | 3.20 |
| | | B3 政府报道 | 经济贡献，资源管理 | 0.12 |
| 飞利达科技 | 一手数据 | C1 线上访谈：副总经理 | 企业发展路径，品牌定位 | 1.40 |
| | 二手数据 | C2 企业公开资料（包括网页、公众号、商域账号、公开报道） | 综合发展，技术应用，产业模式 | 1.90 |
| | | C3 政府报道 | 转型升级，模式探索 | 0.21 |

4. 案例描述

本部分将所选的三个案例进行描述，为后面的案例分析打下基础。

1）贵茶集团的案例描述

贵茶集团的品牌核心价值在于"干净",这一理念贯穿了企业的整个生产过程,从茶园管理到产品加工,再到市场销售,都坚守着"让天下人喝干净茶"的使命。贵茶集团视质量为生命,以欧盟食品安全认证标准(简称欧标)作为企业标准,确保每一颗茶叶都通过严格的检测,这种对质量的极致追求和对消费者的郑重承诺,构成了贵茶集团品牌的独特魅力。在品牌定位上,贵茶集团首先坚持高品质定位,无论是国内销售还是出口海外,都确保产品达到欧盟的严格标准,这种高品质的定位使得贵茶集团在市场上树立了良好的品牌形象,赢得了消费者的信赖。其次,贵茶集团在茶产业中积极创新,从工业化发展思维出发,推出绿宝石、红宝石等创新名优茶,并成功转型进入抹茶赛道,打造"超级抹茶工厂",这种不断创新的精神使得贵茶集团在茶行业中独树一帜。最后,贵茶集团在国内外市场上都表现出强大的市场竞争力,在国内,其产品畅销30多个大中小城市;在国际上,欧标抹茶出口到全球40多个国家及地区,抹茶产销量位居中国第一、世界第二,这种市场领导者的地位进一步巩固了贵茶集团的品牌形象。此外,贵茶集团作为农业产业化国家重点龙头企业和贵州省扶贫龙头企业,一直将助农兴农联农带农作为己任,通过联盟发展模式建立利益联结机制,推进产业扶贫和乡村振兴,带动了近10万茶农增收,这种积极承担社会责任的行为提升了贵茶集团的品牌美誉度。

2）皓天科技的案例描述

皓天科技作为生物医药领域的佼佼者,其品牌定位与发展战略紧密相连,共同塑造了企业在行业内的独特地位。自成立以来,皓天科技便以研发为核心,特别是在高活性原料药、药物及疫苗佐剂等领域展现出显著的竞争优势。企业深知新药研发之难,需"数年之久,困难重重",但仍坚定不移地走在创新之路上,通过持续的研发投入和人才战略,构建起强大的科研团队和技术平台。皓天科技的品牌定位聚焦于提供全产业链和全生命周期的服务,以满足全球医药创新企业的需求。在特色领域方面,皓天科技深耕骨化醇系列产品,通过自主设计合成路线打破了国外原研进口的"卡脖子"问题,实现了进口替代,并成为全球首家对骨化醇系列产品进行集成化、多样化合成的企业。在品牌建设上,皓天科技注重口碑效应和差异化发展。企业通过加大原料药产品及重点产品的生产制造能力,不断完善产业链布局,形成了从起始物料生产到原料药研发生产的完整产业链。同时,企业还积极承担社会责任,促进区域经济转型升级,力争在生物医药、生命安全领域发挥龙头企业的作用。凭借卓越的研发能力、优质的产品和服务以及积极的社会责任感,皓天科技成功树立了良好的品牌形象和市场口碑。皓天科技以其明确的品牌定位、强大的研发实力、丰富的产品线和积极的社会责任感,在生物医药领域取得了显著的成就和影响力。

3)飞利达科技的案例描述

飞利达科技的品牌核心价值在于"创新与服务",这一理念贯穿于企业的每一个环节,从产品研发到业务拓展,再到客户服务,都坚守着"以技术驱动,服务赋能,助力行业数字化转型"的使命。飞利达科技视创新为灵魂,以服务为核心,通过不断的技术研发和服务模式创新,为客户提供全方位、一站式的解决方案,这种对创新的执着追求和对客户的深度承诺,构成了飞利达科技品牌的独特魅力。在品牌定位上,飞利达科技首先坚持创新与服务并重的定位,无论是消费电子、钢铁贸易,还是数字化、新能源业务,都致力于通过技术创新和服务升级来推动行业发展,这种创新与服务并重的定位使得飞利达科技在市场上树立了独特的品牌形象,赢得了客户的信赖。其次,飞利达科技在业务拓展上积极创新,打造了"手机e站"和"钢铁e站"等综合服务平台,打通了垂直行业链的各个环节,为行业链的各方提供了综合性的服务,这种平台化的创新模式使得飞利达科技在行业中独树一帜。最后,飞利达科技在市场上表现出强大的竞争力,业务覆盖超过20个省区市,1811个区县,其中还包括98个国家乡村振兴重点帮扶县,这种广泛的市场布局进一步巩固了飞利达科技的品牌地位。此外,飞利达科技作为贵州省的百强企业和国家高新技术企业,一直将推动地方经济发展和社会进步作为己任,通过拓展业务、技术创新和履行社会责任,带动了大量就业和经济增长,这种积极承担社会责任的行为提升了飞利达科技的品牌美誉度,树立了良好的企业社会责任形象。在品牌差异化方面,飞利达科技也做得相当出色。

5. 案例分析

1)品牌资产培育过程

在借鉴 Keller(1993)提出的品牌资产维度的基础上,从品类创新的视角出发,通过新创品类品牌化,实现品牌势能的构建、品牌认知的强化、品牌形象的塑造,构建品牌核心竞争优势,实现品牌资产累积。

贵茶集团的品牌资产的培育过程是一个融合了创新、传承与市场推广的综合性战略。在品牌势能的构建上,贵茶集团独辟蹊径,依托贵州省丰富的茶叶资源和悠久的茶文化历史,创新性地推出了"欧标抹茶"这一新品类。这一品类不仅填补了国内高端抹茶市场的空白,更以其卓越的品质和严格遵循的欧标,成功打入国际市场,赢得了国际消费者的青睐。此举不仅提升了贵茶集团的品牌知名度,更为其构建了强大的品牌势能，使其在激烈的市场竞争中脱颖而出。

为了进一步强化品牌认知，贵茶集团实施了一系列精准而富有创意的市场营销策略。在线上，他们充分利用电商平台和社交媒体的力量，通过精美的产品图片、生动的视频展示以及富有感染力的品牌故事，有效触达目标消费群体。同时，他们还通过精准的广告投放和搜索引擎优化，提高了品牌的在线可见度，吸引了大量潜在客户的关注。在线下，贵茶集团则通过开设品牌体验店、参与国内外茶叶博览会以及举办茶文化讲座等方式，让消费者亲身体验"欧标抹茶"的独特魅力，进一步加深了消费者对品牌的认知与记忆。

在品牌形象的塑造上，贵茶集团更是下足了功夫。他们将"绿色、健康、高端"作为品牌的核心价值观，贯穿于产品研发、生产、包装及营销的每一个环节。在产品设计上，他们注重将现代审美与传统文化相结合，打造出既具有国际范儿又不失本土特色的品牌形象。此外，贵茶集团还积极参与社会公益活动，如赞助茶文化节、支持环保项目等，展现了企业的社会责任感，提升了品牌的社会形象。这些努力不仅增强了消费者对品牌的信任与忠诚度，更为贵茶集团赢得了广泛的赞誉和认可。公司围绕"干净茶"的品牌定位，进行了战略规划优化，通过品牌接触、品牌体验、品牌传播等多种方式向消费者传递品牌核心价值主张。

皓天科技的品牌资产的培育过程充满了智慧与远见。在品牌势能的构建上，皓天科技凭借深厚的技术积累和行业洞察力，成功研发出了一系列具有自主知识产权的智能制造装备。这些产品不仅满足了市场对高效、智能化生产的需求，更以其卓越的性能和创新能力，引领了行业的技术升级。此举不仅提升了皓天科技的品牌知名度，更为其构建了强大的品牌势能，使其在智能制造领域占据了举足轻重的地位。

为了进一步强化品牌认知，皓天科技采取了多渠道、多层次的营销策略。他们不仅通过行业展会、技术研讨会等专业平台展示公司的技术实力和产品优势，还积极利用官方网站、社交媒体等线上渠道发布行业资讯、技术文章、成功案例等内容，提升品牌在行业内的影响力和知名度。同时，皓天科技还注重与客户的长期合作与关系维护，通过提供优质的售后服务和技术支持，赢得了客户的口碑和信任。这些努力不仅巩固了皓天科技在市场上的地位，更为其品牌资产的累积奠定了坚实基础。

在品牌形象的塑造上，皓天科技坚持"创新引领、专业服务、诚信为本"的品牌理念。他们不仅注重产品的技术创新和品质保证，更在服务上追求卓越，力求为客户提供一站式、个性化的智能制造解决方案。此外，皓天科技还积极参与社会公益活动，如支持教育事业、赞助科技创新项目等，展现了企业的社会责任感。这些举措不仅提升了品牌的社会形象和价值，更为皓天科技赢得了广泛的赞誉和尊重。皓天科技通过品牌势能构建、品牌认知强化和品牌形象塑造等多方面的努力,成功培育了品牌资产,构建了品牌核心竞争优势,为公司的长远发展奠定了坚实基础。

飞利达科技的品牌资产的培育过程充分体现了技术创新与市场需求的紧密结合。在品牌势能的构建上,飞利达科技凭借对物联网技术的深刻理解和前瞻性的市场洞察,成功研发出了一系列具有行业领先水平的物联网解决方案,如智能仓储管理系统、物联网追踪系统等。这些解决方案不仅满足了企业对高效、智能化管理的需求,更以其创新的技术架构和卓越的性能表现,赢得了市场的广泛认可,为飞利达科技构建了强大的品牌势能。

为了进一步强化品牌认知,飞利达科技采取了全方位、多维度的营销策略。在线上,他们通过官方网站、社交媒体等平台,发布行业资讯、技术文章、产品案例等内容,提升品牌的在线曝光度和专业性。同时,他们还利用搜索引擎优化和精准的广告投放,吸引了大量潜在客户的关注。在线下,飞利达科技则通过参与行业展会、举办技术研讨会等方式,与业界同人交流经验,展示公司的技术实力和产品优势。此外,他们还积极与客户建立长期合作关系,通过提供定制化的解决方案和优质的服务,赢得了客户的口碑和信任。

在品牌形象的塑造上,飞利达科技注重将"创新、专业、可靠"的品牌理念贯穿于企业发展的每一个环节。他们不仅注重技术的创新和产品的研发,更在服务上追求卓越,力求为客户提供高效、稳定的物联网解决方案。同时,飞利达科技还积极参与社会公益活动,如支持科技创新项目、赞助教育行业等,展现了企业的社会责任感。这些努力不仅提升了品牌的社会形象和价值,更为飞利达科技赢得了广泛的赞誉和认可。同时,飞利达科技积极把握 5G[①]市场发展机遇,不断向外拓展与推广"手机 e 站"平台,这一前瞻性的市场布局展示了其强大的创新能力和市场敏锐度,进一步提升了飞利达科技的品牌形象和市场地位。

2)品类创新

品类创新下的品牌培育内在机制是品牌价值创新,表现为品牌功能性价值创新、品牌体验性价值创新和品牌象征性价值创新。功能性价值创新通过品类开发实现,体验性价值创新通过品牌架构实现,象征性价值创新通过韧性塑造实现。

贵茶集团在品类创新方面表现出色。在品牌功能性价值创新方面,贵茶集团通过深入挖掘贵州茶叶的独特优势,成功推出了以"欧标抹茶"为核心的一系列创新产品,实现了从传统茶叶向现代化、国际化茶产品的转变。

贵茶集团的品类创新并非一蹴而就,而是基于对茶叶市场的深刻洞察和对消

---

① 5G 即 5th generation mobile communication technology,第五代移动通信技术。

费者需求的精准把握。他们发现，随着消费者对健康、绿色、高品质生活的追求日益增强，抹茶作为一种富含营养、口感独特的茶叶制品，具有广阔的市场前景。因此，贵茶集团决定将抹茶作为品类创新的重点，通过引进先进技术和设备，优化生产工艺，打造出了具有国际标准的"欧标抹茶"。"欧标抹茶"的推出，不仅丰富了贵茶集团的产品线，更提升了品牌的功能性价值。这种抹茶以其卓越的品质和独特的口感，赢得了国内外消费者的广泛认可。同时，贵茶集团还注重产品的多样性和个性化，根据不同消费者的需求，推出了多种口味的抹茶食品、饮品等，满足了市场的多样化需求。

通过品类创新，贵茶集团不仅提升了品牌的功能性价值，更推动了企业的转型升级。他们不仅在传统茶叶市场保持了领先地位，更通过抹茶产品的开发和创新，成功拓展了新的市场空间，实现了从茶叶种植到茶产品深加工的全方位发展。同时，贵茶集团还注重品牌架构的建设，通过提升企业品牌来提升产品品牌的溢价能力。这种品类创新与品牌架构的双重策略，使贵茶集团在市场上形成了独特的竞争优势。

皓天科技在医药领域展现了强大的品类创新能力。在品类创新方面，皓天科技注重产品的技术创新和性能提升。他们投入大量资源用于研发和创新，不断推出具有自主知识产权的智能制造装备，如高精度数控机床、智能生产线等。这些产品不仅满足了市场对高效、智能化生产的需求，更以其卓越的性能和创新能力，赢得了客户的广泛认可。

通过品类创新，皓天科技不仅重塑了品牌的体验性价值，更推动了企业的快速发展。皓天科技不仅在智能制造领域取得了显著成绩，更通过持续的创新和优质的服务，赢得了客户的信赖和忠诚。依托骨化醇的成功，公司积极拓展产品线，成功开发了托法替尼系列、SNAC（multi-scale neural audio codec，多尺度神经音频编解码器）系列等多个原料药及中间体，丰富了产品矩阵，并构建了完整的原料药产业链。为了保障原料药生产和拓展下游市场，皓天科技战略性地新建了兰州皓泰诺生物医药科技有限公司，并成立了以制剂 CRO（Contract Research Organization，合同研究组织）为主的子公司，实现了产业链的有效整合。在品牌建设上，皓天科技注重品牌架构的搭建，提升品牌的市场认知度和美誉度。展望未来，公司制订了雄心勃勃的发展计划，旨在未来五年内完成 100 个新原料药和制剂项目的开发、注册与生产，力争在生物医药领域发挥龙头作用，推动区域经济转型升级。皓天科技的品类创新实践，不仅为公司带来了显著的经济效益，也为整个医药行业的发展提供了有益的借鉴和启示。

飞利达科技在品类创新方面也展现出了强大的实力。公司通过在消费电子及钢铁流通领域的长期行业积累，依托自身技术研发，搭建了消费电子流通行业综合服务平台"手机 e 站"和钢铁流通行业综合服务平台"钢铁 e 站"。这两个平台的搭建不仅丰富了飞利达科技的服务内容,也提升了其在行业中的竞争力。

同时,飞利达科技还注重塑造品牌的象征性价值。飞利达科技通过参与社会公益活动、赞助科技创新项目等方式,展现了企业的社会责任感和创新精神;通过与全球顶尖科技企业的合作和交流,提升了品牌的国际影响力和竞争力。这种以社会责任和创新精神为核心的品牌形象,不仅增强了消费者对品牌的认同感和忠诚度,还提升了品牌的知名度和美誉度。飞利达科技注重韧性塑造,聚焦"新赛道",围绕贵州省大数据新兴产业"双千倍增"行动工作方案,与华为云深度合作,在景区、场馆、企业等特定场景推进数字化升级改造。这一前瞻性的市场布局不仅展示了飞利达科技的创新能力和市场敏锐度,也进一步提升了其品牌形象和市场地位。

3)品牌定位

首先,我们通过属性定位,聚焦品牌的核心痛点,整合资源和能力,重点解决品牌功能价值的创新问题。其次,在利益定位阶段,将功能转化为具体的产品特性,重点提升品牌的体验价值。最后,在价值定位阶段,推动产品向品牌化发展,重点挖掘品牌的象征性价值。通过这三个阶段的逐步推进,形成品牌价值创新的内生动力,为西部地区中小企业实现品牌突破提供理论支持。

贵茶集团在品牌定位方面有着清晰而精准的策略。基于属性定位,贵茶集团将目光投向了抹茶赛道。抹茶,作为茶叶中的瑰宝,以其独特的口感和丰富的营养价值,近年来在全球范围内逐渐受到追捧。贵茶集团敏锐地捕捉到了这一市场趋势,将抹茶作为其核心产品,致力于快速做大做强抹茶产业。这一属性定位不仅明确了贵茶集团的业务方向,更为其后续的品牌建设奠定了坚实基础。通过专注抹茶赛道,贵茶集团能够集中资源,深化产品研发,提升产品质量,从而在激烈的市场竞争中脱颖而出。

在利益定位上,贵茶集团展现出了卓越的创新能力。为了进一步延伸产业链,实现产品多元化,提升产品附加值,贵茶集团研发出了抹茶饼干、抹茶巧克力、抹茶拿铁、抹茶生椰等20多款深加工产品。这些产品不仅丰富了贵茶集团的产品线,更满足了消费者的多样化需求,增强了品牌的市场竞争力。通过利益定位,贵茶集团成功地将抹茶这一核心产品转化为了一系列具有市场吸引力的深加工产品,实现了从单一产品到多元化产品体系的跨越。

在价值定位上,贵茶集团彰显了其深厚的社会责任感和使命感。作为农业产业化国家重点龙头企业和贵州省扶贫龙头企业,贵茶集团始终将助农兴农联农带农作为己任。通过发展抹茶产业,贵茶集团不仅带动了当地茶农的增收致富,还促进了贵州地区的经济发展。这一价值定位不仅提升了贵茶集团的品牌形象和市场地位，更使其成为消费者心目中的良心企业。通过价值定位，贵茶集团成功地将品牌与消费者的情感需求紧密相连，增强了品牌的忠诚度和美誉度。

皓天科技在品牌定位上展现了清晰的战略思路。在属性定位阶段，皓天科技明确了自己在医药行业的专业地位。自成立以来，皓天科技便深耕于 CDMO（Contract Development and Manufacturing Organization，合同定制研发生产组织）和 CRO 服务领域，凭借深厚的技术积累和丰富的行业经验，逐渐在市场中崭露头角。这一属性定位不仅为皓天科技奠定了坚实的品牌基础，更为其后续的品牌建设指明了方向。

在利益定位阶段，皓天科技针对高活性原料药行业的痛点，展开了精准的资源能力组合配称。公司搭建了高活性原料药的技术方案和研发、生产管理体系，形成了完善的产品开发技术平台和绿色生产技术体系。这一利益定位不仅有效提升了皓天科技的产品附加值和市场竞争力，更使其在高活性原料药领域树立了行业标杆，赢得了客户的广泛认可和信赖。

在价值定位阶段，皓天科技将自身创新基因与服务中国和全球领先医药企业的愿景紧密结合。公司致力于在高活性原料药、药物及疫苗佐剂、大品种绿色技术应用等方面提供优质服务，并注重将研发成果通过生产转化，实现更大的社会价值。这一价值定位不仅彰显了皓天科技的社会责任感和使命感，更使其品牌形象和市场地位得到了显著提升。通过价值定位，皓天科技成功地将品牌与客户的深层次需求紧密相连，为品牌的持续增长注入了强大动力。

飞利达科技在品牌定位方面也有着独特的见解和实践。在属性定位阶段，飞利达科技明确了自己在消费电子领域的专业性和实力。起初，公司只负责移动业务代办、手机销售、售后服务等终端业务，这一属性定位使飞利达科技在消费电子市场站稳了脚跟，并积累了丰富的行业经验和客户资源。这一坚实的基础为飞利达科技后续的品牌发展奠定了重要基础。

在利益定位阶段，飞利达科技展现出强大的创新能力和市场敏锐度。公司创新研发的"钢铁云商"小程序，成功拓展了服务范围，可服务于全国民营钢铁企业，帮助其提升数字化管理能力和工作效率。这一利益定位不仅为飞利达科技带来了新的增长点，也使其在行业中树立了创新领先的形象，提升了竞争力和影响力。

在价值定位阶段，飞利达科技更是展现出宏大的愿景和强烈的社会责任感。公司全力打造消费电子流通行业综合服务平台"手机 e 站"，致力于打通垂直行业链的各个环节，链接上游厂商、增值业务商、线上电商，为入驻的分销商、零售门店及终端客户提供综合服务。这一价值定位不仅彰显了飞利达科技的行业领导力和战略眼光，更使其品牌形象得到了显著提升，赢得了广泛的行业认可和社会赞誉。

4)基于品类创新的品牌定位

对三家企业案例研究发现,品类创新下的品牌培育内在机制是品牌价值创新,表现为品牌功能性价值创新、品牌体验性价值创新和品牌象征性价值创新。功能性价值创新是指品牌通过不断改进和提高产品或服务的功能性能,在满足消费者对产品功能需求的同时,实现对产品或服务的性能和价值的创新与提升;体验性价值创新指品牌通过提供独特的使用或服务体验,从而激发消费者的情感共鸣和忠诚度,打造与其他竞争对手不同的消费体验,提升产品或服务的体验价值和用户满意度;象征性价值创新是指品牌通过建立特定的品牌形象,激发消费者的情感认同和归属感,使消费者将其品牌视为一种象征,为品牌赋予更多的情感价值和社会价值。

基于属性定位,围绕核心痛点展开资源能力组合配称,重点解决品牌功能性价值创新的问题;基于利益定位,展开功能产品化的配称动作,重点解决品牌体验性价值创新的问题;基于价值定位,展开产品品牌化配称动作,重点解决品牌象征性价值创新的问题。三次定位进阶,渐进形成品牌价值创新内生性增长动力,为西部地区中小企业实现品牌突围提供理论指导。基于品类创新的品牌定位突围模型如图 7-1 所示。

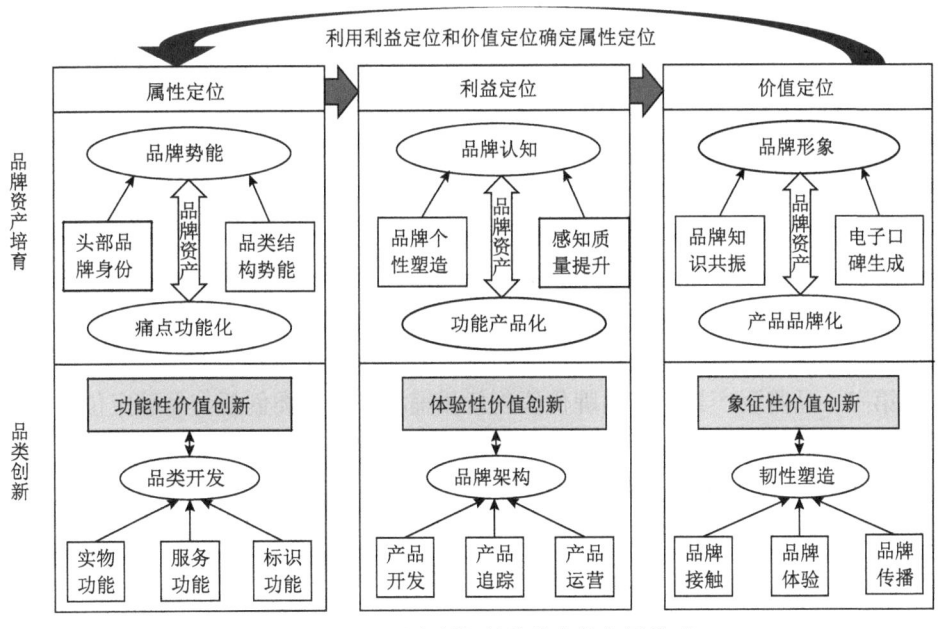

图 7-1 基于品类创新的品牌定位突围模型

品类创新成为品牌培育的核心驱动力,通过功能性、体验性和象征性三个层面的价值创新，塑造了品牌的独特魅力和市场竞争力。企业首先从属性定位出发，针对市场与消费者的核心需求，通过资源整合和能力配置，强化品牌的功能性价值，确保产品满足基础需求并脱颖而出。随着市场环境的不断变化，企业进而转向利益定位，将功能性优势转化为消费者可感知的实际利益，通过提供卓越的使用体验和服务，深化与消费者的情感连接，提升品牌的忠诚度和满意度。这一过程中，企业不断探索创新，力求为消费者带来超越期待的品牌体验。最终，企业迈向价值定位，致力于将品牌塑造为具有深厚文化内涵和社会认同感的象征。通过强化品牌故事、价值观和社会责任，企业不仅激发了消费者的归属感和自豪感，也提升了品牌的社会影响力和市场地位。这一模型为中小企业提供了从功能性到象征性、从短期效益到长期价值的全面品牌培育路径，助力企业在激烈的市场竞争中实现品牌突围和可持续发展。

6. 结论与建议

1）研究结论

本部分通过对贵茶集团、皓天科技和飞利达科技三家企业的深入分析，探讨了品类创新与品牌定位之间的关系，以及如何通过品类创新推动品牌价值提升，研究结论有三点。

第一，品类创新是品牌价值提升的关键驱动力。三家企业均通过品类创新实现了品牌价值的显著提升。无论是贵茶集团的抹茶系列衍生品、皓天科技的高活性原料药，还是飞利达科技的综合服务平台，都展示了品类创新在丰富产品线、满足消费者多样化需求及增强市场竞争力方面的巨大潜力。

第二，精准品牌定位促进品牌价值内化。研究发现，基于属性、利益和价值的三层次品牌定位策略，有助于企业逐步构建品牌的核心竞争优势。通过围绕核心痛点展开资源能力组合配称，企业能够有效解决品牌功能性、体验性和象征性价值创新的问题，进而形成品牌价值创新的内生性增长动力。

第三，品牌资产累积与品牌价值创新相辅相成。品类创新与品牌定位的有机结合，不仅促进了品牌资产的累积，还推动了品牌价值的全面创新。品牌势能的构建、品牌认知的强化和品牌形象的塑造，共同构成了品牌资产培育的核心环节，为品牌价值的长远发展奠定了坚实基础。

2）理论贡献

本部分在精准品牌定位与品类创新领域提供了深刻的理论见解和实用的管理启示。结合本部分提出的基于品类创新的品牌定位模型，理论贡献主要体现在以下三个方面。

第一，拓展了品牌价值创新的理论框架。本部分在借鉴 Keller（1993）关于品牌资产维度的基础上，结合 Sood 和 Tellis（2009）关于创新对品牌价值影响的研究，拓展了品牌功能性价值创新、体验性价值创新和象征性价值创新的三维理论框架。通过贵茶集团、皓天科技和飞利达科技三家企业的案例分析，验证了这一框架的有效性，并揭示了品类创新如何通过这三个维度的价值创新推动品牌价值的全面提升。这不仅丰富了品牌价值创新的理论内涵，也为理解品牌价值增长的内在机制提供了新的视角（邓伟升，2024）。

第二，构建了基于品类创新的品牌定位模型。本部分通过深入分析三家企业的实践案例，构建了基于品类创新的品牌定位模型。该模型强调了品类创新在品牌定位中的核心作用，以及如何通过属性定位、利益定位和价值定位三个阶段的逐步进阶，实现品牌价值创新的内生性增长。这一模型不仅揭示了品类创新与品牌定位之间的内在联系，还为企业如何在动态市场中实现精准品牌定位提供了理论依据和实践路径。该模型的提出，填补了品牌定位理论在品类创新方面的空白，为企业品牌管理提供了新的策略工具。

第三，深化了价值迁移理论在品牌定位中的应用。本部分结合 Vukasovič（2012）关于品牌价值迁移的研究，以及 Doyle 和 Armenakyan（2014）关于价值迁移类型的划分，探讨了品类创新如何通过品牌延伸和品牌价值链扩张推动品牌价值提升。从纵向迁移和横向迁移的视角，本部分解释了品类创新如何促进品牌价值的增值，并验证了价值迁移理论在品牌定位中的适用性。这一深化不仅拓展了价值迁移理论的应用范围，也为企业在品牌管理实践中如何利用品类创新实现品牌价值的迁移和增值提供了理论指导（许晖等，2018）。

3）管理启示

在管理实践层面，本部分为企业提供了宝贵的启示。首先，重视品类创新在品牌价值提升中的关键作用。企业应认识到品类创新是品牌价值提升的重要驱动力。通过不断推出符合市场需求的新产品或服务，企业不仅能够增强品牌的竞争力和市场吸引力，还能促进品牌功能性、体验性和象征性价值的全面提升。贵茶集团通过抹茶品类的创新，成功提升了品牌价值和市场竞争力，为企业树立了良好的榜样。

其次，实施精准且动态的品牌定位策略。企业在品牌定位过程中应注重精准性和动态性。一方面，要深入了解市场需求、消费者偏好以及自身资源能力，制定具有针对性的品牌定位策略。另一方面，随着市场环境的变化和消费者需求的演进，企业需要不断调整和优化品牌定位，以确保品牌始终与消费者保持紧密的连接和共鸣。皓天科技和飞利达科技在品牌定位上的灵活调整，为其他企业提供了有益的借鉴。

最后，利用价值迁移理论优化品牌管理。企业可以借鉴价值迁移理论，通过品牌延伸和品牌价值链扩张来推动品牌价值的提升。一方面，可以通过跨品类延伸或产业链整合来拓展品牌的应用范围和市场空间。另一方面，要注重品牌价值链的管理和优化，确保品牌价值在各个环节得到有效传递和增值。这不仅可以提升品牌的整体价值，还能增强品牌的市场竞争力和影响力。

7. 研究局限和未来研究

本部分通过对贵茶集团、皓天科技和飞利达科技三家企业的案例分析，深入探讨了品类创新与品牌定位之间的关系。尽管研究取得了一定成果，但仍存在一些局限。首先，样本选择相对有限，仅涵盖了三个不同产业领域的代表企业，这限制了研究结论的普适性。其次，数据收集主要依赖于企业访谈和公开资料，可能存在一定的主观性和信息偏差，无法全面反映企业的实际情况和市场动态。再次，本部分主要从企业视角出发，对消费者心理层面的探讨相对较少，未能充分考虑消费者对品类创新与品牌定位的认知、态度和行为反应。最后，尽管研究强调了品牌定位的动态性，但在实际分析中可能仍受到静态视角的限制，未能充分揭示企业在快速变化的市场环境中如何灵活调整品牌策略。

针对上述局限，未来研究可以从以下几个方面进行拓展。首先，扩大样本范围，涵盖更多不同行业、规模和地域的企业，以更全面地了解品类创新与品牌定位在不同情境下的实践效果。其次，结合量化数据和客观指标，如市场份额、品牌忠诚度等，通过大样本量化研究验证和拓展现有结论，提高研究的客观性和准确性。同时，加强消费者心理层面的探讨，通过问卷调查、深度访谈等方法收集消费者数据和反馈，揭示消费者对品类创新与品牌定位的认知和态度变化。再次，未来研究还应深入探讨在快速变化的市场环境中，企业如何根据市场趋势和消费者需求灵活调整品类创新与品牌定位策略，以保持品牌的竞争力和吸引力。最后，考虑跨文化比较研究，探讨不同文化背景下品类创新与品牌定位的差异和共性，为跨国企业制定全球化品牌战略提供理论依据和实践参考。

### 7.2.2 基于产品品质的解决方案

1. 引言

产品品质是企业生存和发展的基石，对于品牌形成期的企业而言尤为重要。在品牌形成期，企业需要通过一系列有效的策略来塑造品牌形象，吸引消费者关注并建立品牌忠诚度。产品品质作为品牌形象的直接体现，其优劣直接关系到消费者对品牌的认知和信任。因此，通过产品品质优化来提升品牌形象，对于企业在品牌形成期实现"立得住"的目标具有重要意义。

信号理论作为一种解释企业如何通过信号发送来影响市场感知的理论框架，为产品品质的优化和传播提供了有力的分析工具。信号理论广泛应用于解释市场中信息不对称的情况，其核心在于解决信息不完全带来的交易难题。信号理论的三个关键元素——信号发送者（企业）、信号（如广告、品牌标识、产品特性等）和信号接收者（消费者）构成了产品品质信息传递的基本框架。企业通过精心设计信号，将产品品质信息传递给消费者，以区别于竞争对手并建立差异化优势。在产品品质的优化过程中，信号理论提供了宝贵的指导。首先，企业需要明确自身的产品品质优势，并找到有效的信号载体来传递这些信息。其次，企业应根据目标市场的特点，选择合适的信号传播渠道和方式，以确保信号能够精准触达消费者。最后，企业应建立反馈机制，及时收集和分析消费者的反应，以评估信号传递效果，并不断优化产品品质信息传递策略。

综上所述，信号理论为企业产品品质的优化和传播提供了理论依据与实践指导。通过巧妙运用信号理论，企业可以更好地展示其产品品质优势，赢得消费者的信任和忠诚，从而在激烈的市场竞争中脱颖而出。本书聚焦于提升产品品质问题，通过深入分析洪丽食品、神曲乐器和梦驼铃等三家企业的案例，探讨如何通过提升产品品质实现品牌价值的全面提升。本书旨在揭示提升产品品质的内在机制，为西部地区中小企业实现品牌突围提供理论指导和实践参考。

2. 文献评述

信号理论通常被应用于交换方之间彼此信息不对称的情形，即某方的资源和能力等一些基本属性无法被另一方轻易观察到（Connelly et al., 2011）。这个理论主要包括三个关键的元素，即信号发送者、信号和信号接收者。企业的做法或举措可以被视为向市场中的利益相关者如供应商、客户等（即接收者）传达其关键信息的信号（Narasimhan et al., 2015）。信号发送者发出的信号可以有效缓解市场交易中的信息不对称（解维敏等，2021）。信号成本显著影响信号功效，因为昂贵的信号降低了出现虚假信号的可能性，并吸引了信号接收者更多的关注（Jacobs, 2014）。此处，信号成本为发送信号的支出（例如，公司特定活动或战略实施的成本）。信号理论在当下运营管理的研究中得到了广泛的应用，如一些学者提出企业在社会责任活动中的良好表现传递给供应商积极信号，这有助于买方公司获得更多的资金支持（黄伟和陈钊，2015；Xu et al., 2020）。

在产品品质优化过程中，信号理论提供了宝贵的指导。企业首先需要明确自身的产品品质优势，并找到有效的信号载体来传递这些信息。其次，企业应根据目标市场的特点，选择合适的信号传播渠道和方式，以确保信号能够精准触达消费者。最后，企业应建立反馈机制，及时收集和分析消费者的反应，以评估信号传递效果，并不断优化产品品质信息传递策略（解维敏等，2021）。

然而，尽管信号理论在产品品质优化中发挥了重要作用，但现有研究在信号设计的创新性和个性化方面仍有待加强。随着市场竞争的加剧和消费者需求的多样化，传统的信号传递方式可能难以吸引消费者的注意并激发他们的购买欲望。因此，未来研究应探索更具创新性和个性化的信号设计方法，以更好地满足消费者的心理需求和情感共鸣，从而进一步提升产品品质的市场认知度和品牌价值。

3. 研究方法

在学术研究中，案例研究的数量对于巩固研究结论的稳健性和增强其说服力具有关键作用。据研究强调，与单一案例相比，涵盖两个或更多案例的分析能够得出更为坚实且具说服力的结论（Yin, 2009）。采用多案例研究方法，有助于构建应用范围更广且深度更足的理论框架。本部分聚焦于产品品质的优化，旨在解答"如何有效实现产品品质的提升"这一核心议题。我们深入探究产品品质的提升过程，涵盖其设计、生产、评估及市场反馈等环节，并重点剖析这一系列过程背后的因果机制与影响因素。

通过精心挑选多个具有代表性的产品案例进行深入分析，我们能够更全面地洞察不同产品在日益复杂的市场环境中如何有效提升品质，以及这些品质提升策略如何促进产品获得竞争优势并实现持续的市场成功。简而言之，本部分主体已从品牌定位转变为产品品质，以深入探索产品品质优化的内在逻辑与实践路径。

1）案例选择

本部分选择了洪丽食品、神曲乐器、梦驼铃作为案例研究对象，选择这些企业是基于它们在各自产业中的典型性、数据的可获取性以及研究的便利性。

首先，就典型性而言，洪丽食品代表了第一产业，展现了农产品从生产到加工再到市场的品牌化全过程。神曲乐器作为第二产业的代表，体现了制造业通过匠心与创新来塑造品牌的实践。梦驼铃则代表了第三产业，特别是物流服务领域，它利用现代信息技术提供解决方案，展示了服务品牌的成长路径。这三个案例分别代表了不同产业的品牌形成期特点，为研究品牌从无到有的过程提供了丰富的实例和洞见。

其次，在数据的可获取性方面，本部分对三家企业的负责人进行访谈获取一手信息和资料。同时，洪丽食品、神曲乐器、梦驼铃作为西部地区中小企业领导品牌的代表,均积累了丰富的运营数据、市场反馈和客户评价。这些数据不仅包括产品信息、销售业绩、市场份额等基本指标,还涵盖了客户满意度、品牌忠诚度等关键的用户反馈信息。数据的丰富性和翔实性为研究者提供了多维度的分析视角,有助于深入理解这些企业品牌化过程的动态和市场表现。

在研究的便利性方面,洪丽食品、神曲乐器和梦驼铃作为案例研究对象具有显著优势。首先,这三家企业均位于西部地区,地理位置集中,便于研究团队进行实地调研和访谈,节省了时间和成本。其次,这些企业与研究团队建立了良好的沟通机制,能够积极配合研究工作,提供必要的内部资料和数据支持。此外,洪丽食品和神曲乐器作为当地知名品牌,其品牌化过程中积累的丰富经验为研究提供了宝贵的实践基础。梦驼铃作为物流服务领域的代表性企业,其在数字化转型和品牌建设方面的创新实践也为研究提供了独特视角。这种便利性不仅提高了研究的效率,还确保了研究结果的可靠性和实用性,为西部地区中小企业品牌化研究提供了有力支持。

2)数据收集

本部分通过综合利用访谈收集的一手数据,公开资料、学术文献、行业数据库和市场调研以及网络资源等二手数据,确保了数据的全面性和深度。公开资料提供了企业财务和市场表现的详细数据;学术文献为产品品质的理论基础和实践应用提供了支撑;行业数据库和市场调研揭示了企业主营产品与消费者行为;网络资源捕捉了品牌形象和市场动态。通过对这些数据的严格筛选和综合分析,研究揭示了企业如何通过产品品质构建品牌核心竞争力,并为其他企业提供策略借鉴。具体数据收集信息如表7-2所示。

表 7-2 数据收集信息(二)

| 案例企业 | | 数据来源 | 数据内容 | 字数/万字 |
| --- | --- | --- | --- | --- |
| 洪丽食品 | 一手数据 | A1 线上访谈:总经理 | 企业发展路径,主营业务,核心产品 | 1.10 |
| | 二手数据 | A2 企业公开资料(包括网页、公众号、商域账号、公开报道) | 企业市场表现,经营状况 | 2.70 |
| | | A3 政府报道 | 企业监管,资源管理 | 0.21 |
| 神曲乐器 | 一手数据 | B1 线上访谈:董事长 | 企业发展路径,主营业务,核心产品 | 1.90 |
| | 二手数据 | B2 企业公开资料(包括网页、公众号、商域账号、公开报道) | 发展历程、生产规模、工艺流程以及市场定位 | 2.30 |
| | | B3 政府报道 | 经济贡献,资源管理 | 0.37 |

续表

| 案例企业 | | 数据来源 | 数据内容 | 字数/万字 |
| --- | --- | --- | --- | --- |
| 梦驼铃 | 一手数据 | C1 线上访谈：集团副总裁 | 企业发展路径，主营业务，核心产品 | 2.30 |
| | 二手数据 | C2 企业公开资料（包括网页、公众号、商域账号、公开报道） | 综合发展，技术应用，产业模式 | 1.90 |
| | | C3 政府报道 | 转型升级，模式探索 | 0.17 |

4. 案例描述

1) 洪丽食品的案例描述

洪丽食品作为涪陵榨菜行业的领军企业，始终将产品品质视为企业发展的生命线。公司自成立以来，始终坚守"品质至上"的原则，通过严格的原料筛选、独特的制作工艺和创新的研发能力，打造出了一系列备受消费者青睐的榨菜产品。

洪丽食品坐落于四季分明、雨量充沛的涪陵区，这里得天独厚的自然条件为榨菜的主要原料——青菜头提供了优越的生长环境。公司精选当地优质青菜头，确保每一颗榨菜都源自最佳产地。在制作工艺上，洪丽食品传承了"三清三洗、三腌三榨"的传统精髓，同时引入现代化智能生产线，实现了传统与科技的完美融合。这种独特的制作方式不仅保留了榨菜的鲜嫩香脆，还极大提升了产品的卫生标准和生产效率。在质量管理方面，洪丽食品建立了完善的质量控制体系，通过了 ISO[①] 9001 质量管理体系认证，并获得了国家质量监督检验检疫总局颁发的"全国工业产品生产许可证"。公司还荣获了"重庆市示范龙头企业""重庆市农产品加工业示范企业"等多项殊荣，进一步巩固了其在行业内的领先地位。

洪丽食品的成功并非偶然，而是源于对产品品质的极致追求和不断创新的精神。公司始终坚信，只有以卓越的产品品质赢得消费者的信任和喜爱，才能在激烈的市场竞争中立于不败之地。

2) 神曲乐器的案例描述

在贵州省遵义市正安县，神曲乐器以其卓越的产品品质在吉他制造业中脱颖而出，成为行业的佼佼者。神曲乐器从代工起家，逐步发展为集研发、制造、销售于一体的综合性乐器制造企业，其成功的关键便是对产品品质的极致追求。

郑传玖与郑传祥两兄弟在创立广州神曲乐器制造公司并积累了多年代工经验后，意识到代工生产的局限性，于是毅然决然地将生产线迁回家乡正安，并更名

---

① ISO 即 International Standards Organization，国际标准化组织。

为遵义神曲乐器制造有限责任公司。这一转变不仅是对家乡的回馈,更是对自主品牌的坚定信念。自落户正安县以来,神曲乐器始终将产品品质视为企业的生命线。公司建立了严格的质量管理体系,从原材料采购到成品出厂,每一道工序都经过精心设计和严格把控。吉他的制作过程烦琐且精细,从选材、切割、打磨到调音,每一步都力求完美。特别是吉他的面板上漆环节,需要手工反复涂抹多达30次,以确保漆面的光滑度和色彩的均匀性。这种对细节的极致追求,使得每一把神曲吉他都能达到专业演奏级的水准。为了不断提升产品品质,神曲乐器不断加大研发投入,与国内外知名院校和科研机构建立合作关系,引进先进的生产设备和制造工艺。通过技术创新,公司在吉他结构设计、音色优化等方面取得了显著成果,拥有多项专利技术。这些技术的应用不仅提升了产品的整体性能,也使得神曲吉他在国内外市场上更具竞争力。

神曲乐器的发展历程充分证明了产品品质对于企业长远发展的重要性。公司坚持品质至上的理念,通过技术创新、文化融合和市场拓展等多方面的努力,成功实现了从代工企业到自主品牌的转型。未来,随着市场需求的不断变化和技术的持续进步,神曲乐器将继续秉持初心,为消费者带来更多优质、具有文化内涵的吉他产品。

3)梦驼铃的案例描述

梦驼铃自成立以来,便以创新技术与卓越服务为核心驱动力,致力于提升物流行业的整体效能与服务品质。梦驼铃深知,优质的服务品质是企业立足之本。因此,公司始终将客户需求放在首位,通过不断优化服务流程、提升技术实力,确保每一位客户都能享受到高效、安全、可靠的物流服务。平台通过智能调度系统,实现了人、车、货的精准匹配,有效降低了空驶率与等待时间,提高了物流运输的整体效率。同时,梦驼铃还建立了完善的客户服务体系,提供7×24小时在线客服支持,确保客户问题能够得到及时解决。

为了进一步提升服务品质,梦驼铃还针对物流行业的痛点问题,推出了一系列创新服务。例如,针对司机群体普遍面临的接单难、运价低等问题,公司开发了智能推荐系统,根据司机的历史运输记录与实时位置信息,为其推荐最合适的货源信息,有效提高了司机的接单成功率与收入水平。此外,梦驼铃还与多家金融机构合作,为司机提供便捷的金融服务,帮助解决资金短缺问题,降低了运输成本。在货物安全保障方面,梦驼铃同样不遗余力。公司利用物联网技术,对运输过程中的货物进行实时监控与追踪,确保货物安全无误地送达目的地。同时,梦驼铃还与多家保险公司合作,为货物提供全面的保险保障,降低了客户因货物损失而承担的风险。

正是凭借这些努力与付出,梦驼铃在物流行业树立了良好的口碑与品牌形象。

如今，公司已累计服务货主超过 3000 家，注册司机数量超过 70 万人，业务范围覆盖全国多个地区。未来，梦驼铃将继续秉承"以客户为中心"的服务理念，不断创新技术、优化服务流程、提升服务品质，为推动物流行业的现代化与高效运转贡献更多力量。

5. 案例分析

1）产品品质构成

产品品质也是企业战略的核心，它影响了产品设计、功能选择、供应商和材料选择标准的设立，也影响了实现世界级产品性能的发挥（Kenyon and Sen, 2015）。本部分从产品外观、性能、材料、定价和技术含量五个维度研究。

洪丽食品以其严格的质量控制和独特的产品特色，在食品行业中树立了良好的品牌形象。公司专注于农副产品加工，特别是"餐餐想"系列榨菜，其成功不仅在于口感鲜美，更在于对产品品质的极致追求。在产品外观方面，洪丽食品注重包装设计和品牌标识的突出，通过专业的视觉形象设计，产品具有高度的辨识度和吸引力。其包装采用简洁明了的设计风格，突出"餐餐想"品牌的核心元素，同时融入地域文化特色，增强了品牌的亲和力和记忆点。此外，公司还采用环保可回收材料进行包装，体现了企业的社会责任感，也符合现代消费者对环保的关注。在性能方面，洪丽食品的产品以"三洗三榨 180 天"的独特工艺为特色，确保榨菜等产品口感鲜美、风味独特。这一复杂的制作流程不仅保留了产品的天然成分，还提升了产品的整体品质和市场竞争力。同时，公司在生产过程中严格把控质量，确保每一袋产品都能达到高标准的品质要求。在材料方面，洪丽食品从原材料采购开始就严格把控质量，与当地农户建立了紧密的合作关系，确保原料的新鲜与安全。公司采用优质的榨菜原料，并通过严格的筛选和检测流程，从源头上保证了产品的高品质。此外，公司在包装材料上也注重环保和可持续性，采用可回收材料，减少了对环境的影响。在定价方面，洪丽食品通过优化生产流程、提高生产效率来降低成本，从而让消费者能以合理的价格享受到高品质的产品。这种定价策略不仅赢得了消费者的信任和忠诚，也为企业带来了稳定的市场份额和持续增长的经济效益。公司通过精准的成本控制和市场定位，确保产品在价格上具有竞争力，同时又能保持较高的利润空间。在技术含量方面，洪丽食品拥有一支专业的研发团队，致力于产品改进和工艺创新。公司通过持续的研发投入和技术积累，在保质、保鲜等方面取得了显著成果，进一步提升了产品的竞争力和市场地位。此外，公司还引入先进的质量检测技术和设备，确保产品质量的稳定性和可靠性。

神曲乐器作为吉他制造业的佼佼者，其产品品质不仅体现在精湛的工艺和卓越的性能上，更蕴含了深厚的文化底蕴和艺术追求。在产品外观方面，神曲乐器注重细节处理和个性化定制，满足不同消费者的审美需求。吉他的外观设计不仅美观大方，而且与音质相匹配，实现了形式与内容的完美结合。公司通过精湛的工艺和独特的设计元素，每一把吉他都成为艺术品。此外，神曲乐器还注重品牌形象的塑造和传播，通过专业的营销团队和渠道建设，将品牌理念和文化传递给更多消费者。在性能方面，神曲乐器拥有高端手工吉他生产线，每一把吉他都经过上百道工序的精心打磨。公司注重音质的纯净度和共鸣效果，通过选用优质木材和先进的制作工艺来确保吉他的卓越性能。此外，神曲乐器还积极与国际大品牌合作，引入先进技术和设计理念，不断提升产品品质和市场竞争力。在材料方面，神曲乐器严格筛选原材料供应商，确保木材、配件等原材料的质量上乘。同时，公司还注重环保和可持续性发展，采用环保材料和工艺来减少对环境的影响。在定价方面，神曲乐器通过高端产品定位和精湛工艺，满足高端市场的需求，定价策略符合其品牌定位，赢得了高端消费者的信赖。公司通过精准的市场调研和成本控制，确保产品在高端市场具有竞争力，同时又能保持较高的利润空间。在技术含量方面，神曲乐器拥有多项专利技术和自主研发能力，不断投入研发资金推动产品创新和技术升级。通过引入智能化生产线和数字化管理系统，公司提高了生产效率和产品质量稳定性。同时，公司还积极参与行业交流和合作活动，拓宽视野并提升技术水平，为企业的长远发展注入源源不断的动力。

梦驼铃作为智慧物流领域的创新者，凭借其高效、智能、安全的物流解决方案在市场上脱颖而出。在产品外观方面，梦驼铃注重物流车辆的统一标识和外观设计，通过专业的视觉形象设计提升品牌形象和辨识度。同时，公司还注重物流设施的安全性和耐用性设计，确保物流运输过程的安全可靠。在性能方面，梦驼铃通过大数据和人工智能技术优化物流运输效率与服务质量。公司利用精准的数据分析和算法优化，提升配送路线的合理性，降低物流成本并提高客户满意度。此外，公司还注重客户服务体验的提升，通过提供便捷的查询系统、实时的物流跟踪等增值服务来增强客户黏性。在材料方面，梦驼铃在物流设施和设备中采用高质量材料，确保其耐用性和可靠性。同时，公司注重环保材料的应用，减少对环境的影响。在定价方面，梦驼铃通过技术创新和服务优化，实现高效、智能、安全的物流解决方案，其定价策略基于服务质量和效率，为客户提供了高性价比的物流服务。公司通过精准的成本控制和市场定位，确保服务在价格上具有竞争力，同时又能保持较高的利润空间。在技术含量方面，梦驼铃不断投入研发资金，推动物流技术的创新和发展。公司拥有一支专业的研发团队和技术支持团队，负责技术研发和解决方案设计。通过引入物联网、区块链等先进技术，公司提升了物流运输过程的透明度和可追溯性；通过智能调度系统和自动化设备，降低了人工成本和错误率；通过构建开放的生态系统和合作伙伴网络，拓展了服务范围和市场空间。这些技术创新不仅提升了梦驼铃的市场竞争力，也为整个物流行业带来了新的发展机遇和挑战。

2）信号传递过程

信号的有效传播是连接产品与消费者之间的桥梁。在这一阶段，企业需精心策划传播策略，确保高品质的信号能够跨越各种媒介，准确无误地触达目标市场。这包括选择合适的传播渠道，如电视广告、社交媒体、行业出版物或专业网站等，以覆盖广泛的受众群体。同时，运用创意性的内容营销策略，通过故事讲述、案例分享或用户互动等形式，增强信号的吸引力和感染力，使目标受众能够深刻感知到产品的卓越品质。此外，保持传播信息的一致性和连贯性，避免信息碎片化或混淆，也是有效传播的关键。

洪丽食品在信号传递过程中，深知产品与渠道融合的重要性，因此构建了多元化的销售渠道网络。公司不仅依靠自己建立的特殊渠道，如与灵敏市场反应相匹配的渠道以及自有的商贸公司，将产品流通至各大商超、社区平台，还紧跟时代步伐，积极拓展线上销售渠道。这种线上线下相结合的多渠道策略，确保了洪丽食品的高品质信号能够迅速、广泛地触达目标消费者群体，实现了市场覆盖的最大化。

在信号内容方面，洪丽食品同样展现出高超的策划能力。公司深知口味多样是吸引消费者的关键，因此"餐餐想"系列产品涵盖了涪陵榨菜绝大部分品类，满足了不同人群的口味偏好。这种多样化的产品策略，不仅丰富了消费者的选择，也增强了洪丽食品品牌的市场竞争力。此外，洪丽食品还巧妙运用口碑传播的力量，通过强调配料简洁明了的健康理念，赢得了消费者的广泛赞誉。在市面上众多配料冗长的产品中，洪丽食品的配料表仅包含五种必要成分，这一独特卖点成了消费者口碑传播的重要内容。消费者对于洪丽食品配料表的纯净与健康的正面评价，不仅增强了品牌信誉，还促进了产品的市场渗透力，使得洪丽食品在消费者心中树立了健康、可靠的品牌形象。

神曲乐器在信号传递上采取了市场融合与口碑传播并重的策略。神曲乐器深知市场融合的重要性，因此不仅在国内市场精耕细作，更将正安吉他远销至全球40多个国家和地区。这种全球化布局不仅极大地拓宽了产品的受众范围，还显著提升了品牌的国际知名度和影响力，使正安吉他成为国内外消费者心中的优选。

在口碑传播方面，神曲乐器凭借高质量的产品和卓越的服务，赢得了消费者的广泛赞誉。许多消费者将正安吉他视为艺术品，这种高度评价不仅是对产品品质的认可，更是对品牌形象的极大提升。消费者的正面反馈如同滚雪球般不断累积，成为神曲乐器最有力的宣传工具，进一步推动了产品的销售和市场占有率的提升。此外，神曲乐器还注重与渠道伙伴的紧密合作。通过精准的渠道布局和高效的供应链管理，公司确保了产品能够顺畅地到达消费者手中，实现了从生产到消费的无缝对接。这种对渠道管理的精细把控，不仅提升了消费者的购买体验，还进一步巩固了神曲乐器在吉他市场的领先地位。

梦驼铃在信号传递过程中，巧妙利用数字化平台优势，实现了产品与渠道的深度融合，为物流行业带来了革新性的变化。公司通过智慧物流平台，将传统物流运营模式数字化，有效解决了配载效率低、行驶线路缺乏规划等行业痛点。这一创新举措不仅极大提升了物流效率，降低了运营成本，还成功吸引了货主和司机的广泛关注。数字化平台的便捷性和高效性，使得梦驼铃迅速在物流市场中脱颖而出，赢得了广泛的市场认可。

在口碑传播方面，梦驼铃同样表现出色。公司深知司机群体的重要性，因此不仅提供优质服务，还特别关怀司机的生活与工作。这种贴心的举措赢得了司机的高度评价，他们纷纷成为梦驼铃的忠实用户，并主动向同行推荐。这种正面口碑的传播，进一步巩固了梦驼铃在行业内的领先地位。此外，梦驼铃还积极参与社会责任活动，如为司机提供金融服务、举办卡车司机节等。这些举措不仅展现了公司的社会责任感，也促进了物流市场与社会各界的深度融合。通过这些努力，梦驼铃成功地将自身打造为智慧物流领域的领军企业，树立了良好的品牌形象，赢得了社会各界的广泛赞誉。

3）客户感知与反馈

信号的接收与持续优化是确保产品品质持续提升的重要环节。企业需建立高效的反馈机制，密切关注消费者对产品信号的接收程度和反应。这可以通过市场调研、用户访谈、在线评价收集等方式实现，以获取第一手的用户反馈和意见。在接收到反馈后，企业应进行细致的分析和归纳，识别出消费者对产品品质的真实看法和需求变化。基于这些反馈信息，企业可以及时调整信号设计和传播策略，以更好地满足消费者的期望和需求。同时，企业还应将消费者的积极反馈作为产品品质的有力证明，利用这些正面评价来增强品牌信誉和市场影响力。通过持续的优化和改进，企业可以不断提升产品品质，赢得更多消费者的信赖和支持。

洪丽食品深知客户感知与反馈对于产品品质持续提升的重要性，因此建立了高效、全面的反馈机制。公司通过市场调研、用户访谈以及在线评价收集等多种方式，积极倾听消费者的声音，确保能够第一时间捕捉到消费者对产品的真实反馈和意见。这种对消费者需求的敏锐洞察，为洪丽食品提供了宝贵的市场信息和改进方向。

在品牌定位方面，洪丽食品明确将"餐餐想"系列榨菜定位为国民开胃菜，这一清晰的品牌定位深受消费者认可。通过市场调研，公司了解到消费者对健康无添加食品的需求日益增长，于是及时调整产品配方，确保配料表简洁明了，赢得了消费者的广泛好评。这种基于消费者需求的品牌定位和产品优化策略，不仅提升了产品的市场竞争力，还增强了品牌信誉。除了产品定位的精准把握，洪丽食品还非常注重客户服务的提升。公司建立了专业的后台服务团队，确保能够在几十秒之内及时回复消费者的咨询和反馈。这种高效的服务响应机制，不仅提升了消费者的购买体验，还增强了客户对品牌的忠诚度。

在客户体验方面，洪丽食品同样表现出色。消费者对外包装的满意度以及对产品口感的认可，是公司持续优化产品品质的重要参考。公司根据消费者的反馈，不断调整产品包装设计，使其更加符合消费者的审美需求；同时，通过改进生产工艺和配方，确保产品口感始终保持在最佳状态。

神曲乐器在客户感知与反馈方面同样表现出色，通过多渠道收集和分析客户意见，不断优化产品品质和服务体验。在产品方面，神曲乐器不仅关注吉他的物理性能和外观设计，更重视产品所承载的情感价值和文化内涵。其吉他产品被许多消费者视为艺术品，这种高度认可不仅体现了消费者对产品品质的信赖，更彰显了消费者对神曲乐器品牌文化的共鸣。这种情感上的连接，使得神曲乐器的产品不仅仅是一件乐器，更成了消费者心中的情感寄托。

为了持续提升客户体验，神曲乐器不断优化生产流程，提高产品质量。公司引入先进的生产技术和设备，确保每一件产品都能达到卓越的品质标准。同时，神曲乐器还致力于为客户提供全方位的支持与服务。无论是售前咨询、售中指导还是售后保障，公司都能为消费者提供及时、专业的服务，确保消费者在购买和使用过程中都能得到满意的体验。

除了在产品和服务上的不断优化，神曲乐器还积极参与市场活动，提升品牌知名度和美誉度。公司通过各种渠道宣传品牌文化，展示产品特色，进一步增强了消费者对品牌的认知和信任。这种品牌与市场的深度互动，不仅提升了神曲乐器的市场竞争力，还增强了客户的忠诚度。

梦驼铃在客户感知与反馈方面同样有着出色的表现。在数字化创新方面，梦驼铃公司充分利用宁夏的激励政策，与高校合作建立数字化人才培养方案，激发企业的创新活力。这一举措不仅提升了公司的研发能力，还自主研发了一大批物流数字化产品，为物流行业的现代化和高效运转提供了有力支撑。这些数字化产品的应用，不仅提高了物流效率，还为客户带来了更加便捷、高效的服务体验。

除了在产品上的创新，梦驼铃还非常注重服务细节的提升。公司在物流集散园区建立"司机之家"，为货车司机提供医疗急救、充电休憩、托老托幼等暖心服务。这些举措不仅体现了公司对司机群体的关怀，还赢得了广泛的好评，增强了客户黏性。在客户体验方面，梦驼铃通过大数据分析物流各环节的数据和信息，建立起一个庞大的市场需求信息库。这使得公司能够准确了解市场需求，提供更加精准的服务。这种以客户需求为导向的服务模式,不仅提升了客户满意度,还增强了公司的市场竞争力。

4)基于信号理论的产品品质优化

对三家企业案例研究发现,基于信号理论的产品品质优化,可以详细划分为三个关键阶段:企业产品(信号设计)、信号传递以及客户感知与反馈(信号接收与反馈)。这一模型旨在通过精准的信号沟通,提升产品品质的认知度与市场接受度,进而优化用户体验,提升产品的市场竞争力和客户满意度。基于信号理论的产品品质优化模型如图 7-2 所示。

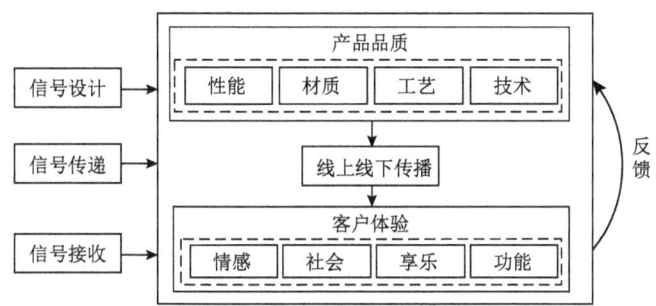

图 7-2 基于信号理论的产品品质优化模型

在信号设计阶段,企业的核心任务是精心策划并设计出能够有效传达产品高品质特性的信号。这些信号可以是视觉上的(如产品外观的精致度、包装的设计感)、感官上的(如产品的触感、气味)、功能性的(如高性能指标、技术创新),或是认证与奖项(如 ISO 认证、行业奖项)。设计信号时,企业需深入理解目标市场的需求与偏好,确保所选信号能够准确、有力地传达产品的核心价值与独特优势。例如,在物流科技领域,梦驼铃可能通过展示其智慧物流平台的实时监控界面、高效的运输网络布局以及用户好评反馈等信号,来彰显其服务的专业性和高效性。

信号传递是模型中的关键环节,它涉及如何将设计好的高品质信号有效地传递给目标受众。这一过程不仅需要选择合适的传播渠道(如官方网站、社交媒体、行业展会、客户体验中心等),还需要运用创意营销策略和故事讲述技巧,使信号更加生动、吸引人。企业需确保信号的传递具有一致性、连贯性和冲击力,能够在众多信息中脱颖而出,引起目标受众的关注和兴趣。例如,梦驼铃可以通过线上线下的多渠道推广,结合案例分享、用户见证、专家评测等形式,全方位展示其物流平台的高效运作和优质服务,从而增强潜在客户的信任和购买意愿。

信号接收与反馈是模型中的闭环部分,它检验了信号传递的效果,并为后续的产品品质优化提供了宝贵的依据。在接收阶段,企业需密切关注目标受众对信号的反应和解读,了解他们对产品品质的认知程度及满意度。同时,建立有效的反馈机制,鼓励用户分享使用体验、提出建议和意见。通过分析这些反馈信息,企业可以识别出信号传递中的盲点、误解或不足之处,进而对信号设计和传递策略进行针对性的调整与优化。

## 6. 结论与建议

### 1)研究结论

本部分通过深入探讨信号理论在产品品质优化与品牌形象提升中的作用,得出了若干重要结论。首先,产品品质作为企业核心竞争力的基础,其优化不仅是技术层面的改进,更是市场策略的重要组成部分。企业在追求高品质的同时,必须有效地通过信号将这一优势传达给消费者,从而在激烈的市场竞争中脱颖而出。

具体而言,研究揭示了产品品质优化的多维度特性,包括产品外观、性能、材料、定价以及技术含量等方面。每一维度的优化都对产品整体品质的提升具有显著贡献,而这些提升通过精心的信号设计得以向市场传递,进而增强品牌形象。例如,精美的外观设计可以吸引消费者的注意,卓越的性能表现则能赢得消费者的信赖,而合理的定价策略则能确保产品在市场中的竞争力。

进一步地,研究发现,产品品质信号的传递并非孤立的过程,而是与品牌形象构建紧密相连。企业通过一系列的市场营销手段,如广告宣传、品牌故事讲述、用户体验分享等,将产品品质信号融入其中,形成统一的品牌形象。这种品牌形象不仅代表了产品的品质优势,更体现了企业的价值观和市场定位,从而增强了消费者对品牌的认同感和忠诚度。

综上所述,本部分不仅验证了信号理论在产品品质优化与品牌形象提升中的有效性,还为企业提供了具有实践指导意义的管理建议。未来,企业应在产品品质优化方面持续努力,并借助信号理论构建强大的品牌形象,从而在市场中立于不败之地。

### 2)理论贡献

本部分的理论贡献主要有以下三点。

第一,深化了信号理论在产品品质管理中的应用。本部分将信号理论系统地应用于产品品质优化领域,拓展了信号理论的应用范围。通过洪丽食品、神曲乐器和梦驼铃的案例,验证了信号理论在解释企业如何通过信息传递来影响消费者认知和品牌形象方面的有效性(Connelly et al., 2011)。研究发现,产品品质信号的设计、传递、接收与反馈构成了一个完整的闭环，对于提升产品品质认知度和品牌形象具有关键作用。这一发现不仅丰富了信号理论的研究内容，也为其在不同行业和企业情境下的应用提供了实证支持。

第二，揭示了产品品质信号的多维度传递机制。本部分揭示了产品品质信号不仅限于单一维度，而是涉及产品外观、性能、材料、定价和技术含量等多个方面。这些不同维度的信号相互补充，共同作用于消费者的认知和态度，从而强化了品牌形象（Narasimhan et al., 2015）。例如，精美的外观设计可以吸引消费者的注意力，卓越的性能表现则能赢得消费者的信赖，而合理的定价策略则能确保产品在市场中的竞争力。这一发现为理解产品品质信号的传递机制提供了新的视角，有助于企业更全面地把握产品品质信号的传递效果。

第三，强化了产品品质与品牌形象之间的关联。本部分通过案例分析，深入探讨了产品品质优化在品牌形象形成过程中的重要作用。研究指出，产品品质是品牌形象的重要组成部分，通过信号理论的运用，企业可以有效地将产品品质优势转化为品牌形象优势，从而增强消费者对品牌的认同感和忠诚度（解维敏等，2021）。例如，洪丽食品通过强调其产品的健康无添加特性，成功树立了健康食品的品牌形象；神曲乐器则通过精湛的工艺和卓越的性能，赢得了消费者的广泛赞誉，树立了高品质乐器的品牌形象。这一发现为企业通过产品品质优化来提升品牌形象提供了有力的理论支持。

3）管理启示

基于上述理论贡献，本部分为企业产品品质管理提供了以下管理启示。

首先，注重产品品质信号的多维度设计。企业在设计产品品质信号时，应综合考虑产品外观、性能、材料、定价和技术含量等多个维度，确保信号能够全面、准确地传达产品的品质优势。通过多维度的信号设计，企业可以更有效地吸引消费者的注意力，提升产品的市场竞争力。

其次，加强产品品质信号的传递与接收反馈。企业应重视产品品质信号的传递过程，选择合适的传播渠道和方式，确保信号能够精准触达目标消费者。同时，建立有效的反馈机制，及时收集和分析消费者对产品品质信号的接收程度与反应，以便对信号设计进行持续优化。通过加强信号的传递与接收反馈，企业可以不断提升产品品质信号的传递效果，增强品牌形象。

最后，将产品品质管理与品牌形象建设相结合。企业应将产品品质管理与品牌形象建设紧密结合，通过产品品质信号的传递来塑造和强化品牌形象。通过不断提升产品品质，企业可以赢得消费者的信赖和忠诚，进而提升品牌的市场影响力和竞争力。同时，良好的品牌形象也有助于企业更好地推广和销售产品，实现可持续发展。

## 7. 研究局限和未来研究

### 1）研究局限

尽管本部分在探讨产品品质优化与品牌形象提升方面取得了一定成果，但仍存在一些局限性。首先，本部分的数据收集主要依赖于问卷调查和消费者访谈，样本的广泛性和代表性可能受到一定限制。未来研究可以考虑采用更大范围的样本和多元化的数据收集方法，以提高研究结果的普适性和准确性。

其次，本部分主要聚焦于产品品质优化的多维度特性和信号传递机制，但对于不同行业、不同类型产品之间的差异性分析相对不足。不同行业和产品具有其独特的品质标准和市场特点，未来研究可以进一步探讨这些因素对产品品质优化与品牌形象提升的影响，以提供更加精细化的管理建议。

最后，本部分在分析消费者反馈对产品品质优化的影响时，主要依赖于事后分析的方法。虽然这种方法能够揭示消费者对产品品质的实际反应，但无法全面反映消费者在产品使用过程中的实时反馈和动态变化。未来研究可以考虑引入实时反馈机制，如在线评论监测、社交媒体分析等，以更及时、全面地了解消费者需求和市场动态。

### 2）未来研究

针对上述局限，未来研究可以从以下几个方面进行深入探讨。

第一，跨行业与跨产品类型的比较研究。选取不同行业和产品类型作为研究对象，比较分析其产品品质优化的关键维度和信号传递机制。通过跨行业与跨产品类型的比较研究，揭示不同情境下产品品质优化与品牌形象提升的共性与差异性规律，为企业提供更加精准的管理建议。

第二，动态反馈机制的研究。引入实时反馈机制，通过在线评论监测、社交媒体分析等手段，动态跟踪消费者在产品使用过程中的实时反馈和意见。结合这些实时数据，分析产品品质优化过程中的动态变化和市场反应，为企业提供更加及时、准确的市场洞察和决策支持。

第三，多维度信号传递效果的深入研究。进一步细化研究产品品质信号的传递效果，探讨不同维度信号对消费者认知和品牌形象的具体影响路径与机制。通过实验研究、案例分析等方法，深入剖析信号设计、传播渠道和方式等因素对产品品质信号传递效果的影响，为企业提供更加有效的信号传递策略和优化建议。

第四，结合大数据和人工智能技术的创新研究。随着大数据和人工智能技术的快速发展，未来研究可以探索如何利用这些先进技术来优化产品品质管理和品牌形象建设。例如，利用大数据分析消费者需求和市场趋势，指导产品品质优化和信号传递策略的制定；利用人工智能技术提升产品品质检测和控制水平，确保产品品质的稳定性和可靠性。通过这些创新研究，为企业提供更加智能化、精准化的产品品质管理和品牌形象建设方案。

### 7.2.3 基于商业模式的解决方案

1. 引言

在当今这个快速变化的商业环境中，企业如何在激烈的市场竞争中生存和发展，已经成为每一位企业管理者和学者关注的焦点。商业模式作为企业战略的核心，是企业实现盈利和持续增长的关键。一个有效的商业模式不仅能够为企业带来短期的经济效益，更能在长远的发展中构建企业的竞争优势。本部分旨在探讨盈利的商业模式，分析企业如何通过资源编排理论来实现资源的最优配置，以及如何通过创新的商业模式来提升市场竞争力和财务绩效。

资源编排理论提供了一个全新的视角来理解和指导企业的资源管理实践。该理论强调企业通过内部资源的管理和外部资源的编排来实现潜在优势，将资源管理过程分为资源建构、资源捆绑和资源利用三个阶段。这种理论框架不仅适用于成熟企业，而且对于新兴企业在形成期如何制定和优化自己的商业模式，实现可持续的盈利和发展同样具有重要的指导意义。

本部分通过案例研究的方法，深入分析了三家具有代表性的企业：红星美羚、神曲乐器和梦驼铃。这三家企业分别代表了第一产业、第二产业和第三产业，通过对这些企业的商业模式进行深入的分析和研究，能够更好地理解企业如何通过资源编排来应对市场的动态变化，以及如何通过商业模式来实现盈利。

2. 文献评述

1）资源编排理论

资源编排理论起源于对企业资源和能力形成机制的研究。Sirmon 等（2007）提出资源编排理论，强调企业通过内部资源的管理和外部资源的编排来实现潜在优势。这一理论认为，资源编排是企业获取和利用资源的过程，包括资源的建构、捆绑和利用（Sirmon et al.，2007；韩炜等，2021）。资源编排理论将企业的资源管理过程分为三个阶段：资源建构、资源捆绑和资源利用（Sirmon and Hitt，2003）。

资源建构涉及获取、积累和剥离资源，形成公司的资源组合。资源捆绑则是将资源整合以形成能力，包括稳定现有能力、扩展能力和创造新能力。资源利用则是利用公司的能力识别市场机会，并进行相应的动员、协调和部署（Sirmon et al.，2011；李纯青等，2020）。

资源编排理论与动态能力理论相结合，关注管理者如何通过资源编排来应对市场的动态变化。资源编排被视为企业动态能力的一种表现，通过不断调整和优化资源配置来适应与塑造市场环境（Hitt，2000）。企业在进行资源编排时，需要采取不同的策略来应对不同的市场和竞争条件，企业需要通过获取新的资源来响应市场机会，或者通过积累和整合现有资源来增强核心能力（Priem and Butler，2001）。资源编排的有效性直接影响企业的绩效。通过有效的资源编排，企业能够更好地利用其资源和能力，从而提高市场竞争力和财务绩效（Sirmon et al.，2007）。资源编排理论的提出和发展，为理解和指导企业资源管理实践提供了重要的理论与实践指导，尤其是在当前快速变化的商业环境中，如何通过资源的灵活编排来应对挑战和抓住机遇，成为企业管理者面临的关键任务（Hitt，2000）。

2）商业模式价值逻辑

商业模式的定义深刻体现了企业如何通过一系列系统化的方法和活动来创造与提供价值。正如 Zott 和 Amit（2007）所指出的，这种逻辑不仅服务于顾客，也服务于合作伙伴和其他利益相关者，从而确保了商业模式的广泛适用性和重要性。在这一过程中，价值主张扮演着至关重要的角色，它清晰地阐述了企业提供给顾客和其他利益相关者的具体价值（Christensen et al.，2018；Johnson et al.，2008）。这种价值主张的设计必须准确反映企业与利益相关者之间的交易内容，确保双方的期望和需求得到满足（Zott et al.，2011）。此外，价值创造作为商业模式的首要功能，涵盖了资源整合、创新活动和满足顾客需求等多个方面（Teece，2018；Zott and Amit，2007）。这一系列活动不仅促进了企业与利益相关者之间的互动，也为创造独特的顾客价值提供了动力。

在价值传递方面，商业模式需要确保所创造的价值能够高效地传递给利益相关者，这通常包括信息的沟通和实物的传递（奥斯特瓦德和皮尼厄，2011；Teece，2018）。有效的价值传递不仅能够增强顾客满意度，还能够加强企业与顾客和合作伙伴之间的关系。而对于价值获取，它关系到企业如何从所提供的价值中获得经济上的回报，解决盈利问题（Teece，2018；Zott and Amit，2007）。这涉及企业的收益模式、成本结构以及如何通过创新的商业模式来实现利润最大化。值得注意的是，商业模式的价值逻辑并非一成不变，它会随着外部环境的变化和企业内部能力的发展而进行相应的演化（Dewar and Dutton，1986；Zott et al.，2011）。

这种演化可能是渐进式的，通过不断的调整和改进来适应市场；也可能是突破性的，通过根本性的变革来应对技术和市场的剧变。因此，企业需要不断地审视和更新其商业模式，以确保在不断变化的商业环境中保持竞争力。

3. 研究方法

在学术研究中，案例研究的数量选择对于确保研究结论的稳健性和说服力至关重要。研究指出，相较于单一案例，两个或更多案例的研究能够提供更加坚实和有说服力的结论（Yin，2009）。通过多案例研究，可以构建具有更广泛普适性和深度的理论。本部分的问题聚焦于企业形成期的商业模式盈利，探讨其"是什么""为什么""怎样做"的问题，即关注商业模式盈利的过程和背后的因果逻辑。这种方法不仅有助于我们理解企业如何在竞争激烈的市场中找到并实施有效的盈利策略，而且能够为新兴企业提供宝贵的经验和启示，帮助它们在形成期制定和优化自己的商业模式，以实现可持续的盈利和发展。

1）案例选择

本部分选择了红星美羚、神曲乐器和梦驼铃三家企业作为案例研究对象，选择这些企业是基于它们在各自产业中的典型性、数据的可获取性以及研究的便利性。

首先，就典型性而言，红星美羚代表了第一产业，其所在地陕西省富平县是中国著名的"奶山羊之乡""中国羊乳之都"，具有上百年的奶山羊养殖历史。红星美羚展现了农产品从生产到加工再到市场品牌化的全过程。神曲乐器作为第二产业的代表，体现了制造业通过产品创新和工艺改进来塑造品牌的实践。梦驼铃则代表了第三产业，特别是科技服务领域，它利用现代信息技术提供解决方案，展示了服务品牌的成长路径。这三个案例分别代表了不同产业的品牌形成期特点，为研究品牌从无到有的过程提供了丰富的实践和洞见。

其次，在数据的可获取性方面，本部分对三家企业的负责人进行访谈获取一手信息和资料。同时红星美羚、神曲乐器和梦驼铃作为西部地区中小企业领导品牌的代表，均积累了丰富的运营数据、市场反馈和客户评价。这些数据不仅包括销售业绩、市场份额等基本指标，还涵盖了客户满意度、品牌忠诚度等关键的用户反馈信息。数据的丰富性和翔实性为研究者提供了多维度的分析视角，有助于深入理解这些企业品牌化过程的动态和市场表现。

最后，在研究的便利性方面，这三家企业均位于西部地区，地理位置集中，便于研究团队进行实地调研和访谈，节省了时间和成本。此外，这些企业与研究团队建立了良好的沟通机制，能够积极配合研究工作，提供必要的内部资料和数据支持。红星美羚作为陕西省的龙头企业,其品牌化过程中积累的丰富经验为研究提供了宝贵的实践基础。神曲乐器在产品创新和工艺改进方面具有显著优势,其在制造业的品牌建设实践为研究提供了独特视角。梦驼铃作为智慧物流领域的创新者,其在数字化转型和品牌建设方面的成功经验也为研究提供了重要参考。这种便利性不仅提高了研究的效率,还确保了研究结果的可靠性和实用性,为西部地区中小企业实现品牌突围提供了理论支持。

2)数据收集

本部分通过综合利用公开资料、学术文献、行业数据库和市场调研以及网络资源等二手数据,确保了数据的全面性和深度。公开资料提供了企业财务和市场表现的详细数据;学术文献为商业模式创新的理论基础和实践应用提供了支撑;行业数据库和市场调研揭示了企业市场定位与消费者行为;网络资源捕捉了品牌形象和市场动态。通过对这些数据的严格筛选和综合分析,研究揭示了企业如何通过商业模式创新构建品牌核心竞争力,并为其他企业提供策略借鉴。具体数据收集信息如表 7-3 所示。

表 7-3 数据收集信息(三)

| 案例企业 | | 数据来源 | 数据内容 | 字数/万字 |
|---|---|---|---|---|
| 红星美羚 | 一手数据 | A1 电话访谈和书面访谈:公司总经理、企业文化经理 | 企业商业模式及价值创造路径 | 1.80 |
| | 二手数据 | A2 企业公开资料(包括网页、公众号、商域账号、公开报道) | 企业市场表现,盈利状况 | 3.10 |
| | | A3 政府报道 | 企业监管,资源管理 | 0.21 |
| 神曲乐器 | 一手数据 | B1 线上访谈:董事长 | 企业商业模式及价值创造路径 | 1.90 |
| | 二手数据 | B2 企业公开资料(包括网页、公众号、商域账号、公开报道) | 发展历程、生产规模、工艺流程以及市场定位 | 2.30 |
| | | B3 政府报道 | 经济贡献,资源管理 | 0.37 |
| 梦驼铃 | 一手数据 | C1 线上访谈:集团副总裁 | 企业商业模式及价值创造路径 | 2.30 |
| | 二手数据 | C2 企业公开资料(包括网页、公众号、商域账号、公开报道) | 综合发展,技术应用,产业模式 | 1.80 |
| | | C3 政府报道 | 转型升级,模式探索 | 0.15 |

4. 案例描述

1）红星美羚的案例描述

红星美羚自 1998 年成立以来，一直致力于构建全产业链的经营模式，覆盖从饲草种植、奶山羊良种繁育、科学养殖到乳制品研发、生产加工与销售的每一个环节。这种一体化的经营策略不仅确保了产品从源头到终端的全程质量控制，而且通过优化资源配置，提高了整体运营效率，降低了成本，从而在激烈的市场竞争中确立了其独特的市场地位。红星美羚的全产业链模式是其品牌建设和市场竞争力提升的重要基石。红星美羚通过全产业链的精心管理和资源优化配置，实现了从饲草种植到乳制品销售的每一个环节的高效运作。公司自建自控奶源基地，通过种植优质牧草和选育良种奶山羊，确保了奶源的质量和供给的稳定性。在生产环节，采用低温湿法工艺和一系列先进工艺，生产出高品质的羊奶粉。在品牌建设和销售方面，红星美羚以市场为导向，通过线上线下立体销售网络，加强市场终端的活动力度和宣传引导，不断提升品牌影响力和市场占有率。同时，公司积极响应国家精准扶贫战略，通过多种模式开展产业扶贫工作，提升了企业的社会责任感，也进一步巩固了其在羊乳制品行业的领导地位。

2）神曲乐器的案例描述

神曲乐器以其精湛的吉他制造工艺和独特的设计在吉他制造行业中脱颖而出。公司坚持"质量第一"的原则，将 200 多道工序的精湛工艺融入每一把吉他的制作中，确保了产品的卓越品质。在设计上，神曲乐器不仅注重产品的工艺和质量，还将中国文化元素巧妙融入吉他设计，创造出具有中国特色的吉他产品，成功赢得了全球市场的认可。公司通过推动正安县吉他产业的集聚发展，形成了完整的产业链，并积极拓展国际市场，产品远销 40 多个国家和地区。此外，神曲乐器通过精湛的工艺和独特的设计，成功打造了多个自主品牌。公司还通过吉他文化推广和产旅融合，提升了品牌影响力，同时注重品牌建设，通过技能培训和提供就业机会促进了当地经济发展，实现了商业盈利和品牌价值的双重提升。

3）梦驼铃的案例描述

梦驼铃通过数字化转型和创新驱动，构建了一个以物流数字为抓手的产业生态系统。公司利用大数据、区块链和物联网技术，自主研发了 148 项物流数字化产品，拥有多项专利和软件著作权，显著提升了物流行业的运营效率。梦驼铃建设了千亿级的物流生态供应链基地,服务了 1800 余家货主,整合了 7600 余条运输线路,累计运输货物超 1.8 亿吨。公司还积极履行社会责任,与高校合作培养数字化人才,为区域产业发展提供了全链路的数字化服务。得益于政策支持和产学研用的深度合作,梦驼铃已成为西北地区乃至全国物流产业数字化转型的典范,确立了其在行业中的领导品牌地位。

5. 案例分析

1)通过资源建构实现盈利

根据资源编排理论的资源建构过程,资源建构阶段包括资源获取、积累和剥离三个过程,目的是形成不同的资源组合。根据对三家企业的信息收集和分析,资源建构包括三个过程:获取、积累、开发。

红星美羚的资源建构始于对富平县得天独厚的奶山羊资源的深度挖掘与利用。在资源获取阶段,公司凭借其地域优势,奠定了羊乳制品生产的坚实基础。通过自建奶源基地,配备先进的挤奶设施及饲草料加工系统,红星美羚不仅确保了原料的供应与质量,更在积累阶段,积累了奶山羊养殖与羊乳制品研发的深厚技术底蕴。依托全产业链经营模式,公司积极拓展市场,构建多元化销售渠道。进入资源开发阶段,红星美羚充分利用既有优势,创新推出婴幼儿配方乳粉、羊乳奶酪等一系列产品,精准对接市场需求。其盈利模式通过高效的生产与销售体系得以实现,产品不仅在国内市场占有一席之地,更连续 14 年远销欧盟、东南亚等地,彰显了强大的市场竞争力和卓越的盈利能力。

神曲乐器的资源建构则始于对吉他制造技术的精准获取。创始人郑传玖将广州积累的吉他制作经验带回正安县,巧妙地将中国文化融入吉他制作,受到世界各地买家青睐,实现了资源获取。在广州神曲乐器制造有限公司的宝贵经历为公司积累了宝贵的制造技术和深刻的行业洞察力,在此基础上,深化技术掌握并整合当地资源,实现了资源积累。进入开发阶段,公司凭借精湛技艺和本土文化融合,开发出广受市场欢迎的吉他产品,并成功与国际知名品牌 Ibanez、Fender 等建立合作关系,进一步提升了品牌影响力。通过生产和销售这些高品质吉他,公司实现了年产销 600 万把、年产值 4 亿元人民币的骄人业绩,充分展示了其独特的盈利模式。

梦驼铃在资源建构方面,以敏锐的市场洞察力为先,准确捕捉宁夏物流行业的数字化转型需求。在资源获取阶段,公司通过为货主提供全面的数字化服务,构建了高效的智慧物流供应链体系,迅速赢得市场先机,吸引了近 3000 家货主客户的信赖与合作。在积累阶段,梦驼铃积累了深厚的物流数字化产品研发能力,拥有 148 项自主研发产品及多项专利、软件著作权，为后续发展奠定了坚实的技术基础。进入开发阶段，公司充分利用技术优势，打造了覆盖物流全产业链的数字化解决方案，极大提升了行业效率。其盈利模式通过提供高质量的智慧物流服务得以体现，2021 年全年营收超过 53 亿元，缴纳税金 2.54 亿元，实现了显著的经济效益和社会价值。

2）通过资源捆绑实现盈利

根据资源编排理论的资源捆绑过程，资源捆绑阶段包括稳定、丰富和开拓三个过程，目的是整合开发资源。

红星美羚依托富平的天然奶源优势，建立了从饲草种植、奶山羊良种繁育、科学养殖到乳制品研发、生产加工与销售的全产业链，并实行源头质量安全管理模式，确保了产品的质量和安全，为消费者提供了稳定可靠的羊乳制品，同时通过产品追溯系统，提供了高标准的客户服务，增强了消费者对品牌的信任，稳定了客源。红星美羚不仅产品线丰富，涵盖婴幼儿、中老年羊奶粉等多种主导产品，满足客户的不同需求，同时形成了以羊奶粉出口、电商微电商等多元立体的销售模式。此外，公司不断研发新产品，如婴幼儿配方羊奶粉，开拓了新的市场领域，满足了更广泛的消费者需求，同时不断探索绿色有机生态养殖方式，形成了有机生态循环养殖新模式，为奶山羊产业化发展提供了新思路和新模板，实现了价值的创造和传递。

神曲乐器董事长郑传玖利用返乡创业的政策优势，吸引了大量在外打工的吉他工匠回归，这些工匠带回了宝贵的技术技能和管理经验，为公司提供了稳定的技术人才基础，正安县的吉他完整的产业链为企业发展提供了稳定的环境。公司通过提供吉他代工和自主品牌产品，丰富了产品线，满足了不同市场的需求，也获得了丰富的合作伙伴。同时，公司通过整合原材料供应、生产制造、包装销售等环节，拓展了供应链，增强了产业的集聚效应，提升了整个区域的吉他产业竞争力，实现了对直接利益相关者的价值主张和价值传递。

梦驼铃通过深度运用大数据、区块链和物联网技术，开发了物流数字化产品，提供了一站式的物流企业数字化解决方案，为物流产业供应链提供了稳定的协调和支撑。极大地丰富了服务内容。公司不仅服务于传统的物流需求，还通过数字化手段，如智慧物流综合管理系统，提高了物流行业的运营效率，为货主、司机、商家等直接利益相关者提供了更加精准和高效的服务，苏银基地五大中心集多种功能于一体，丰富了物流产业的生态。公司通过深度链接物流后市场产业链，将进一步整合物流资源，推动物流行业的数字化转型，推动西北物流产业供应链的开拓发展，实现产业链的协调和稳健发展，为合作伙伴创造更大的价值。

3）通过资源利用实现盈利

根据资源编排理论的资源利用过程，资源利用阶段包括资源动员、协调和配置三个过程，目的是通过资源利用实现可持续发展。根据对三家企业的信息收集和分析，资源利用包括三个过程：整合、响应、持续。

红星美羚通过整合优质奶源和全产业链优势，实现了从饲草种植、奶山羊良种繁育、科学养殖到乳制品研发、生产加工与销售的全程控制，确保了产品质量和安全，满足了消费者对高品质羊乳制品的需求。公司响应市场对健康、天然食品的追求，通过持续的产品创新和品牌推广，提高了产品的市场竞争力。这一系列的整合、响应和持续创新举措，不仅提升了公司的品牌形象，也增强了盈利能力，实现了价值的持续增长和获取。

神曲乐器通过整合全球资源，建立了从原材料采购到产品销售的完整供应链，并通过技术创新和工艺改进，生产出高品质的吉他产品。公司积极响应国际市场的需求，通过与国际知名品牌的合作以及自主品牌的推广，成功拓展了国际市场。此外，公司持续加大研发投入，推动产品创新和品牌升级，不断提高产品的附加值和市场竞争力，实现了盈利的稳步增长。

梦驼铃通过整合先进的信息技术，如物联网、大数据和人工智能，开发了全场景物流数字化服务平台，为物流行业提供了高效、智能的解决方案。公司积极响应国家对物流行业降本增效的政策导向，通过数字化手段优化物流流程，提高了物流效率，降低了运营成本。同时，公司持续进行技术创新和市场拓展，通过建设千亿级物流生态供应链基地，不断扩大服务范围和深化服务内容，实现了业务的快速增长和盈利能力的提升。

4）通过资源编排的商业模式盈利过程

对三家企业案例研究发现，企业通过资源编能够有效推动商业模式价值获取，基于资源编排理论的商业模式价值逻辑分成三个阶段，即资源建构阶段、资源捆绑阶段、资源利用阶段。具体来说，企业通过资源建构（获取、积累、开发）销售产品，满足顾客价值主张，实现企业盈利，在该阶段企业初步形成品牌意识，进行市场接触实现品牌孵化。企业通过资源捆绑（稳定、丰富、开拓），为直接利益相关者提供"产品+服务"，拓展供应链，满足直接利益相关者的价值主张，实现价值传递，在此过程中，企业通过整合供应链，提供技术服务，实现品牌联盟。企业通过资源利用（整合、响应、持续）满足更广泛利益相关者的价值主张，进行价值传递，在位企业实现价值获取，在此过程中，品牌价值提升，商业模式可持续盈利，推动领导品牌在形成期"立得住"，基于资源编排理论的商业模式盈利过程及领导品牌形成路径如图7-3所示。

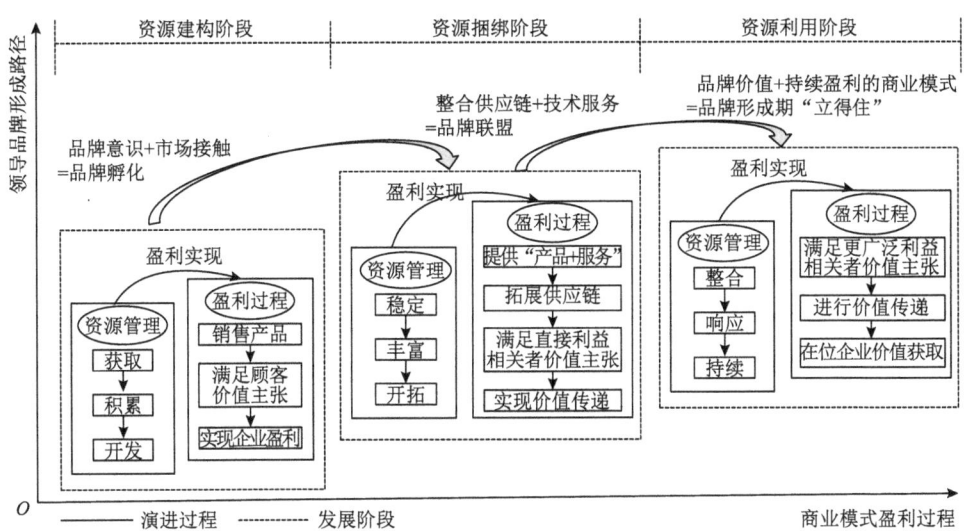

图 7-3　基于资源编排理论的商业模式盈利过程及领导品牌形成路径

5）领导品牌形成路径

企业在品牌形成期需先通过市场接触孵化品牌，继而整合供应链提升品牌价值，最终通过技术服务和商业模式创新实现品牌稳固立足。

红星美羚在初步形成品牌意识时，通过市场接触积极孵化品牌。公司整合供应链，确保奶源的质量和效率，同时提供技术服务，增强产品竞争力。在品牌联盟方面，红星美羚与政府、科研机构和其他企业建立合作关系，共同推动奶山羊产业的高质量发展。随着品牌价值的提升，公司探索出可持续盈利的商业模式，通过深化供给侧结构性改革，满足人民群众对高品质羊乳制品的需求，推动领导品牌在形成期"立得住"。

神曲乐器在品牌意识形成初期，通过市场接触和国际合作，成功孵化了自主品牌。公司整合供应链，引进国际先进的吉他生产工艺，提供高质量的产品和服务。在品牌联盟方面，神曲乐器与国际知名吉他品牌如 Ibanez、Fender 等建立合作关系，提升了品牌的国际影响力。随着品牌价值的提升，公司不断创新商业模式，探索个性化定制、规模定制等新业态，实现可持续盈利。通过不断的技术创新和市场拓展，神曲乐器已经成为国内外知名的吉他制造商，领导品牌在形成期"立得住"。

梦驼铃在品牌意识形成阶段，通过市场接触和数字化手段，成功孵化了物流品牌。公司整合供应链，运用大数据、区块链和物联网技术，提供创新的物流解决方案。在品牌联盟方面，梦驼铃与物流行业内的其他企业、科研机构和高校进行深度合作，共同推动物流行业的数字化转型。随着品牌价值的提升，公司探索出持续盈利的商业模式，如电商物流、智能仓储等新业态。通过不断的技术创新和市场拓展，梦驼铃已经成为西北地区乃至全国领先的物流数字化服务提供商，领导品牌在形成期"立得住"。

6. 结论与建议

1）研究结论

在资源建构阶段，企业专注于获取、积累和开发关键资源。这些资源是销售产品和满足顾客价值主张的基础，同时也是企业盈利的前提。企业在这一阶段开始形成品牌意识，并通过市场接触活动来孵化品牌。资源的建构是后续价值创造活动的基础，企业必须有效地识别和积累有价值的资源，以形成支持其商业模式的资源组合。

在资源捆绑阶段，随着企业资源的积累，企业进入资源捆绑阶段，这一阶段的重点是稳定、丰富和开拓资源，以服务于直接利益相关者。企业通过整合供应链和提供技术服务，不仅满足了直接利益相关者的价值主张，而且实现了价值的有效传递。在这一过程中，企业通过建立品牌联盟，进一步巩固了其市场地位，并为品牌的长期发展奠定了坚实的基础。

在资源利用阶段，企业通过整合、响应和持续创新，满足更广泛利益相关者的价值主张。这一系列的活动不仅提升了品牌价值，而且确保了商业模式的可持续性，从而使企业在形成期能够稳固其市场地位。资源的有效利用是企业实现长期价值获取和品牌发展的关键。

通过这三个阶段的连续推进，企业能够系统地构建、捆绑和利用资源，以实现商业模式价值的最大化。这一过程不仅要求企业对内外部资源有深刻的理解和高效的管理，而且要求企业能够灵活地应对市场变化，以实现持续的价值创造和品牌发展。

2）理论贡献

首先，本部分创新性地将资源编排理论应用于商业模式创新，强调了在品牌"立得住"的时期，盈利的商业模式是企业成功的关键。通过内部资源的有效管理和外部资源的策略性编排，企业能够构建出适应市场变化的盈利模式。研究强调了资源建构、捆绑和利用三个阶段在商业模式创新中的重要性，为企业提供了一套系统化的方法论来优化其资源配置和增强市场竞争力。此理论贡献为理解企业如何通过资源编排来适应市场动态变化提供了新的视角（Sirmon et al., 2007; Hitt, 2000）。

其次，本部分通过案例研究，揭示了企业在资源建构阶段如何通过获取、积累和开发关键资源来形成支持其商业模式的资源组合，为后续的盈利模式奠定了基础。在资源捆绑阶段，本部分强调了企业如何通过稳定、丰富和开拓资源，以及通过整合供应链和技术服务来满足利益相关者的价值主张，从而实现价值的有效传递和商业模式的创新。在资源利用阶段，本部分提出了企业如何通过整合、响应和持续创新来满足更广泛利益相关者的价值主张，确保商业模式的可持续性，并通过有效的资源管理实现长期价值获取和盈利。

最后，研究进一步丰富了商业模式价值逻辑的讨论，特别是关于价值主张、价值创造和价值获取的过程。本部分明确了价值主张在商业模式中的核心地位，并探讨了如何通过创新活动和资源整合来满足顾客与合作伙伴的期望，从而实现企业盈利。此外，研究还指出了价值传递和价值获取在商业模式成功中的关键作用，为商业模式的持续演化和优化提供了理论支持。

3）管理启示

首先，研究强调了资源管理在企业商业模式创新中的核心作用。管理启示在于，企业应深入理解自身资源的潜力，并通过有效的资源编排来构建竞争优势。企业需要识别和获取关键资源，积累和整合现有资源以形成核心竞争力，同时开发和利用这些资源以响应市场变化与消费者需求。这种对资源的深度挖掘和灵活运用是企业实现盈利和持续增长的关键。

其次，商业模式创新是一个动态的、涉及多个阶段的过程。企业应认识到价值主张的设计、价值传递的过程以及价值获取的战略同等重要。企业需要不断创新其商业模式，以确保价值传递的效率和效果，同时探索新的盈利途径。此外，企业还应关注市场和消费者行为的变化，以便及时调整其商业模式，保持品牌的市场相关性和吸引力。

最后，实践表明商业模式的创新有助于推动产业升级，为市场带来新的发展机遇。尤其是在以人工智能技术为代表的新兴技术助力下，更应该关注如何通过技术赋能、生态协同打破传统的运营边界，实现价值共创。此外，技术的更新进一步拓宽了知识的流动与共享，如何通过商业模式创新提升资源要素的快速流动，也是提升企业竞争力的有效手段。

# 参 考 文 献

奥斯特瓦德 A, 皮尼厄 Y. 2011. 商业模式新生代[M]. 王帅, 毛心宇, 严威, 译. 北京: 机械工业出版社.
陈劲, 杨洋, 于君博. 2022. 商业模式创新研究综述与展望[J]. 软科学, 36(4): 1-7.

邓伟升. 2024. 从"要第一"到"成第一": 品类创新下的品牌突围路径研究[J]. 经济管理, 46(6): 101-124.

韩炜, 杨俊, 胡新华, 等. 2021. 商业模式创新如何塑造商业生态系统属性差异? ——基于两家新创企业的跨案例纵向研究与理论模型构建[J]. 管理世界, 37(1): 7, 88-107.

黄伟, 陈钊. 2015. 外资进入、供应链压力与中国企业社会责任[J]. 管理世界, (2): 91-100, 132.

科特勒 P. 1997. 营销管理[M]. 8版. 梅汝和, 梅清豪, 张桁, 译. 上海: 上海人民出版社.

李纯青, 吕俊峰, 王肖利, 等. 2020. 多元企业身份张力调和机理研究[J]. 管理学报, 17(2): 278-289.

里斯 A, 特劳特 J. 2017. 定位: 争夺用户心智的战争[M]. 邓德隆, 火华强, 译. 北京: 机械工业出版社: 243-250.

解维敏, 吴浩, 冯彦杰. 2021. 数字金融是否缓解了民营企业融资约束?[J]. 系统工程理论与实践, 41(12): 3129-3146.

许晖, 张海军, 冯永春. 2018. 传承还是重塑? 本土老字号品牌活化模式与机制研究: 基于品牌真实性与价值迁移视角[J]. 管理世界, 34(4): 146-161, 188.

朱明洋, 李晨曦, 曾国军. 2021. 商业模式价值逻辑的要素、框架及演化研究: 回顾与展望[J]. 科技进步与对策, 37(1): 149-160.

Aaker J, Vohs K D, Mogilner C. 2010. Nonprofits are seen as warm and for-profits as competent: firm stereotypes matter[J]. Journal of Consumer Research, 37(2): 224-237.

Amit R, Zott C. 2001. Value creation in E-business[J]. Strategic Management Journal, 22(6/7): 493-520.

Chernev A, Hamilton R, Gal D. 2011. Competing for consumer identity: limits to self-expression and the perils of lifestyle branding[J]. Journal of Marketing, 75(3): 66-82.

Christensen C M, McDonald R, Altman E J, et al. 2018. Disruptive innovation: an intellectual history and directions for future research[J]. Journal of Management Studies, 55(7): 1043-1078.

Connelly B L, Certo S T, Ireland R D, et al. 2011. Signaling theory: a review and assessment[J]. Journal of Management, 37(1): 39-67.

de Chernatony L, McDonald M. 2003. Creating Powerful Brands in Consumer, Service and Industrial Markets[M]. 3rd ed. Boston: Buteworth Heinemann.

Dewar R D, Dutton J E. 1986. The adoption of radical innovations: the case of microelectronics[J]. Journal of Business Venturing, 1(2): 143-158.

Doyle J D, Armenakyan A. 2014. Value-creating mechanisms within the market orientation-performance relationship: a meta-analysis[J]. Journal of Strategic Marketing, 22(3): 193-205.

Droge C, Darmon R Y. 1987. Associative positioning strategies through comparative advertising: attribute versus overall similarity approaches[J]. Journal of Marketing Research, 12(4): 377-388.

Farquhar P H. 1989. Managing Brand Equity[J]. Marketing Research, 1(3): 24-33.

Franzak F, Makarem S, Jae H, et al. 2014. Design benefits, emotional responses, and brand engagement[J]. Journal of Product & Brand Management, (1): 16-23.

Gebauer H, Paiola M, Lamprecht C. 2020. Artificial intelligence and business model innovation: an empirical analysis of SMEs[J]. Journal of Product Innovation Management, 37(4): 502-525.

Grohs R, Raies K, Koll O, et al. 2016. One pie, many recipes: alternative paths to high brand strength[J]. Journal of Business Research, 69(6): 2244-2251.

Hamel G. 2001. Leading the Revolution[M]. Boston, MA: Harvard Business School Press.

Heinberg M, Ozkaya H E, Taube M. 2017. The influence of global and local iconic brand positioning on advertising persuasion in an emerging market setting[J]. Journal of International Business Studies, 48: 1009-1022.

Hillebrand L, Raisch S, Schad J. 2025. Managing with artificial intelligence: an integrative framework[J]. The Academy of Management Annals, 19(1): 343-375.

Hitt M A. 2000. The role of resource management capabilities in resource-based competitive advantage[J]. Journal of Business Research, 49(1): 79-82.

Jacobs B W. 2014. Shareholder value effects of voluntary emissions reduction[J]. Production and Operations Management, 23(11): 1859-1874.

Johnson M W, Christensen C M, Kagermann H. 2008. Reinventing your business model[J]. Harvard Business Review, 86(12): 52-62.

Keller K L. 1993. Conceptualizing, measuring, and managing customer-based brand equity[J]. Journal of Marketing, 57(1): 1-22.

Keller K L. 2003. Understanding brands, branding, and brand equity[J]. Journal of Direct Data and Digital Marketing Practice, 5: 7-20.

Keller K L, Lehmann D R. 2006. Brands and branding: research findings and future priorities[J]. Marketing Science, 25: 740-759.

Kenyon G N, Sen K C. 2015. The dimensions of product quality[M]//Kenyon G N, Sen K C. The Perception of Quality. London: Springer: 173-178.

Kjellberg H, Helgesson C F. 2007. On the nature of markets and their practices[J]. Marketing Theory, 7(2): 137-162.

Leone R P, Rao V R, Keller K L, et al. 2006. Linking brand equity to customer equity[J]. Journal of Service Research, 9(2): 125-138.

Mitchell D, Coles C. 2003. The ultimate competitive advantage of continuing business model innovation[J]. Journal of Business Strategy, 24(5): 15-21.

Morris M H, Lewis P S Sexton D L. 1994. Reconceptualizing entrepreneurship: an input-output perspective[J]. SAM Advanced Management Journal, 59(1): 21-31.

Narasimhan R, Schoenherr T, Jacobs B W, et al. 2015. The financial impact of FSC certification in the United States: a contingency perspective[J]. Decision Sciences, 46(3): 527-563.

Osterwalder A, Pigneur Y. 2010. Business Model Generation: A Handbook for Visionaries, Game Changers, and Challengers[M]. Hoboken, NJ: John Wiley & Sons.

Osterwalder A, Pigneur Y, Tucci C L. 2005. Clarifying business models: origins, present, and future of the concept[J]. Communications of the Association for Information Systems, 16: 1-25.

Pham M T, Muthukrishnan A V. 2002. Search and alignment in judgment revision: implications for brand positioning[J]. Journal of Marketing Research, 39(1): 18-30.

Priem R L, Butler J E. 2001. Is the resource-based 'view' a useful perspective for strategic management research?[J]. Academy of Management Review, 26(1): 22-40.

Sinkovics N, Sinkovics R R, Mo Y M. 2014. The role of social value creation in business model formulation at the bottom of the pyramid: implications for MNEs?[J]. International Business Review, 23(4): 692-707.

Sirmon D G, Hitt M A. 2003. Managing resources: linking unique resources, management, and wealth creation in family firms[J]. Entrepreneurship Theory and Practice, 27(4): 339-358.

Sirmon D G, Hitt M A, Ireland R D, et al. 2007. Resource orchestration to create competitive advantage: breadth, depth, and life cycle effects[J]. Journal of Management, 33(5): 941-956.

Sirmon D G, Hitt M A, Ireland R D, et al. 2011. Resource management in dynamic markets: the role of organizational capabilities[J]. Academy of Management Journal, 54(2): 321-339.

Smith W R. 1956. Product differentiation and market segmentation as alternative marketing strategies[J]. Journal of Marketing, 21(1): 3-8.

Sood A, Tellis G J. 2009. Do innovations really pay off? Total stock market returns to innovation[J]. Marketing Science, 28(3): 442-456.

Teece D J. 2018. Business models and dynamic capabilities[J]. Long Range Planning, 51(1): 40-49.

Vargo S L, Lusch R F. 2004. Evolving to a new dominant logic for marketing[J]. Journal of Marketing, 68: 1-17.

Vukasovič T. 2012. Searching for competitive advantage with the brand extension process[J]. Journal of Product & Brand Management, 21(7): 492-498.

Webster F E, Lusch R F. 2013. Elevating marketing: marketing is dead! Long live marketing[J]. Journal of the Academy of Marketing Science, 41(4): 389-399.

Wieland H, Hartmann N N, Vargo S L. 2017. Business models as service strategy[J]. Journal of the Academy of Marketing Science, 45(6): 925-943.

Xu H, Wu J, Dao M. 2020. Corporate social responsibility and trade credit[J]. Review of Quantitative Finance and Accounting, 54(4): 1389-1416.

Yin R K. 2009. Case Study Research: Design and Methods[M]. 4th ed. New York: Sage Publications.

Zott C, Amit R. 2007. Business model design and the performance of entrepreneurial firms[J]. Organization Science, 18(2): 181-199.

Zott C, Amit R, Massa L. 2011. The business model: recent developments and future research[J]. Journal of Management, 37(4): 1019-1042.

# 第 8 章

# 西部地区中小企业领导品牌如何在成长期"叫得响"

## 8.1 解决领导品牌成长期困境的理论基础

### 8.1.1 品牌传播

1. 全渠道品牌传播

品牌传播是企业与消费者之间进行情感感知和互动的过程,它不仅关乎信息的传递,更是一种符号表征在社会过程中的表现形式。品牌传播的历史可以追溯到 20 世纪 60 年代,当时有学者提出了品牌形象论,强调品牌形象是企业在广告营销中塑造的概念和印象。随着时间的推移,20 世纪 70 年代的品牌定位理论为营销者带来了观念革新,强调通过差异化和个性化的手法在消费者心中占据独特位置。到了 20 世纪 90 年代,品牌识别理论指出品牌个性是维护消费者品牌忠诚的关键(Liao et al., 2021;Yoshida et al., 2021)。美国市场营销协会将品牌传播定义为一种通过向消费者传递品牌信息、促使消费者购买并保持品牌记忆的方式,是一个由传播者、媒介、内容、受众等构成的循环往复的过程(de Chernatony and Riley, 1997)。

社会化媒体的崛起为品牌传播带来了新机遇,其广泛受众、快速传播的特点,使得企业能够更迅速、有效地进行品牌信息的传播。随着互联网的普及,特别是大数据、互联网和移动互联网的融合,社会化媒体已成为品牌传播和塑造品牌形象的关键平台(Voorveld, 2019)。社会化媒体不单是信息传播的渠道,它还是企业了解用户需求、促进用户参与和创新的重要场所,这些互动进一步丰富了品牌传播的路径和策略(Halkias et al., 2017)。学者对社交媒体环境下的品牌传播给予了越来越多的关注,并提出了评价品牌形象传播效果的模型,以衡量社会化媒体对品牌传播的具体影响（Voorveld，2019）。研究指出，用户参与和用户生成内容是衡量品牌传播效果的重要指标，它们能够反映出品牌传播的深度和广度（Aral，2011）。这些研究不仅有助于揭示品牌传播的一般规律，也对理解品牌传播在特定事件中的效应以及用户生成内容如何塑造品牌形象提供了重要的理论和实践见解（Aral，2011）。

2. 整合营销传播

品牌传播理论是营销领域内不断发展和深化的重要分支，涵盖了多种理论和模型，它们共同构成了品牌与消费者之间沟通和互动的基础。大卫·奥格威在20世纪60年代提出的品牌形象论，强调了品牌传播在满足消费者心理需求方面的重要性（Ogilvy，1963）。随后，奥美国际在20世纪90年代进一步发展了品牌传播管理理论，包括"品牌管家""360度品牌管理"，这些理论将品牌管理融入企业管理规划中，以提升企业品牌价值。进入21世纪，戴维·阿克等学者深入研究了品牌识别、架构以及品牌传播管理面临的挑战，提出品牌传播管理应提升至企业领导层高度，以应对市场竞争中品牌意识、品质感知度、品牌关联与个性的重要性（Aaker，2004）；角色跃迁理论由保罗·藤甫诺提出，强调品牌传播的角色在企业不同发展时期会发生适应性改变，以适应市场为中心、战略思维、企业品牌塑造等多方面的需求（于思瑞，2000）。

整合营销传播（integrated marketing communications，IMC）作为品牌传播理论的一个重要组成部分，其发展标志着营销实践和理论研究的演进。IMC的核心理念是通过协调各种传播活动，如广告、促销、公关等，向消费者传达一致的品牌信息，实现品牌价值的提升。在IMC的孕育阶段，重点是创造统一的组织形象，即"一种形象，一个声音"。随着理论的发展，IMC开始强调营销与传播的不可分割性，以及与消费者建立建设性关系的重要性（Duncan and Moriarty，1998）。

IMC的发展可分为三个阶段：孕育、产生和成熟。在孕育阶段，营销要素开始被综合起来研究，以适应市场环境的变化。在产生阶段，IMC理论首次尝试对整合传播进行定义，并强调了营销与传播的紧密联系。在成熟阶段，IMC理论进一步发展，不仅涵盖了更广泛的领域，而且变得更为复杂，逐渐形成了一种更为成熟和全面的观点，将消费者视为关系中的伙伴，并接受他们与企业或品牌保持联系的多种方法（Schultz et al.，1993）。

3. 全渠道营销

全渠道营销作为一种新兴的营销模式，其核心在于整合线上与线下渠道，提供无缝的顾客体验。这一概念的演化历程始于 Kotler（1986）对营销渠道的定义，他将营销渠道视为商品或服务从生产者到消费者转移过程中的通道，奠定了全渠道营销的基础概念。Goersch（2002）提出多渠道整合的概念，强调线上线下信息和服务的一致性以及渠道间的协作配合。Rigby（2011）在《哈佛商业评论》中首次提出全渠道营销的概念，强调其是提升顾客购买体验的策略。李飞（2014）进一步明确了全渠道营销的学术定义，认为企业应通过整合多种零售渠道来满足消费者的综合体验需求。崔兴文和史亚莉（2020）从跨渠道整合的角度，强调企业应协调营销渠道的目标，创造协同效应和特殊利益。任成尚（2018）则指出全渠道整合的关键在于整合不同交互方式，通过统一管理多种渠道来满足消费者需求。

全渠道传播遵循以客户为中心的原则，强调在营销过程中为客户提供全方位的体验。Gupta 等（2004）提出全渠道传播应全面管理消费者体验，包括线下实体店、网站、广告宣传、社交媒体等全渠道传播。Storbacka 等（2016）指出，在不同的客户体验阶段，渠道传播侧重的客户体验也不尽相同。Verhoef 等（2015）的研究则为全渠道顾客管理提供了见解，探讨了如何通过全渠道策略来增强顾客忠诚度和提升企业绩效。这些理论的融合，为全渠道营销的实践提供了丰富的理论资源和实践指导，帮助企业在不断变化的市场环境中保持竞争力。

## 8.1.2 品牌联盟

1. 品牌联盟的定义

品牌联盟作为一种企业间的高级战略合作形式，其内涵远超过简单的营销合作，品牌联盟由两个或更多独立品牌，基于共同的商业愿景和战略目标，展开全方位、多层次的合作，这种合作可以跨越时间界限，既有短期项目导向的合作，也有长期战略层面的联盟，涵盖了从产品概念孵化、设计开发、生产制造到市场营销、售后服务等整个产业链条的各个环节。

Shocker 等（1994）则将品牌联盟视为一种通过与已获得许可的品牌联合，形成具有竞争优势的营销策略。他们认为，这种联合能够有效地利用双方的品牌资产和市场影响力，共同创造独特的品牌形象和价值主张，从而在激烈的市场竞争中脱颖而出。Simonin 和 Rulth（1995）进一步阐释了品牌联盟在营销活动中的协同作用。他们认为，品牌联盟是两个或多个品牌在同一营销活动中紧密合作的形式，通过共同策划和执行营销活动，实现品牌信息的有效传播和消费者认知的深化。郭锐等（2010）指出，品牌联盟是两个或两个以上现有企业品牌之间的联合形式，旨在通过整合各自的优势资源，形成单个品牌所难以企及的竞争优势。这种联合可以是短期的项目合作,也可以是长期的战略联盟,其关键在于如何有效地整合和利用双方的资源,实现互利共赢。

王海忠(2021)提出的品牌联合或品牌捆绑概念,为品牌联盟的实践提供了新的视角。他认为,品牌联盟不仅仅是品牌名称或商标的简单相加,而是多个品牌通过联合使用并赋予新的表现形式,共同创造新的品牌价值和市场机会。在品牌联合过程中,每个品牌的形象或LOGO都得到了保留和尊重,同时通过创新的设计和营销策略,实现了品牌之间的优势互补和协同效应。这种创新实践不仅丰富了品牌联盟的内涵和外延,也为企业的品牌建设和市场推广提供了新的思路与方法。

2. 品牌联盟的分类

品牌联盟的分类方式多样,Samu等(1999)根据其作用方式提出分类,新产品联盟聚焦于通过品牌合作共同开发新产品,这种合作旨在加速市场创新,满足消费者对新产品的期待。Fang和Mishra(2002)从品牌类别的角度出发,将品牌联盟分为同类品牌联盟和异类品牌联盟。同类品牌联盟指的是属性相似或目标市场相近的品牌之间的合作,这种合作有助于巩固市场地位,扩大市场份额。而异类品牌联盟则涉及不同属性或目标市场的品牌合作,通过互补优势实现共赢。Voss和Gammoh(2004)提出的分类方法侧重于协作品牌的数量。他们根据品牌联盟中参与合作的品牌数量,将品牌联盟分为双品牌联盟、三品牌联盟以及多品牌联盟。这种分类方式揭示了品牌合作规模对联盟策略的影响。Lafferty和Goldsmith(2004)从协作品牌性质的角度出发,将品牌联盟分为组织品牌之间的联盟、组织品牌与非营利组织的联盟以及组织品牌与名人之间的联盟,该分类方法揭示了品牌合作的多层次性和多维性。此外不同学者还采用了不同的分类方法,基于预期目标的分类中,Leuthesser等(2003)将品牌联盟模式分为向外延伸模式、向里渗透模式、向上延伸模式和超越模式,这些模式反映了品牌联盟在品牌发展战略中的不同作用和目标。

3. 品牌联盟的溢出效应

品牌联盟溢出效应是品牌合作领域中的一个核心概念,它揭示了当两个或多个品牌携手合作时,一个品牌的市场表现、声誉或形象如何对另一个品牌产生直接或间接的影响(简予繁等,2021)。这种效应具有双重性:一方面,它能显著提升参与品牌的整体形象和市场认知度,通过共享资源和优势,实现品牌价值的共同增值;另一方面,当联盟中某一品牌遭遇危机时,这种负面影响也可能迅速蔓延至其他品牌，损害整个联盟的品牌信誉和消费者信任。

品牌联盟溢出效应的理论基础深厚，涵盖了信号传递理论、信息整合理论、联想学习理论和认知一致性理论等多个方面。信号传递理论认为，品牌联盟作为有效的信息传递机制，能够向消费者传递关于产品质量和属性的积极信号（Rao et al.，1999）。信息整合理论则强调，消费者在接收新信息时，会将其与已有的品牌态度和信念进行整合，形成对联盟品牌的综合评价（Rodrigue and Biswas，2004）。联想学习理论和认知一致性理论则进一步揭示了消费者在处理品牌联盟信息时的心理机制，指出消费者对品牌联盟的评价往往受到其对背景信息和原有焦点品牌认知的深刻影响（Naidoo and Hollebeek，2016）。

品牌联盟溢出效应的实现受到多种复杂因素的影响。品牌特征、消费者特征、消费者-品牌关系以及品牌-品牌关系等因素相互作用，共同决定了溢出效应的方向和强度。品牌资产、品牌原产国形象和品牌匹配度等品牌特征因素直接影响消费者对联盟品牌的认知与评价。而消费者个人背景、文化差异和自我概念等消费者特征因素则在不同程度上影响消费者的购买决策与品牌忠诚度（Shimp and Sharma，1987）；品牌熟悉度、品牌忠诚度等消费者-品牌关系因素，以及联盟品牌间的匹配度和合作关系的紧密性等品牌-品牌关系因素，也都在不同层面上对品牌联盟溢出效应产生重要影响（Su and Rittenburg，2001）。

### 8.1.3 品牌共鸣

1. 文化库

文化库理论是一种将文化视为解决问题工具的观点，它强调文化资源在个人和组织管理问题中的应用。这一理论的核心概念包括文化资源、文化库和文化寄存器。文化资源是文化库和文化寄存器的基本单位，包括符号、故事、礼仪和世界观，这些资源可以被个人和组织用来解决不同的问题。Ann（1986）强调了文化资源在行动中的重要性，认为它们是人们在社会互动中用来构建行为策略的工具。文化库则是针对个人和组织而言，是一个利用文化资源的工具箱。Weber（2005）提出，企业可以利用文化工具箱中的资源来规划企业的竞争战略和管理人力资源等，从而在管理实践中发挥作用。

文化库是一个动态的资源集合，它不仅影响着个人和组织的行为与决策，而且其本身也在不断地变化和更新。个人利用文化资源的方式取决于他们的文化库，人们倾向于选择那些与他们的身份相符的文化资源，这些资源有助于他们塑造自己的身份，并将自己定义为某类社会群体的成员（Ann，1986）。这种选择性利用文化资源的过程，使得个人的文化库在不断地被重新构建和扩展。对于组织而言，文化库的构建和更新同样至关重要。Weber（2005）认为，组织可以通过改变制度内容来规划和更新其治理企业的观念。例如，医药公司可以通过从行业文化寄存器中提取可利用的资源，形成自己的文化库，并进一步规划企业的竞争战略。这表明组织可以通过有意识地选择和整合文化资源，来塑造和优化其文化库。

2. 文化创新

文化创新是企业避开恶性竞争、探索蓝海市场的重要策略，它赋予企业独特的竞争优势，这一过程涉及构建并传达一系列创新的文化表述，这些表述由意识形态、神话和文化密码三个核心要素组成（Cameron，2010）。意识形态作为广泛接受的文化观念基础，为企业品牌提供了深层次的价值支撑；神话则以富有教育意义的故事形式，生动传达这些观念；而文化密码则精选最具吸引力和共鸣力的文化元素，使品牌故事深入人心。这一过程通过品牌接触点传递给消费者，促进品牌与消费者之间的情感连接。Holt（2003）还指出，对于新推出的产品而言，仅仅依靠名称、商标和外观等实体标识是不足以构建标志性、领导性品牌的。这些元素因缺乏历史沉淀而显得空洞无物。为了赋予品牌深刻的文化内涵和持久的生命力，企业需要整合文化知识，遵循文化品牌化的战略原则，将文化创新与品牌发展紧密结合，从而在激烈的市场竞争中脱颖而出。

在探讨文化创新的具体实施时，我们认识到这是一个涉及识别历史机遇并以独特文化元素进行回应的过程。然而，当企业面临从B2B（business to business，企业对企业）模式向C（consumer，消费者）市场扩展的挑战时，如何运用文化创新的理论来构建新产品的品牌文化表述，成了一个亟待深入研究的课题。这不仅要求企业深刻理解目标市场的文化背景与消费者需求，还需要在品牌策略中巧妙融入历史、故事与文化密码等元素，以创造出既具有吸引力又富有深度的品牌形象。

3. 品牌共鸣

品牌共鸣是顾客与品牌之间终极关系的象征，当品牌与顾客之间的共鸣度较高时，顾客的重购意愿、用户黏度、忠诚度等显著提升。不同研究者从不同角度对品牌共鸣进行了定义。Keller（2014）认为品牌共鸣是建立一个强大品牌的最后一步，涉及顾客与品牌建立的终极关系的本质，以及顾客感受到的与品牌同步的程度。Chokpitakkul 和 Anantachart（2020）指出，品牌共鸣是消费者对品牌的心理和行为上的忠诚。王海忠（2021）则认为品牌共鸣发生在品牌与消费者之间，用来说明消费者与品牌之间"同悲同喜"的程度。Keller（2009）进一步发展了品牌共鸣的理论，提出了品牌共鸣的金字塔模型，即 CBBE（customer-based brand equity，基于消费者品牌资产）模型，该模型不仅描述了创建强势品牌的四个步骤，还强调了强势品牌应具有的理性和感性二元性。在这个模型中，理性路径伴随着对产品认知的加深，而感性路径则主要描述了对品牌感情的升华。顾客与品牌心理联系的深度和强度这两个因素是品牌共鸣的关键，涵盖了行为忠诚、态度依附、社区归属感和主动介入这四个方面。

## 8.2 解决领导品牌成长期困境的建议方案

### 8.2.1 基于品牌传播的解决方案

#### 1. 引言

品牌传播是品牌经营管理者围绕品牌定位，针对目标受众，通过各种媒介传播品牌要素、产品属性、非产品属性等品牌信息（王海忠，2021）。其核心价值不仅在于促进消费者对品牌知识的深入认知，还通过提升品牌识别力与塑造独特的品牌个性，在消费者心智中构建积极的品牌形象与联想网络。这一过程不仅巩固了品牌在消费者心中的独特地位，更激发了品牌美誉度、购买倾向及忠诚度的显著提升，最终转化为品牌权益的实质性增强。此外，面对品牌负面信息的冲击，有效的品牌传播策略通过危机沟通与透明化管理，及时向公众传递事件真相与应对措施，有效削弱负面舆论影响，重塑消费者信任，保障品牌形象的稳定与恢复。通过持续而精准的品牌信息传播，不仅能够巩固消费者对品牌既有知识的记忆，而且通过不断强化的品牌形象构建，提升品牌的辨识度与正面联想，能够有效防止品牌资产的无形损耗，确保品牌价值的长期稳固与增值。在现代市场实践中，品牌传播已成为企业通过各种营销策略与消费者持续交互，以实现品牌资产最大化的过程（Voorveld，2019）。

全渠道整合营销不仅仅局限于作为一种战术工具的应用，更是在整个组织内部构建起平台和消息一致性的核心战略要素。此外，全渠道整合营销以客户为中心，致力于提供整体化的购物体验。这种连贯性的体验不仅提升了消费者的满意度，更在潜移默化中增强了他们对品牌的忠诚度。全渠道整合营销通过其整合性、客户中心性和交互性的特点，全方位地提升了品牌的市场影响力。不仅优化了消费者的购物体验，更在深层次上塑造了品牌的独特魅力和价值主张，使企业在激烈的市场竞争中脱颖而出。本部分以全渠道整合营销为理论基础，构建了全渠道多格式的品牌传播模型,并将传播受众拓展至整个外部利益相关者,对于企业实现成长期"叫得响",提升市场影响力具有指导意义。

本部分通过案例研究的方法,深入分析了三家具有代表性的企业——红星美羚、阿里欧威和易点天下。这三家企业分别代表了第一产业、第二产业和第三产业,通过对这些企业的品牌传播策略进行深入的分析和研究,能够更好地理解企业如何实现有效、高效的品牌传播,从而在品牌成长期实现品牌"叫得响",扩大品牌的市场影响力。

2. 文献评述

1)多格式传播理论

多格式传播是指个性化的、双边的、通过各种渠道同时进行的传播,这对关系营销工作至关重要(Palmatier et al.,2008)。最近的技术和商业实践的变化深刻地改变了双边(即一对一,客户-公司)传播的性质(Grewal et al.,2020)。新格式(如视频信息、虚拟世界)的涌入占据了传播领域,为特定的交换需求设计具有独特特征的新颖选项的机会也在增加。该理论不仅关注不同传播格式(如面对面交流、电话、电子邮件、社交媒体、视频聊天等)的选择和应用,更深入到这些格式背后的基本特征层面进行分析。多格式传播理论旨在帮助企业在不同关系阶段、不同任务需求以及不同参与方的情境下,灵活选择和组合这些特征,以实现有效、高效和体验的传播目标。

2)全渠道整合营销框架

全渠道整合营销不仅仅是一个战术工具,而且是在整个组织内创建平台和消息一致性的关键战略要素。互动式整合营销强调将多个消费者接触点、媒体和信息结合在一起(Peltier et al.,2002),其基本概念是基于一个核心思想,即跨消息传递平台的信息一致性。企业与消费者的接触点可分为个人品牌接触点,定义为消费者和品牌人员直接接触、面对面或数字化的接触点,如电话、店内购买等。非个人品牌接触点是指消费者在接触时不需要亲自接触就能与品牌互动的接触点,如官方网站社交媒体等(Payne et al.,2017)。此外,该理论提出的全渠道营销遵循以客户为中心,提供"整体"购物体验的理念,无论使用何种渠道,客户的购买之旅都是顺畅无缝的。向全渠道营销的过渡进一步增加了对交互式整合营销导向的需求,这种演变增强了企业通过创建个性化信息获取和使用环境更快地将潜在客户转化为高价值客户的能力(Rocco and Bush,2016)。

尽管全渠道营销在消费者行为文献中受到越来越多的关注,但在企业对企业的背景下，普遍缺乏理论框架和实证研究，而在对全渠道营销的研究回顾中我们发现，全渠道营销在实现传播媒介的全覆盖的同时也体现了品牌传播过程中传播媒介多格式的特点。因此，本部分将通过案例分析的方法，引入双边多格式传播的整体框架，探讨全渠道营销对于品牌成长期企业实现有效、高效的传播目标，扩大品牌市场影响力具有重要的指导意义。

3. 研究方法

本部分选择多案例研究方法，以期探索数字化背景下全渠道传播如何促进生态系统内各参与者的价值共创。方法选择的依据是：第一，本部分的研究问题尚缺乏充分的理论探究，以归纳逻辑为主的案例研究方法有助于回答此类新兴议题。第二，本部分研究问题关注"how"的问题，适合运用案例研究方法挖掘动态现象背后的过程逻辑以形成深层次的理解。第三，多案例研究的优势在于复制逻辑的运用，通过持续比较和归纳分析，多案例研究有利于构建可验证的理论命题，提升研究结论的稳健性和普适性（张敬伟等，2025）。

1) 案例选择

本部分选取红星美羚、阿里欧威、易点天下作为研究对象进行案例分析，选择这些企业是基于它们在各自产业中的典型性、数据的可获取性以及研究的便利性。

在典型性方面，红星美羚代表了第一产业，其所在地陕西省富平县是中国著名的"奶山羊之乡""中国羊乳之都"，具有上百年的奶山羊养殖历史。红星美羚展现了农产品从生产到加工再到市场品牌化的全过程。阿里欧威代表第二产业，专注于高原供氧装备的研发，涉足医疗设备销售，医用空压机、制氧机、医用气体系统工程以及高原弥散供氧工程的设计、生产、安装和售后服务，以及高原氧舱体验中心的建设与运营。易点天下代表了第三产业，是一家"以 AIGC[①]引领品牌出海新浪潮"为战略的企业国际化智能营销服务商，始终秉持"科技使世界变得更平"的使命，致力于为客户提供全球营销推广服务，帮助其高效地获取用户、提升品牌知名度、实现商业化变现，让全球消费者都能第一时间享受到科技进步带来的成果，共建更加美好、便捷的生活。

在数据的可获取性方面，本部分对三家企业的负责人进行访谈获取一手信息和资料。同时红星美羚、阿里欧威、易点天下作为西部地区中小企业领导品牌的代表，均积累了丰富的运营数据、市场反馈和客户评价。这些数据不仅包括销售

---

[①] AIGC 即 artificial intelligence generated content，人工智能生成内容。

业绩、市场份额等基本指标,还涵盖了客户满意度、品牌忠诚度等关键的用户反馈信息。数据的丰富性和翔实性为研究者提供了多维度的分析视角,有助于深入理解这些企业品牌化过程的动态和市场表现。

在研究的便利性方面,主要体现在数据获取、地理位置、行业代表性、技术应用、品牌传播策略以及政策支持等多个方面。第一,三家企业均为西部地区的代表性企业,积累了丰富的运营数据、市场反馈和客户评价,且愿意配合研究提供相关资料,使得数据获取渠道畅通且高效。第二,这些企业地理位置集中,便于研究者在较短时间内完成实地考察和访谈,降低时间和成本,同时能够与企业负责人进行面对面交流,获取一手信息。第三,三家企业分别代表了第一产业、第二产业和第三产业,涵盖了从传统农业到高科技制造再到服务行业的多样化场景,这种行业多样性使得研究结果更具普适性和代表性。易点天下作为技术驱动的国际化营销企业,其在大数据、人工智能和程序化广告方面的技术应用为研究提供了丰富的技术案例,这种技术应用的先进性不仅便于研究者分析全渠道品牌传播的技术路径,还为研究提供了前沿的视角。第四,三家企业在品牌传播方面各有特色,如红星美羚的品牌故事、阿里欧威的高原制氧品牌定位,以及易点天下的全球化营销策略,这种多样性为研究提供了丰富的案例资源,便于深入分析全渠道品牌传播策略的有效性。第五,西部地区作为国家政策支持的重点区域,政府对当地企业的发展给予了高度重视,研究这些企业的品牌传播策略不仅能够获得政策层面的支持,还能结合区域经济发展的大背景,探讨品牌成长期的困境与解决方案。

2)数据收集

本部分基于三角测量方法,多渠道收集案例资料与数据,数据间形成交互印证。数据来源主要包括半结构化访谈、实地调研、官方媒体、网络资料等调研方法,多种渠道保证了数据的充分性与准确性。因此,数据收集信息如表8-1所示。

表8-1 数据收集信息(一)

| 案例企业 | | 数据来源 | 数据内容 | 字数/万字 |
| --- | --- | --- | --- | --- |
| 红星美羚 | 一手数据 | A1 电话和书面访谈:公司总经理、企业文化经理 | 品牌传播渠道,品牌传播策略,品牌传播效果 | 1.80 |
| | 二手数据 | A2 企业公开资料(包括网页、公众号、商域账号、公开报道) | 品牌传播活动,所获荣誉及成绩 | 3.10 |
| | | A3 政府报道 | 企业商业模式,经济、社会贡献,所获荣誉及成绩 | 0.21 |

续表

| 案例企业 | 数据来源 | | 数据内容 | 字数/万字 |
|---|---|---|---|---|
| 阿里欧威 | 一手数据 | B1 线上访谈：总经理 | 品牌传播渠道，品牌传播策略，品牌传播效果 | 1.70 |
| | 二手数据 | B2 企业公开资料（包括网页、公众号、商域账号、公开报道） | 品牌传播活动、品牌传播效果 | 1.30 |
| | | B3 政府报道 | 经济贡献，所获荣誉及成绩 | 0.30 |
| 易点天下 | 一手数据 | C1 线上访谈：联合创始人兼公司副总裁 | 品牌传播渠道，品牌传播策略，品牌传播效果 | 2.50 |
| | 二手数据 | C2 企业公开资料（包括网页、公众号、商域账号、公开报道） | 品牌传播策略、品牌传播渠道、品牌传播活动、品牌传播效果 | 1.70 |
| | | C3 政府报道 | 品牌传播效果、品牌所获荣誉及成绩 | 0.23 |

4. 案例描述

本部分将所选的三个案例进行描述，为后面的案例分析打下基础。

1）红星美羚的案例描述

红星美羚地处奶山羊基地富平县，是一家集饲草种植、奶山羊良种繁育、科学养殖到乳制品研发、生产加工与销售于一体的基地型羊乳制品生产企业、出口企业。红星美羚是国内最早的羊乳加工厂，技术资质雄厚，产品系列健全，涵盖婴幼儿配方羊奶粉、成人配方羊奶粉和全脂羊奶粉三个大系数十种产品，出口远销欧洲、东南亚等地区，是国内唯一一家羊奶粉出口企业。作为羊乳产品的领导者，红星美羚专注于奶山羊健康产业，专业制作婴幼儿、成人羊乳健康产品，提供奶山羊健康产业整体解决方案，数十年来红星美羚坚持为客户创造最大价值。红星美羚坚持以人为本，和谐发展的人才理念，把严格管理和尊重人格、顾全大局和个性发挥、尽职尽责和求实创新有机结合起来，最大限度地发挥员工的积极性和创造性，把企业的战略目标变为员工的共同理想和自觉行动，从而形成企业发展的不竭原动力和精神力量。红星美羚从不自满，坚持企业没有最好，只有更好的思想理念，把博众之长、补己之短、开拓创新、追求卓越、永不止步的精神，贯穿于企业发展的始终，努力使公司成为国际知名、国内一流的奶山羊产品加工企业出口品牌，成为行业的引领者。

2）阿里欧威的案例描述

阿里欧威是一家注册于西藏自治区阿里地区的专业型高科技公司。公司专注于高原供氧装备的研发，涉足医疗设备销售，医用空压机、制氧机、医用气体系统工程及高原弥散供氧工程的设计、生产、安装和售后服务，以及高原氧舱体验中心的建设与运营。2020年2月，该集团承接了武汉火神山医院的医用气体工程项目，这不仅证明了其在行业内的专业实力，也展现了公司在紧急公共卫生事件中的社会责任感。阿里欧威作为阿里地区的重点"专精特新"企业，致力于高原供氧事业的发展，打造全球高原供氧领域的民族产业品牌。公司本着扎根高原、服务高原的理念，发扬老西藏的革命精神，组建了一支藏汉团结、勤劳朴实的专业精英团队。此外，公司还与西藏大学联合成立了高原制供氧科研基地，进一步强化了其在高原供氧领域的科研实力和行业地位。

3）易点天下的案例描述

作为全球领先的企业国际化智能营销服务商，易点天下的业务覆盖全球200余个国家和地区，服务超过5000家广告主，其中包括阿里巴巴、腾讯等知名企业。2022年在深圳证券交易所创业板的成功上市，不仅验证了其企业实力和市场价值，也为公司未来的发展提供了更广阔的资金支持和市场机遇。易点天下的全球性布局和客户基础，彰显了其在行业中的领先地位。易点天下坚持技术驱动发展的战略，拥有一站式营销智能服务产品、人工智能创意产品、商业智能决策、程序化广告平台等技术矩阵，通过数据和算法实现数据全链路实时化管理与精准投放，显著提升了广告投放效果。易点天下在大数据、人工智能、云计算和新一代广告交易技术的应用上不断投入研发，保持了技术领先优势，这些创新技术的应用使公司在市场中具有强大的竞争力。易点天下的市场表现和客户认可度也是选择其作为领导品牌代表的重要原因。公司荣获多项行业大奖，如金投赏、SMARTIES CHINA（2024中国营销创新大奖品牌出海组银奖）等，这些荣誉是对其实力和行业表现的肯定。易点天下积极参与"一带一路"，帮助中国文化数字化出海，提升了中国文化的全球影响力。同时，公司通过全球业务布局和先进技术实力，为陕西省乃至中国的经济发展做出了积极贡献，并积极参与社会公益活动，履行企业社会责任。易点天下的这些卓越表现，使其成为推动行业发展、促进区域经济增长的实至名归之选。

5. 案例分析

1）全渠道整合营销品牌传播接触点布局

在全渠道整合营销的策略之下，企业进行品牌传播时在与外部利益相关者接触时，其接触点的布局实现了非个人接触点以及个人接触点全覆盖，呈现出传播媒介的多样性和多格式的特征。

红星美羚在全渠道品牌传播布局上展现出了多元化和综合性的策略,通过非个人接触点与个人接触点的有效结合,全面提升了品牌认同度和市场影响力。在非个人接触点方面,红星美羚充分利用了大众传媒和新媒体平台,形成了广泛的品牌曝光。例如,通过央视一套和新闻频道等顶级视频媒体投放广告,不仅提升了品牌的权威性和信任度,还增强了品牌在全国范围内的知名度。这种高端媒体平台的选择,使得红星美羚的品牌形象更加专业、高端,有助于在消费者心中建立品质优良、值得信赖的品牌形象。在个人接触点方面,红星美羚注重与消费者的直接互动和个性化服务。例如,通过客服热线提供一对一的知识解答服务,不仅解决了消费者的疑问,还增强了消费者对品牌的信任和依赖。红星美羚还通过开放日活动让消费者亲身体验产品的生产过程和质量控制,这种透明化的生产方式极大地增强了消费者对品牌的信心。这种多元化的品牌传播策略不仅提升了红星美羚的品牌认同度,还为其在激烈的市场竞争中赢得了更多的市场份额和消费者支持。

阿里欧威在全渠道品牌传播布局上,在非个人接触点方面,阿里欧威利用了行业内外知名人士的影响力进行品牌宣传。例如,邀请像俞敏洪这样的知名教育企业家亲临现场考察并参与直播活动,这种策略有效地借助了名人的粉丝基础和公众影响力,迅速提升了品牌的知名度和曝光率。公司通过行业会议、展会、媒体采访等多种非个人接触点方式,扩大品牌在行业内的知名度和影响力。这些平台不仅能让公司与潜在客户、合作伙伴及行业专家面对面交流,还能通过媒体报道和社交平台分享,进一步扩大品牌的传播范围。在个人接触点方面,阿里欧威采取了开放体验和互动服务的策略。例如,通过免费开放微压氧舱供社会各界人士体验,这种亲身体验的方式能够直接让消费者感受到产品的效果和品质,从而增强对品牌的认知和好感。此外,公司通过售后服务、客户咨询等一对一互动方式,提供个性化的服务和解决方案,进一步巩固与消费者的关系。

易点天下在全渠道品牌传播布局上,采取了线上与线下相结合的综合策略,以实现更广泛、更深入的品牌影响力。易点天下的非个人接触点布局主要集中在线上方面,易点天下充分利用了数字化平台和互联网资源,通过客户案例展示、官方网站以及资讯传播等多样化手段,构建了全面的品牌宣传网络。易点天下的个人接触点布局主要集中在线下方面,易点天下注重通过参与细分行业的展会来拓展市场。展会作为行业交流和合作的重要平台,为易点天下提供了与潜在客户、合作伙伴及行业专家面对面交流的机会。通过展会上的产品展示、现场演示和技术交流,易点天下能够直接触达目标客户群体,深入了解市场需求,展示公司实力和服务优势。此外,展会还为公司提供了宝贵的品牌曝光机会,增强了品牌在目标市场中的知名度和认可度。这种直接的市场拓展方式,虽然成本较高,但效果显著,能够迅速建立品牌口碑和市场份额。这种线上线下相结合的策略,不仅提升了品牌的知名度和影响力,还通过实际的市场反馈和客户交流,不断优化服务内容和提升品牌竞争力。这种综合布局为易点天下在激烈的市场竞争中脱颖而出提供了有力支持。

2)品牌有效、高效、体验的传播目标的实现

全渠道整合营销品牌传播策略,其表现形式体现在传播媒介的多样性及多格式,其在品牌传播过程中信息一致性、互动及时性、体验无缝化的特征,助力品牌传播有效、高效、体验的目标的实现。

红星美羚在实现有效、高效、体验的品牌传播目标上,展现出了其独特的策略和优势。首先,在信息一致性方面,红星美羚的企业名称与产品名称的高度统一,使得品牌识别度极高。当消费者提及红星美羚乳业时,自然而然地联想到的是其羊奶粉产品,这种紧密的品牌联想大大增强了品牌记忆的深度和广度。同时,公司还通过统一的品牌形象、包装设计及宣传口径,进一步强化了品牌的一致性,提升了品牌的整体认知度和好感度。其次,在互动及时性方面,红星美羚展现出了对市场和客户的快速响应能力。这种高效的沟通机制不仅有助于公司及时调整市场策略,优化产品和服务,还能够增强经销商和消费者的品牌忠诚度与满意度。此外,公司还通过设立客服热线、开展消费者开放日活动等方式,与消费者建立了更加紧密和即时的互动关系,进一步提升了品牌的用户体验和传播效果。最后,在体验无缝化方面,红星美羚通过线上线下结合的方式,为消费者提供了无缝化的品牌体验。在线上,公司通过官方网站、电商平台等渠道,让消费者能够便捷地获取产品信息并进行购买;在线下,公司通过开放日活动、产品体验店等方式,让消费者能够亲身体验产品的生产过程和质量控制。例如,消费者可以参观奶山羊养殖基地、了解羊奶粉的生产工艺,这种透明化的体验方式极大地增强了消费者对品牌的信任和好感。此外,公司还通过举办健康讲座、亲子活动等形式,进一步拉近与消费者的距离,提升了品牌的亲和力和影响力。综上所述,红星美羚通过信息一致性的强化、互动及时性的提升以及体验无缝化的优化,实现了品牌传播的有效、高效和体验目标。这种策略不仅提升了品牌的知名度和美誉度,还为公司带来了更加稳定和可持续的市场发展。

阿里欧威在实现有效、高效、体验的品牌传播目标上,通过一系列精心设计的策略,成功地塑造了其在高原供氧领域的专业品牌形象,并提供了卓越的用户体验。在信息一致性方面,公司始终在各类医用气体展和医疗设备展中,坚持展示和推广其高原供氧的品牌形象。这种持续的品牌信息传递,使得"高原供氧专家"的品牌定位深入人心,增强了消费者对品牌的认知和记忆。同时,公司也注重在各类宣传材料中保持信息的一致性,确保品牌形象在各种场合下都能得到准确的传达。在互动及时性方面,阿里欧威提供了便捷、高效的服务体验,建立快

速响应的配送机制，公司能够迅速响应客户需求，确保氧气的及时供应。这种即时服务不仅提高了客户满意度，也进一步巩固了公司在客户心中的专业形象。同时，公司还通过设立专门的客服团队，随时解答客户的疑问和解决问题，进一步提升了互动效率和客户体验。在体验无缝化方面，阿里欧威致力于提供24小时不间断的供氧服务，确保客户能够随时随地享受到高质量的氧气供应。这种全天候的服务模式，使得客户无须担心氧气供应的中断问题，从而能够更加专注于自身的工作和生活。

易点天下通过一系列战略定位、技术创新与产品布局，有效地实现了品牌传播的有效性、高效性和体验无缝化的目标。在信息一致性方面，易点天下明确地将自身定位为"以AIGC引领品牌出海新浪潮"的企业国际化智能营销服务商，这一战略定位不仅清晰传达了公司的核心竞争力，也与客户对于高效、精准营销的需求高度契合。在互动及时性方面，公司能够快速、精准地将广告主的产品推送给合适的用户，这种高效的互动能力得益于公司在人工智能技术领域的深入研究和应用。通过运用先进的数据分析技术和算法模型，易点天下能够实时捕捉市场动态和用户需求变化，为广告主提供个性化的营销解决方案，从而确保营销活动的有效性和针对性。在体验无缝化方面，易点天下通过构建纵深化人工智能产品矩阵式布局，为客户提供了从出海路径规划、产品智能化升级到数字化营销推广和商业化高效变现的一体化解决方案。其中，AIGC数字营销创作平台KreadoAI、出海应用数据分析与增长模型平台——数眼智能、智能化多云管理平台Gears三大核心产品相互协同，共同构成了易点天下强大的技术支撑体系。这些产品不仅能够帮助客户降低运营成本、提升运营效率，还能够为客户提供更加智能化、个性化的服务体验，从而实现品牌传播与用户体验的无缝对接。这些努力不仅提升了易点天下在市场上的竞争力和影响力，也为更多中国企业走向世界提供了有力的支持和保障。

3）全渠道品牌传播效果

基于全渠道整合营销的品牌传播助力品牌有效、高效、体验的目标的实现，具体传播效果可体现在品牌知名度、品牌口碑、品牌忠诚的显著提升上。

红星美羚全渠道品牌传播，通过其多年来的市场布局和营销策略在品牌知名度、品牌口碑及品牌忠诚方面得到了显著体现。在品牌知名度方面，公司积极参与国内外各类展会和活动，如陕粤港澳活动周、健康产业生态大会等，这些高端平台的曝光不仅让红星美羚的产品直接触达潜在消费者，还通过媒体的广泛报道进一步扩大了品牌影响力。此外，红星美羚还通过传统媒体和新媒体的有机结合，全方位打造品牌形象。公司不仅在央视等权威媒体投放广告，还积极利用微信、微博等社交媒体平台进行内容营销，通过讲述品牌故事、分享健康理念等方式，与消费者建立更深的情感连接。这种线上线下相结合的传播方式，使得红星美羚的品牌知名度迅速提升，成了国内羊乳制品行业的领军品牌。在品牌口碑方面，红星美羚的品牌口碑建设主要通过高质量的产品和服务来实现。公司专注于活性羊乳研究 46 年，是集奶山羊良种繁育、科学养殖、羊乳制品研发、生产加工、销售为一体的全产业链羊乳企业。通过严格的质量控制和创新的产品研发，红星美羚赢得了消费者的信任和好评。此外，公司通过开放日活动让消费者亲身体验产品的生产过程和质量控制，这种透明化的生产方式极大地增强了消费者对品牌的信任和好感。同时，公司还通过客服热线提供一对一的知识解答服务，进一步提升了消费者的满意度和忠诚度。在品牌忠诚度方面，红星美羚通过持续的品牌传播和优质的客户服务，成功地培养了用户的品牌忠诚度。公司坚持以人为本、和谐发展的人才理念，把严格管理和尊重人格、顾全大局和个性发挥、尽职尽责和求实创新有机结合起来，最大限度地发挥员工的积极性和创造性。这种企业文化不仅提升了员工的归属感和责任感，也通过员工的优质服务传递给消费者，进一步巩固了品牌的忠诚度。此外，红星美羚通过举办健康讲座、亲子活动等形式，进一步拉近与消费者的距离，提升了品牌的亲和力和影响力。综上所述，红星美羚通过全渠道整合营销的品牌传播策略，显著提升了品牌知名度、品牌口碑和品牌忠诚度。这些努力不仅增强了品牌在市场中的竞争力，也为公司的长期发展奠定了坚实的基础。

阿里欧威在全渠道品牌传播效果上，通过一系列策略成功地在品牌知名度、品牌口碑以及品牌忠诚三个方面取得了显著成效。在品牌知名度方面，阿里欧威凭借其"最早进入市场、做的时间最长、产品最专业"的优势，成功地在高原供氧领域树立了行业标杆的形象。这种长期的市场耕耘和专业积累，使得"阿里欧威"这一品牌与高原供氧紧密联系在一起，成了该领域的代名词。公司通过参与各类行业展会、技术交流会等活动，以及与政府部门、医疗机构等合作，不断扩大品牌的影响力，提高了市场认知度。在品牌口碑方面，阿里欧威始终坚持"聚力把实事办好，用心把好事办实"的理念，致力于提供安全、便捷、高效、绿色的氧气后勤保障服务。公司不仅注重产品的技术创新和性能优化，还注重售后服务体系的完善，确保用户在使用过程中能够得到及时、专业的技术支持和帮助。这种全方位的服务体验，进一步巩固了阿里欧威在市场上的良好口碑。在品牌忠诚方面，阿里欧威通过持续提供高品质的产品和服务，成功地培养了用户的品牌忠诚度。这种品牌忠诚度的形成，不仅有助于公司稳定市场份额和用户基础，还能够为公司带来更多的口碑传播和市场拓展机会。

易点天下在全渠道品牌传播方面取得了显著成效。在品牌知名度方面，易点天下凭借其卓越的业绩和服务质量，赢得了行业的广泛认可。公司荣获了多项重量级行业大奖，如"国家级电子商务示范企业"等，这些荣誉不仅彰显了易点天下在广告营销领域的领先地位,也极大地提升了公司的品牌知名度和行业影响力。在品牌口碑方面,易点天下以其领先的智能化广告营销平台和丰富的行业经验,赢得了客户和业界的广泛赞誉。在品牌忠诚方面,易点天下凭借其长期稳定的合作关系和卓越的服务质量,赢得了客户和合作伙伴的高度信任。公司连续多年获得谷歌"大陆地区最佳移动合作伙伴"称号,以及阿里巴巴颁发的"最佳供应商"奖项,这些荣誉不仅体现了易点天下在海外市场拓展方面的实力,也彰显了公司在供应商体系中的卓越表现。特别是阿里巴巴颁发的"最佳供应商"奖项,是从上百万家供应商中精选而出,且易点天下是历年来唯一一家以海外营销为角度入选的供应商,这充分说明了公司在海外营销领域的专业性和竞争力。

4）基于全渠道整合营销的品牌传播模型

对三家企业研究发现,全渠道的品牌传播布局使得品牌传播媒介及传播格式变得多样化,并且全渠道整合营销的品牌传播能够提高品牌传播过程中品牌与外部利益相关者互动的及时性、外部利益相关者体验的无缝化,并且为外部利益相关者传播一致性的品牌信息,从而加深外部利益相关者对品牌的认知和记忆,进而实现品牌有效、高效、体验的传播目标。基于全渠道整合营销的品牌传播模型如图8-1所示。

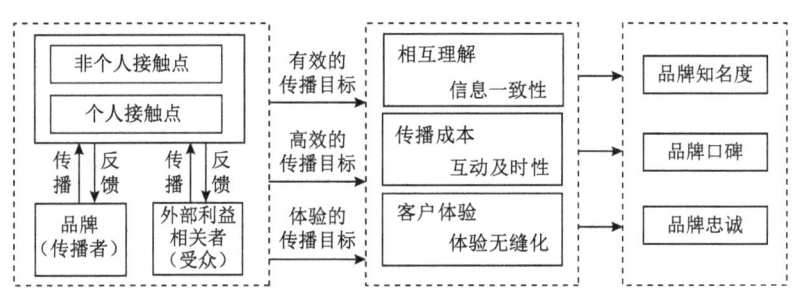

图 8-1 基于全渠道整合营销的品牌传播模型

从图 8-1 可以看出,品牌可以通过非个人接触点以及个人接触点的全渠道整合的传播布局,为外部利益相关者提供信息一致性、互动及时性和体验无缝化的互动沟通,从而实现品牌传播有效、高效、体验的传播目标。品牌传播目标的实现能够显著提升品牌知名度,帮助在外部利益相关者中树立积极良好的口碑,提高外部利益相关者对品牌的忠诚度。基于全渠道整合营销的品牌传播模型解释了基于全渠道整合营销的品牌传播过程,并强调了其整合各种接触点、提供一致且及时的信息和服务的重要性,为企业进行品牌传播提供了具有较强实践性的指导意义。

## 6. 结论与建议

### 1）研究结论

本部分通过对红星美羚、阿里欧威和易点天下三家企业的案例研究，得出了以下三个主要结论。

第一，基于全渠道整合营销的品牌传播提升品牌与外部利益相关者的互动效果。全渠道整合营销的品牌传播策略通过整合非个人接触点（如官方网站、社交媒体、广告等）和个人接触点（如客服热线、店内体验、展会互动等），显著提高了品牌与外部利益相关者（包括消费者、经销商、合作伙伴等）互动的及时性和无缝化体验。这种整合策略确保了品牌信息的一致性和连贯性，增强了品牌认知度和记忆度，促进了品牌与外部利益相关者的深度沟通和关系建立。

第二，全渠道整合营销的品牌传播策略有助于实现品牌传播的有效、高效、体验目标。多样化的传播媒介和多格式的传播内容，不仅扩大了品牌的覆盖面和影响力，还通过信息一致性、互动及时性和体验无缝化的特点，实现了品牌传播的有效、高效和体验目标。企业能够精准地触达目标受众，提供个性化的服务和解决方案，从而增强品牌忠诚度，提升用户满意度和品牌价值。

第三，全渠道整合营销品牌传播显著提升品牌知名度、品牌口碑和品牌忠诚。全渠道整合营销策略在提升品牌知名度、品牌口碑和品牌忠诚方面表现出色。通过持续的品牌传播和优质的客户服务，企业能够在市场中建立积极的品牌形象，赢得消费者的信任和好评。同时，通过展会、公益活动等多种形式的品牌展示和互动，企业能够进一步巩固品牌地位，扩大市场份额，提升市场竞争力。这些努力最终转化为品牌知名度、品牌口碑和品牌忠诚的显著提升，为提高品牌的市场影响力，实现品牌的长期发展奠定坚实基础。

### 2）理论贡献

通过对红星美羚、阿里欧威和易点天下三家企业的案例研究，本部分构建了基于全渠道整合营销的品牌传播模型。以下将具体阐述本部分的三大理论创新贡献。

第一，本部分基于全渠道整合营销理论，构建了全渠道多格式的品牌传播模型。该模型强调了非个人接触点（如官方网站、社交媒体、广告等）和个人接触点（如客服热线、店内体验、展会互动等）的整合，实现了品牌传播媒介和传播格式的多样化。多格式传播是指个性化的、双边的、通过各种渠道同时进行的传播（Palmatier et al., 2008）。这一模型不仅为企业提供了品牌传播的新视角，还明确了品牌如何通过全渠道整合营销策略与外部利益相关者实现信息一致性、互动及时性和体验无缝化的互动，从而实现品牌传播的有效、高效和体验目标。这一模型的构建，丰富了品牌传播领域的理论体系，为企业实践提供了具体的操作指南。

第二，本部分通过案例研究，深入分析了品牌传播对品牌知名度、品牌口碑和品牌忠诚的多维度提升作用。研究发现，全渠道整合营销策略通过多样化的传播媒介和多格式的传播内容，显著提升了品牌的知名度和影响力。同时，互动式整合营销强调将多个消费者接触点、媒体和信息结合在一起（Peltier et al., 2002），其基本概念是基于一个核心思想，即跨消息传递平台的信息一致性，而信息一致性、互动及时性和体验无缝化的特点，增强了品牌与外部利益相关者的互动效果，促进了品牌认知度和记忆度的提升。此外，持续的优质服务和个性化的解决方案，进一步巩固了品牌口碑和忠诚度。这一发现，深化了对全渠道整合营销在品牌传播中作用的理解。

第三，本部分还揭示了全渠道整合营销的品牌传播在重塑品牌与外部利益相关者关系方面的重要作用。通过整合多种接触点，全渠道整合营销的品牌传播不仅提高了品牌与外部利益相关者互动的及时性和无缝化体验，还确保了品牌信息的一致性和连贯性（Payne et al., 2017）。这种策略促进了品牌与外部利益相关者的深度沟通和关系建立，增强了品牌认知度和记忆度。这一发现，为品牌传播领域提供了新的理论支撑，强调了品牌与外部利益相关者关系在品牌成功中的重要性，同时也为企业如何通过全渠道整合营销策略提升品牌关系管理提供了实践指导。

3）管理启示

基于上述研究结论和理论贡献，提出以下三个管理启示，为企业实践提供指导。

第一，重视全渠道整合营销，提升品牌互动效果。企业在品牌传播过程中，应高度重视全渠道整合营销策略的实施。通过整合非个人接触点（如官方网站、社交媒体、广告等）和个人接触点（如客服热线、店内体验、展会互动等），企业可以显著提升品牌与外部利益相关者的信息一致性、互动及时性和体验无缝化。这要求企业在品牌传播过程中，不仅要注重线上渠道的布局，还要强化线下体验和服务，确保品牌信息的全面覆盖和一致传达。通过全渠道整合营销的品牌传播，企业可以更有效地建立和维护与消费者、经销商、合作伙伴等外部利益相关者的关系，增强品牌认知度和记忆度。

第二，注重品牌传播内容的质量与一致性。品牌传播的成功不仅取决于传播渠道的多样性，更依赖于传播内容的质量和一致性。企业在制定品牌传播策略时，应注重信息的准确性和一致性，确保在不同渠道和格式下传播的品牌信息保持一致。同时，企业应不断提升传播内容的质量，通过讲述品牌故事、分享独特价值主张等方式，增强品牌的吸引力和感染力。通过高质量、一致性的品牌传播内容，企业可以更有效地塑造积极的品牌形象，提升品牌知名度和口碑。

第三，强化个性化服务与用户体验。在全渠道整合营销的背景下，企业应注重提供个性化的服务和解决方案，以满足不同外部利益相关者的需求。通过深入了解消费者偏好、行为模式等信息，企业可以定制化地推送相关内容和服务，提升用户体验和满意度。此外，企业还应不断优化服务流程和售后支持体系，确保用户在使用过程中能够享受到便捷、高效的服务。通过强化个性化服务和用户体验，企业可以进一步巩固品牌忠诚度，提升市场竞争力。

## 7. 研究局限和未来研究

总结研究贡献和提出管理启示的同时，我们也必须认识到任何研究都存在其局限性。针对本部分的研究，以下是两个主要的研究局限。第一，尽管本部分选择了红星美羚、阿里欧威和易点天下三家具有代表性的企业进行案例研究，但样本数量仍然有限。这三家企业分别来自不同的产业，具有一定的代表性，但可能无法全面覆盖所有行业的品牌传播情况。不同行业、不同规模的企业在品牌传播策略上可能存在显著差异。第二，本部分主要通过半结构化访谈、官方媒体和网络资料等多种渠道收集数据。尽管这些数据来源提供了丰富的信息，但仍可能存在一些局限性。

本部分的研究在探索全渠道整合营销对品牌传播效果的影响方面取得了初步成果，但仍有诸多值得深入探究的领域。未来的研究可以围绕以下几个方面展开，以进一步丰富和完善全渠道整合营销理论及其在品牌传播中的应用。首先，未来研究可以进一步挖掘全渠道整合营销的品牌传播在不同行业和不同市场环境下的应用效果差异。因此，扩大样本范围，涵盖更多行业和市场，可以更全面地理解全渠道整合营销的品牌传播的普适性和差异性，为企业提供更加精准的指导。其次，随着数字技术的飞速发展，未来研究应关注新技术在品牌传播中的应用与影响。人工智能、大数据、区块链等新技术正在不断改变品牌传播的方式和效果。研究这些新技术如何与全渠道整合营销相结合，提升品牌传播的精准度、互动性和用户体验，将为企业在数字化时代下的品牌传播提供新的思路和策略。最后，未来研究还可以深入探讨品牌传播对品牌长期价值的影响，研究全渠道整合营销的品牌传播如何促进这些长期价值的形成和积累，对于企业的可持续发展具有重要意义。

## 8.2.2 基于品牌联盟的解决方案

1. 引言

在当今全球化的市场竞争中，品牌联盟已成为企业提升竞争力、拓展市场份额和实现可持续发展的重要策略，现代数字技术的发展给品牌联盟带来了新的机遇（李纯青等，2024）。品牌联盟不仅涉及不同企业间的资源共享与优势互补，还深刻影响着企业的市场定位、品牌形象以及长期发展路径。本部分聚焦于"有效的品牌联盟"，旨在深入探讨不同产业中企业如何通过品牌联盟构建核心竞争力，并分析其背后的权力动态与作用机制。

借鉴权力理论，我们认识到品牌联盟中的权力关系是影响联盟效果的关键因素。权力不仅决定了一个企业在联盟中的话语权和资源分配，还影响着联盟的稳定性和长期效益。因此，本部分将权力理论作为分析框架，探讨不同权力结构下的品牌联盟如何演化，并解析权力潜力、权力运用与权力结果之间的相互作用。

本部分选择了惠隆杂粮、藏格矿业、易点天下作为案例研究对象，它们分别代表了第一产业、第二产业和第三产业，展示了不同产业中品牌联盟的实践与成效。通过深入分析这些企业的品牌联盟策略、路径演化以及市场表现，我们期望揭示品牌联盟在不同产业背景下的普遍规律与特殊机制。

2. 文献评述

为研究品牌联盟的发展方向及路径演化，我们借鉴了权力理论。与权力概念在营销策略和组织理论中的广泛应用一致，权力是一个人促使另一个人去做他本不该做的事情的能力（Dahl，1957）。在营销环境中，权力主要是指一个渠道成员诱导另一个渠道成员改变其行为的能力，同时，权力也可以被视为一个公司影响另一个公司决策或公开行为的能力（Gaski，1984）。Frazier（1983）通过对不同类型品牌联盟作用机制的分析，在权力理论的基础上构建了权力三要素之间的关系，即权力潜力和权力运用决定了权力结果。Kupfer等（2018）等借鉴权力理论，建立了合作伙伴品牌社交媒体权力对品牌联盟成功影响的概念模型，该模型详细描述了电影行业合作伙伴品牌的社交媒体权力潜力（社交媒体网络的规模和活动）、社交媒体权力运用（不同的发布行为和评论）以及二者之间的互动，该研究将权力潜力的概念应用到品牌联盟的环境中，并将权力潜力定义为一个企业在品牌联盟中所能提供的资源，将权力运用定义为企业不同的行为方式。

然而，在品牌联盟的权力关系及其动态演化方面，现有研究尚显不足。品牌联盟中的权力关系是影响联盟效果的关键因素，它不仅决定了企业在联盟中的话语权和资源分配，还影响着联盟的稳定性和长期效益。本部分通过引入权力理论框架，深入剖析了品牌联盟在不同权力结构下的运作机制，揭示了权力潜力、权力运用与权力结果之间的相互作用，为品牌联盟的研究提供了新的视角。

另外，在品牌联盟的实际运作过程中，如何根据不同产业背景和企业特点选择合适的联盟策略，以及这些策略如何影响联盟的市场表现，仍是值得深入探讨的问题。本部分通过选取惠隆杂粮、藏格矿业、易点天下等具有代表性的企业案例，深入分析了它们在品牌联盟中的策略选择、路径演化以及市场表现，揭示了品牌联盟在不同产业背景下的普遍规律与特殊机制，为其他企业提供了有益的借鉴和参考。

虽然品牌联盟的研究已经取得了一定的成果，但在权力关系及其动态演化、联盟策略的市场适应性等方面仍存在研究空白。本部分通过引入权力理论框架、关注不同产业背景和企业特点，为品牌联盟的研究提供了新的视角和思路，有助于深化我们对品牌联盟运作机制及其市场效果的理解。

3. 研究方法

在学术研究中，案例研究的数量选择对于确保研究结论的稳健性和说服力至关重要。研究指出，相较于单一案例，两个或更多案例的研究能够提供更加坚实和有说服力的结论（Yin，2009）。通过多案例研究，可以构建具有更广泛普适性和深度的理论。本部分聚焦于有效的品牌联盟，旨在探讨"如何实现有效联盟"的核心问题。我们关注品牌联盟的构建过程、运作机制以及市场效果，并着重分析这一过程背后的因果逻辑和影响因素。通过选取多个成功的品牌联盟案例进行深入剖析，我们能够更全面地理解不同品牌在联盟中如何协同合作，以及这些联盟策略如何助力品牌实现资源共享、市场拓展和竞争力提升。

1）案例选择

本部分选择了惠隆杂粮、藏格矿业、易点天下作为案例研究对象，选择这些企业是基于它们在各自产业中的典型性、数据的可获取性以及研究的便利性。

首先，就典型性而言，惠隆杂粮代表了第一产业，展现了农产品从生产到加工再到市场的品牌化全过程。藏格矿业作为第二产业的代表，体现了制造业通过深厚的技术积累和持续的创新精神来塑造品牌的实践。易点天下则代表了第三产业，特别是科技服务领域，它利用现代信息技术提供解决方案，展示了服务品牌的成长路径。这三个案例分别代表了不同产业的品牌成长期特点，为研究品牌扩大影响力提供了丰富的实例和洞见。

其次,在数据的可获取性方面,本部分对三家企业的负责人进行访谈获取一手信息和资料。同时,惠隆杂粮、藏格矿业、易点天下作为西部地区中小企业领导品牌的代表,均积累了丰富的运营数据、市场反馈和客户评价。这些数据不仅包括销售业绩、市场份额等基本指标,还涵盖了客户满意度、品牌忠诚度等关键的用户反馈信息。数据的丰富性和翔实性为研究者提供了多维度的分析视角,有助于深入理解这些企业品牌化过程的动态和市场表现。

最后,在研究的便利性方面,政策支持与区域经济背景为研究提供了有利的外部条件。三家企业所在的西部地区作为国家政策支持的重点区域,政府对当地企业的发展给予了高度重视。研究这些企业的品牌联盟策略不仅能够获得政策层面的支持,还能结合区域经济发展的大背景,探讨品牌成长期的困境与解决方案。这种政策支持和区域经济背景的结合,为研究提供了丰富的背景信息,使得研究结果更具现实意义和应用价值。

2)数据收集

本部分通过综合利用通过访谈收集的一手数据,公开资料、学术文献、行业数据库和市场调研以及网络资源等二手数据,确保了数据的全面性和深度。公开资料提供了企业财务和市场表现的详细数据;学术文献为品牌联盟的理论基础和实践应用提供了支撑;行业数据库和市场调研揭示了企业市场定位与消费者行为;网络资源捕捉了品牌形象和市场动态。通过对这些数据的严格筛选和综合分析,研究揭示了企业如何通过有效的品牌联盟构建品牌核心竞争力,并为其他企业提供策略借鉴。具体数据收集信息如表 8-2 所示。

表 8-2　数据收集信息(二)

| 案例企业 | | 数据来源 | 数据内容 | 字数/万字 |
|---|---|---|---|---|
| 惠隆杂粮 | 一手数据 | A1 线上访谈:理事长 | 企业概况,品牌联盟情况,发展历程 | 2.20 |
| | 二手数据 | A2 企业公开资料(包括网页、公众号、商域账号、公开报道) | 企业市场表现,盈利状况,利益联结机制 | 3.30 |
| | | A3 政府报道 | 企业发展,成长路径 | 0.33 |
| 藏格矿业 | 一手数据 | B1 线上访谈:集团副总裁、集团总裁助理 | 企业概况,品牌联盟情况,发展历程 | 2.00 |
| | 二手数据 | B2 企业公开资料(包括网页、公众号、商域账号、公开报道) | 发展历程,生产规模,市场表现 | 1.90 |
| | | B3 政府报道 | 经济贡献,技术应用 | 0.28 |

续表

| 案例企业 | 数据来源 | | 数据内容 | 字数/万字 |
| --- | --- | --- | --- | --- |
| 易点天下 | 一手数据 | C1 线上访谈：联合创始人 | 企业概况，品牌联盟情况，发展历程 | 2.50 |
| | 二手数据 | C2 企业公开资料（包括网页、公众号、商域账号、公开报道） | 综合发展，盈利状况，战略模式 | 2.70 |
| | | C3 政府报道 | 转型升级，模式探索 | 0.21 |

4. 案例描述

本部分将所选的三个案例进行描述，为后面的案例分析打下基础。

1）惠隆杂粮的案例描述

惠隆杂粮作为一家集生产、加工、销售于一体的全产业链条农业合作企业，通过党建引领，充分发挥当地独特的生态优势，紧抓消费者对健康食品日益增长的市场需求，成功将小米产业打造成为具有广泛影响力和市场竞争力的大产业、大品牌。惠隆杂粮不仅与农户建立了紧密的合作关系，通过订单农业模式确保原料供应和质量，还积极与科研机构、销售平台等形成品牌联盟效应，共同推动当地农业产业的振兴和发展。这一成功案例的背后，是惠隆杂粮在产业链整合、产品研发和品牌建设方面所展现出的卓越能力。从种植基地的建设到现代化加工生产线的引入，从传统品种的选育到绿色有机种植标准的坚持，惠隆杂粮在每一个环节都精益求精，力求为消费者提供高品质、健康的小米产品。同时，惠隆杂粮还注重传承和发展农耕文化，保护选育传统品种资源，通过开发系列小米产品，不仅满足了市场需求，也弘扬了敖汉旗的农耕文化。惠隆杂粮证明了通过党建引领、生态优势发挥和市场需求把握，可以打造出具有竞争力的农业品牌，实现农民富裕和农村经济的可持续发展。

2）藏格矿业的案例描述

藏格矿业在品牌联盟的构建与发展中展现出了前瞻性的战略眼光和强大的资源整合能力。面对全球资源行业的激烈竞争，藏格矿业不仅通过内部资源整合与技术创新巩固了自身的市场地位，还积极寻求与外部企业的深度合作，构建起多元化的品牌联盟网络。在锂资源领域，藏格矿业通过设立产业基金——江苏藏青新能源产业发展基金合伙企业（有限合伙）（简称藏青基金），与世界范围内的锂资源企业建立了紧密的合作关系。在铜资源领域，藏格矿业通过参股西藏巨龙铜业有限公司（简称巨龙铜业），实现了铜资源量的飞跃式增长。此外，藏格矿业还积极推动巨龙铜业与紫金矿业集团股份有限公司等国内外知名企业的合作，通过引入战略投资者和技术支持，进一步提升了巨龙铜业的开发效率和盈利能力。在钾肥领域，藏格矿业同样展现出了强大的资源整合能力。公司与中国石油天然气集团有限公司（简称中石油）等下游企业的合作，不仅拓宽了钾肥的销售渠道，还提升了产品的市场竞争力。此外，藏格矿业还积极寻求海外钾资源的开发与合作，与老挝政府签署了钾盐矿勘探协议，为公司未来的钾肥生产提供了充足的原料保障。通过这一系列品牌联盟的构建与发展，藏格矿业不仅实现了资源的有效整合和优势互补，还提升了自身的市场竞争力和品牌影响力。

3）易点天下的案例描述

易点天下作为一家以"AIGC 引领品牌出海新浪潮"为战略的企业国际化智能营销服务商，始终秉持"科技使世界变得更平"的使命，致力于为客户提供全球营销推广服务。例如，易点天下曾为全球第四大咖啡连锁品牌——库迪咖啡提供"智能云+营销服务"的一站式出海解决方案，帮助其成功拓展海外市场。在服务深圳传音控股股份有限公司的过程中，易点天下为其制定了"数字媒体与内容营销互驱发展"的增长策略，并实现了在东南亚市场销量的飞速增长。这些成功案例不仅证明了易点天下在品牌联盟方面的实力，也进一步提升了其在行业内的知名度和影响力。此外，易点天下还积极拓展短剧出海业务，与多家短剧出海企业建立合作关系，如 Reelshort、Dreame 以及九州的 ShortTV 等。通过提供 AIGC 创作平台 KreadoAI 等技术支持，易点天下助力这些企业在内容创作、本地化等方面实现降本、提质、增效，共同推动短剧出海行业的发展。易点天下的品牌联盟战略不仅局限于传统行业，还积极拓展近些年出口增长较快的新型行业。公司不断研究新能源行业的发展趋势，与企业共同探索中国新能源产业链的出海机会，帮助新兴新能源企业走出国门，实现全球化发展。这种跨行业的品牌联盟合作，不仅为易点天下带来了新的业务增长点，也为中国品牌的全球化进程注入了新的活力。

5. 案例分析

以企业间权力为基础划分为三个方向：平级联盟、向上联盟、向下联盟，具体分析路径如下。

1）平级联盟

依据权力理论，将企业所拥有的资源视为企业权力潜力，资源整合过程视为权力运用，合作品牌的权力潜力和权力运用交互作用产生权力结果。根据三家企业的信息收集和分析，平级联盟中权力潜力为技术资源和数据资源，权力运用过程包括渠道扩展、技术创新和供应链协同，权力结果为市场价值提高。

惠隆杂粮凭借其全产业链条的优势和对健康食品市场的深刻理解，积极与权力差距不大的中级企业建立品牌联盟。在平级联盟中，惠隆杂粮凭借其深厚的技术资源和数据资源，展现了强大的权力潜力。技术资源方面，公司不仅拥有先进的加工技术和生产工艺，还加入了中国食文化研究会药食同源食品工作委员会，利用组织资源为产品注入新的活力与文化元素，如敖汉小米锅巴、小米酥等特色产品，均融合了传统与现代的精髓。数据资源上，惠隆杂粮通过精准的市场分析，把握消费者需求动态，为产品开发和市场营销提供有力支持。

在权力运用过程中，惠隆杂粮采取了多渠道销售策略，产品不仅入驻天猫、淘宝等主流电商平台，还与碧桂园、中国银联系统等线下平台合作，实现了线上线下销售的无缝对接，极大地扩展了市场覆盖范围。同时，公司注重技术创新，将药食同源的理念融入产品开发，提升了产品的附加值和市场竞争力。在供应链协同方面，惠隆杂粮与合作伙伴共同打造产加销全产业链条，确保从种植到加工再到销售的每一个环节都符合绿色有机的标准，保障了产品的优质与独特。

通过平级联盟的合作模式，惠隆杂粮与联盟伙伴实现了资源共享、优势互补。联合营销、品牌互推等策略的实施，不仅扩大了市场份额，提高了品牌知名度，还促进了双方在技术研发和农耕文化传承上的深度合作。这种合作模式不仅帮助惠隆杂粮更好地渗透区域市场，也从伙伴那里获得了更广泛的市场覆盖和更深层次的行业洞察。

藏格矿业在平级联盟中展现出了其独特的资源整合与权力运用策略。在平级联盟中，藏格矿业的权力潜力主要体现在其丰富的锂资源布局上。通过设立藏青基金，公司成功收购了西藏阿里地区改则县麻米错盐湖的控股权，并间接持有了龙木错盐湖和结则茶卡盐湖等优质锂资源的股权。这一系列动作不仅显著扩大了公司的锂资源版图，更为其在全球锂市场中赢得了重要的话语权。

在权力运用方面，藏格矿业展现出了多元化的策略。公司注重渠道扩展，与中石油等大型企业展开合作，将钾肥产品引入便利店渠道，既方便了农民，也拓宽了市场覆盖面。这种跨界合作不仅提升了产品的市场渗透率，还增强了品牌的知名度。技术创新是藏格矿业权力运用的另一重要方面。公司深知在锂资源提取技术上的领先是保持市场竞争力的关键。因此，藏格矿业不断加大研发投入，围绕提锂技术申请并获得了多项发明与实用专利。这些专利的取得不仅巩固了公司在行业内的领先地位，还为其未来的可持续发展奠定了坚实的技术基础。

此外，藏格矿业还注重供应链协同，通过完善产业链布局来提升整体运营效率。公司从一开始就积极绑定下游生产企业，确保产品能够顺畅地流向市场。这种紧密的供应链协同不仅降低了运营成本，还提高了市场响应速度。

易点天下凭借其"AIGC 引领品牌出海新浪潮"的战略定位及丰富的全球营销经验，积极与权力差距不大的中级企业建立品牌联盟。在权力运用方面，易点天下展现了多元化的策略。公司积极推动中国优势产业的海外拓展，涉及跨境电商、移动互联网、新能源汽车、文化产业等多个领域。通过引入新技术、新产品、新模式，易点天下让全球消费者享受到了中国智造、中国创新和中国文化的成果和价值，从而拓宽了市场边界。技术创新是易点天下权力运用的另一重要方面。公司第一时间接入了 GPT-4①、Anthropic、PaLM②等领先大模型，这些技术的应用不仅提升了易点天下的服务能力，还为其在出海营销领域树立了技术领先的形象。

此外，易点天下还注重供应链协同，提供包括"智能云+营销服务"在内的一站式出海解决方案。这种全方位的服务模式不仅满足了联盟伙伴的特定需求，还提高了整体运营效率，实现了互利共赢。通过平级联盟的合作模式，易点天下与联盟伙伴共同研究行业趋势，探索出海机会，推动了新业务增长点的开发。这种合作模式不仅增强了易点天下的市场影响力，还为联盟伙伴带来了实实在在的利益。

2）向上联盟

依据权力理论，将企业所拥有的资源视为企业权力潜力，资源整合过程视为权力运用，合作品牌的权力潜力和权力运用交互作用产生权力结果。根据对三家企业的信息收集和分析，向上联盟中权力潜力为 IP 合作和战略合作，权力运用过程包括抓住机遇、获得认可和宣传渠道，权力结果为品牌影响力增强。

惠隆杂粮深知在激烈的市场竞争中，资源整合与权力运用是提升品牌影响力的关键。公司通过与权威科研机构及地方政府的向上联盟，成功展现了其独特的战略眼光和强大的执行力。在向上联盟中，惠隆杂粮的权力潜力主要体现在 IP 合作和战略合作上。公司与中国农业科学院农产品加工研究所、内蒙古农业大学等科研机构建立了密切的合作关系，共同研发新产品，如有机杂粮代餐粉等。这种合作不仅提升了产品的科技含量，还为惠隆杂粮赢得了行业内的专业认可，增强了品牌的权威性和可信度。

在权力运用方面，惠隆杂粮展现出了高超的机遇把握能力。公司抓住了"敖汉旱作农业系统"被列为"全球重要农业文化遗产"和敖汉旗被授予"中国小米之乡"的历史机遇，适时推出了"孟克河"品牌。这一举措不仅提升了品牌的知名度和美誉度，还使惠隆杂粮在小米市场中占据了有利地位。同时，惠隆杂粮通过参加赤峰文旅万里行等活动，将"孟克河"有机系列产品带到了更广阔的市场，

---

① GPT-4 即 generative pre-trained transformer 4，第 4 代生成式预训练变换模型。
② PaLM 即 Pathways language model，Pathways 语言模型。

得到了当地乡友与社会各界的高度认可。这种认可不仅增强了消费者的购买信心，还为惠隆杂粮赢得了更多的合作机会。

惠隆杂粮还构建了立体销售网络。系列产品不仅畅销本地市场，还入驻了天猫网络商城，开始了互联网营销。产品远销到北京、天津、上海、广州、海南等地，在其60余家超市内全都上架了"孟克河"产品。这种全方位的销售网络不仅扩大了品牌的市场覆盖率，还提升了品牌的知名度和影响力。

藏格矿业在向上联盟中，权力潜力主要体现在IP合作和战略合作上。公司与欣旺达电子股份有限公司（简称欣旺达）共同成立了欣格新能源科技（深圳）股份有限公司（简称欣格公司），旨在利用欣旺达的电池技术，打造绿色矿山企业，满足环保要求。这一合作不仅为藏格矿业带来了先进的技术支持，还为其在新能源材料领域的发展奠定了坚实基础。

在权力运用方面，藏格矿业展现出了高超的市场敏锐度和机遇把握能力。公司恰逢锂资源板块刚刚起步，市场价格呈现上升趋势的关键时期，果断进行资源并购，扩大了业务版图。这一举措不仅提升了公司的资源储备量，还为其在未来的市场竞争中占据了有利地位。藏格矿业与欣旺达公司成立的欣格公司，由欣旺达公司主导并持有51%的股份，而藏格矿业则提供原料、资金和启动资金。这种股份结构不仅体现了双方对合作的重视和信任，也为藏格矿业赢得了行业内的认可和尊重。

在宣传渠道上，藏格矿业采取了多样化的品牌传播策略。通过座谈现场的考察、媒体合作以及独立董事的现场考察等方式，公司成功地将品牌形象和产品优势传递给了更广泛的目标受众。这些宣传渠道不仅提升了藏格矿业的品牌知名度，还增强了其在市场上的影响力和竞争力。

易点天下在权力潜力方面，精准地选择了IP合作和战略合作作为其核心策略。通过与智能家居领军品牌"乐歌股份"[①]以及短剧出海类APP Reelshort、Dreame等企业的合作，易点天下不仅获得了强大的品牌背书，还成功地拓展了自己的业务领域，提升了市场影响力。这些合作不仅为易点天下带来了丰富的资源，更为其后续的业务发展奠定了坚实的基础。

在权力运用过程中，易点天下展现出了高效的执行力和敏锐的市场洞察力。公司能够快速抓住市场机遇，对客户需求进行快速响应。这种对市场变化的敏锐感知和快速行动能力，使得易点天下在激烈的市场竞争中始终保持领先地位。同时，通过持续打造一站式出海差异化解决方案，易点天下进一步得到了广告主的深度认可，提高了自身的市场竞争力。此外，易点天下还积极拓展宣传渠道，与多家企业共同探索中国新能源产业链的出海机会。这一举措不仅帮助新兴新能源企业走出了国门，更为易点天下自身赢得了更多的市场机会和合作伙伴。通过与

---

① 乐歌人体工学科技股份有限公司，简称乐歌股份。

这些企业的合作，易点天下不仅提升了自身的品牌影响力，还成功地实现了资源的整合和优化配置。

3）向下联盟

依据权力理论，将企业所拥有的资源视为企业权力潜力，资源整合过程视为权力运用，合作品牌的权力潜力和权力运用交互作用产生权力结果。根据对三家企业的信息收集和分析，向下联盟中权力潜力为线下流量和渠道资源，权力运用过程包括收入刺激、营销渠道和资源整合，权力结果为企业形象树立。

惠隆杂粮首先联合村里的其他种植大户，共同成立了合作社，这一举措极大地增强了其线下流量和渠道资源。通过大力发展订单农业，与敖汉旗及周边的1880户农户签订生产合同，惠隆杂粮不仅确保了原料的稳定供应，还通过高于市场的价格回收小米，直接刺激了农户的收入增长。2022年，惠隆杂粮总销售额高达3200万元，带动种植户增加纯收入3000元以上，这一显著的收入刺激效果，进一步巩固了惠隆杂粮与农户之间的合作关系。

在营销渠道方面，惠隆杂粮注重杂粮品种的提纯推广。通过搜集并提纯黄金苗、红谷、黑谷、绿谷等传统品种，惠隆杂粮不仅丰富了产品线，还提升了产品的市场竞争力。这种对营销渠道的精耕细作，使得惠隆杂粮的品牌形象更加鲜明，市场份额也逐步扩大。

资源整合是惠隆杂粮向下联盟策略中的关键一环。通过"合作社+基地+农户"的利益联结机制，惠隆杂粮成功地将各方资源进行有效整合，实现了资源的优化配置。同时，高于市场价回收小米的措施，不仅增加了农户的收入，还进一步提升了惠隆杂粮在当地的社会影响力和企业形象。

藏格矿业展现了对线下流量和渠道资源的精准把握与高效利用。在权力潜力方面，藏格矿业精准把握市场需求，特别是针对钾肥产品的个性化服务。公司与中石油公司合作，将小包装钾肥产品引入加油站便利店渠道，这一创新举措不仅拓宽了销售渠道，还极大提升了产品的市场曝光度。通过便利店的广泛网络，藏格矿业成功覆盖了更多潜在消费者，特别是农村和偏远地区的农户，从而增强了市场影响力。

在权力运用过程中，藏格矿业注重收入刺激与营销渠道的建设。公司积极推进巨龙铜业二期改扩建项目，预计年采选矿石量将大幅提升，为公司带来丰厚回报。同时，与全国排名前十的复合肥企业建立直销合作关系，如成都云图控股股份有限公司、金正大生态工程集团股份有限公司等，进一步巩固了营销渠道，提升了品牌知名度。资源整合是藏格矿业向下联盟策略中的关键一环。公司通过设立藏青基金，成功整合全球锂资源，增强了资源储备，为后续市场拓展和产品创新奠定了坚实基础。在向下联盟中，藏格矿业利用自身资源优势，与下游合作伙伴共同开发新产品、拓展新市场，实现了双方的互利共赢。

易点天下在向下联盟中，将线下流量和渠道资源视为企业的核心权力潜力，并通过巧妙的资源整合与权力运用，成功实现了业务范围的拓展和市场份额的提升。易点天下凭借其丰富的全球营销经验和先进的广告技术，成功帮助超过5000家中国企业拓展海外市场。这一过程中，公司不仅助力企业在全球范围内进行国际化布局，还注重在各个市场中的本土化落地，从而确保了营销效果的最大化。通过深度挖掘和运用线下流量与渠道资源，易点天下构建了一个庞大的全球营销网络，为企业出海提供了强有力的支持。

在权力运用方面，易点天下紧跟技术前沿，第一时间接入了 GPT-4、Anthropic 等领先的人工智能模型，实现了人工智能驱动下的智能营销。这一创新举措不仅提高了营销效率，还大幅降低了营销成本，使得易点天下在激烈的市场竞争中脱颖而出。此外，易点天下还联合阿里云发布了"人工智能营销+CI[①]云服务"企业出海数智化转型解决方案。该方案中的 CI 云服务，是易点天下旗下经过八年打磨的智能化多云管理平台 Gears，为企业出海提供了一站式的数智化服务。这一资源整合举措，不仅提升了易点天下的服务能力和专业水平，还进一步巩固了其在数字营销领域的领先地位。

4）品牌联盟发展方向及路径演化

本部分给出了多重方向下品牌联盟的路径。根据联盟企业间行为和政策给予其他企业影响大小的程度来确定联盟企业间权力的大小及区分联盟方向，与不同权力的企业进行联盟，构成了联盟的多重方向，如图 8-2 所示。

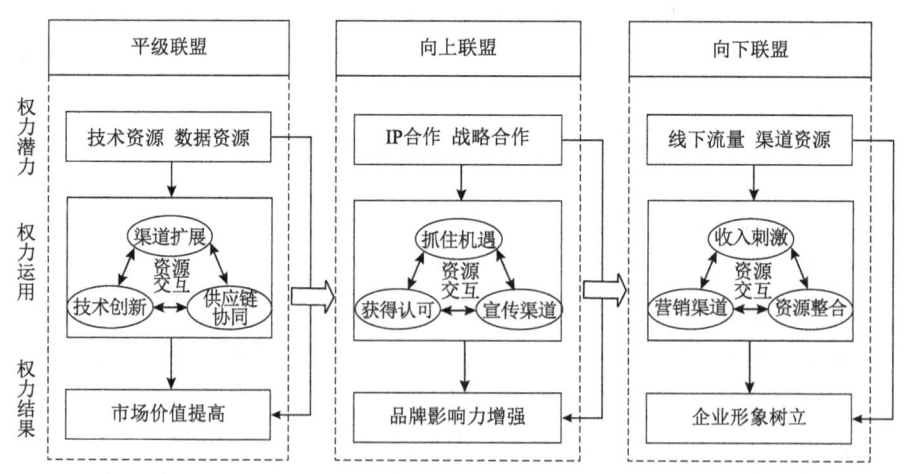

图 8-2  品牌联盟发展方向及路径演化

---

① CI 即 cloud infinite，数据万象。

在平级联盟中，企业通过与联盟伙伴进行技术共享与数据共享，获得其技术资源和数据资源，从而加速新产品推出速度，提升企业的技术实力和市场竞争力。与中级企业的联盟主要通过三种途径实现：一是渠道扩展。利用各自的市场资源和销售渠道，实现产品和服务的互补推广。二是技术创新。基于联盟伙伴的技术资源和数据资源，推动产品创新，提高产品附加值。三是供应链协同。与联盟企业在供应链管理上进行深度整合，形成稳定的全产业链模式。而且，渠道拓展、技术创新和供应链协同三种途径交互作用。渠道扩展为技术创新提供更广阔的应用场景，技术创新为供应链协同提供更有力的支持，而供应链协同则进一步促进渠道扩展和技术创新的实现，共同促进企业市场价值提高。另外，在联盟的过程中，经验积累和结果的反馈使企业不断优化联盟过程。

在向上联盟中，企业携手实力更强的伙伴，通过多维度合作实现资源互补与优势放大。首先，企业紧抓市场机遇，借助合作方的市场洞察力和资源网络，迅速响应市场变化，抢占发展高地。其次，深化资源交互，共享技术、资金及市场资源，促进双方资源的高效配置与利用。再次，利用合作方的品牌影响力和广泛宣传渠道，显著提升企业品牌知名度和市场份额。最后，通过与行业巨头的合作，企业不仅获得技术上的飞跃，更在行业内赢得广泛认可，进一步巩固和提升品牌形象。这一系列举措共同推动企业权力结构的优化，实现市场价值的飞跃。

向下联盟则聚焦于与实力稍逊的伙伴合作，通过资源整合与共享，巩固市场地位并提升整体竞争力。企业通过合作刺激下游企业的收入增长，增强其合作意愿与忠诚度，构建稳固的供应链体系。同时，深化资源交互，利用合作方的技术、资金等资源，实现优势互补，共同提升市场竞争力。此外，借助合作方的市场渠道与营销资源，企业能够更广泛地覆盖市场，提升产品销量与市场占有率。更重要的是，通过整合下游资源，企业能够形成稳定的全产业链模式，提高运营效率与成本控制能力。这些措施相互促进，共同推动企业市场地位的稳固与市场份额的扩大，实现权力结构的优化与综合实力的增强。在联盟过程中，企业不断总结经验，根据市场反馈调整策略，持续优化联盟效果，推动企业持续健康发展。

6. 结论与建议

1）研究结论

本部分通过对惠隆杂粮、藏格矿业和易点天下三家企业的品牌联盟案例进行深入分析，得出了以下结论。

第一，品牌联盟在不同产业背景下均表现出显著的市场效应。无论是第一产业的农业合作社，还是第二产业的矿业公司，或是第三产业的智能营销服务商，品牌联盟均能有效提升企业竞争力，拓展市场份额，实现品牌价值最大化。

第二，权力理论在品牌联盟中的应用具有普遍适用性。基于权力潜力的资源整合和权力运用的过程，在平级联盟、向上联盟和向下联盟中均表现出不同的策略与效果。企业在品牌联盟中的权力大小和类型直接影响了联盟的稳定性与效益。

第三，不同方向的联盟策略各有侧重。平级联盟侧重于渠道扩展、技术创新和供应链协同；向上联盟则通过 IP 合作、战略合作以及利用行业龙头的品牌影响力提升品牌价值；向下联盟则通过资源整合、收入刺激和营销渠道建设巩固市场地位。

2）理论贡献

本部分通过引入权力理论框架，深入剖析了品牌联盟在不同权力结构下的运作机制，为品牌管理理论的发展做出了显著贡献。结合本部分提出的品牌联盟模型，理论贡献主要体现在以下三个方面。

第一，揭示了品牌联盟中权力关系的多维度互动机制。本部分基于权力理论，详细剖析了品牌联盟中权力潜力、权力运用与权力结果之间的复杂互动关系。通过惠隆杂粮、藏格矿业和易点天下的案例分析，研究发现，在平级联盟、向上联盟和向下联盟中，企业的权力潜力和权力运用方式直接影响联盟的稳定性与效益。这一发现不仅丰富了品牌联盟研究的理论框架，还为企业如何根据自身权力基础选择合适的联盟策略提供了理论依据（Dahl，1957；Gaski，1984）。

第二，提供了不同权力结构下品牌联盟策略的理论依据。研究通过对不同产业背景下企业品牌联盟的具体案例进行分析，明确了在不同权力结构下，企业应采取的品牌联盟策略及其预期效果。例如，在平级联盟中，企业应注重渠道扩展、技术创新和供应链协同；在向上联盟中，企业应通过 IP 合作、战略合作以及利用行业龙头的品牌影响力来提升自身价值；在向下联盟中，企业则应聚焦于资源整合、收入刺激和营销渠道建设。这些策略建议为企业品牌联盟管理提供了具体的操作指南（Frazier，1983；Kupfer et al.，2018）。

第三，深化了对品牌联盟长期效益的理解。研究指出，品牌联盟不仅是短期的资源交换，更是长期的战略合作。通过权力运用和资源整合，企业能够实现品牌价值的持续提升，进而增强市场竞争力。惠隆杂粮、藏格矿业和易点天下的成功案例表明，有效的品牌联盟能够为企业带来长远的经济效益和社会效益。这一发现深化了我们对品牌联盟长期效益的理解，为企业在品牌管理实践中制定长期发展战略提供了理论支持（李纯青等，2024）。

3）管理启示

基于上述理论贡献，本部分为企业品牌联盟管理提供了以下管理启示。

首先，精准评估自身权力基础，选择合适的联盟策略。企业在进行品牌联盟前，应精准评估自身的权力基础，包括技术资源、市场资源、品牌影响力等。根据评估结果，选择合适的联盟策略，如平级联盟、向上联盟或向下联盟。这有助于企业实现资源的最优配置，提升联盟的稳定性和效益。

其次，注重权力运用和资源整合，提升联盟价值。在品牌联盟过程中，企业应注重权力运用和资源整合。通过技术创新、渠道扩展、供应链协同等方式，实现资源的优化配置和高效利用。同时，积极利用行业龙头的品牌影响力和宣传渠道，提升自身品牌的知名度和美誉度。这有助于增强联盟的整体价值，实现互利共赢。

最后，关注联盟的长期效益，持续优化联盟策略。品牌联盟是一个持续优化的过程。企业应关注联盟的长期效益，根据市场变化和企业发展需求，不断调整和优化联盟策略。通过持续的权力运用和资源整合，推动品牌价值的持续提升和市场竞争力的不断增强。这有助于企业在激烈的市场竞争中保持领先地位，实现可持续发展。

7. 研究局限和未来研究

首先，本部分在样本选择上存在一定的局限性。尽管我们精心挑选了三个具有代表性的企业案例，但仅凭这三个案例可能无法全面覆盖品牌联盟在不同行业、不同规模企业中的多样性和复杂性。这种局限性可能导致研究结论的推广性受限。

其次，数据收集和处理方面也存在不足。尽管我们努力通过访谈和二手资料收集了大量信息，但这些数据可能受到主观性和时效性的影响。特别是二手资料，可能无法及时反映企业最新的品牌联盟动态和市场表现，从而影响研究的准确性和时效性。为了弥补现有研究的不足，未来研究可以扩大样本范围，选择更多行业、更多类型的企业作为研究对象，以提高研究的代表性和普适性。同时，可以采用多元化的数据收集方法，如问卷调查、实地考察等，以获取更丰富、更客观的数据支持。

最后，未来研究还可以引入更多跨学科的理论视角，如社会学、心理学等，以更全面地理解品牌联盟背后的社会、心理因素。这将有助于揭示品牌联盟的内在机制，为企业提供更科学的策略建议。同时，随着技术的不断进步，未来研究还可以关注新兴技术在品牌联盟中的应用，探索如何通过技术创新提升品牌联盟的效果和价值。

### 8.2.3 基于品牌共鸣的解决方案

1. 引言

品牌共鸣是顾客与品牌之间终极关系的象征，当品牌与顾客之间的共鸣度较高时，顾客的重购意愿、用户黏度、忠诚度等显著提升。品牌共鸣作为顾客与品牌之间关系的深层次体现，对于品牌市场影响力的提升至关重要。通过增强品牌与顾客之间的情感连接，品牌共鸣不仅能够显著提高顾客的重购意愿、用户黏度和忠诚度，还能有效促进口碑传播，扩大品牌的知名度与美誉度。这种强烈的情感纽带使得品牌在激烈的市场竞争中脱颖而出，形成独特的市场定位，进而吸引更多潜在消费者，推动销售增长，最终实现市场影响力的全面提升。因此实现品牌共鸣，与客户建立更深层次的关系，对助力品牌成长期"叫得响"，提升品牌市场影响力起着关键的作用。

文化创新，是指一个品牌传达了创新的文化表述。文化表述已成为品牌开展市场营销的最重要的商业工具（Cameron，2010）。文化创新由一系列特定的文化表述构成，通过品牌所对应的消费者接触点将这种文化表述传递给消费者。文化创新使品牌传达了创新的文化表述，该文化表述令顾客易于理解，发自内心地感觉得到，并引发顾客共鸣（Cameron，2010）。通过文化创新塑造的独特品牌形象，有助于企业在长期内保持竞争优势。文化创新引发顾客的品牌共鸣，有助于提升品牌的知名度和影响力，助力品牌成长期"叫得响"。

本部分通过案例研究的方法，深入分析了三家具有代表性的企业——百瑞源、神曲乐器和昆仑物流。这三家企业分别代表了第一产业、第二产业和第三产业，通过对这些企业进行深入的分析和研究，能够更好地理解企业如何构建品牌共鸣，从而在品牌成长期实现品牌"叫得响"，扩大品牌的市场影响力。

2. 文献评述

1）品牌共鸣的金字塔模型

Keller（2009）进一步发展了品牌共鸣的理论，提出了品牌共鸣的金字塔模型，该模型不仅描述了创建强势品牌的四个步骤，还强调了品牌应具有的理性和感性二元性。在这个模型中,理性路径伴随着对产品认知的加深,而感性路径则主要描述了对品牌感情的升华。顾客与品牌心理联系的深度和强度这两个要素是品牌共鸣的关键,涵盖了行为忠诚、态度依附、社区归属感和主动介入这四个方面。

2)文化创新

文化创新是企业避开恶性竞争、探索蓝海市场的重要策略,它赋予企业独特的竞争优势,这一过程涉及构建并传达一系列创新的文化表述,这些表述由意识形态、神话和文化密码三个核心要素组成(Cameron,2010)。意识形态,作为被社会广泛接纳的文化观念基石,为企业品牌提供了价值层面的支撑。而神话,则采用富含教化意义的故事形态,将这些深层次的观念以生动的方式传达给公众。文化密码通过筛选那些具有较强吸引力和共鸣力的文化要素,使得品牌背后的故事能够深刻触动人心。这一系列过程,通过品牌的多个接触点将信息传递给消费者,从而增进品牌与消费者之间的情感联系。Holt(2003)还指出,对于新推出的产品而言,仅仅依靠名称、商标和外观等实体标识是不足以构建标志性、领导性品牌的。这些元素因缺乏历史沉淀而显得空洞无物。企业通过整合各类文化知识,遵守文化品牌化的战略准则,将文化创新与品牌发展策略深度融合,不仅能够为品牌注入深刻的文化底蕴,还能够为其赋予长久的生命力,从而确保品牌在市场上的持续领先。

品牌共鸣是顾客与品牌达成终极品牌关系的标志,由于品牌关系会受到方方面面因素的影响,因此品牌共鸣的影响因素也很多。企业如何通过文化创新引发消费者的共鸣,当下的研究还并未对这一路径有过多的探索。因此,本部分将对企业如何通过文化创新引发品牌共鸣这一路径进行思考与探索。

3. 研究方法

本部分选择多案例研究方法,以期探索企业如何构建品牌共鸣,从而在品牌成长期实现品牌"叫得响",扩大品牌的市场影响力。方法选择的依据如下。第一,本部分的研究问题尚缺乏充分的理论探究,以归纳逻辑为主的案例研究方法有助于回答此类新兴议题。第二,本部分研究问题关注"how"的问题,适合运用案例方法挖掘动态现象背后的过程逻辑以形成深层次的理解。第三,多案例研究的优势在于复制逻辑的运用,通过持续比较和归纳分析,多案例研究有利于构建可验证的理论命题,提升研究结论的稳健性和普适性(张敬伟等,2025)。

1) 案例选择

本部分选取百瑞源、神曲乐器、昆仑物流作为研究对象进行案例分析，选择这些企业是基于它们在各自产业中的典型性、数据的可获取性以及研究的便利性。

在典型性方面，百瑞源代表了第一产业，是一家专业从事枸杞科技研发、有机种植、生产加工、市场营销、文化旅游的全产业链国家高新技术企业。神曲乐器代表了第二产业，神曲乐器一直以来秉承"质高价优、供货快捷、信誉至上"的经营理念，坚持"以人为本"的管理方法，以精湛的工艺诚心为客户打造高质量的产品。昆仑物流代表第三产业，物流园被交通运输部验收确认为"一带一路"节点通用集散型货运枢纽物流区，提供全方位驿站服务和返程货物配载。

在数据的可获取性方面，本部分对三家企业的负责人进行访谈获取一手信息和资料。同时百瑞源、神曲乐器、昆仑物流作为西部地区中小企业领导品牌的代表，均积累了丰富的运营数据、市场反馈和客户评价。这些数据不仅包括销售业绩、市场份额等基本指标，还涵盖了客户满意度、品牌忠诚度等关键的用户反馈信息。数据的丰富性和翔实性为研究者提供了多维度的分析视角，有助于深入理解这些企业品牌化过程的动态和市场表现。

在研究的便利性方面，主要体现在企业合作意愿高、地理位置集中、政策支持与区域优势、行业代表性与数据丰富性以及企业数字化程度高。这些因素相互作用，为研究提供了坚实的基础。具体而言，百瑞源、神曲乐器和昆仑物流作为西部地区的领先品牌，不仅愿意分享运营数据和市场反馈，还主动配合研究团队进行访谈和调研，使得研究能够获取一手且翔实的信息。同时，这些企业均位于西部地区，地理位置相对集中，便于研究团队进行实地考察和面对面交流，降低了研究成本并提高了数据收集的效率。此外，西部地区作为国家政策支持的重点区域，政府对当地企业的发展给予了高度重视，研究这些企业的品牌化过程能够获得政策层面的支持，并结合区域经济发展的大背景，探讨品牌成长期的困境与解决方案。百瑞源、神曲乐器和昆仑物流分别作为枸杞全产业链的高新技术企业、乐器制造行业的代表以及物流行业的领先企业，其数据涵盖了销售业绩、市场份额、客户满意度和品牌忠诚度等关键指标，为研究提供了多维度的分析视角。昆仑物流等企业在数字化转型方面表现出色，其数据资产登记和智慧平台建设为研究提供了丰富的数字化数据资源，这种数字化程度不仅提高了数据的可获取性，还为研究提供了更先进的分析手段。

2）数据收集

本部分基于三角测量方法，多渠道收集案例资料与数据，数据间形成交互印证。数据来源主要包括半结构化访谈、实地调研、官方媒体、网络资料等调研方法，多种渠道保证了数据的充分性与准确性，具体如表8-3所示。

表8-3 数据收集信息（三）

| 案例企业 | | 数据来源 | 数据内容 | 字数/万字 |
| --- | --- | --- | --- | --- |
| 百瑞源 | 一手数据 | A1 线上：集团总裁 | 品牌文化、品牌定位、品牌历史、经营理念、产品优势 | 3.10 |
| | 二手数据 | A2 企业公开资料（包括网页、公众号、商域账号、公开报道） | 品牌经营理念，品牌故事，所获荣誉及成绩 | 3.20 |
| | | A3 政府报道 | 企业经济、社会贡献，所获荣誉及成绩 | 0.30 |
| 神曲乐器 | 一手数据 | B1 线上访谈：董事长 | 品牌文化、品牌定位、品牌历史、经营观念产品优势 | 2.00 |
| | 二手数据 | B2 企业公开资料（包括网页、公众号、商域账号、公开报道） | 品牌故事、品牌经营理念，品牌社会责任 | 2.40 |
| | | B3 政府报道 | 企业经济、社会贡献，所获荣誉及成绩 | 0.30 |
| 昆仑物流 | 一手数据 | C1 线上访谈：总裁助理 | 品牌文化、品牌定位、品牌历史、经营观念 | 1.60 |
| | 二手数据 | C2 企业公开资料（包括网页、公众号、商域账号、公开报道） | 品牌故事、品牌经营理念，品牌社会责任 | 1.50 |
| | | C3 政府报道 | 企业经济、社会贡献，所获荣誉及成绩 | 0.25 |

4. 案例描述

本部分将所选的三个案例进行描述，为后面的案例分析打下基础。

1）百瑞源的案例描述

百瑞源成立于2003年，总部位于宁夏银川，是一家专业从事枸杞科技研发、有机种植、生产加工、市场营销、文化旅游的全产业链国家高新技术企业。公司与中国科学院、中国农业大学、江南大学、暨南大学、宁夏农林科学院等高校和科研院所建立紧密合作关系，先后承担国家科技支撑计划项目、自治区科技攻关项目等，拥有"锁鲜枸杞"等40多项技术发明专利，2016年被宁夏回族自治区人民政府授予"宁夏枸杞品种选育及功效研究院士工作站"。"让中国人吃上中国好枸杞"既是百瑞源的使命，更是百瑞源的社会责任。百瑞源自成立以来，通过自身发展带动产业链上下游协同发展，通过产业带动解决当地农民增收致富，提高了人们生活水平。百瑞源拥有万亩种植基地，每年到枸杞鲜果采摘旺季，需农民工达到 6000 余人，标准化种植基地已成为枸杞行业的资源圈和技术圈，为枸杞产业的发展提供了样板间。

2）神曲乐器的案例描述

神曲乐器作为正安县第一家吉他企业，开创了当地吉他产业的先河。在其引领下，正安的吉他产业从无到有、从小到大，逐渐发展壮大，如今已汇聚了约 130 家吉他生产企业，形成了完整的产业集群。神曲乐器是一家集研发、制造、销售于一体的乐器制造企业，现有三条生产线（即高端手工吉他、木吉他、电吉他各一条），公司有雄厚的技术力量，先进的机器设备、科学的管理水平，为支持地方经济发展和安置农民就业做出了贡献。公司的发展目标是——修建一个具有消防、环保、功能齐全、综合一体的现代化工厂，现公司有生产车间 2.5 万平方米。公司专业生产高端手工吉他、电吉他、电贝司、木吉他及相关配件，产品主要远销日本、欧美和拉美等市场。公司一直以来秉承"质高价优、供货快捷、信誉至上"的经营理念，坚持"以人为本"的管理方法，以精湛的工艺诚心为客户打造高质量的产品。多年来，公司持续在教育、脱贫攻坚、抢险救灾、疫情防控等方面出力，体现企业担当，做出企业应有的贡献。付出总会有收获，神曲乐器先后荣获中国首届吉他制作大赛古典吉他组金奖、古典吉他组最佳工艺奖；正安县脱贫攻坚先进单位、中国乐器协会单位会员等荣誉。

3）昆仑物流的案例描述

昆仑物流成立于 2005 年，目前主要从事"一带一路"向南、向西沿线国际贸易与物流以及物流园区投资运营管理。青海省格尔木市为"一带一路"节点城市，是稳藏固疆的战略支点，是"丝绸之路经济带"青海省节点的开放前沿和出入口，也是青海省"西融两廊、东联一带"向西开放的重点地区。昆仑物流当前正在建设配合"一带一路"倡议的国际物流中心基础设施——青藏国际陆港口岸，以推动整个大西北和周边地区在产业、物流上互联互通，进而融入"新丝绸之路经济带"和巴基斯坦、尼泊尔等中亚与南亚经济带。已建成的昆仑物流园一期投资 2.715 亿元，建设总面积 8.5 万平方米，内设汽贸、汽修、汽配、货运信息、物流仓储、停车、加油加气充电、住宿、餐饮和综合配套服务功能的全链条服务板块，2019 年 3 月正式通过了交通运输部专家组验收，确定为通用集散型货运枢纽（物流园区）。园区内"蓝恒卡车文化主题酒店"是交通运输部与中华全国总工会共同认定的全国百家"司机之家"之一，也是全省第一批被中国公路学会评定为全国"AAAAA"级司机之家。

5. 案例分析

1）**文化创新构建品牌身份**

文化创新赋予企业独特的竞争优势，这一过程涉及构建并传达一系列创新的文化表述，这些表述由意识形态、神话和文化密码三个核心要素组成。

昆仑物流通过文化创新，成功构建了独特的品牌身份。在昆仑物流，文化密码的核心是"利他"思想。这种思想不仅贯穿于公司的日常运营和业务拓展中，更成为公司文化的基石。只有真正为客户着想，实现客户的利益最大化，才能赢得客户的信任和支持，进而推动公司业务的持续发展。这种"利他"的管理方式，不仅促进了公司与客户之间的共赢，也塑造了公司独特的品牌形象。公司秉承"五湖四海皆朋友"的共赢发展理念，这一理念在昆仑物流得到了生动的体现。园区内有来自不同地区的商户，如从事"陕西补胎""南阳校泵""江苏钣金"等，都在这个综合物流园区内找到了共同发展的平台。他们通过相互合作，共享资源，不仅提高了自身的业务水平，也共同推动了园区的发展。这种合作共赢的神话故事，成为昆仑物流品牌身份的重要组成部分。在意识形态方面，公司汲取了日本京瓷公司阿米巴管理体系中的"利他"精神。昆仑物流将这种"利他"精神融入公司的日常管理中，不仅提升了员工的团队协作意识，也进一步强化了公司的品牌形象。这种意识形态的塑造，使公司在物流行业中树立了良好的口碑，赢得了客户的广泛赞誉，也为公司的长远发展奠定了坚实的基础。

百瑞源通过文化创新成功构建了其品牌身份，这一过程中，文化密码、神话与意识形态三个构念起到了关键作用。公司深知在枸杞市场众多竞争者中脱颖而出的重要性，因此他们不仅主张种植优质枸杞，更通过实际行动培育了自己的研发与种植基地，这就是他们的文化密码。这一密码向消费者传递了一个明确的信息：百瑞源枸杞，品质至上，值得信赖。百瑞源通过打造"百瑞源枸杞：好枸杞可以贵一点"的神话，强调了其产品的双重优势——好与贵。在这里，"好"不仅是一个简单的形容词，更是公司对产品质量严格把控的标准；"贵"则是对产品价值的直接体现，让消费者明白，高品质必然伴随着相应的价格。这一神话不仅凸显了百瑞源枸杞的市场定位，也为其赢得了消费者的广泛认可。在意识形态层面，百瑞源枸杞紧扣都市人快节奏生活的养生需求，将枸杞打造成为一张亮眼的养生名片。这种意识形态的塑造，不仅让消费者在选择养生产品时自然而然地联想到百瑞源枸杞，更在无形中提升了品牌的认知度和影响力。百瑞源通过文化创新形成的文化表述，成功地构建了其独特的品牌身份。这一身份不仅彰显了公司的核心价值和市场定位，也为其在激烈的市场竞争中脱颖而出提供了有力支持。

神曲乐器通过文化创新成功构建了独特的品牌身份，这一身份深深植根于文化密码、神话和意识形态的丰富土壤之中。作为正安县第一家吉他企业，神曲乐器凭借精湛的工艺和创新精神，将吉他这一西方乐器与正安的本土文化相结合，打造出"正安吉他工匠"的劳务品牌。这一品牌不仅代表了高质量的吉他制造，更成为正安乃至贵州文化转型和产业升级的象征，释放出巨大的"音乐生产力"。这种文化密码的传递，让消费者在选择吉他时，不仅看到了产品的品质，更看到了背后的文化内涵和地方特色。在品牌建设过程中，神曲乐器通过讲述"正安吉他的崛起"这一神话故事，成功构建了其品牌身份的重要组成部分。正安曾是一个经济较为落后的山区，但神曲乐器的出现，开启了当地吉他产业从无到有、从小到大的发展历程。如今，神曲乐器的产品远销日本、欧美和拉美等国际市场，这一崛起的神话不仅让消费者对神曲乐器的产品充满信心，更激发了人们对正安吉他产业背后故事的兴趣和关注。神曲乐器通过这种神话的塑造，让消费者相信，中国制造的吉他不仅能够与国际品牌竞争，更能在品质和工艺上达到国际一流水准。在意识形态层面，神曲乐器展现了对中国制造的自信和对本土文化的认同。尽管吉他是起源于西方的传统乐器，但神曲乐器认为，中国制造的吉他已经在多个方面达到了国际一流水准。这种自信不仅来自公司对产品质量的严格把控，更源于对中国传统文化与现代工艺相结合的深刻理解。神曲乐器通过精湛的工艺和创新的设计，将中国传统文化元素融入吉他制造中，其产品不仅具有国际品质，更带有独特的文化魅力。这种意识形态的塑造，不仅提升了公司的品牌形象，更激发了消费者的民族自豪感和文化认同感。消费者在选择神曲乐器的吉他时，不只是在购买一件乐器，更是在支持中国本土产业的发展，感受中国文化的魅力。通过文化密码、神话和意识形态的有机结合，神曲乐器成功塑造了其独特的品牌身份。这一身份不仅彰显了公司的核心价值和市场定位，也为其在激烈的市场竞争中脱颖而出提供了有力支持。神曲乐器以文化创新为驱动力，将吉他制造与地方文化深度融合，不仅推动了当地经济的发展，更提升了中国吉他产业在国际市场的影响力，展现了中国制造的自信与担当。

2）基于产品与文化的品牌含义感知

通过创新的文化表述，客户能够认识和了解这是什么品牌，进一步地去了解这个品牌有什么用途、品牌的差异点。这一过程中，存在理性与感性两种路径，理性路径伴随着对产品认知的加深，表现为对产品或服务质量的感知。而感性路径则主要描述了对品牌感情的升华，本部分中，感性路径为由品牌文化创新引发的客户对品牌差异点的感知，并与品牌建立情感联系。

百瑞源通过其卓越的产品质量和独特的文化表述，成功地在消费者心中构建了强烈的品牌感知，凸显了品牌的差异点，并与消费者建立了深厚的情感联系。百瑞源以其出色的产品质量在高端枸杞市场中树立了行业标杆。公司引领宁夏枸杞进入"锁鲜"新时代，这一创新举措不仅保证了枸杞的新鲜度和口感，更提升了产品的整体品质。消费者在购买和使用过程中，能够切实感受到百瑞源对产品质量的严谨把控和不懈追求，从而增强了对品牌的信任和好感。此外，百瑞源通过独特的文化表述，成功塑造了品牌的独特形象。在消费者心智中，百瑞源不仅代表着高品质的枸杞产品，更代表着一种对传统文化的传承和创新。公司深入挖掘枸杞背后的文化内涵，将传统养生文化与现代消费理念相结合，打造出独具特色的品牌文化。这种文化差异使得百瑞源在众多枸杞品牌中脱颖而出，成为消费者心目中的独特存在。百瑞源通过基于产品的感知质量和基于文化的感知差异，成功地构建了独特的品牌形象。消费者在理性路径上被产品的卓越质量所吸引，而在感性路径上则被品牌的独特文化打动。

神曲乐器通过其产品的卓越表现与文化的深度挖掘，让客户能够进一步地认识和了解品牌，并对品牌形成独特的认知。对质量的极致追求，使得神曲乐器在市场上树立了良好的口碑，客户在接触和使用产品的过程中，能够深刻感受到品牌对质量的承诺和坚守。神曲乐器为客户呈现了独特的品牌价值。公司不仅致力于乐器的制造，更将传统文化元素融入其中，通过设计上的巧思和创新，每一款乐器都承载着深厚的文化内涵。这种独特的文化不仅让神曲乐器在市场上脱颖而出，更让客户在享受音乐的同时，感受到品牌所传递的独特文化魅力。客户在理性路径上感知到了产品的卓越质量，同时在感性路径上与品牌建立了深厚的情感联系，这种全方位的感知体验，为客户对品牌进一步的认同打下基础。

昆仑物流通过其完善的服务功能和独特的文化定位，成功塑造了一个集质量与差异于一体的品牌形象。昆仑物流园不仅吸引了货车入驻，还成了自驾出游人们的理想选择。园区内设施齐全，超市、餐饮、汽车维修、汽车配件等服务行业一应俱全，为客户提供了全方位、一站式的服务体验。这种全面的服务布局和高效的物流运作，体现了公司对服务质量的极致追求，也让客户在实际体验中感受到了昆仑物流的专业与可靠。昆仑物流园以其超前的整体规划和完善的功能配置，在格尔木市物流行业中独树一帜。昆仑物流通过基于产品的感知质量和基于文化的感知差异，成功地构建了独特的品牌形象。客户在享受优质服务的同时，也能深刻感受到公司的独特文化和品牌定位。这种全方位的品牌感知体验，使得昆仑物流园在物流行业中占据了重要地位，并与客户建立了长期稳定的合作关系。

3）基于产品与文化的品牌响应

在对品牌产品品质以及品牌的文化创新有一定识别和感知后，客户将在理性和感性两条路径中对品牌形象与品牌意义产生响应。

百瑞源在客户心中成功塑造了产品认同和文化认同，这得益于公司对产品品质的持续追求和对品牌文化的深入创新。从产品认同的角度来看，百瑞源荣获了多项质量奖项，包括中国质量奖提名奖，成为宁夏乃至整个枸杞行业中唯一获此殊荣的食品企业。这一成就不仅彰显了公司对产品品质的极致追求，也反映了市场和消费者对百瑞源产品的高度认可。客户在购买和使用百瑞源枸杞产品时，能够切实感受到其卓越的品质和独特的价值，从而形成了对品牌的深厚信任和忠诚度。而在文化认同方面，百瑞源通过独特的品牌标语"好枸杞可以贵一点"，成功传递了品牌的核心理念和价值观。这一标语不仅凸显了百瑞源对高品质枸杞的坚持，也引发了消费者对"好"和"贵"之间的价值共鸣。客户在接触和了解百瑞源品牌的过程中，逐渐认同并接受了这一文化理念，将百瑞源视为高品质枸杞的代表，并愿意为之支付更高的价格。这不仅提升了百瑞源的品牌形象和知名度，也为其在激烈的市场竞争中脱颖而出奠定了坚实基础。

神曲乐器在客户中形成了显著的产品认同和文化认同，这得益于公司对产品质量的严谨把控和对企业文化建设的深入投入。在产品认同方面，公司坚持每把吉他的品质必须严格把控，甚至不惜毁掉不符合标准的产品，以确保市场上的每一把吉他都达到过硬的品质。这种对品质的极致追求，让神曲乐器获得了众多国内外厂家的"免检"认可，并且产品销售到全球40余个国家，充分展现了客户对公司产品的高度认同和信赖。在文化认同方面，神曲乐器倡导"一家人、一条心、一件事、一起干、一定成"的经营理念，营造了一种团结、奋进的企业文化氛围。公司领导人以身作则，与员工同吃同住同劳动，使得员工真切感受到家一般的温暖和归属感。这种企业文化不仅激发了员工的工作热情和创造力，还让员工对公司产生了深厚的感情和忠诚度，从而进一步加深了客户对神曲乐器品牌的文化认同。

昆仑物流在物流行业内树立了卓越的品牌形象，赢得了客户的服务认同和文化认同。昆仑物流凭借其出色的运营规模、平台服务能力、系统支撑能力、平台管理能力以及应急与风控能力，成功通过了国家评估，成为青海省海西州首家荣获国家AAAA级物流企业标准的本土企业。这一成就充分证明了公司在物流服务领域的专业性和领先地位，也让客户对格尔木昆仑物流的服务品质产生了高度信任和认同。同时，昆仑物流通过打造"蓝恒卡车文化主题酒店"，成功地将物流文化与酒店服务相结合，为司机提供了一个温馨舒适的休息场所。该酒店不仅获得了交通运输部与中华全国总工会的共同认定，成为全国百家"司机之家"之一，还被评为全国"AAAAA"级司机之家，这一荣誉体现了公司对司机群体的关怀和对物流文化的深刻理解。客户在体验服务的过程中，感受到了昆仑物流的人文关怀和企业精神，从而加深了对品牌的文化认同。

### 4）基于产品与文化的品牌共鸣

最后，通过转化客户对品牌的反应，在客户和品牌之间建立紧密的、积极的忠诚度关系，即建立品牌共鸣，其涵盖了行为忠诚、态度依附、社区归属感和主动介入这四个方面。

百瑞源成功地在客户与品牌之间建立了深厚的品牌共鸣，这种共鸣通过行为忠诚、态度依附、社区归属感和主动介入四个方面得以体现。在行为忠诚方面，百瑞源的顾客已经养成了定期在私域社群内下单的习惯，甚至提前询问并预留活动产品，这表明顾客对品牌的信任和依赖，以及持续购买行为的稳定性。在态度依附方面，百瑞源的会员不再受外界促销活动的影响，而是基于自身需求和品牌的长期关系进行消费。此外，在社区归属感方面，百瑞源通过"21天打卡计划"等活动，增强了社群成员的互动和参与度。在主动介入方面，顾客在体验过百瑞源的产品和服务后，愿意主动添加导购为好友，这显示了他们对品牌的积极态度，并愿意进一步了解和介入品牌的相关活动。这种主动介入不仅加深了顾客与品牌的联系，也为品牌提供了更多与顾客互动和了解顾客需求的机会。

神曲乐器成功地在客户与品牌之间构建了深厚的品牌共鸣，通过行为忠诚、态度依附、社区归属感和主动介入四个维度得以充分展现。在行为忠诚方面，即便企业从沿海地带搬迁到内地，客户依然选择跟随，这不仅体现了客户对神曲乐器品牌的深厚情感，更证明了他们在行为上对品牌的坚定支持。在态度依附方面，"中国吉他之都"正安，以"正安吉他工匠"劳务品牌为原点，吉他"工业+文化+旅游"的产业生态圈持续扩围，释放出巨大的"音乐生产力"，吸引了众多游客和老百姓驻足欣赏，流连忘返。此外，在社会归属感方面，神曲乐器与多家客户建立了长达十多年的合作关系，其间从未出现交货延期的情况。这种高度信任的关系已经超越了简单的合同约束，双方能够共同制定长期的生产计划，展现了强烈的归属感。这种归属感不仅加深了客户与品牌之间的联系，也为品牌的持续发展奠定了坚实基础。最后，在主动介入方面，客户不仅自己使用神曲乐器的产品，还主动向身边的人推荐。这种自发性的推广行为不仅体现了客户对品牌的高度认可，也进一步扩大了品牌的影响力和知名度。

昆仑物流通过一系列精心设计与实施的品牌策略，成功地在客户与品牌之间建立了深厚的品牌共鸣。这种共鸣在行为忠诚、态度依附、社区归属感和主动介入四个维度上均得到了充分体现。在行为忠诚方面，昆仑物流打造的暖"新"红色驿站不仅为司机群体提供了实实在在的便利，更让他们真切感受到了党组织的温暖。在态度依附方面，昆仑物流提供的全方位服务让司机感受到了回家的感觉。贴心的服务使得司机对昆仑物流产生了强烈的情感依附，将园区视为他们旅途中的温暖港湾。在社区归属感方面，昆仑物流园作为进藏和进疆车辆的必经之地，不仅为货车司机提供了必要的休整补给,更通过一系列免费服务和优惠政策,营造了一个温馨、和谐的社区氛围。最后,在主动介入方面,昆仑物流推出的环保活动不仅提升了司机的环保意识,更通过实际的优惠措施激发了他们参与的热情。司机主动捡拾青藏线上的垃圾,并将其带回园区进行回收处理,这一行为不仅体现了他们对环保事业的支持,更展示了他们对昆仑物流品牌的积极介入与认同。

5）基于文化创新的品牌共鸣形成过程模型

对三家企业进行研究发现,文化创新使品牌传达了创新的文化表述,该文化表述令顾客易于理解,发自内心地感觉得到,并引发顾客共鸣。而在这一过程中不能忽略客户对产品品质的感知与认可。客户从不同的路径出发,在感性路径通过创新的文化表述引发的客户对品牌感情的升华,也必须要伴随着理性路径客户对产品认知的加深,二者相辅相成共同引发品牌共鸣。基于文化创新的品牌共鸣形成过程模型如图 8-3 所示。

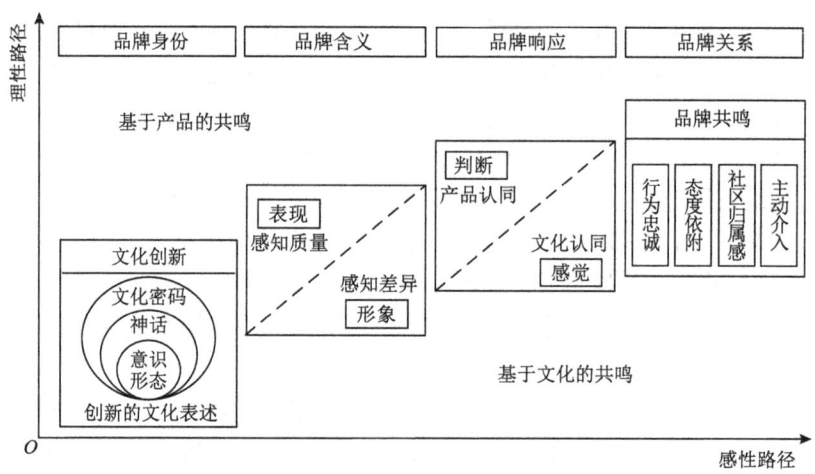

图 8-3　基于文化创新的品牌共鸣形成过程模型

由图 8-3 可以发现,品牌通过文化创新构建并传达一系列创新的文化表述,这些表述由意识形态、神话和文化密码三个核心要素组成。通过文化创新塑造的独特品牌形象,客户对品牌身份和含义有了初步的感知。在通过感性路径感知文化创新为品牌差异点的同时,客户必不可缺会对品牌产品或服务质量有一个理性的感知。客户对品牌产品质量表达了认可,且文化表述令顾客易于理解,发自内心地感觉得到,从而引发顾客的品牌共鸣,具体表现在行为忠诚、态度依附、社区归属感和主动介入这四个方面。实现品牌共鸣,与客户建立更深层次的关系,对助力品牌成长期"叫得响",提升品牌市场影响力起着重要的作用。

6. 结论与建议

1)研究结论

本部分经过案例分析,深入剖析了中小企业领导品牌通过文化创新引发品牌共鸣形成过程,主要结论如下。

第一,文化创新是企业实现品牌共鸣,与客户建立更深层次的关系的重要途径。通过意识形态、神话和文化密码三个核心要素的创新文化表述,企业能够传达出独特的品牌理念和价值观,从而引发品牌共鸣。而在这一过程中,不能忽视客户在理性路径中对品牌产品或服务质量的感知与认可。

第二,客户对品牌的认知和理解是通过理性与感性两种路径实现的。理性路径关注产品质量的感知,而感性路径则强调品牌文化引发的情感共鸣。三家企业均通过卓越的产品质量和独特的文化创新,让客户在理性和感性层面都对品牌产生了深刻的感知与认同,从而增强了品牌的差异性和吸引力。

第三,品牌共鸣是客户与品牌之间深层次关系的体现,涵盖了行为忠诚、态度依附、社区归属感和主动介入四个方面。通过转化客户对品牌的反应,企业在产品认同和文化认同的基础上,成功建立了品牌共鸣。百瑞源、神曲乐器和昆仑物流分别通过私域社群建设、优质服务和文化体验等策略,促进了客户与品牌之间的紧密联系和积极互动,实现了品牌共鸣的形成,提升了品牌的市场影响力和忠诚度。

2)理论贡献

在深入探讨了文化创新与品牌共鸣的理论联系及其多维度体现之后,本部分将基于上述分析,进一步总结理论贡献,以期为品牌管理领域提供新的见解与方向。

第一,本部分将文化创新与品牌共鸣的金字塔模型进行有机结合,通过案例分析揭示了文化创新在品牌共鸣形成过程中的关键作用。企业通过意识形态、神话和文化密码等创新文化表述(Cameron,2010),成功传达了独特的品牌理念和价值观,从而引发了客户的品牌共鸣。这一发现丰富了品牌管理理论,强调了文化创新在构建品牌身份和深化客户关系中的重要性。

第二,强调理性与感性路径在文化创新引发品牌共鸣中的协同作用。本部分关注文化创新引发品牌共鸣过程中客户对品牌认知的理性与感性路径。在品牌共鸣的金字塔模型中,理性路径伴随着对产品认知的加深,而感性路径则主要描述了对品牌感情的升华（Keller, 2009）。在研究文化创新引发品牌共鸣的过程中发现，即使以文化创新为出发点，消费者对产品品质关注仍是不可忽视的。因此，在本部分构建的模型中，理性路径侧重于产品质量的感知，而感性路径则关注品牌文化引发的情感共鸣。通过这两个路径的协同作用，客户能够全面而深刻地理解和认同品牌，从而增强品牌的差异性和吸引力，最终形成品牌共鸣。

第三，本部分详细阐述了品牌共鸣在行为忠诚、态度依附、社区归属感和主动介入四个方面的具体表现。通过案例分析，展示了企业如何通过私域社群建设、优质服务和文化体验等策略，促进客户与品牌之间的紧密联系和积极互动，从而促进品牌共鸣的形成。这一发现为品牌管理实践提供了具体的指导和借鉴。

3）管理启示

本部分的研究揭示了文化创新在品牌共鸣形成过程中的核心作用，并为品牌管理实践提供了深刻的管理启示。

第一，企业应高度重视文化创新在品牌建设中的重要性。通过意识形态、神话和文化密码等创新文化表述，企业能够塑造独特的品牌身份，传达品牌理念和价值观，从而激发客户的共鸣，建立更深层次的品牌关系。文化创新不仅提升了品牌的差异化竞争力，还增强了客户对品牌的认同感和忠诚度。

第二，企业应平衡理性路径与感性路径在品牌认知中的作用。理性路径强调产品质量的感知，确保客户对品牌产品或服务的信任；而感性路径则关注品牌文化引发的情感共鸣，增强客户与品牌之间的情感联系。两者相辅相成，共同促进客户对品牌的全面认知和认同。

第三，企业应通过私域社群建设、优质服务和文化体验等策略，加强与客户的紧密联系和积极互动，促进品牌共鸣的形成。私域社群建设有助于培养客户的忠诚度和复购习惯；优质服务能够提升客户的满意度和信任度；而文化体验则能让客户更深入地了解品牌背后的故事和价值观，增强品牌的文化认同感和归属感。在这些策略共同作用下，企业能够成功建立品牌共鸣，提升品牌的市场影响力和忠诚度。

7. 研究局限与未来研究

本部分的研究尽管在多个方面取得了有价值的发现，但也存在一些局限性。第一，样本的选择相对有限，仅涵盖了三个来自不同产业的企业，这可能限制了研究结论的广泛适用性。不同企业在品牌共鸣构建上的具体实践可能因行业特性、企业规模、市场环境等因素而异，因此，更广泛的样本研究将有助于揭示更多共性和差异。第二，本部分的研究主要基于中国的文化背景，对于跨文化背景下的品牌共鸣形成机制探讨不够深入。不同文化背景下的消费者对品牌的认知和情感联结可能存在显著差异，这要求未来的研究能够跨越文化界限，进行更为全面的比较分析。第三，理论框架的局限性也是本部分研究需要注意的问题。尽管本部分结合了文化创新与品牌共鸣的金字塔模型等理论进行分析，但这些理论可能无法完全覆盖品牌共鸣形成的所有复杂因素。因此，未来的研究需要不断深化对品牌共鸣机制的理论探索，结合多学科视角，构建更为全面和深入的理论体系。

针对本部分的研究局限，未来研究可以从以下几个方面进行深入拓展。首先，扩大样本范围和多样性。未来研究可以考虑纳入更多来自不同行业、不同规模、不同地域的企业作为研究样本，以增强研究结论的广泛适用性和稳健性。通过对比分析不同企业的品牌共鸣构建策略及其效果，可以更全面地揭示品牌共鸣形成的共性和差异，为不同类型的企业提供更加具体和针对性的指导。其次，加强跨文化比较研究。鉴于文化背景对品牌共鸣构建具有重要影响，未来研究可以跨越不同国家和地区，探讨不同文化背景下的品牌共鸣机制。通过对比分析不同文化中的品牌认知、情感联结和品牌响应，可以揭示文化因素对品牌共鸣的深层次影响，为企业进行跨国品牌管理和市场拓展提供有力支持。最后，深化对品牌共鸣机制的理论探索。未来研究可以结合心理学、社会学、经济学等多学科视角，对品牌共鸣机制进行更深入的理论探讨。通过构建更加全面和深入的理论框架，可以更准确地揭示品牌共鸣的形成过程和影响因素，为企业制定有效的品牌管理策略提供理论支持。

# 参 考 文 献

崔兴文, 史亚莉. 2020. 实体零售商跨渠道整合的演进过程研究[J]. 软科学, 34(12): 134-139.
郭锐, 严良, 苏晨汀, 等. 2010. 不对称品牌联盟对弱势品牌稀释研究: "攀龙附凤"还是"引火烧身"？[J]. 中国软科学, (2): 132-141.
简予繁, 朱丽雅, 周志民. 2021. 品牌跨界联合态度的生成机制：基于消费者灵感理论视角[J]. 南开管理评论, 24(2): 25-38.
李纯青, 刘苗苗, 黄红丽. 2024. 数字生态系统下品牌联盟作用机理研究：以京东为例[J]. 管理案例研究与评论, 17(2): 263-279.
李飞. 2014. 全渠道营销理论：三论迎接中国多渠道零售革命风暴[J]. 北京工商大学学报（社会科学版），29(3): 1-12.
任成尚. 2018. 全渠道整合对消费者满意度的影响研究：基于消费者感知赋权的视角[J]. 上海管理科学, 40(1): 29-33.
王海忠. 2021. 高级品牌管理[M]. 2版. 北京：清华大学出版社.
于思瑞. 2000. 企业不同发展时期的营销策略[J]. 政策与管理, (11): 50-51.

张敬伟, 涂玉琦, 王伟, 等. 2025. 创业者对反馈的意义建构如何影响创业机会开发?——基于互联网创业企业的多案例研究[J]. 南开管理评论, 28(2): 175-185.

Aaker D A. 2004. Brand Portfolio Strategy: Creating Relevance, Differentiation, Energy, Leverage, and Clarity[M]. New York: Free Press.

Ann S, 1986. Culture in action: symbols and strategies[J]. American Sociological Review, 51(2): 273-286.

Appel G, Grewal L, Hadi R, et al. 2020. The future of social media in marketing[J]. Journal of the Academy of Marketing Science, 48(1): 79-95.

Aral S. 2011. Identifying social influence: a comment on opinion leadership and social contagion in new product diffusion[J]. Marketing Science, 30(2): 217-223.

Cameron D H A D. 2010. Cultural Strategy: Using Innovative Ideologies to Build Breakthrough Brands[M]. Oxford: Oxford University Press.

Chokpitakkul N, Anantachart S. 2020. Developing and validating a scale of consumer-based brand equity for SMEs: evidence from Thailand[J]. Journal of Small Business and Enterprise Development, 27(3): 383-404.

Dahl R A. 1957. The concept of power [J]. Behavioral Science, 2(3): 201-215.

de Chernatony L, Riley F D. 1997. The chasm between managers' and consumers' views of brands: the experts' perspectives[J]. Journal of Strategic Marketing, 5(2): 89-104.

Duncan T, Moriarty S E. 1998. Driving Brand Value: Harnessing the Power of Integrated Marketing and Brand Management[M]. New York: McGraw-Hill.

Fang X, Mishra S. 2002. The effect of brand alliance portfolio on the perceived quality of an unknown brand[J]. Advances in Consumer Research, 29(2): 519-520.

Frazier G L. 1983. On the measurement of interfirm power in channels of distribution[J]. Journal of Marketing Research, 20(2): 158-166.

Gaski J F. 1984. The Theory of Power and Conflict in Channels of Distribution[J]. Journal of Marketing, 48(3): 9-29.

Goersch T. 2002. Multichannel integration: a conceptual framework[J]. Journal of Marketing Channels, 9(2): 47-65.

Grewal D, Hulland J, Kopalle P K, et al. 2020. The future of technology and marketing: a multidisciplinary perspective[J]. Journal of the Academy of Marketing Science, 48(1): 1-9.

Gupta S, Lehmann D R, Stuart J A. 2004. Valuing customers[J]. Journal of Marketing Research, 41: 7-18.

Halkias G, Micevski M, Diamantopoulos A, et al. 2017. Exploring the effectiveness of foreign brand communication: consumer culture ad imagery and brand schema incongruity[J]. Journal of Business Research, 80: 210-217.

Holt D B. 2003. What becomes an icon most[J]. Harvard Business Review, 81(3): 43-49.

Keller K L. 2009. Building strong brands in a modern marketing communications environment[J]. Journal of Marketing Communications, 15(2/3): 139-155.

Keller K L. 2014. Strategic Brand Management[M]. London: Pearson Education.

Kotler P. 1986. Principles of Marketing[M]. 3rd ed. Englewood Cliffs, NJ: Prentice Hall.

Kupfer A K, vor der Holte N P, Kuebler R V, et al. 2018. The role of the partner brand's social media power in brand alliances[J]. Journal of Marketing, 82(3): 25-44.

Lafferty B A, Goldsmith R E. 2004. The impact of the alliance on the partners: a look at cause-brand alliances[J]. Psychology and Marketing, 21(7): 509-531.

Leuthesser L, Kohli C, Suri R. 2003. A framework for using co-branding to leverage a brand[J]. Journal of Brand Management, 11(1): 35-47.

Liao J Y, Dong X B, Luo Z W, et al. 2021. Oppositional loyalty as a brand identity-driven outcome: a conceptual framework and empirical evidence[J]. Journal of Product & Brand Management, 30(8): 1134-1147.

Naidoo V, Hollebeek L D. 2016. Higher education brand alliances: investigating consumers' dual-degree purchase intentions[J]. Journal of Business Research, 69(6): 3113-3121.

Ogilvy D. 1963. The Image of Advertising[M]. New York: Atheneum.

Palmatier R W, Scheer L K, Evans K R, et al. 2008. Achieving relationship marketing effectiveness in business-to-business exchanges[J]. Journal of the Academy of Marketing Science, 36(2): 174-190.

Payne E M, Peltier J W, Barger V A. 2017. Omni-channel marketing, integrated marketing communications, and consumer engagement: a research agenda[J]. Journal of Research in Interactive Marketing, 11(2): 185-197.

Peltier J W, Schibrowsky J A, Schultz D E. 2002. Leveraging customer information to develop sequential communication strategies[J]. Journal of Advertising Research, 42(4): 1-16.

Rao A R, Qu L, Ruekert R W. 1999. Signaling unobservable product quality through a brand ally[J]. Journal of Marketing Research, 36(2): 258-268.

Rigby D K. 2011. The future of shopping[J]. Harvard Business Review, 89(12): 86-95.

Rocco R A, Bush A J. 2016. Exploring buyer-seller dyadic perceptions of technology and relationships[J]. Journal of Research in Interactive Marketing, 10(1): 17-32.

Rodrigue C S, Biswas A. 2004. Brand alliance dependency and exclusivity: an empirical investigation[J]. Journal of Product & Brand Management, 13(7): 477-487.

Samu S, Krishnan H S, Smith R E. 1999. Using advertising alliances for new product introduction: interactions between product complementarity and promotional strategies[J]. Journal of Marketing, 63(1): 57-74.

Schultz D E, Tannenbaum S I, Lauterborn R F. 1993. Integrated Marketing Communications: Pulling It Together and Making It Work[M]. Illinois: NTC Publishing Group.

Shimp T A, Sharma S. 1987. Consumer ethnocentrism: a test of antecedents and consequences[J]. Journal of the Academy of Marketing Science, 15(1): 24-35.

Shocker A D, Srivastava R K, Ruekert R W. 1994. Challenges and opportunities facing brand management: an introduction to the special issue[J]. Journal of Marketing Research, 31(2): 149-158.

Simonin B L, Ruth J A. 1995. Bundling as a strategy for new product introduction: effects on consumers' reservation prices for the bundle, the new product, and its Tie-in[J]. Journal of Business Research, 33(3): 219-230.

Storbacka K, Brodie R J, Bohmann T, et al. 2016. Actor engagement as a microfundation for value co-creation[J]. Journal of Business Research, 69(8): 3008-3017.

Su P H, Rittenburg T L. 2001. Consumer ethnocentrism: a test of the antecedents and moderators[J]. Journal of Business Research, 52(2): 149-157.

Verhoef P C, Kannan P K, Inman J J. 2015. From Multi-channel retailing to omni-channel retailing: introduction to the special issue on multi-channel retailing[J]. Journal of Retailing, 91(2): 174-181.

Voorveld H A M. 2019. Brand communication in social media: a research agenda[J]. Journal of Advertising, 48(1): 14-26.

Voss K E, Gammoh B S. 2004. Building brands through brand alliances: does a second ally help[J]. Marketing Letters, 15(3): 147-159.

Weber K. 2005. A toolkit for analyzing corporate cultural toolkits[J]. Poetics, 33: 227-252.

Yin R K. 2009. Case Study Research: Design and Methods[M]. 4th ed. New York: Sage Publications.

Yoshida M, Gordon B S, James J D. 2021. Social capital and consumer happiness: toward an alternative explanation of consumer-brand identification[J]. Journal of Brand Management, 28(5): 481-494.

# 第 9 章

# 西部地区中小企业领导品牌如何在发展期"做得久"

## 9.1 解决领导品牌发展期困境的理论基础

### 9.1.1 接触点体验管理

1. 客户体验

客户体验被定义为在特定情景下对提供相关刺激的非故意的、自发的响应和反应（Becker and Jaakkola，2020），是通过与客户旅程中不同参与者的互动在多个接触点上形成的（Kranzbühler et al.，2018；Lemon and Verhoef，2016；Verhoef et al.，2009）。

在深入探讨客户体验的复杂性与多维性时，我们不难发现，客户体验的塑造远不止于企业与消费者之间的二元互动，而是一个跨越多个层面、涉及多元参与者的动态过程。随着市场环境的不断演变，学者和实践者开始从更为广泛与深入的视角来审视客户体验，将其视为一个在客户旅程中，通过与包括企业、其他顾客、技术平台乃至社会环境在内的多个接触点上的交互而逐渐形成的综合体验（Lemon and Verhoef，2016；Verhoef et al.，2009）。传统上对客户的理解往往局限于企业边界之内，聚焦于企业与顾客之间的直接交换（Holbrook and Hirschman，1982；Jain et al.，2017）。然而，现代研究揭示了客户体验构建过程中更为丰富的元素，强调了顾客之间直接及间接互动的重要性（Julie et al.，2002）。这种社会性的互动不仅塑造了顾客的感知价值，还通过口碑传播、社群影响等机制对客户体验产生深远影响。

接触点的多样性和连续性是客户体验构建中的另一重要维度。从初次接触到售后服务，每一个接触点都是塑造顾客印象、影响顾客决策的关键环节（de Keyser et al.，2020；Lemon and Verhoef，2016）。因此，企业需要精心设计每一个接触点，确保它们之间的一致性和连贯性，以提供无缝的客户体验。这要求企业在制定客户体验策略时，必须充分考虑顾客的个体差异，采用更加灵活和个性化的方法来满足不同顾客的需求与期望。

2. 基础概念与理论框架

接触点体验管理是客户体验管理的关键领域，它关注于顾客与企业接触的每一个触点，这些触点构成了客户体验的完整旅程。接触点体验管理作为一种营销管理策略，超越了传统的营销理念，将焦点放在了创造和管理客户体验上。Homburg 等（2017）在其研究中提出，接触点体验管理是一个包含文化心态、战略方向和企业能力的多层次资源。文化心态反映了公司对市场和客户体验的深层次理解和价值观，它是推动组织过程和战略决策的心理基础（Day，1994）。战略方向则是公司在市场中定位和行动的指南，它直接影响员工的行为和顾客前端的营销任务。战略方向是无形的，基于交换的资源，能够引导营销任务并推动顾客与企业的交换，从而实现顾客忠诚度的提升（Wang and Ahmed，2007）。企业能力是指组织内嵌的过程和例程模式，这些能力是企业无形资源的体现，它们支持企业在市场中的运作和竞争（Makadok，2001）。

接触点体验管理的目标是通过文化心态、战略方向和企业能力的综合运用，实现和维持长期的顾客忠诚度。这要求企业不仅要关注单一的接触点，还要从整体上理解和设计顾客的整个体验旅程。这种全面的视角有助于企业在竞争激烈的市场中获得优势，通过提供卓越的客户体验来吸引和保留顾客。在实施接触点体验管理时，企业需要考虑如何通过接触点激发顾客的认知、感官、情感、关系和行为。这意味着企业必须深入了解顾客的需求和期望，并在每个接触点上提供相应的价值，并且企业还需要不断地监测和优化接触点，确保客户体验的连贯性和一致性，从而在顾客的整个旅程中建立起积极的品牌印象。

3. 接触点体验管理的关键实践

在客户体验管理中，接触点旅程导向是一种核心理念，它要求企业将顾客从预购到购买再到售后的整个体验过程作为市场决策的核心。这种导向认识到客户体验是一个连续的旅程，而不仅仅是单一的接触点。体验反应导向进一步细化了这一理念，强调在每个接触点上激发顾客的多维反应，包括认知、感官、情感、关系和行为，对建立顾客忠诚度至关重要（Homburg et al.，2017）。

战略方向是接触点体验管理中的另一个关键组成部分，它指导企业如何设计和整合接触点，以创建一个协调一致的客户体验。这包括主题内聚、一致性、场景敏感性和连通性等方面。通过这些战略方向，企业能够确保顾客在不同接触点上的体验是无缝且一致的，从而提升整体的顾客满意度和品牌忠诚度（Homburg et al.，2017）。

企业能力是实现有效接触点体验管理的基石。它涉及组织内部的过程和例程，包括接触点旅程设计、优先化、监控和适应等方面。这些能力使企业能够持续优化客户体验，响应市场变化，并在必要时进行调整（Day，2011）。企业能力的有效运用是实现接触点体验管理目标的关键，它要求企业不断评估和提升其内部流程，以更好地满足顾客需求。

### 9.1.2 多元品牌认同

1. 多元身份

多元身份是一个复杂而多维的社会心理学概念，它深刻揭示了个体与组织如何在不同社会环境和角色中定义自我。这一概念由多位学者在不同领域的研究中得以丰富和发展，在组织层面，Lam（2012）则强调组织同样拥有多重身份，这些身份反映了其在不同市场、文化和社会背景下的定位与表现。

多元身份具有层次性、嵌套性、跨部门性、独立性、动态性等特点。Stryker（1968）提出的身份层次性理论指出，不同身份在个体或组织中的重要性和显著性各异，主导着行为和决策。身份之间可能像俄罗斯套娃般嵌套（如组织内的部门与团队关系），或跨越不同部门与团队界限，形成跨部门身份（Ashforth，2001）。Vough（2012）的研究强调了身份的独立性，即每个身份都拥有其独特的价值观和期望，即使它们属于同一主体。多元身份并非静态不变，而是随着时间、环境和个体经历的发展而不断演变（Kreiner et al.，2015）。组织在管理这种身份多样性时，需要采取策略，如建立身份层级、促进身份间对话与协同，以及营造支持多元身份的组织文化（Pratt and Foreman，2000）。这种跨学科的视角不仅丰富了我们对个体与组织行为的理解，也为市场策略的制定提供了宝贵的洞见。

2. 认同

认同是一个深层的社会心理学概念，它揭示了个体如何通过与特定群体的联系来定义和塑造自己的自我概念。这种内化现象不仅是一种静态的结果状态，也是一个动态的过程状态，涵盖了认知、情感和行为三个核心维度。在认知上，认同涉及个体对群体成员身份的识别和接受，即自我分类（Tajfel and Turner, 1986）。在情感上，它体现为个体对群体的情感投入和情感承诺，这种情感卷入加深了个体与群体之间的联系。在行为上，认同促使个体采取与群体规范和价值观一致的行动。

社会认同理论在1986年提出，该理论强调个体的自我概念部分源自他们所属的社会群体，个体通过群体成员身份来增强自己的自尊和自我价值（Tajfel and Turner, 1986）。认同的动态性意味着它需要通过不断的社会互动和沟通来维持与发展，组织和成员之间的交流是认同形成与持续的关键（Ashforth et al., 2008）。认同的测量通常通过问卷调查、访谈等定量和定性研究方法来完成，以评估个体与群体之间的联系强度。

认同的研究不仅对理解个体在社会中的行为模式至关重要，也对组织管理、市场营销和品牌管理等具有深远的影响。通过深入理解认同的过程和影响因素，我们可以更好地促进个体与群体之间的和谐关系，并提高组织和社会的凝聚力。

3. 多元品牌认同

多元品牌认同涉及外部利益相关者对品牌的认同，这包括消费者、中间商、供应商和影响者等多方外部利益相关者对品牌的认同（李纯青等，2018）。利益相关者是指那些能够对品牌目标的实现产生影响，或者其自身利益会因品牌目标的实现而受到影响的个人或群体。这些利益相关者不仅包括品牌内部的股东和员工，还扩展到外部的供应商、媒体、社会公众等。在品牌管理领域，对利益相关者的识别和分类一直是研究的重点。Morgan和Hunt（1994）提出了一种分类方法，将利益相关者分为供应商、影响者、顾客和内部成员。

在数字经济时代，品牌与外部利益相关者之间的认同关系变得尤为重要，因为它有助于建立长期稳定的协同共生关系，满足外部利益相关者之间的异质性需求，建立长久的关系（李纯青等，2018）。利益相关者包括所有能够影响或受品牌目标实现影响的人或组织（Freeman, 1984），而品牌与这些利益相关者之间的认同关系通过定制化的产品、信任建立、文化理解、身份建构和体验塑造等策略来促进。消费者与品牌之间的认同构建，根植于消费者通过品牌来塑造和确认其社会身份的需求。这一过程的核心在于实现品牌特性和消费者自我认知特征之间的共鸣与匹配（Bhattacharya and Sen, 2003）。基于社会认同理论，研究强调了消费者与品牌之间联系的重要性，认为这种联系不仅加深了个体对品牌的归属感，还促进了群体认同的形成（Lam, 2012; Wolter and Cronin, 2016）。

为了促进利益相关者对品牌的广泛认同，品牌需要运用多种机制，如情感叙述的共鸣、认同重置工作等，以建立共同的价值观和情感联系（李纯青等，2018）。随着数字技术的迅猛发展，品牌更加注重多主体利益相关者的需求满足，力求通过生态价值创造来增强认同（张媛等，2022）。

### 9.1.3　品牌生态系统

1. 品牌生态系统的概念与结构

品牌生态系统这一概念自 Winkler（1999）首次提出以来，便成为商业研究中的重要议题。它被视为一个复杂、动态且充满活力的有机组织，其中王兴元（2000）的"名牌生态系统"研究进一步推动了该领域的深化。张燚等（2013）则具体阐述了品牌生态系统的组成，包括品牌产品、企业、股东、供应商、顾客、中间商、竞争者、金融机构、媒体、政府及社会公众等多个维度，共同构成了这一人工生态系统的庞大网络。

品牌生态系统在结构上展现出清晰的层次性。张燚和张锐（2005）提出的个体品牌生态系统模型，以公司品牌为核心，辐射至企业内部职能与成员、消费者、竞争者及其他利益相关者，形成了一个紧密关联的层次状生态网络。而许晖等（2017）的研究则从更宏观的视角出发，将品牌生态系统划分为个体与整体两个层面，个体层面聚焦于单一品牌及其顾客、供应链等资源网络，而整体市场品牌生态系统则涵盖了多个品牌系统的互动与共生，如区域市场与产业品牌生态系统的交织。王兴元（2006）提出的品牌生态圈概念，是对品牌生态系统理念的进一步拓展与深化。这一概念强调了企业在生态系统中的核心平台作用，以及系统内各成员间合作共赢的重要性。江远涛（2016）进一步指出，在社会商业领域，品牌生态圈内的企业不再是孤军奋战，而是作为生态系统的一部分，共同面对挑战，寻求协作与发展。这种视角的转变，不仅改变了传统竞争观念，更促使企业开始重视构建和维护良好的生态系统关系，以实现更长远、更可持续的发展。

品牌生态系统的建设和发展是一个动态的过程，需要不断地进行自我更新和优化。这包括提升动态能力，还包括感知环境变化、抓住机遇和应对挑战的能力（Eisenhardt and Martin，2000）。品牌生态系统要保持战略上的灵活性，能够快速调整和改变策略以适应市场与环境的变化（Volberda and Lewin，2003）。系统内的成员需要持续学习和改进，通过知识共享和经验交流，提高整个系统的创新能力和适应性（Crossan et al.，1999）。

2. 生态系统演化与运行机制

当今商业环境中，品牌生态系统的概念日益受到重视。品牌生态系统的演化阶段涵盖了从孕育、成长到成熟的过程（许晖等，2019）。在孕育阶段，区域品牌生态系统依赖于政府和本地茶农的共同努力，以品牌资源的集聚和品牌形象的重塑为特征。这一阶段，政府通过政策支持和宣传推广，帮助区域内品牌积累资源并重塑形象，为品牌发展奠定基础。随着市场认可度的提升，成长阶段见证了品牌生态系统的成长，流动资本的集中和企业规模的扩大成为这一时期的显著特点，品牌价值随之显著提升。品牌生态系统进入成熟阶段，这一时期以品牌多元化和个性化发展为特征，文旅资源的融入为品牌带来新的生命力。品牌杠杆赋权、品牌形象转型和品牌价值迁移成为推动品牌持续发展的关键因素。在这一背景下，品牌不仅要在市场中竞争，还要通过创新和文化融合来拓宽其影响力与价值。

在品牌生态系统中，运行机制起着至关重要的作用（许晖等，2019）。自修复机制专注于强化品牌与资源、产品和顾客之间的关系，旨在通过提供价值来增强品牌力量。自分化机制则关注品牌内部的产品和品牌间关系，通过差异化策略与竞争对手展开全面竞争。此外，自适应机制强调品牌与利益相关者、环境之间的互动，以适应市场变化，共同创造品牌价值。这些机制共同作用，不仅促进了品牌个体的成长，也为整个生态系统的健康发展提供了动力。

3. 品牌生态系统的赋权机制和竞争优势

品牌生态系统中的赋权机制是推动品牌发展的关键因素，它们通过不同的方式增强品牌的内在价值和市场影响力。形象赋权专注于提升区域品牌形象，通过增强品牌的知名度和美誉度来构建积极的品牌认知。这种机制有助于品牌在消费者心中建立起信任和忠诚度，为品牌带来长期的客户支持和市场竞争力（许晖等，2019）。关系赋权则通过加强企业间的联系和市场对接，实现品牌价值的转化和提升。这不仅促进了品牌间的协同效应，也增强了品牌在市场上的溢价能力，使品牌能够在激烈的市场竞争中脱颖而出（许晖等，2019）。而杠杆赋权则通过资源外取活动，如跨产业合作和文化创新，来防止品牌老化，丰富品牌内涵，提升品牌价值，确保品牌生态系统的持续活力和创新能力（许晖等，2019）。除此之外，品牌生态系统还包括知识赋权，通过教育和培训提升个体与组织的专业技能，增强其创新能力和市场适应性（王兴元，2006）。文化赋权通过塑造和传播品牌文化，增强品牌生态系统的凝聚力和吸引力，形成独特的竞争优势。网络赋权利用品牌生态系统内的网络关系，促进信息流通和资源共享，提高系统的效率和响应速度（王兴元，2006）。

品牌生态系统的竞争优势体现在多个层面，形成了品牌在市场中的核心竞争力。在产品层面，技术整合能力是支撑强势主打产品的竞争优势，它使品牌能够通过技术创新和产品优化来满足市场需求，建立竞争壁垒（王兴元，2006）。品牌层面的竞争优势来源于跨界创新能力，这使品牌能够探索新的产品类别或市场领域，创造新的增长点和市场机会。品牌族群层面的竞争优势则基于品牌战略协同能力，通过品牌间的合作与互补，形成强大的品牌组合，增强整体的市场影响力（王兴元，2006）。

## 9.2 解决领导品牌发展期困境的建议方案

### 9.2.1 基于接触点体验管理的解决方案

1. 引言

消费市场正在迎来数字化技术带来的挑战，学者认为客户体验管理可以作为应对挑战的有效方法之一（Webster and Lusch，2013）。而接触点体验管理作为客户体验管理的重要内容，也开始在客户体验管理中展现重要地位（Homburg et al.，2017）。伴随物联网、云计算、区块链、人工智能技术的兴起，使得客户接触点的数量及复杂性逐步增多，学者认为通过改善客户旅程中接触点的表现可以提升消费者的认可及忠诚度（Edelman，2010；Homburg et al.，2017）。因此，依据接触点体验管理对客户体验进行研究，有助于理解其在时代背景下发展的新趋势。

客户旅程也开始越来越关注接触点体验管理在多个服务周期中对于整体客户体验的影响（Lemon and Verhoef，2016）。客户旅程在设计之初主要关注接触点一致性与体验可预测性，强调为客户提供平稳的客户旅程，但是由于消费者目标追求与企业服务的差异性，客户旅程在涉入螺旋影响下开启了黏性客户旅程，两种旅程模式的差异也引发了消费过程中接触点的变化。

本节内容通过案例研究方法，对洪丽食品和志辉源石进行对比分析，两家企业分别代表了平稳客户旅程与黏性客户旅程的发展方向，旨在通过对两家企业的案例分析来探究在不同旅程模型背景下多周期接触点是如何影响消费者体验的，以此为不同品牌目标与不同客户旅程的领导品牌发展建言献策。

2. 文献评述

1）接触点体验管理

在客户体验管理的研究中，接触点概念的提出是指与品牌有接触的情境，包含直接接触与间接接触（Baxendale et al.，2015）。在客户旅程中，我们发现不同的旅程周期会涌现出不同的客户接触点（Baxendale et al.，2015；Lemon and Verhoef，2016）。基于对客户体验管理的研究，接触点体验管理更加关注在客户旅程中客户与渠道的接触所带来的认知、行为、情感等方面的主体反应（Lemon and Verhoef，2016）。

接触点体验管理作为全渠道营销的重要手段，根据不同的划分方式可以分为线上接触与线下接触（Naik and Peters，2009）、个人接触与非个人接触（Payne et al.，2017）等众多类型。从品牌角度来看，客户体验是发生在品牌与客户之间有关接触点的互动，从而加深了品牌在客户心中的印象，激发了客户对于品牌的反应（Lemon and Verhoef，2016；Klaus and Maklan，2013）。

数字技术的推动、全渠道品牌传播的涌现使得接触点体验管理对品牌的发展提供了新的思路（Payne et al.，2017；Wind and Hays，2016）。客户在不同的客户旅程中会与不同类别的接触点进行互动，伴随客户个体差异以及产品与服务的差异，各个类别的接触点在不同阶段的强度与重要性也会产生差异性（Lemon and Verhoef，2016）。无处不在的接触点，促进品牌商会更加关注具有凝聚力的接触点，并希望获得持续发展的机会（Lemon and Verhoef，2016）。

然而，在接触点体验管理的研究中，学者对于接触点的研究更加关注单旅程周期内接触点的刺激作用，忽略了不同旅程周期内接触点的变化。但是在现实情境中，客户旅程的不同周期以及客户旅程的不同类型对于接触点体验管理的要求都是具有差异性的。因此，本书结合了这种旅程周期的差异性以及时间性，细化了接触点对于消费者的作用过程，探讨适合不同消费目标的接触点体验管理。

2）体验双元

双元概念的提出有利于解决管理学领域的悖论问题。最初，双元概念在组织学领域的研究较为热门，如组织研究中有关集权与分权的讨论、战略发展中长期战略与短期战略的讨论、创新管理中渐进式创新与激进式创新的讨论（臧树伟等，2021）。这些有关双元的研究主要根源于主体双元能力的产生，双元能力包括探索能力与应用能力，探索能力是指企业利用新知识、新业务的能力，其本质是对现有产品或服务的拓展，是一种创新式的动态演化能力。而应用能力是指依靠现有的水平进一步提升业务能力、产品品质、组织发展的能力，其核心要义是一种渐进式的动态能力（March，1991）。引入双元视角研究各类企业发展过程的能力以及行为，有助于提供一种更加辩证的角度来分析发展的全貌。

在客户体验价值的研究中，学者以双元的视角来分析体验价值产生机制的双元分析、客户体验价值分类的双元分析。在对产生客户体验价值的分析过程中，学者用双元视角来探究企业对外部资源能力的整合，这些外部资源包括对于产品更新换代的能力、应对市场变化的反应能力、满足消费需求的能力等，企业可以通过双元能力的构建来形成与消费者的良好关系（Prange and Schlegelmilch, 2009；臧树伟等，2021）。在客户体验价值的研究模型中，体验价值被划分为内在价值与外在价值、主动价值与被动价值、自我导向价值与他人导向价值等三类维度（Holbrook, 1994）。内外在价值是指企业行为在情绪方面传递给客户的价值，其对于客户体验价值的划分则体现了双元视角的分析方式。

然而，在对客户体验价值的研究过程中，学者对于体验价值的类型、产生机制也进行了相关大量探讨。体验价值作为一种心理感知，产生的机制以及原因纷繁复杂，在不同的研究机制中，总是出现一些我们所未能感知到的研究要素。伴随当下客户体验旅程的差异性，其中对于客户体验管理的研究也开启了不同的研究视角。因此，本章深入接触点体验管理在不同旅程模式和周期场景下，探究客户体验价值的划分是如何呈现双元表现的。

3. 研究方法

本部分采用双案例研究方法，相比于单案例研究，双案例的对比研究更容易突出案例对象的差异化特征，加强研究论证的普适性与可靠性（Yin, 2009）。研究聚焦于不同旅程模型的周期性接触点，旨在探究在不同接触点影响下客户体验呈现何种变化。双案例研究方法有助于我们在平稳客户旅程模型与黏性客户旅程模型的对比中找到接触点刺激客户体验的差异，从而启发领导品牌在进行接触点体验管理时应该考虑消费者目标和品牌目标的一致性，从而在接触点设计原则上符合主体需求，创造良好的客户体验。

1）案例选择

本部分基于研究主题，结合案例对象选取的典型性、数据可获取性，选择洪丽食品和志辉源石作为案例研究对象。

第一，考虑到案例对象的典型性，洪丽食品作为一家大型食品加工企业，品牌运营的主要目标是满足消费者的实用需求目标，体现了平稳客户旅程中企业为消费者提供的初始刺激点。志辉源石作为一家融合生产与销售的一体化企业，品牌运营的主要目标是满足消费者的享乐需求，体现了黏性客户旅程中企业为消费者提供的初始刺激点。因此，这两个案例企业分别代表了不同客户旅程模型的发展方向，为我们进行案例研究提供了良好的数据资料。

第二，在研究案例的数据可获取性方面，洪丽食品和志辉源石分别作为重庆市和宁夏回族自治区领导品牌的代表，在公开渠道展示了丰富的经营数据以及市场与消费者的反馈。这些数据涵盖了品牌发展过程中的市场份额、主营业务以及客户满意度、客户忠诚等多方面内容。因此，可靠的数据获取途径与丰富的数据资料为研究提供了基本保障，有助于深入挖掘品牌接触点对于客户体验价值的影响及管理。

2）数据收集

本部分通过综合利用公开资料、学术文献、行业数据库和市场调研以及网络资源等二手数据，确保了数据的全面性和深度。公开资料提供了研究对象的业务范围和市场发展的详细数据；学术文献为接触点体验管理的理论基础和实践应用提供了支撑；行业数据库和市场调研揭示了品牌的市场定位以及消费者反馈；网络资源捕捉了品牌形象和市场动态。通过对这些数据的严格筛选和综合分析，研究揭示了企业如何通过不同客户旅程及不同周期的接触点体验管理有效提升客户体验，并为其他品牌发展提供策略借鉴。具体数据收集信息如表 9-1 所示。

表 9-1　数据收集信息（一）

| 案例企业 | 数据来源 | | 数据内容 | 字数/万字 |
|---|---|---|---|---|
| 洪丽食品 | 一手数据 | A1 线上访谈：创始人 | 产品推广、市场定位 | 1.0 |
|  | 二手数据 | A2 企业公开资料（包括网页、公众号、商域账号、公开报道） | 发展历程、生产规模、工艺流程市场定位 | 2.3 |
|  |  | A3 政府报道 | 经济贡献，资源管理 | 0.5 |
| 志辉源石 | 一手数据 | B1 线上访谈：副总经理 | 企业发展、产品销售 | 2.2 |
|  | 二手数据 | B2 企业公开资料（包括网页、公众号、商域账号、公开报道） | 发展历程、特色服务、经营状况、品牌理念 | 3.1 |
|  |  | B3 政府报道 | 行业贡献、发展方向 | 1.1 |

4. 案例描述

1）洪丽食品的案例描述

洪丽食品坐落于举世闻名的中国榨菜之乡——重庆市涪陵区南沱镇。该公司是集农业产业化发展于一体的大型食品加工企业，主要生产榨菜、泡菜等高档小菜和调味精品，旗下拥有"餐餐想""洪丽""灵芝"三大品牌。公司在发展过程中，坚持严格的质量把控，致力于为消费者提供健康、绿色、美味的食品。因此，公司连续被授予农业产业化"涪陵区十强龙头企业""重庆市 30 强龙头企业""高新技术企业"等荣誉称号。在持续不断的发展过程中，洪丽食品也紧跟科技进步的步伐，以科技创新为驱动，以绿色生态为引领，以高质量发展为目标，不断在完善产品品质的追求中提升公司的价值与品牌形象。在品牌的传播方面，洪丽食品也是开辟了线上与线下全媒介的传播渠道,例如,进行仓储式的销售渠道扩展,通过与深航、厦航、海航等物流的合作,将产品的销售范围迅速扩大;此外,通过建立自己的商贸公司,搭建自己的销售平台,直接面对客户,进行销售等。一系列的渠道传播,使得洪丽食品在发展过程中充分接触消费者,在不同的客户旅程、不同的接触点刺激下与消费者产生不一样的互动,从而带来不一样的旅程体验。

2)志辉源石的案例描述

志辉源石是以葡萄酒为主题,致力于打造以葡萄酒庄为核心的一二三产业高质量融合发展的企业。该企业位于宁夏回族自治区贺兰山区域,拥有优质的葡萄酒种植基地,位于中国最集聚的精品酒庄群。在企业不断发展的历程中,不仅专注于高质量的产品品质,不断创新葡萄酒酿造工艺,而且积极开发贺兰山区的特色风土人情,实现以酒庄旅游来引流,扩大葡萄酒的消费群体。在志辉源石不断发展的过程中,不仅将葡萄酒作为产品进行推广,还结合生态与品牌的发展,打造了包括葡萄酒庄、生态葡萄园、贺兰山运动公园等三大园区,形成了集葡萄酒的栽培、酿造、贸易、品牌传播于一体的全产业链运营体系。因此,在志辉源石的销售运行体系中,消费者不单单是商品的购买者,也是贺兰山文化、酒庄文化的体验者,他们可以在免费的体验中感受志辉源石的品牌理念,那就是打造中国人的葡萄酒庄,传播中国人的葡萄酒文化。志辉源石通过多元化的体验形式与客户进行全方位的接触,以通过不同的互动形式来创造不同旅程的客户体验。

5. 案例分析

1)旅程初始阶段

在初始阶段不同的客户旅程,品牌所提供的接触点在优先级和旅程设计两方面存在显著差异,并且影响了客户旅程中消费者的表现。依据两家案例企业的数据收集与分析,旅程初始阶段的不同接触点刺激以及不同的旅程表现也呈现出不同的表达形式。

洪丽食品在客户旅程初始阶段,对于客户接触点体验管理的布局主要集中在以下两个方面。一是提供丰富的决策信息,洪丽食品主要生产榨菜、泡菜等高档小菜和调味精品,其开发的"餐餐想"系列产品涵盖小包装榨菜类、瓶装类、泡菜类三大系列产品,通过丰富多样的产品类别为消费者做出最优决策提供充足的展示信息。二是洪丽食品在客户旅程开始初期提供了简单的消费情境,即通过具有记忆力的视觉包装来吸引消费者。正如洪丽食品所有产品都配有自己独特的

LOGO———一个诱发消费者食欲的碗,既充分展示了商品的用途,也容易被消费者识别熟记。因此,在洪丽食品为消费提供的平稳客户旅程的消费过程中,消费者主要以追求优质口感、健康食品为主要目标,在充分考虑了包装便利性、运输时效等附加信息外,会进行审慎的决策,最终综合考虑各方购买因素后,缓慢进入客户旅程。

志辉源石在客户旅程初始阶段,一方面,志辉源石作为葡萄酒的专业化经营生产商,在葡萄酒口感方面依据中国人的喜好进行相关品类开发,使得产品更加因地制宜。另一方面,在产品包装方面,志辉源石将传统中国美学元素融入品牌,例如,"山之魂"意为山者,坚韧宽广,高处不胜寒。中国元素的融入让志辉源石更加具有独特性,在中国文化崛起的背景下蓬勃发展。在客户旅程初始阶段,更为特色化的营销则是志辉源石的传播渠道,充分融合线上线下传播渠道。首先作为线下营销,主推酒庄游历,通过调查发现,70%的客户是通过酒庄体验后直接下单进行购买。线上客户可以通过酒庄的品牌旗舰店进行线上云游酒庄,或者通过微信公众号、小红书、抖音等进行了解,刺激客户接触点产生购买行为。作为一家主做中国人自己葡萄酒的酒庄,志辉源石以营造新颖奇特的消费进入渠道,诱惑客户在好奇心的驱使下直接体验产品,快速进入志辉源石独创的客户旅程中。

2)旅程后续阶段

在不同旅程模式的后续阶段,品牌接触点随着客户旅程阶段的转变在旅程监测、自适应性两方面存在显著差异,因而引发客户旅程中消费者感知的差异。

洪丽食品在客户旅程后续阶段通过旅程一致性与稳定接触点来维护良好的客户体验,具体表现在以下三方面。第一,稳定的传播渠道。洪丽食品持续保持线上与线下营销同步进行,不断扩大品牌知名度和影响力,吸引潜在消费客群。第二,稳定的产品包装。在客户旅程前期,洪丽食品已经通过具有强烈视觉吸引力的包装吸引消费者,并且在品牌不断发展的过程中,继续维持以健康为主要理念的包装设计,为消费者营造一种一看到这个商品就知道是洪丽食品的印象。第三,原料健康。洪丽食品始终坚持做健康的食品,通过其各个产品的配料表可以看到仅仅是榨菜、食用油、盐、白砂糖等天然配方,未出现其他化学添加剂。在接触点自适应方面,洪丽食品注重产品品质的提升,并配有自己的研发团队,不断丰富接触点的性能指标,且与现有产品保持较强的连续性。正是这始终如一的品质坚持与服务坚持,为洪丽食品的品牌发展赢得了客户忠诚,创造了良好的客户体验。

志辉源石在客户旅程后续阶段通过旅程多样性与丰富接触点不断为消费者提供多样化的旅程体验。首先,志辉源石作为一家主做中国人葡萄酒的酒庄,不仅在口感上通过大数据的分析,来更好地开发适合中国人的葡萄酒,而且将酒作为一种文化载体，不断将中国元素注入产品中，吸引有中国情怀的客群。当客户成为自己的会员后，志辉源石引进自己的会员体系，通过会员购买频率将客户分级管理，对于有复购行为的客户进行终身服务，对于没有复购新需求的客户则进行具有服务周期的服务。并且在服务过程中对产品进行划分配有不同的客服人员，以建立私域服务，通过加强与客户的互动，不断诱发客户涉入，营造动态化的客户体验，加强客户后续阶段的优质体验。

3）旅程终止阶段

在客户旅程终止阶段，通过对接触点旅程的监测，可以发现不同旅程的消费者会表现出不一样的客户体验，这种体验最终引发不一样的消费者行为。

洪丽食品作为以健康绿色产品为主导的食品加工企业，在企业的经营过程中，产品是被消费者所第一感知到的载体。因此，在客户旅程终止阶段，能影响消费者改变品牌忠诚行为的也是消费者对于产品感知的变化。在客户旅程的初始阶段，消费者被健康优质的产品品质吸引引发购买行为，在客户旅程后续阶段，消费者出于品牌信任对产品引发持续购买的行为，在客户旅程终止阶段，消费者仍然会保持这种品牌忠诚，但是由于某次购买行为所带的不良感知则会触发消费者对于品牌的感知差异。正是这种外在感知价值的削弱使得消费者终止购买产品，转而消费其他品牌。

志辉源石在产品研发以及销售阶段，不断将中国文化融入产品中，通过文化精神的传递带动葡萄酒的销售。在客户旅程的初始阶段与后续阶段，客户不断在感知这种精神文化带给客户与众不同的体验，因此不断加深与志辉源石的互动。在客户旅程终止阶段，由于会员维护体系的运行规则，志辉源石不断更新自己的会员系统，引发新的客户群体的涉入，从而客户在认可产品品质的同时，也会产生对于这种产品文化所带来的精神价值的怀疑，即到底能否真正感知中国文化，以及对于这种为文化买单的行为是否具有实际价值。这种来自客户对于内在体验价值的怀疑，则会引发客户购买行为的波动。

4）基于不同接触点的客户体验价值

通过对洪丽食品与志辉源石的对比研究，结果发现针对不同消费者需求的客户旅程设计，在品牌不同接触点的刺激下，会带来客户体验的变化，并且最终影响消费周期中的客户体验价值的差异化表现。

具体来说，在客户旅程的初始阶段，品牌通过资源接触点、环境接触点、行动接触点对不同设计旅程的消费者进行刺激，从而使得平稳旅程客户在目标导向驱使下，通过审慎决策，平稳开展客户体验旅程；而黏性客户旅程客户在兴趣导向驱使下，依赖单一决策快速进入体验旅程。在客户旅程后续阶段，品牌通过主题内聚、接触点一致、情境一致等接触点特性的差异，来持续刺激客户体验的产生。在平稳客户旅程中，客户由于目标一致减少与品牌的互动，加深了品牌忠诚，维系了平稳的客户体验；在黏性客户旅程中，客户通过加深品牌互动不断更新消费目标，在持续的涉入活动中获得动态化的客户体验。在客户旅程终止阶段，品牌接触点刺激的差异性，导致客户体验价值弱化，最终影响客户旅程的消费者行为转变。因此，在此研究框架中考虑不同旅程与不同周期的接触点对于客户体验价值的模型，如图 9-1 所示。

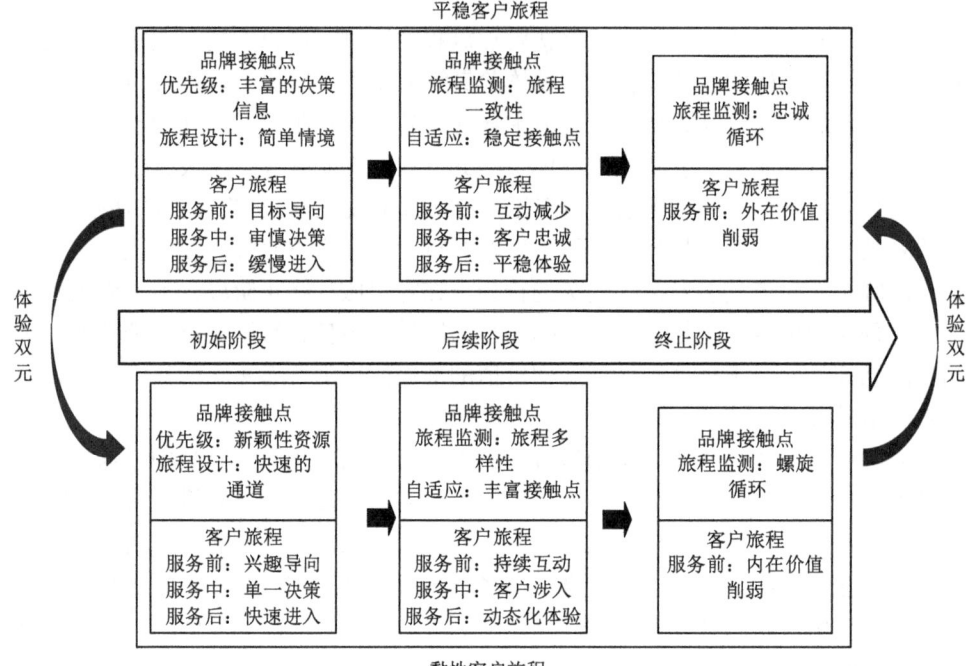

图 9-1 品牌接触点影响客户体验价值的旅程模式

6. 结论与建议

1）研究结论

本部分通过对洪丽食品、志辉源石两家案例企业进行对比分析，探讨在不同客户旅程、不同旅程周期中接触点的差异性对客户体验价值会产生何种影响，研究结果如下。

第一，在不同的客户旅程中，接触点的类型以及旅程的设计原则存在显著差异性。在平稳客户旅程中，接触点的设计更加注重提供给客户丰富的接触点，让客户进行充分的决策信息的比较,并且在旅程周期的后续阶段,以加强品牌忠诚来减少与客户的互动,所以最终客户行为的终止也是源于客户外在价值的削弱。在黏性客户旅程中,接触点的设计更加多样化,通过在不同周期提供不一样的刺激吸引客户保持新鲜感,更多地与客户进行互动,带给客户如过山车一样的体验,这就引发了客户行为的终止源于内在价值的削弱。

第二,在不同的旅程周期中,不同的接触点刺激也表现出不一样的作用。在初始旅程中,接触点的设计原则主要是为了吸引客户,希望通过有效的接触点刺激吸引客户进入相应的客户旅程,体验品牌所提供的产品或服务。在后续服务周期,接触点的刺激主要是维系客户,通过与客户不同程度的互动以及差异化的旅程设计,更加契合客户对于服务周期的需求。在旅程终止阶段,客户体验价值削弱,客户行为也表现为终止行为或行为震荡,这就需要企业不断调整不同阶段的周期以更加长效地维持客户群体。

第三,在客户体验价值方面,体验价值的最终结果其实与旅程周期以及旅程类型密不可分。接触点旅程设计的差异、接触点优先级的差异、接触点旅程监测的差异、接触点自适应的差异,导致了客户在进入旅程的快慢、与企业的互动程度、感知价值的侧重也均存在差异。所以在客户旅程的终止阶段,体验价值表现为内在价值与外在价值的差异,这就揭示了企业实施不同接触点体验管理的价值。

2)理论贡献

本部分主要关注了在不同的客户旅程模式与不同的旅程周期模式下接触点的布局有何差异,在这种差异化的接触点刺激下消费者体验价值会呈现什么样的表现。基于此研究内容,本部分的理论贡献主要表现为以下三个方面。

第一,拓宽了接触点体验管理的产生路径,丰富了接触点体验管理的研究内容。接触点体验管理作为客户体验管理的重要内容,其依据企业经营的规模、商业模式的特性对接触点体验管理中涉及的资源进行差异化的把控(Homburg et al., 2017)。接触点体验管理正在快速适应营销领域的变化,为从业人员接触客户、品牌方吸引客户提供了更加具象的指导(Webster and Lusch, 2013)。因此,研究通过比较客户旅程中不同的接触点刺激,在对比中发现不同的接触点对于不同商业模式的企业,以及不同消费导向的客户具有重要的现实指导,为品牌的客户获取、传播渠道等方式的选择提供了连续性的策略。

第二,构建了基于不同接触点影响客户体验价值的模型,丰富了客户旅程的研究内容。客户旅程被定义为在服务周期中各个阶段的持续性客户体验(Følstad and Kvale, 2018)。在不同的客户旅程中含有不同的服务周期,但是仅关注于单一服务周期对于整个客户旅程的研究则显得较为单一(Nakata et al. 2019)。基于此,我们设计了不同接触点影响客户体验价值的模型,在这个模型中,对于客户旅程周期与客户旅程模式进行了差异化处理，更加清晰地展示了客户行为在不同的旅程模式与周期的接触点刺激下是具有明显差异性的，并最终作用于客户体验价值。因此，本部分模型的构建打破了以往对于客户旅程的单方面研究，更加综合地考虑了客户体验价值的产生路径。

第三，延伸了客户体验价值的产生路径。客户体验作为涉及不同购买阶段的一个多维过程，会对购买过程中的所有接触点刺激产生反应。企业也越来越关注营销领域中的关系营销，客户不仅仅关心其所购买的产品或者服务带给自身的体验，也开始不断强调在消费中的情感体验（Lemon and Verhoef，2016）。因此，客户体验价值的维度依据实用性导向还是精神导向划分为外在价值和内在价值。在我们对于不同客户旅程的接触点研究中，可以发现平稳客户旅程的客户更加关注产品的外在价值，黏性客户旅程的客户更加关注内在价值。所以，这就解释了为什么不同的旅程需要依据不同的目标导向进行不同的旅程设计，这样才能提供更加适配的客户体验价值。

3）管理启示

本部分在管理实践方面为领导品牌的持续发展提供了一些建议与启示。首先，品牌在初次接触目标客群时，应该针对品牌定位与客户的消费目标设置所需要的旅程模式，以激发客户能够顺利进入相应的旅程模式，并且在此过程中可以依据进入旅程模式的快慢，提供不同的信息展示，以满足不同客户对于信息获取的需求。

其次，在客户旅程后续阶段，品牌方应该持续关注客户需求，针对客户对品牌提供的产品和服务的初步感知，动态调整接触点的相关特性，可以从接触点旅程设计、接触点优先级、接触点旅程监测、接触点自适应等方面进行完善，更好地持续追踪消费者体验。针对不同旅程中的消费者进行差异化调整，以实现维系品牌客群的目标。

最后，在客户旅程终止阶段，通过研究可以发现，在平稳客户旅程中客户行为终止是源于外在价值削弱，在黏性客户旅程中客户行为削弱是源于客户内在价值削弱。因此，品牌在客户旅程终止阶段可以考虑是否引入不同类型的客户旅程来吸引客户的持续消费行为，以维系对于品牌的忠诚度。

7. 研究局限与未来建议

接触点体验管理在研究客户体验管理中具有重要的地位，不同方面的接触点体验管理对于不同的客户旅程以及不同旅程周期具有不同的刺激作用。我们在研究过程中仅考虑不同的客户旅程中刺激的不同作用，但是在当下日新月异的营销手段中，一些企业可能在不同周期中就会采用不同的旅程模式，以此来追求更加稳定的客户群体，对于不同旅程模式与不同周期的结合本部分尚未能充分论证，需要在以后的研究中加以完善。在当下对于接触点体验管理的研究中，对于接触点的优先级、接触点一致性、接触点旅程监测、接触点自适应性在不同周期中是否存在差异性，或者在不同旅程结合过程中接触点的内容是否也会发生改变；这些改变是怎样影响消费者体验的；对比单一的接触点体验管理，动态化、多样性的体验管理是否具有更加良好的影响效果，这些困惑尚未在研究中充分揭示。

在当下的品牌发展过程中，企业可能涉及多个服务系统，在这样的多服务系统中单一的客户旅程设计可能就无法满足客户的体验需求，这就需要企业充分考虑客户的需求以此来制定不一样的接触点刺激。大部分品牌直接面对的是客户，但是如何在大众化的推广渠道中脱颖而出，让消费者印象深刻直接购买产品，这就需要考虑黏性客户旅程的设计原则。但是当客户进入旅程后，为了更好地维系品牌忠诚，可以考虑平稳客户旅程的忠诚循环，不断加深客户信任；也可以在平稳客户旅程的初始旅程进入后，采用黏性客户旅程的螺旋循环引发客户涉入，避免因互动减少降低对品牌的感知，从而造成客户流失。因此，如何更加契合地匹配不同周期与不同旅程的设计原则是品牌维系客户的重要影响因素。

## 9.2.2 基于多元品牌认同的解决方案

### 1. 引言

多元品牌认同是一个复杂而多维的概念，它涉及外部利益相关者，包括消费者、中间商、供应商和影响者等多方对品牌的认同（李纯青等，2018）。在数字化浪潮、社交媒体普及与移动技术飞跃的当下，产品市场呈现出爆炸式增长态势，沟通渠道多元化且错综复杂，消费者行为日益趋于理性化。企业与客户之间的互动，得益于技术进步，变得前所未有的便捷与广泛，同时，企业所处的外部环境也变得更为动态与复杂。在此背景下，企业想要实现可持续的成功，不仅需要深度赢得消费者的青睐与信赖，更需积极构建并维护与中间渠道商、行业影响者及供应链伙伴之间等多方利益相关者的良好关系，确保多层次的认可与支持。因此，如何实现多元品牌认同，与利益相关者保持深厚的、承诺的和有意义的关系，进而使其投入到企业的经营活动中共创客户体验和价值，对品牌发展期可持续发展，实现品牌长期"做得久"起着至关重要的作用。

多元品牌认同不仅是对认同路径的简单陈述，也需要组织积极构建并传递其身份特征，这个过程中意义建构与意义赋予的循环交互发挥了重要的作用。基于意义建构的视角去构建多元品牌认同的路径，为中小企业长期与多方利益相关者构建良好、稳定的协同关系,实现长期可持续发展提供了极具实践性的指导意义。

本部分通过案例研究的方法,深入分析了三家具有代表性的企业——惠隆杂粮、皓天科技、恒盛集团。这三家企业分别代表了第一产业、第二产业和第三产业,通过对这些企业进行深入的分析和研究,能够更好地理解企业如何构建多元品牌认同,实现品牌长期可持续发展。

2. 文献评述

1)社会认同理论

社会认同理论强调个体的自我概念部分源自他们所属的社会群体,个体通过群体成员身份来增强自己的自尊和自我价值(Tajfel and Turner,1986)。已有研究表明,认同具有动态性,需要进行反复的创造与重建。而组织和成员之间的沟通应该是认同的关键(Ashforth et al.,2008)。意义赋予与意义建构导致组织与其成员之间、成员之间,甚至个体成员之间的交流互动,可能以不同的方式影响认同的形成(Disanza and Bullis,1999;Gioia and Chittipeddi,1991)。

2)意义建构

意义建构是人们对外部世界进行认知并形成自我认知的过程,它关注:人们如何注意事件,这些事件意味着什么,人们共同创造出来的关于这些事件的意义如何影响当前和未来的行为(Weick and Sutcliffe,2015)。

意义建构主要包括意义赋予和意义建构两类关键活动。意义赋予作为自上而下的过程,侧重于组织价值观和愿景向成员个体的渗透与传达,而意义建构是组织与其涉众、涉众之间,甚至个体成员之间的交流互动。意义赋予和意义建构在认同过程中发挥互补作用,帮助第三方涉众内化形成和强化组织文化的消费者价值观与行为(Press and Arnould,2011)。比如,管理者借助员工培训项目、工作场景中的互动体验,以及官方网站等平台的信息发布等策略,作为意义赋予的主要渠道,向组织成员明确传达组织的身份特质与核心理念。组织成员则通过积极参与、反思解析这些活动与信息,进而深刻领悟并内化组织的身份认同,形成对组织宗旨和价值体系的理解与共鸣。这一过程不仅促进了组织成员之间的共识形成,也加深了他们对组织身份的认同与归属感。

然而,已有研究大多分析消费者对组织的认同,很少有研究分析其他利益相关者对组织的认同。从消费者的角度来看,可以通过顿悟、模仿、探索三条路径形成组织认同(Press and Arnould,2011)。但是,利益相关者不仅限于消费者,并且认同应该是双方交互的结果,也可能随着企业发展的变化而变化。因此,探究多元品牌认同的形成过程及其作用机制具有一定的必要性。

3. 研究方法

本部分选择多案例研究方法，以期探索如何构建多元品牌认同，实现品牌长期可持续发展。方法选择的依据是：第一，本部分的研究问题尚缺乏充分的理论探究，以归纳逻辑为主的案例研究方法有助于回答此类新兴议题。第二，本部分研究问题关注"how"的问题，适合运用案例研究方法挖掘动态现象背后的过程逻辑以形成深层次的理解。第三，多案例研究的优势在于复制逻辑的运用，通过持续比较和归纳分析，多案例研究有利于构建可验证的理论命题，提升研究结论的稳健性和普适性（张敬伟等，2025）。

1）案例选择

本部分选取惠隆杂粮、皓天科技、恒盛集团作为研究对象进行案例分析，选择这些企业是基于它们在各自产业中的典型性、数据的可获取性以及研究的便利性。

在典型性方面，惠隆杂粮代表了第一产业，充分利用当地生态优势，大力发展绿色有机小米产业，现有种植基地1.5万亩[①]、现代化加工生产线9条，小米年生产能力达到2万吨，打造形成了集生产、加工、销售一体的全产业链条。皓天科技代表第二产业，自成立以来，已发展成为我国西北地区最大的原料药及中间体合同研发生产组织（contract development and manufacturing organization，CDMO）企业，围绕生物医药领域新物质合成与功能化开发等行业前沿应用需求，面向全球医药创新企业提供高端药物，尤其是高活性药物全产业链和全生命周期的CDMO及合同研究组织（contract research organization，CRO）业务。恒盛集团代表第三产业，恒盛集团作为传统建材行业的龙头企业，于2018年自主研发了全国首个绿色建材产业数字化一站式服务平台——商砼之家，经过1.0到4.0的迭代，为企业增效、为行业服务、为产业赋能，并获得了诸多荣誉。

在数据的可获取性方面，本部分对三家企业的负责人进行访谈获取一手信息和资料。惠隆杂粮、皓天科技、恒盛集团作为西部地区中小企业领导品牌的代表，均积累了丰富的运营数据、市场反馈和客户评价。这些数据不仅包括销售业绩、市场份额等基本指标，还涵盖了客户满意度、品牌忠诚度等关键的用户反馈信息。数据的丰富性和翔实性为研究者提供了多维度的分析视角，有助于深入理解这些企业品牌化过程的动态和市场表现。

---

① 1亩≈666.67平方米。

在研究的便利性方面,上述三家企业作为各自行业的领导品牌,在品牌建设和市场推广方面有着较高的透明度与开放度,愿意与研究者分享其运营数据和市场反馈。这种合作意愿为研究者获取一手资料提供了便利。同时,这三家企业分别代表了第一产业、第二产业和第三产业,涵盖了不同的行业背景和运营模式。这种多样性为研究者提供了丰富的案例素材,有助于从多个角度进行对比分析,增强研究的全面性和深度。

2)数据收集

本部分基于三角测量方法,多渠道收集案例资料与数据,数据间形成交互印证。数据来源主要包括半结构化访谈、实地调研、官方媒体、网络资料等调研方法,多种渠道保证了数据的充分性与准确性(毛基业和陈诚,2017),具体如表 9-2 所示。

表 9-2 数据收集信息(二)

| 案例企业 | | 数据来源 | 数据内容 | 字数/万字 |
| --- | --- | --- | --- | --- |
| 惠隆杂粮 | 一手数据 | A1 电话访谈和书面访谈:理事长 | 企业利益相关者信息及品牌多元认同现状 | 2.00 |
| | 二手数据 | A2 企业公开资料(包括网页、公众号、商域账号、公开报道) | 与利益相关者的交互情况,所获荣誉及成绩 | 1.80 |
| | | A3 政府报道 | 企业商业模式,经济、社会贡献,所获荣誉及成绩 | 0.30 |
| 皓天科技 | 一手数据 | B1 线上访谈:董事长秘书 | 企业利益相关者信息及品牌多元认同现状 | 1.60 |
| | 二手数据 | B2 企业公开资料(包括网页、公众号、商域账号、公开报道) | 发展历程、企业创新成就、与利益相关者的交互情况 | 1.50 |
| | | B3 政府报道 | 经济贡献,所获荣誉及成绩 | 0.50 |
| 恒盛集团 | 一手数据 | C1 线上访谈:恒盛集团董事长,战略规划部部长 | 企业利益相关者信息及品牌多元认同现状 | 7.10 |
| | 二手数据 | C2 企业公开资料(包括网页、公众号、商域账号、公开报道) | 平台迭代历程、与利益相关者的交互情况,所获荣誉及成绩 | 1.90 |
| | | C3 政府报道 | 转型升级,模式探索,所获荣誉及成绩 | 0.40 |

4. 案例描述

本部分将所选的三个案例进行描述,为后面的案例分析打下基础。

1）惠隆杂粮的案例描述

惠隆杂粮充分利用当地生态优势，大力发展绿色有机小米产业，形成了集生产、加工、销售于一体的全产业链条。通过十几年快速发展，惠隆杂粮从一个小村庄的普通合作社成长为国家农民示范合作社，把小米打造成了大产业、大品牌，带领群众走上了小康路。一方面，惠隆杂粮大力发展订单农业，同敖汉旗及周边的1880户农户签订生产合同，以高于市场0.2~0.5元/斤价格回收小米，并且从不赊欠农户收购款，与农户建立了良好诚信的合作关系。另一方面，惠隆杂粮在发展绿色有机小米的基础上，引入了中国传统药食同源的文化理念，打造了产加销全产业链条。除此之外，惠隆杂粮强化小米产品研发，同中国农业科学院农产品加工研究所、内蒙古农业大学密切合作，研发有机杂粮代餐粉等新产品。加入中国食文化研究会药食同源工作委员会，成为中国有机生态产业联盟理事单位，利用组织资源为产品增加新的亮点和文化元素，生产了敖汉小米锅巴、小米酥、四色小米、杂粮速食面条及玉米高筋粉等特色产品，满足市场营养、健康、绿色、环保的消费需求。"孟克河"品牌被评为内蒙古自治区著名商标，入选了全国百家合作社百个农产品品牌，获得了第十届和第十五届中国国际农产品交易会参展农产品金奖。

2）皓天科技的案例描述

皓天科技已发展成为我国西北地区最大的原料药及中间体CDMO企业，围绕生物医药领域新物质合成与功能化开发等行业前沿应用需求，面向全球医药创新企业提供高端药物，尤其是高活性药物全产业链和全生命周期的CDMO及CRO业务。企业的特色是高活性原料药相关产品、药物和疫苗佐剂，包括治疗类风湿性关节炎系列、抗肿瘤药物系列、眼科用药系列、治疗骨质疏松系列、促渗透剂系列等，产品优势显著、特色鲜明、市场占有率高。其中：骨化醇系列产品通过自主设计合成路线，不仅有效降低了成本，而且打破了国外原研进口"卡脖子"问题，实现了进口替代。企业也成为全球首家对骨化醇系列产品进行集成化、多样化合成的企业。除此之外，企业先后建成了甘肃省化学仿制药工程研究中心、甘肃省企业技术中心、甘肃省高活性原料药及佐剂技术创新中心等多家科研平台，形成了高活性原料药相关产品开发技术平台和绿色生产技术体系，拥有全面、高效的化学合成能力，可根据客户的多样化定制需求开展研发生产。近年来，企业先后获评国家及甘肃省知识产权优势企业、中国留学人员创业园建设25周年突出贡献企业等多项荣誉，这些荣誉的获得进一步增强了公司的品牌认同感和市场影响力。

3）恒盛集团的案例描述

恒盛集团创立于1995年，成为横跨"绿色建材、信息科技、投融资管理、大健康"四大产业板块的多元化集团公司。在几十年的发展过程中，恒盛集团凭借励精图治，在相关产业板块形成了独具一格的品牌优势。恒盛集团作为陕西建材行业的龙头企业，在数字化转型方面积累了丰富的实践经验和成果，并通过龙头企业的引领作用，持续完善数字化标准、积极完善价值链协同平台，帮助产业链上下游中小企业实现数字化转型。恒盛集团在发展过程中曾多次获得相关行业、省级部门和国家机构对于其评定的各项奖励，荣誉代表着实力，而实力也彰显了各级部门及消费者对于恒盛集团发展的品牌认同。在恒盛集团最新发展规划中，创新性提出以"五链融合"推动传统行业向"新"启航的发展前景。创新链、产业链、资金链、人才链、数据链的高质量融合，聚焦多行业、全方位的发展，打造融合共生的产业生态圈，使得消费者在触手可及的接触中提升对于恒盛集团打造的生态系统的品牌认同。

5. 案例分析

1）意义赋予与意义建构构建品牌身份

意义建构主要包括意义赋予和意义建构两类关键活动。意义赋予主要从组织流向成员，而意义建构是组织与其涉众、涉众之间，甚至个体成员之间的交流互动。

惠隆杂粮在通过意义赋予与意义建构建立品牌身份时，首先从官方媒介矩阵出发，包括官方网站、微信公众号及多样化的社交媒体平台，作为信息传播的主阵地，向广大利益相关者传递着惠隆杂粮的核心理念与独特价值。这些媒介成了惠隆杂粮"信息汇总方"身份的直接展示窗口，让每一位接触到的利益相关者都能感受到惠隆杂粮在杂粮种植领域的专业性、创新力以及对品质的不懈追求，从而赋予其品牌深厚的内涵与积极的形象。与此同时，惠隆杂粮鼓励并促进来自多方的利益相关者通过亲身体验来深化对品牌的认知与认同。无论是消费者通过品尝到的高品质杂粮产品所获得的美味与健康体验，还是种植户在惠隆杂粮指导下实现增产增收的喜悦反馈，或是政府人员、行业专家在实地考察、参与培训后给予的认可与赞誉，这些来自不同层面的正面互动与反馈，共同构成了与惠隆杂粮之间意义建构的坚实基础。对于内部员工，惠隆杂粮同样给予了充分的关注与支持，通过提供良好的工作环境、职业发展机会以及激励机制，激发员工的归属感。

皓天科技在构建其独特的品牌身份过程中，深刻认识到意义赋予与意义建构的核心价值。在意义赋予的层面上，皓天科技充分利用了现代传媒的多元化特性，全方位、多角度地展示公司在产品品质控制、技术创新研发以及社会责任承担等方面的杰出成就。与此同时，在意义建构方面，皓天科技积极参与国内外各类行业展会与学术交流活动。此外，公司还建立了定期的客户拜访机制，通过新品推介、客户座谈会等形式，及时收集市场反馈，精准把握客户需求变化，为产品迭代升级及市场策略调整提供了宝贵的依据。在内部建设方面，皓天科技积极推动员工成长与团队建设，鼓励并支持员工参与各类专业培训、技能提升课程及学术交流活动，不仅提升了员工的专业素养与创新能力，也促进了团队内部的知识共享与协作氛围。这种以人为本的企业文化，不仅增强了员工的归属感与忠诚度，更为公司的长远发展奠定了坚实的人才基础。

恒盛集团在实施品牌身份构建的过程中，深刻把握了意义建构与意义赋予的双重精髓。集团首先依托互联网的广阔平台，运用多元化传播渠道，实现线上线下无缝对接，构建起一个全方位、立体化的信息传递网络。通过精心设计的宣传内容与创意活动，恒盛集团不仅在线上平台如官方网站、社交媒体、行业论坛等高频曝光，还巧妙结合线下活动，如产品发布会、发展研讨会等，多维度、深层次地向多元利益相关者传递恒盛集团的品牌理念与价值主张。在此基础上，恒盛集团特别强调了商砼之家平台的核心作用，将其视为扩展品牌认知、深化市场渗透的重要窗口。通过在各类发展研讨会上积极推广商砼之家平台，恒盛集团不仅展示了自身在混凝土行业的深厚积累与创新能力，更通过平台功能的详细介绍与现场演示，让与会者亲身体验到恒盛集团品牌的独特魅力与卓越实力。这一过程，实质上是恒盛集团对多元利益相关者进行的一次深刻的意义赋予，使他们在了解与体验中逐渐顿悟到恒盛集团"专业、创新、可靠"的企业身份。而反过来，恒盛集团也高度重视来自产品、服务体验与反馈的宝贵信息。恒盛集团通过商砼之家平台提供的定制化产品与服务，积极邀请客户参与体验，并鼓励他们进行满意度评价。这些真实的用户声音，不仅为恒盛集团提供了改进产品与服务的直接依据，更激发了恒盛集团与客户之间更深层次的互动与合作。

2）利益相关者认同路径

利益相关者可以通过顿悟、模仿、探索、共创、共生的路径实现品牌认同，这五种过程并不具有互斥性，但是整个认同的形成经历会以某一个为主。

惠隆杂粮在实现利益相关者之间的多元品牌认同时，利益相关者通过顿悟、模仿、探索、共创、共生这五大路径，实现了品牌价值的深度传播与广泛认同。惠隆杂粮通过客户的回归反馈，如吉林长春的杜姓老总，在遍访全国同类产品后，仍选择回归，并高度评价惠隆杂粮产品的始终如一，展现了惠隆杂粮产品在品质上的稳定与卓越。这种客户的"顿悟"体验，不仅强化了老客户对品牌的忠诚度，也通过口碑传播吸引了更多潜在客户的关注与信赖，为惠隆杂粮实现多元品牌认同打下了坚实的基础。惠隆杂粮通过"合作社+基地+农户"的利益联结机制，实现了与农户、基地以及市场的紧密合作与共创价值。这种共创模式不仅增加了各族群众的收益，还促进了当地经济的繁荣与发展。此外，惠隆杂粮在农户与市场之间架起了桥梁,有效解决了生产与销售之间的矛盾。通过提供市场信息、技术支持与销售渠道等服务,惠隆杂粮帮助农户更好地适应市场变化、提升生产效率与产品质量。这种共生关系不仅促进了农户的增收致富,也增强了惠隆杂粮在市场上的竞争力与品牌影响力。最终实现了惠隆杂粮与农户、市场之间的和谐共生与共赢发展。

在皓天科技的品牌建设与发展路径中,其利益相关者通过顿悟、模仿、探索、共创及共生的路径,实现了对品牌的深度认同。面对行业内新产品开发的复杂性与高难度挑战,皓天科技深刻认识到技术突破与产品创新的重要性,通过加大研发投入,精准定位市场需求,凭借过硬的产品品质和研发能力赢得了利益相关者的认可与尊重。皓天科技与兰州大学、白银市人民政府等多方共建的研究院,集合了各方优势资源,以技术成果转化和科技服务为主要任务,实现了应用研究、新技术开发等多方面的共赢。通过共创模式,皓天科技不仅提升了自身的研发实力与品牌影响力,还促进了科技成果的转化与应用,为地方经济发展贡献了力量。此外,兰州国家生物医药产业基地为皓天科技提供了优质的办公研发环境与生产条件,而皓天科技的入驻也为园区带来了活力与创新动力。双方通过共生模式,实现了资源共享、优势互补与共同发展。这种共生关系促进了利益相关者之间的紧密合作与相互支持,进一步巩固了皓天科技的品牌地位与影响力。

恒盛集团在实现多元品牌认同的过程中,其利益相关者通过顿悟、模仿、探索、共创、共生的路径建立起对品牌的认同。这一过程充分展示了恒盛集团的创新力、合作精神和市场洞察力。恒盛集团凭借对行业趋势的敏锐洞察,推动商砼之家进行了前瞻性的转型实践。自转型项目上线以来,其独特的视角和前瞻性的布局便吸引了同行业的广泛关注,彰显了恒盛集团在行业中的领先地位。恒盛集团积极寻求与山西玉磊慧源建材科技有限公司等业界伙伴的交流合作,致力于在互学共鉴中实现协同创新、共进共赢。在这种开放探索的过程中,不仅促进了双方的技术与经验交流,也为恒盛集团带来了更多的市场机遇与合作可能,赢得了更多利益相关者的认可和支持。在共生过程中,恒盛集团与合作伙伴共享资源、共担风险、共谋发展,形成了紧密的利益共同体。这种共赢的合作模式让利益相关者看到了恒盛集团的格局和远见,更加坚定了对品牌的认同和支持。

3)多元品牌认同

认同的结果分为认知、评价、情感三个维度,认同的认知维度是自我概念和身份的产物,而认同的情感和评价方面是自尊与态度的产物,属于受效价影响的认同(Lam,2012)。

惠隆杂粮在多元品牌认同方面,展现出了显著的成效。市场监督管理局将其评为线上消费纠纷处理(online dispute resolution,ODR)企业,这一荣誉直接反映了惠隆杂粮在产品质量上的过硬实力以及诚信经营的良好形象。这一官方认可不仅增强了消费者对惠隆杂粮品牌的信任度，也提升了其在行业内的知名度和美誉度，为品牌认同奠定了坚实的基础。惠隆杂粮的"孟克河"商标荣获内蒙古自治区著名商标称号，并被评定为赤峰市农牧业产业化重点龙头企业，同时加入中国有机生态产业联盟，并入选内蒙古农牧业品牌目录产品品牌。这一系列荣誉和资质不仅是对惠隆杂粮品牌价值的高度肯定，也是对其在产品质量、市场影响力、行业贡献等方面的综合评价。这些正面评价进一步强化了利益相关者对惠隆杂粮品牌的认同感和归属感，提升了品牌的整体形象和竞争力。此外，惠隆杂粮注重员工关怀，将员工的爱好和需求记在心上，这种以人为本的企业文化使得员工对合作社的未来充满信心，对现状深感认可。这种积极的情感联系不仅增强了员工的归属感和忠诚度，也通过员工的口碑传播和日常行为，间接促进了消费者对合作社品牌的情感认同。员工与惠隆杂粮之间的情感纽带成为推动品牌认同深入发展的重要力量。

皓天科技在多元品牌认同方面的卓越成绩，展现了其在行业内的卓越地位和利益相关者的广泛认可。皓天科技以其突出的研发能力和前沿的产品创新，在行业内树立了鲜明的品牌形象。这种认知不仅基于其产品的技术领先性和市场前瞻性，还反映了公司在技术研发领域的持续投入和创新能力，使得利益相关者对皓天科技的品牌价值有了深刻的理解和认同。皓天科技近年来荣获的一系列国家级和省级荣誉，如国家级知识产权优势企业、高新技术企业等，是对其综合实力和卓越成就的权威认可。这些荣誉不仅彰显了皓天科技在技术创新、知识产权保护等方面的卓越表现，也进一步提升了其在行业内的地位和影响力，增强了利益相关者对品牌的信任和尊重。甘肃省省长对皓天科技立足自身能力、不断升级医药开发技术的肯定，以及对新药开发及仿制药开发所取得的成就的由衷赞许，体现了政府高层对皓天科技发展的高度关注和积极评价。这种正面的情感反馈不仅增强了公司员工的自豪感和归属感，也激发了他们继续创新、追求卓越的热情和动力。同时，这种来自政府高层的认可也提升了皓天科技在公众心目中的形象和地位，增强了品牌的社会影响力和美誉度。

恒盛集团在多元品牌认同方面，赢得了利益相关者的广泛认可。恒盛集团被视为信息的提供方、优质产品与服务的提供方、资源整合分配者、成功经验分享者以及社会责任承担者，这不仅彰显了公司在行业内的全面性和影响力，也体现了其致力于为客户提供全方位价值、促进产业生态健康发展的战略眼光。这种深入人心的品牌认知，为恒盛集团赢得了广泛的尊重和信任。恒盛集团获得的"IDC[①]数字化转型坚定者""2023年陕西省数字经济典型示范案例""优秀分供商""西北第一高"等荣誉，是对其综合实力和卓越表现的权威认可。这些荣誉不仅肯定

---

[①] IDC 即 International Data Corporation，国际数据公司。

了恒盛集团在数字化转型、数字经济建设、供应链管理以及建筑高度等方面的领先地位，也进一步提升了其品牌的市场竞争力和行业影响力，增强了利益相关者对品牌的信任和依赖。恒盛集团倡导各方优势互补、共享资源、共创共赢的理念，致力于构建产业生态的数字化平台。这种积极向上、合作共赢的价值观激发了利益相关者的共鸣和认同感，增强了他们与恒盛集团之间的情感联系。在共同创造和建设发展平台的过程中，恒盛集团不仅实现了自身的价值提升，也促进了整个产业生态的繁荣和发展，赢得了广泛的社会赞誉和良好口碑。

4）基于意义建构的多元品牌认同路径模型

对三家企业研究发现，多元品牌认同的形成是企业与利益相关者交互的结果。企业多元品牌认同实现的路径，首先与利益相关者进行意义建构以识别并构建满足利益相关者自我定义需要的企业身份，其次通过意义赋予进行信息传递以及认知拓展传递其身份，使利益相关者又主动与企业进行意义建构，这一过程不仅仅存在利益相关者与企业的互动沟通，还存在利益相关者内部以及利益相关者与其他各方的利益相关者之间的互动交流。在意义建构与意义赋予的循环交互过程中产生认同路径，在这一过程中，利益相关者可以通过顿悟、模仿、探索、共创、共生五条路径中的一条或协同路径形成对品牌的认同，且路径之间并不存在互斥。最终形成多元品牌认同，从认知、评价、情感三个维度体现。在此过程中，企业通过形成多元品牌认同，推动领导品牌在发展期"做得久"，基于意义建构的多元品牌认同路径模型如图9-2所示。

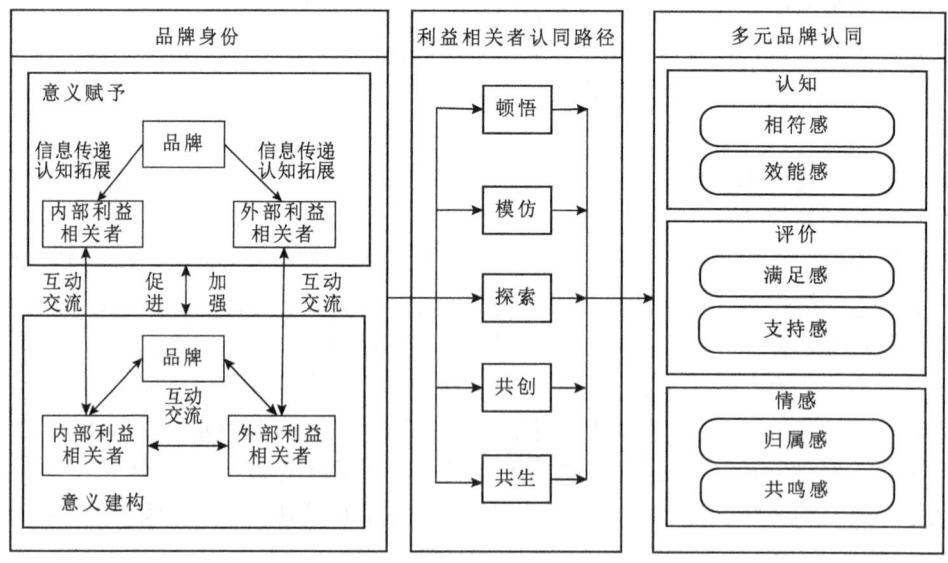

图9-2　基于意义建构的多元品牌认同路径模型

6. 结论与建议

1）研究结论

本部分经过案例分析，基于意义建构视角，深入剖析了中小企业领导品牌多元品牌认同形成过程，主要结论如下。

多元品牌认同的形成并非单方面依赖于企业或其利益相关者的独立行动，而是两者间深度互动与协作的结果。企业作为起始点，通过与利益相关群体共同参与意义建构过程，旨在识别并塑造一个能够契合并满足利益相关者自我定义需求的企业形象。随后，企业借助意义赋予机制，将身份信息有效传达给利益相关者，激发他们主动参与到与企业间的意义建构之中。这一过程构成了意义建构与意义赋予的往复循环，孕育出认同形成的路径，最终形成多元品牌认同。

不同的利益相关者的认同路径也互不相同，由顿悟、模仿、探索、共创、共生五条路径组合协同构成，且不同的认同路径组合并不互斥。顿悟及共创属于与企业刚一接触并产生后续行为的概念。模仿是指利益相关者通过群体内部的互动沟通，通过群体内成员的口碑宣传实现对企业身份的感知与认同。探索是指利益相关者通过对企业身份的感知以寻找更深层的生活意义和身份。共生是指外部利益相关者与企业通过深入互动内化企业身份，与企业融为共同体。

认同的构成可细化为认知、情感与评价三大层面。其中，认知维度根植于个体自我概念与身份认同的建构之中，而情感与评价维度则更多地反映了个体自尊水平及态度倾向，这些均属于效价驱动下的认同机制（Lam，2012）。具体而言，认同的成效显著体现在三个方面：一是认知层面的转变，即利益相关者对企业理念和文化的深入理解与内化。二是外部评价的正面反馈，彰显了企业形象的良好塑造与社会认可度的提升。三是情感联结的深化，促进利益相关者与企业之间情感纽带的加强，构建了更为紧密的工作共同体。

2）理论贡献

本部分构建了多元品牌认同路径模型，深入探索并拓展了品牌认同的形成路径，并通过实证研究深刻揭示了意义建构与意义赋予在品牌认同形成中的核心作用，从而为后续的品牌管理与市场策略提供了坚实的理论基础。以下将具体阐述本部分的三大理论贡献。

第一，构建了多元品牌认同路径模型。已有研究表明，认同具有动态性，需要进行反复的创造与重建，组织和成员之间的沟通应该是认同的关键（Ashforth et al.，2008）。而意义赋予与意义建构导致组织与其成员之间、成员之间，甚至个体成员之间的交流互动（Disanza and Bullis，1999；Gioia and Chittipeddi，1991）。

因此，本部分通过引入社会认同理论和意义建构理论，构建了多元品牌认同的完整形成过程模型，弥补了现有文献中仅从单一视角探讨品牌认同的不足。研究将多元品牌认同视为一个多维度、多层次的动态过程，强调企业与利益相关者之间通过意义建构与意义赋予的循环交互形成品牌认同。这一框架不仅丰富了品牌认同理论的内容，也为后续研究提供了新的视角和方向。

第二，引入共创和共生两种新的认同路径。从消费者的角度来看，可以通过顿悟、模仿、探索三条路径形成组织认同（Press and Arnould，2011），然而利益相关者不仅限于消费者。因此，本部分在现有文献提出的顿悟、模仿、探索三种认同路径基础上，创新性地引入了共创和共生两种新的认同路径，形成了包含顿悟、模仿、探索、共创、共生在内的多元化认同路径体系。这一发现不仅拓宽了多元利益相关者对品牌认同路径的理解，也揭示了不同路径在品牌认同过程中的协同作用，为理解多元品牌认同的复杂性和动态性提供了新的理论依据。

第三，验证意义建构与意义赋予在多元品牌认同形成中的关键作用。意义建构和意义赋予在认同过程中发挥互补作用，帮助第三方涉众内化形成和强化组织文化的消费者价值观与行为（Press and Arnould，2011）。研究通过实证分析，验证了意义建构与意义赋予在多元品牌认同形成过程中的关键作用。具体而言，企业通过与利益相关者共同参与意义建构，识别并塑造满足其自我定义需求的企业身份；随后，通过意义赋予机制有效传达身份信息，激发利益相关者主动参与到意义建构之中。这一过程揭示了意义建构与品牌认同之间的内在联系，为理解品牌认同形成的深层机制提供了新的理论洞见，同时也为企业如何通过意义建构策略提升品牌认同提供了理论指导。

3）管理启示

通过案例分析，我们发现实现多元品牌认同对于企业管理实践具有深远的指导意义。以下四个方面的管理启示，不仅是对企业如何有效构建多元品牌认同的具体建议，也是对未来商业策略规划的重要指引。

第一，重视多元利益相关者关系管理。在当今复杂多变的商业环境中，企业需认识到多元品牌认同不仅仅是消费者的认同，还涉及中间商、供应商、行业影响者等多方利益相关者。企业应积极构建并维护与这些利益相关者的良好关系，确保多层次的认可与支持，这对于企业的长期成功至关重要。

第二，深化意义建构与意义赋予的循环交互。多元品牌认同的构建是一个动态的过程，涉及企业和利益相关者之间的意义建构与意义赋予的循环交互。企业应主动进行意义构建，并通过有效的沟通方式将这些意义传递给利益相关者，同时积极吸收和整合来自利益相关者的反馈，不断优化和完善自身的品牌形象与身份特征。

第三，实践案例学习与借鉴。通过研究和分析不同行业、不同类型企业的成功案例，如惠隆杂粮、皓天科技、恒盛集团等，企业可以汲取宝贵的经验教训，了解如何在实践中构建多元品牌认同，实现品牌的长期可持续发展。同时，这些案例也为企业提供了可操作的路径和策略参考。

第四，注重长期可持续发展。企业应将品牌认同视为长期战略的一部分，而不仅仅是短期的营销手段。通过构建多元品牌认同，企业能够建立稳定的客户关系和利益相关者网络，为企业的长期可持续发展奠定坚实基础。此外，面对快速变化的商业环境，企业应保持持续的创新精神，不断适应市场和技术的发展变化。通过不断创新产品和服务，提升品牌形象和竞争力，企业能够更好地满足利益相关者的需求，巩固和扩大品牌认同的基础。

### 7. 研究局限与未来研究

尽管本部分通过多案例分析方法深入探讨了多元品牌认同的形成过程及其影响因素，为理解品牌认同的复杂性和动态性提供了有价值的见解，但仍存在一些局限性。首先，样本的广泛性不足是研究的一个主要局限。研究主要聚焦于特定行业和地区的企业，尽管这些企业在各自领域内具有代表性和典型性，但未能涵盖更广泛的行业、地区及全球范围的企业样本。这限制了研究结论的普适性和广泛性。其次，时间跨度的限制也影响了研究的深度。研究主要基于现有可获取的数据进行分析，未能全面捕捉品牌认同形成过程中的长期变化。品牌认同是一个动态且长期的过程，短时间内的观察难以全面反映其全貌。最后，研究提出的多元品牌认同路径模型尚属初步框架，其普适性和有效性仍需通过更多实证研究进行验证与完善。尽管该模型为理解品牌认同提供了新的视角，但模型的具体路径和影响因素可能因不同情境而异。

对于未来的发展研究主要有如下几点想法。首先，研究主要集中于特定行业和地区的企业，未来研究可以扩展到更多行业、地区乃至全球范围内的企业，通过跨行业和跨国界的比较，探索不同文化、经济和市场环境对多元品牌认同形成过程的影响。这将有助于揭示更广泛适用的规律和模式。其次，由于研究的时间跨度较短，未能全面捕捉品牌认同形成的长期变化，未来研究可以采用纵向跟踪的方法，对选定企业进行长期的数据收集和分析。这将有助于深入理解品牌认同随时间演变的动态过程，揭示其在不同发展阶段的特征和机制。最后，研究提出的多元品牌认同路径模型是一个初步框架，未来研究可以通过设计更严谨的实验或调查，收集更广泛的数据来检验模型的普适性和有效性。同时，可以根据实证结果对模型进行必要的修正和优化，以提高其解释力和预测能力。

### 9.2.3 基于品牌生态系统的解决方案

#### 1. 引言

在当今竞争激烈的商业环境中,企业之间的竞争已经不仅仅是产品或服务的竞争,更是品牌生态系统的竞争。品牌生态系统是由企业品牌与内外部利益相关者相互作用和影响形成的复杂网络,它涉及品牌与消费者、供应商、分销商以及其他合作伙伴之间的多元关系。随着市场动态的不断变化,企业如何构建和维护一个健康、可持续的品牌生态系统,成了学术界和业界共同关注的焦点。

本部分从涌现理论的视角出发,探讨品牌生态系统的构建过程。涌现理论认为,系统中的新特性和行为是通过组成部分之间的相互作用产生的,这些特性无法仅从单个组成部分的特性中预测。在品牌生态系统的背景下,涌现理论有助于解释品牌价值是如何通过企业与消费者、供应商和其他利益相关者之间的互动而产生的。研究将重点分析品牌与利益相关者之间的互动如何经历不同的涌现阶段,从初步的营销活动到形成稳定的品牌生态圈,以及这些互动如何影响品牌价值的创造和维持。

为了深入理解品牌生态系统的构建,本部分选择了三个具有代表性的企业作为案例研究对象:莫高股份、拓普达和广西华翔。莫高股份作为葡萄酒和环保新材料领域的领先企业,展示了如何通过整合自然资源和文化资源来构建品牌。拓普达,作为一家专注于高端钛合金材料的制造商,体现了高科技制造业品牌生态系统的特点。而广西华翔则代表了服务业,特别是在钢材贸易领域,展示了如何通过供应链管理来增强品牌竞争力。这三个案例覆盖了不同的产业领域,提供了丰富的数据和实践,使研究能够从多个角度探讨品牌生态系统的构建过程,以及不同行业背景下的品牌管理策略。通过这些案例的深入分析,研究旨在揭示品牌生态系统构建的成功因素和潜在挑战,为理论发展和实践应用提供见解。

#### 2. 文献评述

1)涌现理论

涌现可以定义为一个系统中新整体的形成过程,这个新整体具有独特的特性,这些特性无法仅通过其组成部分的特性来解释(Capra and Luisi, 2014; Clayton and Davies, 2006)。一阶涌现(first-order emergence):涉及临时服务交换和资源整合,产生新颖但可能短暂的结果。例如,一项服务交换可能导致新的服务或产品特性的出现(Vargo and Lusch, 2011)。二阶涌现(second-order emergence):当服务交换在参与者之间重复出现时，会产生模式，这些模式产生营销资源，如品牌价值、领先用户和客户倡导者，并促进价值共创（Vargo and Lusch，2011）。三阶涌现（third-order emergence）：涉及战略和战术的调整，以维持市场结果，如服务质量和品牌资产。这些努力可能加强或削弱服务生态系统的活力（Vargo and Lusch，2011）。四阶涌现（fourth-order emergence）：在这一层次，积极的参与者能够影响甚至破坏服务生态系统，竞争性的努力导致新的动态出现。这涉及主动塑造的涌现结果如何触发新的低阶涌现过程（Vargo and Lusch，2020）。涌现理论为市场营销提供了一个框架，帮助理解市场和营销现象的创造、维持与破坏过程。通过理解涌现的不同顺序，研究者和实践者可以更好地把握市场动态，促进创新，并有效应对市场变化。

2）品牌价值链

品牌价值链是理解品牌如何为企业创造价值的重要理论框架，它描述了品牌通过一系列活动和环节为企业带来价值，并在市场中实现价值的增长（Keller and Lehmann，2003）。品牌价值链的核心观点是品牌建设和管理是一个动态的过程，涉及多个相互关联的环节。

品牌价值链的基本构成包括以下几个关键环节。公司营销行为：这是品牌价值链的起始环节，涉及企业通过营销策略和活动来推广品牌，提高品牌知名度和认知度。品牌感知与反应：在这一环节中，消费者对品牌的认知和感知形成，包括品牌形象、品牌个性等，这些感知影响消费者对品牌的态度和行为。客户反应产生市场业绩：品牌如何影响消费者行为，进而影响市场业绩，如销量、市场份额等。在资本市场上产生效应：品牌的强势表现在资本市场上能够提升公司的股价和市场估值，反映品牌对企业财务价值的贡献（Keller and Lehmann，2006）。

随着服务主导逻辑（service-dominant logic，SDL）的兴起，品牌价值链理论得到了进一步的发展。SDL强调价值是由企业与消费者共同创造的，这一观点对品牌价值链的理解和应用产生了影响（Vargo and Lusch，2004）。品牌价值链的扩展包括价值共创、资源整合以及服务生态系统的概念，这些理念强调了品牌、消费者及其他利益相关者之间的互动和合作在品牌价值创造中的重要性。数字赋能的品牌价值链是在传统品牌价值链的基础上，融入了数字化技术和资源，以适应数字经济时代的市场需求和消费者行为。欧阳桃花等（2024）在品牌价值链理论与模型的基础上，从数字赋能营销活动、数字赋能客户感知、数字赋能市场业绩、数字赋能品牌生态圈四个环节，探究数字经济时代企业品牌价值提升的内在机理。

然而，对于品牌价值链的研究也关注了动态化发展下品牌价值的演进历程，并从最初的单一价值主体的分析逐步过渡到品牌生态圈、品牌生态系统的多元主体的内涵上。但是缺乏对于品牌价值链是如何形成品牌生态系统的路径分析,本部分在引入涌现理论下,基于品牌价值链理论对于品牌生态系统的构成进行了详尽探讨。

3. 研究方法

在学术研究中,案例研究的数量选择对于确保研究结论的稳健性和说服力至关重要。研究指出,相较于单一案例,两个或更多案例的研究能够提供更加坚实和有说服力的结论(Yin,2009)。通过多案例研究,可以构建具有更广泛普适性和深度的理论。本部分的问题聚焦于品牌生态系统的形成过程,探讨其形成的核心要素、动态机制以及涌现特性,即关注品牌生态系统构建的逻辑链条和背后的因果关系。这种方法不仅有助于我们理解品牌如何在复杂的市场环境中形成并发展其生态系统,而且能够为品牌管理提供宝贵的经验和启示,帮助企业在发展期识别和利用涌现的机会,以实现品牌的持续发展和市场竞争力,推动领导品牌发展期"做得久"。

1)案例选择

本部分选择了莫高股份、拓普达和广西华翔三家企业作为案例研究对象,选择这三家企业是基于它们的典型性、数据的可获取性以及研究的便利性。

首先,就典型性而言,莫高股份代表了第一产业,其在甘肃武威的生产基地充分利用了当地得天独厚的自然资源,形成了完整的葡萄种植和葡萄酒生产链。拓普达作为第二产业的代表,则展现了高端制造和新材料产业的特点,专注于钛及钛合金材料的研发与生产,其产品广泛应用于航空、医疗等领域,体现了产业的高技术含量和市场竞争力。广西华翔作为第三产业的代表,在钢材贸易行业中具有典型性,通过与多家钢厂的合作,构建了稳定的供应链体系,服务于多个大型工程项目,展示了钢材贸易行业在区域经济中的重要作用。

其次,在数据的可获取性方面,本部分对三家企业的负责人进行访谈获取一手信息和资料。莫高股份作为上市公司,其财务报告、股票市场表现、经营状况等信息公开透明,为研究提供了丰富的数据资源。拓普达作为国家级专精特新"小巨人"企业,其在技术创新、产品研发方面的成就和相关数据较为详尽,便于进行深入分析。广西华翔在其官方网站上公开了公司的经营情况、荣誉资质等信息,为研究者提供了必要的数据支持。

最后,在研究的便利性方面,莫高股份的品牌建设和市场表现在行业内具有一定的知名度,其产品线的多样性为研究提供了丰富的案例材料。拓普达与多家科研机构和高校的合作,为研究提供了基础,同时公司在技术创新方面的成就也为研究提供了便利。广西华翔参与的多个国家重点工程建设项目，为研究其在钢材贸易领域的市场表现和供应链管理提供了实际案例，增加了研究价值。

2）数据收集

本研究综合运用多种数据来源，以深入分析品牌价值链的涌现过程及其在品牌生态系统构建中的作用。通过线上访谈获取一手资料，结合企业的公开财务报告、市场调研数据、学术文献以及网络资源，确保了研究数据的全面性和深度。这些数据涵盖了企业的财务和市场表现，消费者行为、品牌互动和市场动态等关键信息，为研究提供了坚实的基础，具体如表9-3所示。

表9-3 案例数据收集的描述性统计

| 案例企业 | | 数据来源 | 数据内容 | 字数/万字 |
| --- | --- | --- | --- | --- |
| 莫高股份 | 一手数据 | A1 书面访谈：董事长 | 企业品牌构建过程及与利益相关者联系 | 1.20 |
| | 二手数据 | A2 企业公开资料（包括网页、公众号、商域账号、公开报道） | 企业品牌价值实现路径 | 2.10 |
| | | A3 政府报道 | 企业业绩表现与发展状况 | 0.41 |
| 拓普达 | 一手数据 | B1 线上访谈：董事长助理兼董事会秘书 | 企业品牌构建过程及与利益相关者联系 | 3.20 |
| | 二手数据 | B2 企业公开资料（包括网页、公众号、商域账号、公开报道） | 企业品牌意识与价值互动 | 0.63 |
| | | B3 政府报道 | 企业业绩表现与发展状况 | 0.27 |
| 广西华翔 | 一手数据 | C1 书面访谈：总经理 | 企业品牌构建过程及与利益相关者联系 | 0.43 |
| | 二手数据 | C2 企业公开资料（包括网页、公众号、商域账号、公开报道） | 企业品牌价值与合作关系 | 1.20 |
| | | C3 政府报道 | 经营业绩与发展状况 | 0.13 |

4. 案例描述

1）企业背景

拓普达是一家位于陕西省宝鸡市的民营高科技企业，成立于2010年，专注于钛及钛合金材料制品的研发、生产和销售。公司注册资本1.3亿元，拥有312亩的自主土地，并且拥有省级技术研发中心。产品广泛应用于海洋工程装备、油气勘探、航空、医疗、化工、武器装备等领域。拓普达致力于打造西部最大的径锻专业的钛材基地,成为深海装备钛制品的专业制造商以及武器轻量化高端材料的供应商。

莫高股份是一家专注于葡萄酒生产与销售的现代农业企业,同时涉足环保新材料和药品领域。公司成立于1995年12月,葡萄酒产业是公司的主营业务,其生产基地位于甘肃武威。公司利用河西走廊的自然资源优势,形成了从葡萄种植、酿造到市场销售的完整产业链。在环保新材料领域,莫高股份的生产基地位于永昌县工业园区,年生产能力达4万吨。药品方面,莫高股份的生产基地位于酒泉市肃州区,主要产品为复方甘草片。

广西华翔成立于2010年3月8日,经营范围包括钢铁的购销代理、国内贸易、进出口贸易以及商品经济信息咨询等服务。公司秉承"质优价廉、诚信经营、客户至上、互利共赢"的经营理念,专注于为客户提供优质的产品和服务。在市场运营中,广西华翔与广大建筑企业和工程业主保持了良好的合作关系,并获得了客户的广泛好评。

2)企业品牌生态系统构建过程

拓普达在技术创新方面表现突出,截至2024年6月,累计申报专利60余项,其中已授权专利33项,包括4项发明专利和29项实用新型专利。公司还自主起草了2项行业标准,并参与了8个国家标准的制定。公司的钛合金厚壁管材加工方法发明专利填补了大规格钛合金厚壁管材生产的空白,在国内处于领先地位。拓普达还与中国科学院、西部超导材料科技股份有限公司等科研机构以及西安交通大学、西北大学、宝鸡文理学院等高校建立了产学研一体化合作机制,提高了科技创新和成果转化能力。

莫高股份通过其葡萄酒产业的多元化产品线,建立了强大的品牌生态系统。公司的核心产品黑比诺葡萄酒在市场上享有盛誉,成为品牌生态系统中的重要一环。莫高股份的品牌生态系统还包括其获得的"中国驰名商标""中国绿色食品"认证,这些认证增强了消费者对品牌的信任和忠诚度。此外,公司在环保新材料领域的产品,如生物降解塑料包装薄膜和农用地膜,也构成了品牌生态系统的一部分,展示了公司对可持续发展的承诺。莫高股份的品牌生态系统通过提供多样化的高品质产品,以及对环保和社会责任的重视,建立了强大的品牌影响力和市场竞争力。

广西华翔通过其在钢材贸易领域的丰富经验和广泛的产品线,构建了坚实的品牌生态系统。作为多家知名钢铁公司的战略合作经销商,广西华翔的品牌生态系统包括了其提供的多样化钢材产品,如螺纹钢、线材、盘螺等,这些产品在多个大型工程项目中的应用,增强了公司的市场地位和品牌信誉。公司通过保障大型工程项目的钢材供应,如高速公路、铁路工程等,进一步巩固了其在行业内的品牌影响力。广西华翔的品牌生态系统还体现在其对市场发展的关注和对客户价值创造的承诺,以及在行业内建立的高认可度。通过这些战略举措,广西华翔建立了一个以质量、服务和客户关系为核心的强大品牌生态系统。

5. 案例分析

企业通过资源优化和战略布局,实现品牌价值的增长和市场业绩的提升,最终构建一个和谐共生的品牌生态系统。在这个系统中,涌现过程和价值互动激发了员工的潜力,而营销整合和创新互动则增强了客户感知与品牌忠诚度。体验优化和品牌价值链的构建进一步提升了客户满意度,而市场拓展和生态构建则扩大了企业的市场影响力。通过身份一致性和品牌延伸,企业在多方利益相关者之间实现了一致性,从而推动了整个品牌生态系统的健康发展和企业的长期成功。

1) 基于涌现理论的品牌价值链构建

莫高股份通过精心构建的品牌生态系统,实现了资源的优化整合和战略布局的精准实施。在战略布局方面,莫高股份通过前瞻性的市场分析和业务规划,确保了企业在多变市场环境中的稳健发展。同时,公司通过激发内部潜力和激励员工同步发展,促进了价值互动和创新文化的培养,为企业的持续创新提供了源源不断的动力。在市场拓展和客户体验方面,莫高股份展现了其对市场需求的深刻理解和对客户感知的高度重视。公司通过营销整合策略,实现了品牌信息的一致性传播,加强了与消费者的沟通和互动。在体验优化方面,莫高股份不断改进产品和服务,确保客户在每一个接触点都能获得满意的体验,从而增强了品牌忠诚度和市场竞争力。莫高股份在生态构建和品牌延伸方面的努力,体现了其对可持续发展和长期价值创造的承诺。公司积极构建和谐的品牌生态系统,与供应商、客户、社区和其他利益相关者建立了互利共赢的合作关系。这种多方一致的合作模式,不仅促进了企业自身的成长,也为整个生态系统的健康发展做出了贡献。在品牌延伸方面,莫高股份通过将核心品牌价值扩展到新的产品和服务,实现了品牌影响力的扩大和市场份额的增长。同时,公司确保了品牌信息和价值观在所有触点上的一致性,强化了品牌识别度和市场竞争力。

拓普达作为一家专注于钛材料行业的企业,其品牌生态系统的构建对于其市场定位和长期发展至关重要。在资源优化方面,拓普达通过整合公司的资金、技术和人力资源,确保了资源的有效利用,同时,战略布局的精准实施使得公司能够在钛材料市场中稳固其竞争地位。通过激发员工的潜力和促进内部价值互动,拓普达不断创新,推动了企业的持续进步和行业的发展。在营销整合和客户体验方面，拓普达钛业通过线上线下渠道的协同工作，确保了品牌信息的一致性，并通过市场调研和客户反馈来不断优化其产品与服务。公司致力于提供高品质的钛材料，通过严格的质量控制和卓越的客户服务，提升了客户满意度和忠诚度，从而实现了业绩的稳步增长。公司与供应商、客户和社区建立了和谐共生的关系，推动了整个生态系统的健康发展。通过将核心品牌价值扩展到新的产品和服务，拓普达在保持品牌信息和价值观一致性的同时，也实现了品牌识别度的统一和强化，为公司的长期成功奠定了坚实的基础。

广西华翔通过精心构建的品牌生态系统，在钢材贸易行业中确立了其竞争优势。公司通过资源优化和战略布局，有效地整合了资金、技术和人力资源，确保了企业资源的高效利用。在战略布局方面，广西华翔通过深入分析市场趋势和明确规划企业发展方向，成功地在钢材市场中占据了有利地位。此外，公司还通过与供应商建立稳固的合作关系，确保了资源的稳定供应，同时拓展业务范围和市场覆盖，实现了业绩的稳步增长。在激发潜力和价值互动方面，广西华翔建立了创新机制和激励体系，激发了员工的创造力和工作热情。公司鼓励跨部门合作和知识共享，促进了内部价值的互动和创新成果的产出。这种内部的互动和协作不仅提升了员工的工作满意度，也为企业带来了新的业务机会和解决方案。广西华翔在生态构建和品牌延伸方面的努力，体现了其对可持续发展和社会责任的承诺。通过将核心品牌价值扩展到新的产品和服务，公司在保持品牌信息和价值观一致性的同时，也实现了品牌识别度的统一和强化。这些策略不仅有助于企业实现长期发展，也为所有利益相关者创造了共享价值，为广西华翔的未来发展奠定了坚实的基础。

2）品牌生态系统构建过程

品牌价值链的涌现分为四个阶段：营销活动、客户感知、市场业绩、品牌生态圈（欧阳桃花等，2024）。在一阶涌现阶段，涉及临时资源整合和价值互动，产生新颖但可能是短暂和脆弱的结果，也就是通过营销活动提高品牌意识和市场接入。在二阶涌现阶段：当出现规律性资源整合和价值互动时，会产生模式，这些模式能够产生营销资源（如品牌价值、领先用户、客户倡导者等），并促进品牌感知与品牌习惯的形成。在三阶涌现阶段：涉及战略和战术的调整，以维持营销成果（如服务质量、品牌资产），实现业绩增长。在四阶涌现阶段：主动参与者可以影响甚至破坏品牌生态圈，竞争性的努力导致新的动态出现，在反思性资源整合和价值交互的过程中，品牌生态圈筛选出身份不一致的利益相关者，推动品牌生态系统的形成，具体如图 9-3 所示。

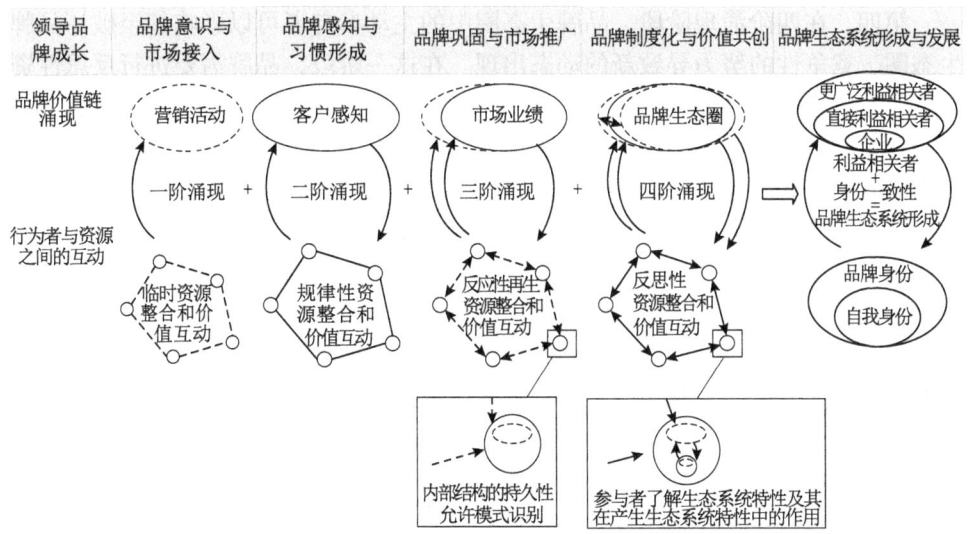

图 9-3　基于涌现理论的领导品牌生态系统形成机制

6. 结论与建议

1）研究结论

探讨品牌发展过程中的涌现阶段时发现品牌成长并非线性，而是通过不同阶段的相互作用和整合，逐步构建起强大的品牌生态系统。以下是对品牌涌现阶段研究的总结。

第一，在一阶涌现阶段，品牌通过营销活动提高市场意识和接入度。这一阶段的核心在于临时资源整合和价值互动，产生新颖但可能是短暂和脆弱的结果。营销活动的成功与否直接影响到品牌能否在市场中获得初步的认可和知名度。例如，通过创新的营销策略和有效的市场推广，品牌能够在消费者心中建立起初步的形象，为后续的品牌发展打下基础。

第二，在二阶涌现阶段，涉及规律性资源整合和价值互动，这一阶段的模式能够产生营销资源，如品牌价值、领先用户、客户倡导者等，并促进品牌感知与品牌习惯的形成。在这一阶段，品牌开始通过持续的市场活动和优质的客户服务，培养消费者的品牌忠诚度和口碑传播，从而形成稳定的客户群体和市场地位。

第三，在三阶涌现阶段，品牌需要进行战略和战术的调整，以维持营销成果，如服务质量、品牌资产，并实现业绩增长。在这一阶段，品牌不仅要保持已有的市场优势，还要通过不断的创新和改进，提升自身的竞争力，以应对市场的变化和挑战。

第四,在四阶涌现阶段,品牌生态圈中的主动参与者可以影响甚至破坏品牌生态圈,竞争性的努力导致新的动态出现。在这一阶段,品牌需要进行反思性资源整合和价值交互,筛选出身份不一致的利益相关者,推动品牌生态系统的形成。这要求品牌不仅要关注自身的发展,还要关注整个生态系统的健康状况,通过与各方利益相关者的合作和协调,实现整个生态系统的可持续发展。

第五,品牌生态系统的构建是品牌发展的关键。企业不仅要与客户建立紧密的联系,还要与更广泛的利益相关者,如供应商、分销商、投资者以及社区等,形成一种和谐共生的状态。这种状态的实现意味着所有利益相关者的身份与企业的品牌身份达成一致,共同推动品牌价值的提升和品牌的持续发展。通过这种一致性,企业能够确保其品牌信息和价值观在各个触点上得到一致的传达与体验,从而在消费者和其他利益相关者中建立起强烈的品牌认同感。这种深层次的共鸣有助于企业在竞争激烈的市场中稳固其品牌地位,并实现长期的成功和增长。

2)理论贡献

在探讨品牌生态系统构建和发展的过程中,研究引入涌现理论作为核心理论视角,以深化对品牌价值创造和维护的理解,以下是研究的理论贡献。

首先,研究采用了涌现理论作为核心理论视角,涌现理论的应用为品牌价值的动态创造过程提供了新的解释框架。涌现理论认为,复杂系统的行为和特性是通过其组成部分的相互作用而产生的,这些特性在单个组成部分中并不明显(Clayton and Davies,2006)。在品牌生态系统的背景下,这一理论有助于揭示品牌价值是如何在企业与消费者、供应商和其他利益相关者之间的互动中涌现出来的。通过这一视角,研究能够深入理解品牌价值创造的动态过程,以及品牌如何在市场中实现持续的增长和发展。

其次,研究将涌现理论应用于品牌价值链的分析中,提出了品牌价值链的四个涌现阶段:营销活动、客户感知、市场业绩和品牌生态圈(欧阳桃花等,2024)。这一理论框架的创新之处在于,它不仅考虑了品牌价值链的线性发展,还强调了品牌生态系统中各阶段之间的相互作用和反馈循环。在一阶涌现阶段,品牌通过营销活动提高市场意识和接入度;在二阶涌现阶段,品牌与消费者的互动形成了价值共创的模式;三阶涌现阶段涉及战略和战术的调整,以维持市场成果;最终在四阶涌现阶段,品牌生态圈中的参与者共同推动了生态系统的形成和发展。

最后,在品牌生态系统的形成过程中,研究强调了企业与利益相关者之间的互动和共生关系的重要性。企业通过与客户的紧密联系,以及与供应商、分销商和其他合作伙伴的协同合作,共同构建了一个支持品牌成长的生态系统(Keller and Lehmann,2003)。这一生态系统不仅包括了品牌与消费者之间的直接互动,还涵盖了品牌在更广泛的市场环境中的定位和影响力。通过这一生态系统的构建,企业能够更好地满足消费者的需求，提升品牌价值，并在竞争激烈的市场中获得优势。研究的结论为理解品牌如何在动态市场中通过价值互动实现长期发展提供了新的视角，并为品牌生态系统的策略构建提供了基础。

3）管理启示

本部分的管理启示强调了企业在品牌管理中应采取的多维度和系统性视角。通过将涌现理论融入品牌战略，关注品牌价值链中的涌现效应，并构建全面的品牌生态系统，企业能够更好地适应市场变化，实现品牌的持续增长和成功，具体阐述如下。

首先，企业应将涌现理论融入品牌战略中，以识别和利用品牌发展过程中的关键时刻。通过监测和分析品牌与消费者、合作伙伴之间的互动，企业可以发现新的市场机会和创新点。管理者应当鼓励跨部门合作，以确保品牌信息的一致性和品牌体验的连贯性，从而在市场中建立强大的品牌地位。

其次，品牌管理者应关注品牌价值链中各环节的涌现效应，特别是在客户体验和市场反馈中寻找价值共创的机会。这意味着企业需要从传统的产品中心视角转向以客户为中心的视角，通过提供个性化和差异化的体验来增强品牌忠诚度。同时，企业应通过持续的创新和改进，来维持和增强品牌资产，确保品牌在市场中的持续竞争力。

最后，企业需要采取全面的视角来构建和管理品牌生态系统，这包括与供应商、分销商、投资者以及社区等利益相关者的协同合作。管理者应当认识到，品牌的成功不仅取决于企业内部的努力，还依赖于整个生态系统中所有参与者的共同作用。因此，企业应致力于建立和维护一个健康、互利的品牌生态系统，通过有效的沟通、透明的运营和负责任的商业行为，来促进所有利益相关者的共同成长和品牌的长期成功。这要求企业在战略规划中考虑到长期利益，并在实践中不断调整和优化品牌管理策略，以适应不断变化的市场环境。

7. 研究局限与未来研究

品牌生态系统是一个动态的、不断演变的系统，它需要持续适应和响应市场环境的变化。然而，本部分在理论构建过程中可能未能充分捕捉和体现这种动态性。这意味着研究可能没有完全考虑到品牌生态系统随时间演变的特性，以及它如何适应市场的变化。这种局限性可能导致对品牌生态系统稳定性和活力维持机制的理解不够深入。

未来的研究可以更加关注品牌生态系统的演变过程，探讨如何在快速变化的市场环境中维持生态系统的稳定性和活力。这包括深入分析品牌生态系统中的各种动态因素，如市场趋势、消费者行为、技术进步等，以及这些因素如何影响品牌生态系统的结构和功能。尽管涌现理论为理解品牌生态系统提供了一个有力的分析框架，但品牌生态系统的复杂性可能需要更多理论视角的融合与深化。未来的研究可以考虑将资源基础观点、制度理论、网络理论等其他理论纳入分析，以丰富对品牌生态系统构建机制的理解。通过整合多种理论视角，研究可以更全面地解释品牌生态系统的形成、发展和演变过程，以及品牌如何在复杂的市场环境中实现持续的价值创造和竞争优势。这种多理论视角的融合有助于提供一个更为全面和深入的理解，从而为品牌管理和战略规划提供更有力的支持。

# 参 考 文 献

江远涛. 2016. 商业生态圈："互联网+"时代，构建互赢共生的商业生态模式[M]. 北京：当代世界出版社.

李纯青，吕俊峰，马宝龙，等. 2018. 多元企业认同的身份构建及其张力调和机理[J]. 心理科学进展, 26(8): 1331-1348.

毛基业，陈诚. 2017. 案例研究的理论构建：艾森哈特的新洞见：第十届"中国企业管理案例与质性研究论坛(2016)"会议综述[J]. 管理世界, (2): 135-141.

欧阳桃花，蔡家玮，伊婷，等. 2024. 数字赋能品牌价值提升研究：以国任保险为例[J]. 保险研究, (5): 12-23.

王兴元. 2000. 名牌生态系统初探[J]. 中外科技信息, (2): 70-75.

王兴元. 2006. 品牌生态系统结构及其适应复杂性探讨[J]. 科技进步与对策, (2): 85-88.

许晖，邓伟升，冯永春，等. 2017. 品牌生态圈成长路径及其机理研究：云南白药1999~2015年纵向案例研究[J]. 管理世界, (6): 122-140, 188.

许晖，薛子超，邓伟升. 2019. 区域品牌生态系统视域下的品牌赋权机理研究：以武夷岩茶为例[J]. 管理学报, 16(8): 1204-1216.

臧树伟，潘璇，胡左浩，等. 2021. 双元能力如何促进企业全渠道转型[J]. 南开管理评论, 24(4): 62-75.

张敬伟，涂玉琦，王伟，等. 2025. 创业者对反馈的意义建构如何影响创业机会开发？——基于互联网创业企业的多案例研究[J]. 南开管理评论, 28(2): 175-185.

张燚，张锐. 2005. 论生态型品牌关系的框架建构[J]. 管理评论, (1): 18-23.

张燚，张锐，刘进平. 2013. 品牌生态理论与管理方法研究[M]. 北京：中国经济出版社.

张媛，孙新波，钱雨. 2022. 传统制造企业数字化转型中的价值创造与演化：资源编排视角的纵向单案例研究[J]. 经济管理, 44(4): 116-133.

Ashforth B E. 2001. Role Transitions in Organizational Life: An Identity-Based Perspective[M]. Mahwah, NJ: Lawrence Erlbaum.

Ashforth B E, Harrison S H, Corley K G. 2008. Identification in organizations: an examination of four fundamental questions[J]. Journal of Management, 34(3): 325-374.

Baxendale S, MacDonald E K, Wilson H N. 2015. The impact of different touchpoints on brand consideration[J]. Journal of Retailing, 91(2): 235-253.

Becker L, Jaakkola E. 2020. Customer experience: fundamental premises and implications for research[J]. Journal of the Academy of Marketing Science, 48(4): 630-648.

Bhattacharya C B, Sen S. 2003, Consumer-company identification: a framework for understanding consumers relationships with companies[J]. Journal of Marketing, 67(4): 76-88.

Capra F, Luisi P L. 2014. The Systems View of Life: A Unifying Vision[M]. Cambridge: University Press.

Clayton P, Davies P. 2006. The Re-emergence of Emergence: The Emergentist Hypothesis From Science to Religion[M]. London: T&T Clark.

Corsten D, Gruen T, Peyinghaus M. 2011. The effects of supplier-to-buyer identification on operational performance: an empirical investigation of inter-organizational identification in automotive relationships[J]. Journal of Operations Management, 29(6): 549-560.

Crossan M M, Lane H W, White R E. 1999. An organizational learning framework: from intuition to institution[J]. Academy of Management Review, 24(3): 522-537.

Dabholkar P A, Bagozzi R P. 2002. An attitudinal model of technology-based self-service: moderating effects of consumer traits and situational factors[J]. Journal of the Academy of Marketing Science, 30: 184-201.

Day G S. 1994. The capabilities of market-driven organizations[J]. Journal of Marketing, 58(4): 37.

Day G S. 2011. Closing the marketing capabilities gap[J]. Journal of Marketing, 75(4): 183-195.

de Keyser A, Verleye K, Lemon K N, et al. 2020. Moving the customer experience field forward: introducing the touchpoints, context, qualities (TCQ) nomenclature[J]. Journal of Service Research, 23(4): 433-455.

DiSanza J R, Bullis C. 1999. Everybody identitiefies with Smokey the bear: employee responses to newsletter identification inducements at the US forest service[J]. Management Communication Quarterly, 12(3): 347-399.

Edelman D C. 2010. Branding in the digital age: you're spending your money in all the wrong places[J]. Harvard Business Review, 88 (12): 62-69.

Eisenhardt K M, Martin J A. 2000. Dynamic capabilities: what are they[J]. Strategic Management Journal, 21(10/11): 1105-1121.

Følstad A, Kvale K. 2018. Customer journeys: a systematic literature review[J]. Journal of Service Theory and Practice, 28 (2): 196-227.

Freeman R E. 1984. Strategic Management: Stakeholder Approach[M]. MA: Pitman, Boston.

Gioia D A, Chittipeddi K. 1991. Sensemaking and sensegiving in strategic change initiation[J]. Strategic Management Journal, 12 (6): 433-448.

Hanssens D M, Pauwels K H, Srinivasan S, et al. 2014. Consumer attitude metrics for guiding marketing mix decisions[J]. Marketing Science, 33(4): 534-550.

Haslam S A, Ellemers N. 2005. Social identity in industrial and organizational psychology: concepts, controversies and contributions[J]. International Review of Industrial and Organizational Psychology, 20: 39-118.

Helfat C E, Lieberman M B. 2002. The birth of capabilities: market entry and the importance of pre-history[J]. Industrial and Corporate Change, 11(4): 725-760.

Holbrook M B. 1994. The nature of customer value: an axiology of service in the consumption experience[M]//Rust R T, Oliver R L. Service Quality: New Directions in Theory and Practice. New York: Sage Publication: 21-71.

Holbrook M B, Hirschman E C. 1982. The experiential aspects of consumption: consumer fantasies, feelings, and fun[J]. Journal of Consumer Research, 9(2): 132-140.

Hollebeek L D, Kumar V, Srivastava R K, et al. 2023. Moving the stakeholder journey forward[J]. Journal of the Academy of Marketing Science, 51(1): 23-49.

Homburg C, Jozić D, Kuehnl C. 2017. Customer experience management: toward implementing an evolving marketing concept[J]. Journal of the Academy of Marketing Science, 45(3): 377-401.

Jain R, Aagja J, Bagdare S. 2017. Customer experience-a review and research agenda[J]. Journal of Service Theory and Practice, 27(3): 642-662.

Julie B, Parasuraman A, Dhruv G, et al. 2002. The influence of multiple store environment cues on perceived merchandise value and patronage intentions[J]. Journal of Marketing, 66(2): 120-141.

Keller K L, Lehmann D R. 2003. How do brands create value?[J]. Marketing Management, 12(3): 8-10.

Keller K L, Lehmann D R. 2006. Brands and branding: research findings and future priorities[J]. Marketing Science, 25(6): 740-759.

Klaus P, Maklan S. 2013. Towards a better measure of customer experience[J]. International Journal of Market Research, 55(2): 227-246.

Kranzbühler A M, Kleijnen M H P, Verlegh P W J. 2018. Outsourcing the pain, keeping the pleasure: effects of outsourced touchpoints in the customer journey[J]. Journal of the Academy of Marketing Science, 47(2): 308-327.

Kreiner G E, Hollensbe E, Sheep M L, et al. 2015. Elasticity and the dialectic tensions of organizational identity: how can we hold together while we are pulling apart?[J]. Academy of Management Journal, 58(4): 981-1011.

Lam S K. 2012. Identity-motivated marketing relationships: research synthesis, controversies, and research agenda[J]. AMS Review, 2(2): 72-87.

Lam S K, Ahearne M, Schillewaert N. 2012. A multinational examination of the symbolic-instrumental framework of consumer-brand identification[J]. Journal of International Business Studies, 43(3): 306-331.

Lemon K N, Verhoef P C. 2016. Understanding customer experience throughout the customer journey[J]. Journal of Marketing, 80(6): 69-96.

Makadok R. 2001. Toward a synthesis of the resource-based and dynamic-capability views of rent creation[J]. Strategic Management Journal, 22(5): 387-401.

March J G. 1991. Exploration and exploitation in organizational learning[J]. Organization Science, 2(1): 71-87.

Morgan R M, Hunt S D, 1994. The commitment-trust theory of relationship marketing[J]. Journal of Marketing, 58: 20-38.

Naik P A, Peters K. 2009. A hierarchical marketing communications model of online and offline media synergies[J]. Journal of Interactive Marketing, 23(4): 288-299.

Nakata C, Izberk Bilgin E, Sharp L, et al. 2019. Chronic illness medication compliance: a liminal and contextual consumer journey[J]. Journal of the Academy of Marketing Science, 47(2): 192-215.

Noble S M, Phillips J. 2004. Relationship hindrance: why would consumers not want a relationship with a retailer?[J]. Journal of Retailing, 80(4): 289-303.

Payne E M, Peltier J W, Barger V A. 2017. Omni-channel marketing, integrated marketing communications, and consumer engagement: a research agenda[J]. Journal of Research in Interactive Marketing, 11(2): 185-197.

Prange C, Schlegelmilch B B. 2009. The role of ambidexterity in marketing strategy implementation: resolving the exploration-exploitation dilemma[J]. Business Research, 2(2): 215-240.

Pratt M G, Foreman P O. 2000. Classifying in managerial responses to multiple organizational identities[J]. The Academy of Management Review, 25(1): 18-42.

Press M, Arnould E J. 2011. How does organizational identification form? A consumer behavior perspective[J]. Journal of Consumer Research, 38: 650-666.

Siebert A, Gopaldas A, Lindridge A, et al. 2020. Customer experience journeys: loyalty loops versus involvement spirals[J]. Journal of Marketing, 84(4): 45-66.

Stryker S. 1968. Identity salience and role performance: the relevance of symbolic interaction theory for family research[J]. Journal of Marriage and Family, 30: 558-564.

Tajfel H, Turner J C. 1986. The Social Identity Theory of Inter-Group Behavior[M]. Chicago: Nelson-Hall: 7-24.

Vargo S L, Lusch R F. 2004. Evolving to a new dominant logic for marketing[J]. Journal of Marketing, 68(1): 1-17.

Vargo S L, Lusch R F. 2011. It's all B2B... and beyond: toward a systems perspective of the market. [J]. Industrial Marketing Management, 40(2): 181-187.

Vargo S L, Lusch R F. 2020. The SAGE Handbook of Service-Dominant Logic[M]. New York: SAGE Publications.

Verhoef P C, Lemon K N, Parasuraman A, et al. 2009. Customer experience creation: determinants, dynamics and management strategies[J]. Journal of Retailing, 85(1): 31-41.

Volberda H W, Lewin A Y. 2003. Co-evolutionary dynamics within and between firms: historical and potential applications[J]. Organization Science, 14(5): 509-521.

Vough H. 2012. Not all identifications are created equal: exploring employee accounts for workgroup, organizational, and professional identification[J]. Organization Science, 23(3): 778-800.

Wang C L, Ahmed P K. 2007. Dynamic capabilities: a review and research agenda[J]. International Journal of Management Reviews, 9(1): 31-51.

Webster F E, Lusch R F. 2013. Elevating marketing: marketing is dead! Long live marketing![J]. Journal of the Academy of Marketing Science, 41(4): 389-399.

Weick K E, Sutcliffe K M. 2015. Managing The Unexpected: Sustained Performance in A Complex World[M]. 3re ed. Hoboken, NJ: John Wiley & Sons.

Weijters B, Rangarajan D, Falk T, et al. 2007. Determinants and outcomes of customers' use of self-service technology in a retail setting[J]. Journal of Service Research, 10(1): 3-21.

White K, Dahl D W. 2006. To be or not be? The influence of dissociative reference groups on consumer preferences[J]. Journal of Consumer Psychology, 16(4): 404-414.

Wind Y J, Hays C F. 2016. Research implications of the "beyond advertising" paradigm[J]. Journal of Advertising Research, 56(2): 142-158.

Winkler B A. 1999. Warp-Speed Branding: The Impact of Technology on Marketing[M]. New York: John Wiley & Sons.

Wolter J S, Cronin J J. 2016. Re-conceptualizing cognitive and affective customer-company identification: the role of self-motives and different customer-based outcomes[J]. Journal of the Academy of Marketing Science, 44(3): 397-413.

Yin R K. 2009. Case Study Research: Design and Methods[M]. 4th ed. New York: Sage Publications.

## 第四篇

# 西部地区中小企业领导品牌成长的路径分析

# 第 10 章

# 西部地区中小企业领导品牌形成期的路径分析

## 10.1 领导品牌形成期的路径分析

### 10.1.1 引言

在复杂的市场环境中,过载的信息、有限的资源、突飞猛进的技术等都对品牌的创建带来了巨大的挑战。如何能在众多的竞争中脱颖而出,创建令人耳目一新的品牌,提供客户真正所需的产品与服务,需要企业有卓越的洞察力以及对于市场敏锐的感知。对于优质产品或技术的选择成为企业进入市场的第一步,产品或技术作为载体是直接对接客户的真实客体。品牌定位作为企业对于市场客群的独特感知,影响了品牌战略的制定。商业模式是在企业经营中采用的盈利模式,为品牌的实际经营带来最为直观的效果。三类关键要素在品牌形成阶段的合理规划有助于品牌的创建与发展。

基于资源基础观的观点,本章探讨了品牌在形成期的资源获取与资源分配,特别关注品牌定位、产品品质与商业模式在品牌创建过程中的关键作用。企业在形成期内如何有效构建和发展领导品牌,成为企业长期成功的关键问题。特别是在品牌形成初期,企业面临着如何通过战略性资源配置实现快速市场突破的挑战。资源基础观通过整合企业内部资源,阐明了品牌定位、产品品质和商业模式在品牌形成期的重要性。研究表明,企业的稀缺资源有助于精准品牌定位,形成独特的差异化优势(Barney,1986)。同时,优化资源组合有助于企业提供高质量的产品,增强市场吸引力。独特的商业模式也能够通过不可模仿的资源利用,将品牌价值转化为竞争优势(Barney,1986;Wernerfelt,1984)。基于此,本章将探讨在企业形成期如何通过资源基础观的视角构建和维持领导品牌,研究从品牌定位、产品品质和商业模式三个方面入手,分析企业在形成期如何通过资源获取与整合,打造独特的竞争优势,最终实现从零到一的市场突破。此研究不仅为企业提供了品牌形成期的战略路径，还奠定了资源基础观在品牌管理应用中的理论基础。

然而，现有研究主要集中在企业如何利用稀缺资源提升品牌定位和产品品质，但关于三要素之间的互动机制以及如何通过资源的动态调整来适应市场变化，研究仍然较为不足。因此，本章不仅试图填补这一学术空白，还为企业管理者在品牌形成期的资源整合与优化提供实践参考。因此，本章采用案例研究的方法，对贵茶集团、圣源地毯、飞利达科技等三家案例企业进行深入分析，旨在对不同地区及行业的品牌进行对比分析，探究在品牌形成期，企业是如何在众多要素中确定关键核心要素，实现"立得住"的发展愿景。

### 10.1.2　文献评述

Wernerfelt（1984）在其关于企业差异化战略的研究中提出资源基础观，指出对资源的关注是企业进行战略选择的逻辑起点，并强调企业依托异质性资源、知识及能力构建资源位置壁垒是解释企业获取高额利润的关键，这一"资源-知识-能力"视角在为企业资源分配及战略发展提供依据的同时，也为后续研究指明了方向。在此基础上，Barney（1986）进一步指出企业战略选择依赖于对自身独特资源与能力的分析，认为组织所掌握信息充分与否对战略资源获取有重要影响，并提出企业获取竞争优势的基础在于其拥有的资源具备价值性、稀缺性、不可模仿性和不可替代性。这类资源不仅包括企业所拥有的资产、设备等物力资本资源，还包括品牌等在内的组织资本资源与人力资本资源，它们不仅可以帮助管理者制定和实施企业战略，还可以助力企业构建隔离机制，进而通过异质性资源构建、事前竞争限制、资源非完全移动以及事后竞争限制四种资源竞争战略，实现企业交易成本的降低与利润的维持，最终促进企业战略目标实现。

然而，当下关于资源基础观的研究主要强调了资源对于企业、经济发展的重要作用，尤其是如何获取与保持独特的资源。但是企业如何将拥有的资源进行有效转换，将其资源转变为持续的竞争优势则缺少相关研究。因此，本章研究内容不仅关注资源的重要作用，并且探究了资源的流动与转化，以探明品牌在形成期如何利用自身资源实现"立得住"的目标。

### 10.1.3　研究方法

在学术研究中，案例研究的数量选择对于保证研究结论的可靠性和说服力至关重要。研究表明，与单一案例相比，多个案例的研究能够提供更为坚实和有力的结论（Yin，2009）。通过多案例研究，可以建立更具普适性和深度的理论。本章集中探讨领导品牌形成期的形成过程，重点分析其构建中的三要素——品牌定位、产品品质和商业模式，以及这些要素的运作机制和市场效果。研究将深入探讨这一过程中的因果关系和关键影响因素。通过对多个成功的领导品牌形成期案例进行详细研究，我们可以更加全面地理解品牌在形成期中的发展路径，并探讨这些策略如何通过品牌定位、产品品质和商业模式的有效实施，推动品牌的资源整合、市场扩展和竞争力提升。

1. 案例选择

本章基于研究内容的特点，结合案例对象选取的典型性、数据的可获取性，选择贵茶集团、圣源地毯、飞利达科技三家企业作为案例研究对象。

首先，考虑到研究对象的典型性，研究选取了贵茶集团，其作为农业产业化国家重点龙头企业，成功树立了高端、健康、纯净的品牌形象，因此将其作为第一产业的代表。圣源地毯不仅仅是一家地毯制造商，更是藏毯文化的传承者与发扬者，其将产品、工艺与文化的完美融合，对于形成期的品牌发展具有良好的借鉴价值，因此，选择其作为第二产业的代表。飞利达科技在品牌成立之初，深耕通信行业，伴随科技进步，对于服务平台的打造极大助力了品牌在市场中的发展，因此将其作为第三产业案例分析的代表。这三个案例企业分别代表了品牌形成期不同的发展方向和不同的发展特点，为我们进行案例分析提供了良好的分析资料。

其次，在案例研究的数据的可获取性方面，贵茶集团、圣源地毯、飞利达科技作为所在省份及行业的领导品牌，在公开渠道展示了详尽的企业信息和产品信息。这些内容涵盖了品牌发展历程、产品类型、社会评价等各方信息，并且，在对企业内部人员的采访过程中，也再次验证了所获取的信息的真实性。数据来源的多样性以及数据内容的丰富性为研究内容奠定了坚实的基础，有助于深刻分析品牌在形成期如何实现"立得住"的企业愿景。

2. 数据收集

本章在数据收集方面，通过多渠道进行案例资料的收集，确保不同来源的数据可以相互印证。数据收集的途径主要包括线上访谈、实地调研参观、官方网站、政府数据等，以确保资料的翔实与准确性，具体如表10-1所示。

表 10-1　数据收集信息

| 案例企业 | | 数据来源 | 数据内容 | 字数/万字 |
|---|---|---|---|---|
| 贵茶集团 | 一手数据 | A1 书面访谈 | 企业发展路径，品牌定位 | 0.40 |
| | 二手数据 | A2 企业公开资料（包括网页、公众号、商域账号、公开报道） | 企业市场表现，经营状况 | 3.80 |
| | | A3 政府报道 | 企业监管，资源管理 | 0.18 |
| 圣源地毯 | 一手数据 | B1 线上访谈：董事长 | 企业价值创造路径及科技应用 | 2.50 |
| | 二手数据 | B2 企业公开资料（包括网页、公众号、商域账号、公开报道） | 工艺流程，产业链，供应链 | 1.30 |
| | | B3 政府报道 | 技术应用，产业发展 | 0.62 |
| 飞利达科技 | 一手数据 | C1 线上访谈：副总经理 | 企业发展路径，品牌定位 | 1.40 |
| | 二手数据 | C2 企业公开资料（包括网页、公众号、商域账号、公开报道） | 综合发展，技术应用，产业模式 | 1.90 |
| | | C3 政府报道 | 转型升级，模式探索 | 0.21 |

## 10.1.4　案例描述

本部分将所选的三个案例进行描述，为后面的案例分析打下基础。

1. 贵茶集团的案例描述

贵茶集团成立于 2010 年，是一家集茶叶种植、科研、生产、营销及茶旅于一体的全产业链现代茶企，也是农业产业化国家重点龙头企业。在品牌形成期，集团精准确立了"以名优茶、抹茶为核心，致力于传递高品质的茶文化与生活理念"的品牌定位，通过卓越的产品品质和独特的商业模式，成功树立了高端、健康、纯净的品牌形象。

在产品品质方面，贵茶集团从源头抓起，拥有 14 万亩达到欧标的专属茶园，并严格遵循欧盟食品安全标准，确保茶叶的纯净与天然。同时，集团引进日本顶级抹茶制造工艺和现代化生产线，实现全程机械化、自动化生产，保证了产品的稳定性和高品质。此外，贵茶集团还与国际权威检测机构合作，共建质量管理体系，确保产品符合多项国际标准，进一步提升了产品的国际竞争力。

在商业模式上，贵茶集团通过全产业链布局实现盈利，从茶园到茶杯的每一个环节都受到严格的质量控制。集团采用"龙头企业+联盟企业（合作社）+农户"的发展模式，实现了产业分工和资源共享，带动了当地茶农增收致富，促进了乡村振兴。在营销方面，贵茶集团采用全渠道品牌传播策略，结合线上新媒体和线下展会、论坛等多种渠道，全方位提升品牌知名度和影响力。同时，集团还积极与国际知名品牌合作，共同研发抹茶饮品等衍生产品，进一步拓展了市场空间和盈利来源。

贵茶集团在品牌形成期通过精准的品牌定位、卓越的产品品质和独特的商业模式，成功树立了行业内的领先地位，并为中国茶产业的发展做出了积极贡献。未来，随着品牌的不断发展和壮大，贵茶集团有望在全球茶市场中占据更加重要的地位。

2. 圣源地毯的案例描述

圣源地毯作为一家集地毯设计、研发、生产、营销、检测于一体的集团化企业，专注于中高端工程定制地毯市场，以其独特的品牌定位、卓越的产品品质和创新的商业模式，在激烈的市场竞争中脱颖而出。圣源地毯的品牌定位精准而独特，它不仅仅是一家地毯制造商，更是藏毯文化的传承者与发扬者。公司深耕藏毯这一非物质文化遗产，将传统技艺与现代设计完美融合，打造出既富含文化底蕴又不失时尚感的地毯产品。圣源地毯以"专业、卓越、创新、绿色"为经营理念，致力于成为地毯行业中的高端定制专家。通过精准的品牌定位，圣源地毯成功地在消费者心中树立了高品质、个性化的品牌形象，吸引了大量追求生活品质与文化内涵的消费者。

圣源地毯引进国内外领先的生产设备和技术，确保每一块地毯都能达到甚至超越行业标准。从原材料的选择到生产过程的每一个细节，圣源地毯都严格把关，力求完美。同时，公司拥有一支由国家级非物质文化遗产代表性传承人领衔的专业技术团队，他们不仅传承了古老的藏毯编织技艺，还不断进行创新，将传统与现代巧妙结合。这种对品质的极致追求，使得圣源地毯在市场上赢得了极高的声誉和口碑。

圣源地毯的商业模式同样别具一格。公司采取"个性化定制+高端工程市场"双轮驱动的策略，既满足了消费者对个性化、高品质地毯的需求，又抓住了高端酒店、游轮、会议中心等工程市场的巨大潜力。在销售渠道上，圣源地毯通过经销商网络和直接参与项目投标两种方式并重，确保了市场的广泛覆盖和项目的稳定获取。此外，公司还积极探索线上销售渠道，利用电商平台和社交媒体进行品牌推广与产品销售，进一步扩大了市场份额。在客户关系管理上，圣源地毯注重长期合作与口碑营销，通过提供卓越的产品和服务赢得了众多长期客户的信赖与支持。圣源地毯在品牌形成期通过精准的品牌定位、卓越的产品品质和创新的商业模式实现了快速发展。

3. 飞利达科技的案例描述

飞利达科技自1998年起，便深耕通信行业，从零售商逐步扩展至批发商，并建立起覆盖全省的业务网络。然而，随着互联网的发展，传统手机零售与批发渠道的利润空间日益缩减，迫使飞利达科技开始探索转型之路。2013年，飞利达科技应运而生，标志着公司正式迈入数字化转型的新阶段。

在品牌形成期，飞利达科技首先明确了其品牌定位——成为传统通信行业向互联网转型的引领者。公司不局限于单一的产品销售，而是致力于打造一个集软件服务、硬件产品、增值业务于一体的综合服务平台。这一品牌定位不仅体现了飞利达科技对行业趋势的深刻洞察，也为其后续的业务拓展奠定了坚实的基础。通过"手机e站""钢铁e站"两大平台的搭建，飞利达科技成功地将品牌定位融入实际业务中，形成了独特的品牌识别度。

在产品品质方面，飞利达科技始终将用户体验放在首位。无论是通信产品还是钢铁产品，公司都严格把控产品质量，确保每一件产品都能满足用户的需求。同时，飞利达科技还依托自主研发的"手机e站"管理系统，为下游分销商和中小门店提供进销存管理、客户管理、贸易撮合等全方位服务。这些服务不仅提升了产业链效率，也增强了用户对飞利达科技品牌的信任度和忠诚度。通过不断优化产品品质和服务体验，飞利达科技逐渐在市场中树立起了良好的品牌形象。在商业模式方面，飞利达科技创新性地提出了"智能终端产品销售行业综合服务平台"的概念。该平台通过整合上下游资源，为产业链上的各个环节提供一站式解决方案。在收入构成上，飞利达科技实现了多元化发展，包括硬件销售、软件服务、增值业务以及供应链金融等多个方面。这种多元化的商业模式不仅降低了公司的经营风险，也为其带来了稳定的收入来源。此外，飞利达科技还积极拓展新能源和数字化等新兴业务领域，进一步拓宽了公司的盈利渠道。

飞利达科技在品牌形成期通过明确品牌定位、提升产品品质、创新商业模式等多方面的努力，成功地在竞争激烈的通信行业中脱颖而出。公司的"手机e站""钢铁e站"两大平台不仅为用户提供了便捷高效的服务体验，也为公司带来了显著的经济效益和社会效益。随着5G时代的到来和数字化转型的深入推进，飞利达科技有望在未来继续保持领先地位并实现更加辉煌的发展成就。

## 10.1.5 案例分析

领导品牌形成期过程可以划分为品牌定位、产品品质、商业模式三个方面。案例企业通过品牌定位、产品品质来构建商业模式，实现品牌的快速崛起，来使企业迅速"立得住"。

1. 品牌定位

基于属性定位，围绕核心痛点展开资源能力组合配称，重点解决品牌功能性价值创新的问题；基于利益定位，展开功能产品化的配称动作，重点解决品牌体验性价值创新的问题；基于价值定位，展开产品品牌化配称动作，重点解决品牌象征性价值创新的问题。三次定位进阶，渐进形成品牌价值创新内生性增长动力，为西部地区中小企业在形成期"立得住"提供理论指导。

1）贵茶集团的品牌定位

贵茶集团以其精准的品牌定位策略，成功在竞争激烈的市场中脱颖而出。首先，在属性定位上，贵茶集团敏锐地洞察到抹茶市场的巨大潜力，果断将目光投向抹茶赛道，并迅速扩大生产规模，专注于高端市场的开发。这一策略不仅体现了公司对市场趋势的准确把握，也彰显了其追求品质与创新的决心。在利益定位方面，贵茶集团通过多元化产品线的布局，进一步巩固了其在市场中的地位。公司不仅提供高品质的抹茶产品，还积极研发抹茶饼干、抹茶巧克力等深加工产品，这些产品不仅丰富了消费者的选择，也极大地提升了产品的附加值。此外，贵茶集团还注重个性化定制服务，满足消费者对独特性和个性化的需求，这种以消费者为中心的服务理念，大大增强了品牌的吸引力和忠诚度。在价值定位层面，贵茶集团将助农兴农作为企业的社会责任，积极参与扶贫工作，帮助茶农增收致富。这一举措不仅展现了企业的社会责任感，也赋予了品牌更深层次的象征性价值。通过将企业文化与公益事业相结合，贵茶集团成功塑造了积极向上的品牌形象，赢得了社会各界的广泛赞誉。贵茶集团通过精准的品牌定位、多元化的产品线布局以及积极履行社会责任，实现了品牌价值的全面提升，为西部地区中小企业在形成期"立得住"提供了宝贵的经验借鉴。

2）圣源地毯的品牌定位

圣源地毯以其独特的文化融合战略，在激烈的市场竞争中独树一帜。在属性定位上，圣源地毯专注于藏毯这一传统手工艺品，通过与现代设计的巧妙结合，赋予了产品新的生命力。公司不仅保留了藏毯的天然材质和精湛工艺，还将其融入现代家居美学中,满足了消费者对高品质生活的追求。在利益定位方面,圣源地毯通过个性化定制服务,满足了不同消费者的多样化需求。公司深入了解市场趋势和消费者偏好,提供从设计到生产的一站式解决方案,确保了产品的独特性和实用性。此外,圣源地毯还注重售后服务和客户关系管理,通过优质的服务体验赢得了消费者的信任和好评。在价值定位层面,圣源地毯不仅是一款家居用品,更是一种文化的传承和表达。公司积极传播藏毯文化,让消费者在享受高品质生活的同时,也能感受到传统文化的魅力。这种文化融合的策略不仅提升了品牌的附加值,也增强了品牌的象征性价值。圣源地毯通过文化融合战略、个性化定制服务以及积极的品牌文化传播,成功塑造了独特的品牌形象和市场地位。其成功经验为西部地区中小企业在品牌建设方面提供了有益的启示和借鉴。

3)飞利达科技的品牌定位

飞利达科技作为一家在垂直行业深耕多年的企业,通过数字化转型和创新服务策略,实现了业务的快速增长和品牌价值的提升。在属性定位上,飞利达科技聚焦于通信和钢铁等垂直行业,通过技术创新和资源整合,打造了完善的业务生态体系。这一策略不仅提升了公司的市场竞争力,也为客户提供了更加全面和高效的服务。在利益定位方面,飞利达科技通过打造"手机 e 站"等服务平台,解决了中小手机零售商在供应链、销售、售后等方面的痛点问题。公司利用大数据和互联网技术,为客户提供精准的市场分析和营销策略支持,助力其提升运营效率和盈利能力。此外,飞利达科技还积极拓展供应链金融业务,为客户提供更加灵活和便捷的融资渠道。在价值定位层面,飞利达科技致力于成为行业领先的数字化服务提供商。公司通过不断创新和优化服务流程,为客户创造更大的价值。同时,飞利达科技还注重品牌形象的塑造和传播,通过参加行业展会、举办技术交流会等方式提升品牌知名度和美誉度。这种以客户为中心、以价值创造为导向的品牌定位策略不仅赢得了客户的信任和支持,也为公司的长远发展奠定了坚实的基础。飞利达科技通过聚焦垂直行业、打造创新服务平台以及注重品牌形象塑造等策略实现了品牌价值的全面提升。其成功经验为西部地区中小企业在数字化转型和服务创新方面提供了有益的参考与借鉴。

2. 产品品质

基于信号理论,产品品质优化可以详细划分为三个关键阶段:企业产品(信号设计)、信号传递以及客户感知与反馈(信号接收与反馈)。不同品牌定位的企业在产品选择方面也呈现出较大差异,企业基于信号理论精准传递优质产品信息,有助于品牌在形成期实现良好发展。

### 1）贵茶集团的产品品质

贵茶集团以精准的品牌定位为核心，结合严格的产品品质控制与广泛的信息传递策略，成功塑造了高品质茶叶品牌的形象。在产品品质方面，贵茶集团坚持欧标，确保每一颗茶叶都通过严格检测，这不仅是对自身产品质量的自信，也是对消费者健康的承诺。通过"欧标抹茶""红宝石红茶""绿宝石绿茶"等主打产品畅销国内外，贵茶集团不仅传递了高品质的信号，也赢得了市场的广泛认可。

在信息传递上，贵茶集团充分利用多种渠道，包括国内 30 多个大中城市及 40 多个海外国家的销售网络，有效扩大了品牌影响力。这种广泛的传播不仅提升了品牌知名度，也增强了消费者对贵茶集团品牌的信任感。此外，贵茶集团还通过持续的创新和深耕市场，积累了一大批忠实消费者，进一步巩固了其在高端茶叶市场的地位。

在客户感知与反馈层面，贵茶集团凭借卓越的产品质量和优质的服务体验，赢得了客户的信赖与认可。这种正面反馈不仅体现了贵茶集团品牌的价值所在，也为公司后续的产品品质优化和市场拓展提供了有力支持。综上所述，贵茶集团通过精准的品牌定位、严格的产品品质控制、广泛的信息传递以及积极的客户互动，成功构建了高品质茶叶品牌形象，实现了品牌价值与市场份额的双重提升。

### 2）圣源地毯的产品品质

圣源地毯以"品质卓越"为核心品牌定位，通过夯实供应链实力、打造高品质地毯产品，在行业内树立了良好的口碑。在产品品质方面，圣源地毯以其卓越的质量和稳定的使用寿命著称，业内对其产品质量的认可度高，这为公司赢得了大量回头客。

在信息传递上，圣源地毯通过广泛的业务网络和良好的客户口碑，有效传递了高品质的品牌信号。产品的使用寿命一般是 3~5 年，公司会根据客户购买周期进行个性化定制，取得了良好的口碑。

在客户感知与反馈层面，圣源地毯凭借高品质的产品和优质的服务赢得了客户的信赖与认可。客户反馈显示，圣源地毯质量稳定可靠，多次翻新仍选择圣源地毯，这充分证明了客户对品牌的高度信任和忠诚。此外，圣源地毯还通过提供个性化定制服务等方式，进一步提升了客户的满意度和品牌价值感知。综上所述，圣源地毯通过卓越的产品品质、广泛的信息传递以及积极的客户互动，成功构建了高品质地毯品牌形象，赢得了市场的广泛认可和客户的信赖。

3）飞利达科技的产品品质

飞利达科技以"技术创新与供应链优化"为核心品牌定位，通过严格的产品品质控制、广泛的信息传递以及高效的客户赋能策略，实现了业务的快速增长和品牌价值的提升。在产品品质方面，飞利达科技致力于供应链的拓展和实力的夯实，通过严格的质量控制和供应链管理，确保了产品的高品质与稳定性。

在信息传递上，飞利达科技通过打造覆盖全国的业务网络、连接超过 300 家分销商和 58 000 家零售商的"手机 e 站"平台，实现了信息的广泛传播和市场的深度覆盖。这种多渠道、全方位的信息传递策略不仅提升了品牌知名度，也增强了客户对飞利达科技品牌价值的认知。

在客户感知与反馈层面，飞利达科技通过提供一站式移动互联网营销、供应链金融等综合服务为客户赋能增效。这种高效的客户赋能策略不仅提升了客户的经营效率和盈利能力，也增强了客户对飞利达科技品牌的信赖与认可。此外，飞利达科技还注重客户反馈的收集与分析，不断优化产品与服务以满足客户需求，进一步巩固了与客户之间的良好关系。综上所述，飞利达科技通过精准的品牌定位、严格的产品品质控制、广泛的信息传递以及高效的客户赋能策略成功构建了技术创新与供应链优化的品牌形象，实现了业务的快速增长和品牌价值的显著提升。

3. 商业模式

依据资源编排理论，企业通过资源编排能够有效推动商业模式价值获取，基于资源编排理论的商业模式价值逻辑分成三个阶段，即资源建构阶段、资源捆绑阶段、资源利用阶段，然而不同品牌的商业模式呈现出较为明显的异质性。

1）贵茶集团的商业模式

贵茶集团通过资源编排理论成功塑造了其独特的商业模式，实现了从资源建构到资源捆绑，再到资源利用的全面布局。在资源建构阶段，贵茶集团斥巨资打造了国内领先的贵茶产业园，引进了世界最先进的制茶设备，这不仅提升了产品品质，也为后续的市场拓展奠定了坚实基础。同时，贵茶集团还通过生态构建，将茶园、生产、销售等环节紧密相连，形成了一个完整的产业链生态。进入资源捆绑阶段，贵茶集团创新性地采用了"龙头企业+联盟企业（合作社）+农户"的发展模式，有效整合了产业链上下游资源，实现了多方共赢。通过与各地茶园和农户的紧密合作，贵茶集团不仅保证了原料的稳定供应，还带动了当地经济的发展，提升了品牌影响力。在资源利用阶段，贵茶集团凭借高品质的产品和广泛的市场网络，成功打开了国内外市场。公司主打产品畅销国内外，不仅赢得了消费者的信赖，也为公司带来了可观的收益。此外，贵茶集团还注重市场深耕，通过不断优化产品和服务，满足消费者多样化的需求，进一步巩固了市场地位。

2）圣源地毯的商业模式

圣源地毯同样运用资源编排理论，构建了高效协同的商业模式。在资源建构方面，圣源地毯致力于供应链的拓展和夯实，通过技术创新和资源整合，不断提升产品品质和生产效率。同时，圣源地毯还积极打造综合服务平台，为客户提供全方位的服务支持。例如，圣源地毯注重前期投资，选择更高品质的多色彩的设备，仅初期前三年投资就超过 3 亿元。进入资源捆绑阶段，圣源地毯通过个性化定制服务，紧密连接了客户与品牌之间的关系。圣源地毯能够根据客户需求提供多样化的地毯解决方案，不仅提升了客户满意度，也增强了客户黏性。此外，圣源地毯还通过市场开拓，与各地经销商建立了稳定的合作关系，进一步扩大了市场覆盖范围。在资源利用阶段，圣源地毯注重流程优化和效率提升。通过优化供应链管理、加强出货环节的跟进等措施，圣源地毯确保了产品的高效流通和快速响应市场需求。同时，圣源地毯还通过提供增值服务如供应链金融等，为客户创造更多价值，实现了商业模式的持续创新和发展。

3）飞利达科技的商业模式

飞利达科技依托资源编排理论，构建了以技术创新和供应链优化为核心的商业模式。在资源建构阶段，飞利达科技深耕垂直行业与互联网数字化领域，通过自主研发和技术创新打造了"手机 e 站""钢铁 e 站"两大综合服务平台。这些平台的建立不仅为飞利达科技提供了强大的技术支持和市场竞争力，也为后续的资源捆绑和利用奠定了坚实基础。进入资源捆绑阶段，飞利达科技通过链条联结策略加强了与供应链上下游企业的合作与协同。通过拓展供应链实力、提升供应链效率等措施，飞利达科技实现了资源的有效整合和优化配置。同时，飞利达科技还注重与经销商的合作与服务支持，通过提供全方位的资源对接和市场开拓服务增强了合作关系的稳定性与持久性。在资源利用阶段，飞利达科技通过市场深耕和流程优化策略不断提升市场竞争力。飞利达科技不仅积极拓展国内外市场实现了产品的广泛销售和应用推广，还通过优化内部管理流程、提升服务效率等措施提高了客户满意度和忠诚度。这些举措不仅为飞利达科技带来了可观的经济效益，还进一步巩固了其在行业内的领先地位。

4. 品牌形成期路径分析

本章给出了中小企业领导品牌形成期的路径。通过对贵茶集团、圣源地毯和飞利达科技三家企业的案例进行研究，可以发现，在企业形成期通过品牌定位、产品品质和商业模式三个要素的有效整合，能够推动企业在形成期"立得住"，如图10-1所示。

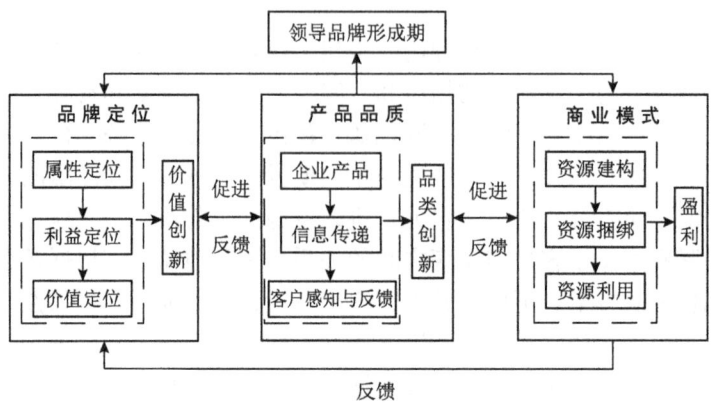

图 10-1　领导品牌形成期路径分析

品牌定位是品牌建设的基石，它明确了品牌的属性、利益和价值定位。属性定位确立了品牌的核心特征，使品牌在市场中具有独特的辨识度；利益定位则直接关联到消费者的实际需求，确保品牌能够持续满足并超越消费者的期望；价值定位则传达了品牌对消费者的价值承诺，构建了品牌与消费者之间的情感纽带。通过三阶定位层层递进不断开发新品类来满足市场需求，实现价值创新。

产品品质是品牌赢得市场的关键。企业需通过生产高质量的产品，并有效传递产品信息，以赢得消费者的信任与青睐。同时，客户对产品的感知和体验直接决定了品牌的口碑与忠诚度。企业根据客户反馈进行产品创新，不断提升产品品质，优化客户体验，保持品牌持续发展。

商业模式则是品牌实现盈利与可持续发展的保障。通过构建和整合资源，形成独特的盈利模式，品牌能够在激烈的市场竞争中脱颖而出。资源的有效利用与绑定，不仅提高了资源的利用效率，还增强了品牌的抗风险能力。而盈利目标的实现，则为品牌的进一步扩张与创新提供了坚实的经济基础。

## 10.1.6　结论与建议

1. 研究结论

本章提出了如何实现领导品牌形成期的路径形成。通过评估企业在品牌定位、产品品质、商业模式这三要素中的表现,来确定这些要素对品牌形成期的贡献大小,以及如何相互作用来达成领导品牌形成期"立得住"的目标。企业通过在这些关键要素上的精确执行,逐步达成领导品牌的形成,并由此得出了以下结论。

第一,品牌定位有助于品牌资产的培育。不同类型的品牌在成立期有不同的发展方向,因此产生不同的品牌定位。对于功能型的品牌来说,可能在成立初期,品牌更加注重对于功效性的创新,对于体验型的品牌来说,企业则更加关注在服务方面的创新发展,对于价值型的品牌来说,企业则会把价值观的传递作为品牌定位的首要考虑因素。因此,品牌定位展现了企业发展的首要目标,并且在后续发展过程中会不断影响品牌各项决策的实施。

第二,产品品质作为品牌声誉的基石,强有力的产品品质不仅改变传统的营销渠道,使其由企业找寻客户转变为客户依赖企业,而且优质的产品品质也能在行业中快速提升品牌影响力,扩展市场份额。多方的研究数据表明,产品品质作为引发品牌认可、形成品牌共鸣的基本手段,对于形成期的品牌发展具有重要的指导作用。

第三,盈利的商业模式是企业成功的关键。如何确定有效的商业模式,其关键在于对资源的获取与分配。品牌必须精准识别掌握资源,通过对资源的建构、捆绑与利用,有效识别市场需求,从而明确商业模式的盈利途径。复杂的市场环境对于商业模式的确立带来了较大的挑战,这就需要在明确商业模式的同时考虑相关者对于资源的需求,平衡各方需求才能制定适宜的商业模式。

第四,品牌定位、产品品质和商业模式在形成期的协同作用确保了企业的竞争优势与市场成功。品牌定位为产品品质和商业模式提供了明确的方向,产品品质支撑了品牌定位的市场落地,而商业模式通过整合二者,将品牌价值和产品优势转化为市场收益。三者之间的协同作用,不仅增强了企业的市场适应性和竞争力,还推动了品牌在形成期的稳固发展,并为未来的品牌成长奠定了坚实基础。

2. 理论贡献

本章在品牌形成期的理论贡献主要体现在将资源基础观与资源捆绑理论相结合,深入探讨了品牌形成期的三要素:品牌定位、产品品质和商业模式。研究创新性地将资源管理理论与品牌成长路径结合,揭示了企业如何通过整合内部和外部资源,实现品牌在形成期的竞争优势,具体贡献如下。

第一,深化了资源基础观在品牌管理中的应用,丰富了该理论的应用情境。资源基础观认为企业因拥有独特的资源,区别于其他竞争者,从而在市场竞争中占据一席之地(Chamberlin,1948)。企业所掌握的资源具有稀缺性、不可替代性,且难以模仿,正是源于资源的掌握才促使企业可以获得持久的竞争优势

(Barney et al., 2001)。本章基于资源基础观,探究在品牌形成期,企业如何通过掌握的已有资源实现"立得住"的目标。通过多家企业访谈,最终发现在品牌形成期,企业依赖于精准的产品定位、优质的产品品质、盈利的商业模式实现有效运行,并且在此过程中不断进行资源的合理流动,以达到增效降本的初期目标。因此,资源基础观在品牌形成期的运用拓宽了其研究情境,不再局限于企业发展的研究,更是丰富了其在品牌发展进程中的重要作用。

第二,丰富了品牌在形成期的路径研究。加快品牌建设对于企业发展来说具有重要意义,企业的发展已经从最初的简单产品销售到谋求更长远的发展,在发展过程中品牌的建设发挥了至关重要的作用。中小企业在品牌形成初期,所面临复杂的市场环境和有限的资源对于企业发展都是不利条件,如何在有限的特有资源中开辟出一条生存路径,是众多中小企业关心的问题(曾国军等,2022)。本章主要探讨了品牌定位、产品品质、商业模式在品牌形成期的关键作用,三类要素如何通过资源分配与互补有效实现品牌的建立,激发品牌如何在众多要素中找到关键要素、制定合理发展路径,企业如何在成立初期突出重围进入目标客群视野。

第三,加强了品牌定位、产品品质、商业模式三者之间的互动关系。本章内容主要探究了在品牌形成期企业如何依据已有资源进行有效的品牌定位,品牌定位不仅仅是一种产品标识,更是品牌消费者心中的形象(Keller,2003),伴随数字化技术的出现,品牌所掌握的资源也从传统资源扩展为更为丰富的数字化元素。产品品质则是企业在明确品牌定位以后,确认品牌生产何种产品、依赖何种技术才能吸引消费者,通过众多访谈最终确认优质的产品才是吸引客户的核心要素。商业模式扮演了连接各类资源与伙伴关系的角色,并致力于实现企业发展的盈利状态(奥斯特瓦德和皮尼厄,2011)。本章基于资源基础观,探究三类要素如何在资源驱动下有效进行资源流动,实现品牌形成期的有效运行。

3. 管理启示

本章在研究中,通过对品牌形成期的企业进行分析,主要在以下几方面提出管理启示。

第一,重视商业模式的创新。在品牌形成期,有效且独特的商业模式利于企业快速获取经济利益,为品牌进入市场积累经济资源。商业模式的确立可以参照龙头企业的经营模式,但是,企业应该对初创期所拥有的资源进行清晰定位,明确优劣势才能更好地开发适宜本企业发展的商业模式。对于商业模式的研究伴随技术手段的进步也成为品牌发展创新的重要支点。

第二,明晰品牌定位,精准的品牌定位对企业的持续发展具有导向作用。品牌在成立初期依据品牌定位在传播方式、生产方式及盈利模式上展现的不同的发展特点，并且在目标客群的获取上也取决于品牌定位。市场环境的复杂变化会影响品牌的传播渠道，但是品牌定位并不会伴随市场环境实时发生改变，稳定精准的品牌定位才是企业不断深耕发展的基点。

第三，维系优质的产品品质。产品作为品牌接触客户的载体，其质量优劣是客户最为直接的感知，因此，优质的产品品质是品牌维系客户群体、稳定市场地位的重要途径。通过对多家案例企业的访谈，企业负责人表示品质才是企业赢得客户认可的基石，优质的品质使其在行业中不再处于找寻客户的劣势，而是凭借优质品质获得了供不应求的主导地位。

总之，品牌在形成期的发展，一方面需要精准的品牌定位以及优质的产品品质来进入市场，赢得客户认可；另一方面，品牌需要寻求适用的商业模式获得利润，促进品牌持续发展。

## 10.1.7 研究局限与未来研究

品牌形成是对市场资源进行识别与获取的过程，研究通过对资源的分析，探究品牌是如何进入市场，实现"立得住"。由于差异化的产品选择、资源获取、经济积累，不同的品牌在进入市场的途径与目标存在不同，但是这些因素对于品牌形成期的选择具有何种关联、是否具有程度上的区分等，这些"黑箱"尚未被深入挖掘，可以在后续的研究中展开分析。

因此，在未来的研究中，我们可以从以下几方面来展开进一步的探讨。首先，深入探讨三类要素之间的动态平衡与相互作用。未来研究可以更深入地探讨品牌定位、产品品质和商业模式三者在不同发展阶段中的动态平衡与互动机制，尤其是在品牌形成期不同阶段的调整和演化过程。这将有助于企业了解在竞争压力和市场需求变化下如何灵活调整三类要素，以保持品牌的竞争优势。其次，探讨外部因素对三类要素的影响。未来研究可以加强对外部环境的关注，特别是市场变化、政策调整和技术进步等外部因素如何影响品牌定位、产品品质及商业模式的选择与实施。例如，探讨在数字化转型、全球供应链变化等背景下，企业如何通过调整这三类要素应对外部环境的挑战，从而促进领导品牌的形成。最后，未来的研究可以涵盖更多行业和地区的企业，以提高研究结论的普适性。特别是对于新兴市场、互联网经济等领域，企业在品牌形成期的战略选择可能具有很大差异，研究可以通过跨行业、跨市场的案例对比，更全面地分析领导品牌形成期三类要素的多样化表现。

## 10.2 基于领导品牌形成期的政策建议

在当今经济快速发展的背景下,各种数字技术与智能技术的推动,对形成期品牌的发展既带来了机遇,也带来了不小的挑战。如何应对快速发展的时代变革与突飞猛进的技术变革,引导品牌的良性形成也是政府推动发展经济的核心要点。品牌已经成为企业核心竞争力的重要标志,也是区域经济发展水平的重要标识,更是国家经济实力的重要体现,因此品牌在经济发展中的重要性愈发凸显。在品牌的形成期,政府的引导和支持起着关键作用。一方面,我国正处于经济转型的关键时期,从高速增长阶段转向高质量发展阶段,品牌建设成为推动经济转型升级的重要力量。另一方面,随着消费者对产品品质和品牌价值的关注度不断提高,企业迫切需要通过品牌建设提升市场竞争力。而在品牌形成的初期,企业往往面临着资金、技术、人才等方面的困难,需要政府政策的支持和引导。

在品牌形成期,政府的主要抓手可以集中在营造良好的营商环境、提供配套的基础设施以及对于人才和资金的引流等方面,以良好的氛围来吸引品牌的入驻与创建。因此,可以考虑从以下几方面进行优化。

第一,营造良好的营商环境。为了适应时代发展的要求,政府可以进一步引导企业加强品牌建设,拓展重点领域的品牌,不断鼓励品牌消费。在此政策指导背景下,应该不断健全品牌发展的法律法规,加强政府对于市场的监管,支持企业在品牌方面的创新与改革,维护品牌建设过程中企业的合法权益。在"引凤筑巢"方面,可以完善招商引资的税收扶持、基础环境建设、吸引优秀人才等利于品牌建设支持的政策。政府也可以鼓励企业加大品牌建设投入、引入品牌管理体系、加强品牌培育能力,对于建设品牌发展有优秀贡献的企业可以实施激励政策。

第二,加强对于技术创新的鼓励,实施全产业链的培育,加强企业品牌建设和产业链协同联动,促进区域品牌的建设。同时加强部门及行业的协作,促进商标品牌的发展与产业发展、科技发展等相互衔接,推动品牌发展中各要素的协同发展。此外,可以在当地培育更加智能化、更加绿色化、更加精细化的品牌运营体系,鼓励企业实现优质品牌的创建。对于技术创新的推动有助于形成具有"领跑者"特征的品牌建设,形成带动区域发展的区域品牌。

第三,加强对于优秀人才的吸引政策。优秀的人才对于品牌的建设以及形成期品牌的推广具有不可替代的关键作用,全国多个省份已经开启了对于人才的争夺战,对于人才的吸引才是经济发展的持久动力。支持企业实施品牌人才提升计划,完善人才培养与引进机制,提升品牌创建、运营和管理能力。在人才吸引过程中,政府政策的支持是招揽人才的首要因素,人才对于政府政策的信赖才是人才流动的关键因素。在此背景下，政府可以联合企业进行优质人才招揽计划，鼓励企业与高校对人才进行联合培养，将人才的创新思维与企业的切实需求相结合，更好地为品牌建设贡献力量。

第四，鼓励创造品牌消费热点与营造良好的品牌消费环境。讲好品牌故事，做好品牌传承越来越成为品牌建设的特色开端。企业在发展过程中践行以质量为重点，促进品牌向绿色、健康、传承等持久的方向发展。政府可以积极推广品牌宣传方式，让品牌故事来源于基层，走向消费者，创建消费者认可、信任的优质品牌。鼓励企业不断挖掘新的品牌消费热点、培育新型品牌消费方式，做好品牌发展的基础设施保障。除此之外，政府也可以依托中华优秀传统文化以及特色地方文化，展开品牌文化系列活动，吸引消费者在沉浸式体验中不断接触品牌，营造品牌消费的良好氛围。

总之，政府在品牌形成期如何提供更加完善的配套设施，推行更加有益的招揽政策，实施更加有效的品牌传播途径，对于形成期的品牌建设具有极大裨益。

# 参 考 文 献

奥斯特瓦德 A，皮尼厄 Y. 2011. 商业模式新生代[M]. 王帅，毛心宇，严威，译. 北京: 机械工业出版社.

曾国军，王荷，徐雨晨. 2022. 他山之石，如何攻玉: 小企业拼凑外部资源加快品牌建设机理研究[J]. 南开管理评论, 25(6): 29-40.

Barney J B. 1986. Strategic factor markets: expectations, luck, and business strategy[J]. Management Science, 32(10): 1231-1241.

Barney J, Wright M, Ketchen D J, Jr. 2001. The resource-based view of the firm: ten years after 1991[J]. Journal of Management, 27(6): 625-641.

Chamberlin E H. 1948. The Theory of Monopolistic Competition A Re-Orientation of the Theory of Value[M]. Harvard: Harvard Economic Studies.

Keller K L. 2003. Understanding brands, branding, and brand equity[J]. Journal of Direct Data and Digital Marketing Practice, 5: 7-20.

Wernerfelt B. 1984. A Resource-based view of the firm[J]. Strategic Management Journal, 5(2): 171-180.

Yin R K. 2009. Case Study Research: Design and Methods[M]. 4th ed. New York: Sage Publications.

# 第 11 章

# 西部地区中小企业领导品牌成长期的路径分析

## 11.1 领导品牌成长期的路径分析

### 11.1.1 引言

在快速变化的市场环境中,领导品牌的持续成长和市场扩展成为企业长期成功的关键。在品牌从形成期向成长期过渡的过程中,如何有效地调整和优化品牌战略,以适应市场变化,构建持久的竞争优势,是企业面临的重大挑战。尽管已有不少关于品牌管理的研究,但多数侧重于静态环境下的品牌建设,对于动态环境中品牌如何实现持续成长的研究较为有限。因此,本章基于动态能力理论,深入探讨领导品牌在成长期如何通过品牌传播、品牌联盟和品牌共鸣三大要素的动态调整,推动品牌成长(Teece et al., 1997)。

本章在研究中,基于动态能力理论探讨了在品牌成长期中,品牌传播、品牌联盟和品牌共鸣对于助力品牌成长的重要性。在当下的研究热点中,对于品牌传播的研究,不单单关注品牌对于传播方式的选择,更加关注于互动式整合营销的优点,其可以充分发挥营销过程中接触点对于消费者的刺激,形成良好的营销效果(Peltier et al., 2002)。品牌联盟则主要关注了品牌联盟的方向,其主要影响因素是品牌在发展中所能够运用的权力,这包括权利潜力及权力运用(Frazier, 1983)。因此,品牌联盟会呈现不同的方向。品牌共鸣则是从顾客与品牌联系的行为忠诚、态度依附、社区归属感、主动介入四个角度出发,提出了如何通过品牌共鸣创建强势品牌(Keller, 2009)。这些要素共同帮助品牌在多个渠道中与消费者保持一致的互动和沟通,最终提升品牌的知名度、口碑和忠诚度。

然而,已有的研究虽广泛涉及品牌传播、品牌联盟以及品牌共鸣的个体作用,但在如何整合这些要素,协同推动品牌成长方面仍存在研究缺口。尤其是如何在品牌成长期,利用动态能力理论指导品牌传播策略的优化、品牌联盟的构建及品牌共鸣的实现，缺乏系统化的深入探索。

因此，通过对褚氏农业、神曲乐器、易点天下三家案例企业的深入分析，本章旨在揭示领导品牌在成长期如何通过动态调整和资源重构，实现品牌的稳步成长和市场扩展。这一研究不仅可以丰富动态能力理论在品牌管理中的应用，也为企业在品牌成长期的战略决策提供有力的理论依据与实践指导。

## 11.1.2 文献评述

动态能力是指企业在面对不断变化的环境时，所拥有的对内外部资源进行整合、构建和重新配置的能力（Teece et al., 1997）。动态能力理论可以看作企业资源基础观的延伸。尽管资源基础观尝试解释企业在什么情况下能够基于自身的资源和能力获得可持续的竞争优势，但其被认为在本质上是静态的，无法充分解释企业在动态环境中的竞争优势（Priem and Butler, 2001）。因此，动态能力框架的提出填补了这一研究的空白。动态能力视角聚焦于特定类型的外部环境，即快速变化的环境。因此，动态能力既是一种特定的能力，也是一个不断演化的过程（Barreto, 2010）。

一些学者将企业能力分为两个层级：零阶能力和高阶能力。零阶能力对应于企业的常规能力，即企业在短期内维持运营的能力（Winter, 2003），也被称为实质能力，即用于解决当前问题的能力（Zahra et al., 2006）。相反，动态能力属于高阶能力，旨在改变常规能力（Winter, 2003）或实质能力（Zahra et al., 2006）。同样地，在对例程的研究中可以发现存在两种例程：一种应用于日常业务活动，被称为操作例程；另一种则专注于修改这些操作例程，可以称之为动态能力（Winter, 2003）。

动态能力的提出充分考虑了环境变化对于主体发展的影响。而在品牌成长过程中，面临不同的环境变化，企业需要平衡各类资源，优化配置，因此，我们引入动态能力分析品牌成长期企业实现"叫得响"的关键要素的管理。

## 11.1.3 研究方法

在学术研究中，选择案例研究的数量对确保研究结论的稳健性和说服力至关重要。已有研究指出，相比单一案例研究，采用多个案例研究能够提供更加坚实且有力的结论（Yin, 2009）。通过多案例的研究设计，可以构建出更具广泛适用性和深度的理论框架。本章研究专注于探讨品牌在成长期的成长路径，特别分析了品牌传播、品牌联盟以及品牌共鸣这三大要素的构建及其运作机制与市场效果。多案例研究方法可以较为深入地挖掘在品牌成长期所构建的三大要素对于推动品牌如何实现"叫得响"的愿景,并且在此探讨对于不同的品牌发展情境,哪些要素是可以因地制宜的,还有哪些要素是需要始终坚守的,从而有效推动品牌资源整合、市场拓展和竞争力提升。

1. 案例选择

本章基于研究主题的内涵,结合案例对象选取的典型性、数据的可获取性,因此选择褚氏农业、神曲乐器、易点天下作为案例研究对象。

第一,考虑到研究对象的典型性,案例企业选择褚氏农业作为第一产业的代表,其在品牌经营与发展过程中不仅重视优质的产品品质,更加重视社会责任的承担,其在成长过程中对于品牌价值的重视也得到了社会各方的广泛认可。神曲乐器作为一家吉他制造企业,发扬精益求精的匠人精神,将高品质的吉他远销海内外,因此将其作为第二产业的代表。易点天下利用先进的技术水平,布局了高效快捷的品牌传播体系,并且积极开发与各龙头企业的联盟与合作,因此,将其作为第三产业的代表。这三个案例企业分别代表了品牌成长期不同的发展方向和不同的发展特点,为我们进行案例分析提供了良好的分析资料。

第二,在案例研究的数据的可获取性方面,褚氏农业、神曲乐器、易点天下分别作为云南省、贵州省、陕西省的行业领导品牌,在公开渠道公布了翔实的经营数据和品牌信息。这些信息涵盖了品牌发展历程、传播渠道及范围、与社会各方的合作等信息。此外,在研究中通过与企业内部相关人员进行的访谈也再次验证了相关数据的可靠性。研究所需数据的丰富性及数据获取来源的可靠性为研究的真实性奠定了基础,有助于深入探究品牌成长期的宝贵经验与有效途径。

2. 数据收集

本章基于三角测量方法,多渠道收集案例资料与数据,数据间形成交互印证。数据来源主要包括半结构化访谈、实地调研、官方媒体、网络资料等调研方法,多种渠道保证了数据的充分性与准确性,具体如表 11-1 所示。

表 11-1　数据收集信息

| 案例企业 | | 数据来源 | 数据内容 | 字数/万字 |
| --- | --- | --- | --- | --- |
| 褚氏农业 | 一手数据 | A1 电话访谈和书面访谈:董事长 | 品牌理念、企业发展、品牌传播策略 | 2.00 |
| | 二手数据 | A2 企业公开资料(包括网页、公众号、商域账号、公开报道) | 战略发展、品牌联盟、营销渠道、经营理念 | 2.50 |
| | | A3 政府报道 | 企业经济、社会贡献、所获荣誉及成绩 | 0.50 |

续表

| 案例企业 | 数据来源 | | 数据内容 | 字数/万字 |
|---|---|---|---|---|
| 神曲乐器 | 一手数据 | B1 线上访谈：董事长 | 品牌理念、企业发展、品牌传播策略 | 2.00 |
| | 二手数据 | B2 企业公开资料（包括网页、公众号、商域账号、公开报道） | 战略发展、品牌联盟、营销渠道、经营理念 | 2.40 |
| | | B3 政府报道 | 企业经济、社会贡献，所获荣誉及成绩 | 0.30 |
| 易点天下 | 一手数据 | C1 线上访谈：联合创始人兼公司副总裁 | 品牌理念、企业发展、品牌传播策略 | 2.50 |
| | 二手数据 | C2 企业公开资料（包括网页、公众号、商域账号、公开报道） | 战略发展、品牌联盟、营销渠道、经营理念 | 1.70 |
| | | C3 政府报道 | 企业经济、社会贡献，所获荣誉及成绩 | 0.23 |

## 11.1.4 案例描述

本部分将对所选的三家案例企业进行描述，为后面的案例分析打下基础。

1. 褚氏农业的案例描述

褚氏农业自 2018 年成立以来，便植根于云南省昆明市，专注于高品质冰糖橙的种植与销售，是农业领域内的一家杰出企业。其品牌矩阵涵盖"褚橙""云冠橙""褚橙庄园"等知名品牌，其中褚橙更是荣获"中国驰名商标""中国十大柑橘品牌"等诸多殊荣，成为全国范围内备受追捧的高端水果品牌。在品牌传播策略上，褚氏农业巧妙融合了线上与线下资源。在线上方面，公司倾向于利用自媒体平台分享企业理念与种植技术，而非仅仅进行直接的营销活动，这种策略即便在广告投放有限的情况下，也因其产品的高品质与品牌声誉而获得了市场的热烈反响。在线下方面，褚氏农业并未采取开设体验店或旗舰店的常规做法，而是依托品牌的高知名度和良好的口碑效应来实现市场拓展。为了持续提升产品质量与市场竞争力，褚氏农业与多家上游供应商及科研机构建立了紧密的合作关系，特别是在肥料研发与品种改良领域，与国内多所农业高等院校及企业携手，共同探索作物营养解决方案。通过与化肥生产企业和学术机构的深度合作，公司确保了种植过程的科学性与标准化，进一步巩固了产品的品质优势。此外，褚氏农业还成功利用品牌背后的历史故事与情感联结，与消费者建立了深厚的情感联系。

通过持续提供高质量的水果与稳定的产品体验，褚氏农业有效确保了消费者的忠诚度与信任感，进一步巩固了其在市场中的地位。

2. 神曲乐器的案例描述

神曲乐器作为贵州省遵义市正安县首家吉他制造企业，自 2013 年成立以来，便扎根于此。该企业由郑传玖和郑传祥两兄弟创立，其起源可追溯至广东的吉他制造业务。响应正安县政府的招商号召，他们毅然决定回归故里，推动家乡经济发展。神曲乐器专注于吉他的研发与制造，产品线涵盖木吉他与电吉他。凭借卓越的产品质量，公司与众多国际知名品牌建立了合作关系，如日本的 Ibanez、美国的 Fender 等，并将产品远销至巴西、西班牙、日本、美国、德国等多个海外市场。在品牌传播策略上，神曲乐器并未过度依赖互联网营销或线上广告，而是依靠产品的高品质和客户口碑来逐步积累市场认知度。尽管品牌推广投入有限，但凭借出色的产品质量，神曲乐器仍在全球范围内赢得了广泛认可。特别是通过国际展会，公司与客户建立了紧密联系，依靠展会订单推动产品销售，有效提升了品牌知名度。神曲乐器凭借高品质的产品和优质的售后服务赢得了客户的高度信任。公司拥有一支经验丰富的团队，产品制造过程经过严格的质量控制，确保每一把吉他都能达到客户的高标准要求。凭借始终如一的品质和准时交付，神曲乐器与客户建立了深厚的信任关系，许多国际客户已成为其长期合作伙伴。此外，神曲乐器还通过举办吉他文化进校园、进社区等活动，增强了品牌在当地的文化共鸣，进一步加深了消费者对品牌的情感联系。除此之外，神曲乐器与多家国际知名乐器品牌建立了合作关系，主要为 Ibanez、Fender 等品牌提供代工服务。此外，公司还与国内外高端品牌合作，共同研发并生产定制化吉他。这种战略联盟不仅增强了神曲乐器的市场影响力，还通过高质量的代工服务提升了其在全球市场的地位。同时，神曲乐器还积极探索与音响和智能吉他品牌的合作机会。

3. 易点天下的案例描述

易点天下自 2011 年创立以来，专注于为中国企业供给全球化的智能营销推广服务，助力广告主跨越国界，迈向国际市场。该公司凭借大数据、人工智能算法等先进技术，实现了营销的精准定位。坐落于西安的易点天下，已跻身全球顶尖的移动互联网广告效果营销平台行列，其客户群涵盖了中国及全球多家知名互联网企业及品牌，如阿里巴巴、字节跳动、腾讯等。在品牌推广策略上，易点天下采取线上线下全渠道融合的方式。通过官方网站、微信公众号、视频号等自媒体平台进行宣传，并结合参与行业展会及发布行业研究报告等手段，有效提升品牌知名度。特别是在目标客户群体的定向拓展上，易点天下利用市场报告、行业分析等手段，精确触达目标客户，构建了一套高效的品牌传播体系。这种以专业报告为媒介与客户互动的方式，不仅巩固了公司在行业内的权威地位，也显著增强了品牌的识别度。在品牌合作方面，易点天下积极寻求与行业内领先企业和平台的合作，形成了强大的品牌联盟。公司与阿里云、谷歌、亚马逊、华为云等国际知名企业建立了战略合作伙伴关系，共同推动全球广告推广活动的开展。这些合作不仅拓宽了易点天下的品牌影响力，也提升了其在全球数字营销领域的竞争力。在品牌情感连接上，易点天下通过与客户建立深厚的合作关系，增强了品牌的共鸣。公司致力于为客户提供定制化的广告解决方案，以确保广告效果的最大化。经过多年的积累，易点天下已与多家全球知名企业建立了长期稳定的合作关系，并凭借精准的数据分析和广告投放技术，助力客户实现品牌的全球化拓展。这种持续提供的高质量服务，增强了客户对易点天下的品牌共鸣和忠诚度。

## 11.1.5　案例分析

1. 品牌传播

在品牌成长阶段，品牌传播发挥着提升品牌影响力的重要作用。品牌传播遵循以客户为中心的原则，强调在营销过程中为客户提供全方位的体验（Gupta et al.，2004）。在品牌传播过程中，学者认为该模式主要对消费者体验进行全面管理，从线下实体店、网站、广告宣传、社交媒体等方面进行品牌传播（Ailawadi and Farris，2017）。

1）褚氏农业的品牌传播案例分析

褚氏农业在品牌传播方面已经突破了传统的广而告之的初级阶段，其在多年经营中已经获得广大消费者的认可，形成供不应求的市场现状。其中，"褚橙"被评为"中国驰名商标""中国十大柑橘品牌""中国果品百强品牌""云南省名牌农产品"，充分展示了褚氏农业在高品质冰糖橙种植和销售领域的卓越成就，这些荣誉不仅增强了品牌的权威性，还提高了品牌在市场上的辨识度。褚氏农业通过坚持做好产品，确保冰糖橙的优良口感，赢得了消费者的认可和喜爱，进而形成了良好的口碑效应，使"褚橙"成了消费者心中的优选品牌。此外，供不应求的市场状态反映了消费者对褚氏农业产品的高度认可和品牌忠诚，这种忠诚度不仅巩固了现有客户基础，还为品牌的持续发展提供了有力支持。褚氏农业通过有效的品牌传播策略,成功提升了品牌知名度、口碑和忠诚度,实现了品牌的稳健发展。

2)神曲乐器的品牌传播案例分析

神曲乐器凭借过硬的产品质量赢得了广泛赞誉,其品牌知名度在海外市场上得到了显著提升,其代工业务和原创品牌均取得了显著成绩,订单量庞大且产品远销海内外,甚至登上了中欧班列,这充分展示了神曲乐器在国际市场上的影响力和竞争力。公司对每把吉他的品质都进行严格把控,确保产品达到高标准,这种对品质的坚持使得神曲乐器获得了众多国内外厂家的"免检"资格,并将产品销售到全球40余个国家,合格率高达98%以上,进一步巩固了其良好的品牌口碑。神曲乐器通过提供质量好、性价比高的产品,赢得了客户的持续信赖和复购。一家土耳其吉他销售公司的总经理表示,他们每年都会从神曲乐器订购大量吉他,这正是因为神曲乐器的产品质量可靠、深受顾客欢迎。这种高度的品牌忠诚度为神曲乐器带来了稳定的客户基础和持续的市场需求。可以说,神曲乐器通过精准把握客户需求、严格把控产品质量以及赢得客户信任和忠诚等策略,成功实现了品牌的有效传播和市场的稳步拓展。

3)易点天下的品牌传播案例分析

易点天下的品牌传播案例分析揭示了其作为广告营销领域标杆企业的成功之道。首先,易点天下凭借其卓越的业绩和服务质量,荣获了多项行业大奖,如"国家级电子商务示范企业"等。这些荣誉不仅是对易点天下专业能力和市场地位的认可,也进一步提升了公司在行业中的影响力和品牌价值,从而增强了品牌的知名度和竞争力。其次,在品牌口碑方面,易点天下作为广告营销领域的标杆企业,拥有非常领先的智能化广告营销平台和丰富的经验。这种领先地位和丰富经验为易点天下赢得了客户的广泛赞誉与好评,进一步巩固了其在行业中的口碑和地位。易点天下凭借其丰富经验以及行业领先的数字化平台与合作伙伴建立了长期信任合作的稳定的客户关系。例如,易点天下是谷歌在中国大陆地区的最佳移动合作伙伴,这一称号已经保持了九年之久。同时,易点天下还荣获了阿里巴巴的最佳供应商称号,这是从上百万供应商中脱颖而出的荣誉,进一步证明了易点天下在客户心中的地位和影响力。

2. 品牌联盟

对于品牌联盟,权力理论在这一要素中得到了充分的运用,品牌联盟是企业通过资源共享和优势互补,以提升竞争力和市场影响力的重要战略。我们将品牌联盟划分为平级联盟、向上联盟和向下联盟三种类型，分别基于企业间的权力结构进行详细分析。

1）褚氏农业的品牌联盟案例分析

褚氏农业的品牌联盟策略展现了其多层次、多维度的合作思路，旨在通过不同类型的联盟伙伴关系，共同推动品牌与业务的发展。在平级联盟方面，褚氏农业与北京华夏基石企业管理咨询有限公司、北京华清智库投资管理有限责任公司等专家团队建立了联合工作组，这种合作模式以组织绩效为切入点，贯穿组织管控的全周期。双方共同为激活组织、完善人力资源管理体系、提升组织效能而努力，实现了价值的共创与共享。这种平级联盟不仅有助于褚氏农业在内部管理上的优化，还促进了与合作伙伴的共同成长，增强了品牌的综合竞争力。在向上联盟方面，褚氏农业选择了与金蝶国际软件集团有限公司这样的行业领先企业合作，共同构建了以"业财税一体化"为核心的数字化管理平台。这一举措不仅推动了褚氏农业的数字化转型，还使其能够逐步从传统农业向智慧农业迈进，提升了品牌的科技含量和市场竞争力。此外，在向下联盟方面，褚氏农业关注到了供应链这一企业短板，并采取了积极的投资策略。通过引入擅长供应链管理的企业负责人，褚氏农业致力于供应链的整合与优化，以实现供应链的融合与跟随。这种向下联盟的策略有助于褚氏农业在供应链管理上取得突破，进一步巩固和提升其在行业中的地位。褚氏农业的品牌联盟策略体现了其开放、合作、共赢的理念，通过与不同类型的合作伙伴建立紧密的联盟关系，共同推动了品牌与业务的发展。这种策略不仅有助于褚氏农业在内部管理、数字化转型和供应链管理等方面取得显著成效，还为其在未来的市场竞争中奠定了坚实的基础。

2）神曲乐器的品牌联盟案例分析

神曲乐器的品牌联盟策略是一个综合性的合作网络，旨在通过不同层级的联盟伙伴关系，实现互利共赢、政策支持以及带动就业等多方面的目标。神曲乐器的创始人郑传玖积极寻求与吉他行业内的其他企业家的合作，通过"抱团发展"的策略，不仅扩大了自身的朋友圈，还带动了上下游产业的发展。例如，神曲乐器与园区内的企业合作，确保了其所需的箱包等配件全部由这些企业生产，从而实现了互利共赢的局面。神曲乐器的发展得到了家乡政府的大力支持。政府兑现了"墙内的事情企业自己管，墙外的事情政府包"的承诺，为神曲乐器提供了一系列扶持政策，包括税收减免、贴息贷款、奖补资金、金融支持以及就业服务等。这些政策不仅减轻了神曲乐器的经营负担，还为其创造了更加良好的发展环境。此外，神曲乐器注重带动当地就业。通过扩大生产规模，神曲乐器共带动了430人就业，其中正安本地人占比90%以上，中年妇女比例也占到了70%以上。这不仅为当地提供了大量的就业机会，还有助于提升当地居民的生活水平，进一步巩固了神曲乐器在当地的社会地位和品牌形象。神曲乐器的品牌联盟策略是一个全方位、多层次的合作网络，通过平级联盟、向上联盟和向下联盟等多种方式，实现了互利共赢、政策支持和带动就业等多方面的目标，为神曲乐器的持续发展奠定了坚实的基础。

3）易点天下的品牌联盟案例分析

易点天下的品牌联盟策略展现了其作为行业领先企业的开放合作态度和全面布局思路。通过构建平级联盟、向上联盟和向下联盟，易点天下实现了资源共享、品牌升级和研发合作的多维度目标。易点天下积极寻求与各行业领先品牌的合作，共同探索出海机会。这种合作模式不仅有助于易点天下拓宽业务领域，还能实现资源共享和优势互补，提升品牌的市场竞争力和影响力。向上联盟则体现了易点天下推动品牌升级和发展的决心。通过与其他企业共同探索中国新能源产业链的出海机会，易点天下不仅帮助新能源企业走出了国门，还促进了自身品牌的国际化进程，提升了品牌的全球知名度和美誉度。除此之外，易点天下注重与研发机构的合作。联合阿里云发布的"AI营销+CI云服务"企业出海数智化转型解决方案，就是易点天下旗下智能化多云管理平台 Gears 的重要应用。这种合作模式不仅提升了易点天下的技术实力和创新能力，还为客户提供了更加全面、高效的出海数智化转型解决方案，增强了品牌的客户黏性和市场竞争力。

3. 品牌共鸣

通过品牌共鸣可以增加消费者对品牌的认知度与忠诚度，并且品牌共鸣的实现路径也呈现差异化，品牌可以依据自身发展的特性不断调整，最终形成利益各方对品牌的共鸣。

1）褚氏农业的品牌共鸣案例分析

褚橙凭借其卓越的产品品质，如皮薄汁多、黄金甜酸比和清甜化渣等特性，赢得了市场的广泛口碑，成为最受中国人喜爱的甜橙品牌之一。这种口碑效应不仅带动了褚橙的销量，还使其单品产值在 2017 年达到了近三个亿的优秀成绩，体现了消费者对褚橙的行为忠诚。此外，褚橙所蕴含的奋斗精神也深深吸引了消费者。不少企业老板或家长选择购买褚橙来激励自己的员工或孩子，希望他们能从褚橙中汲取到奋斗的力量。这种情感认同不仅加深了消费者对褚橙的喜爱，还使其成了传递正能量和奋斗精神的载体。褚氏农业还通过宣传创始人的传奇经历，形成了强区隔点和不可替代的宣传优势。这种宣传策略不仅迅速提升了褚橙的知名度和美誉度，还使许多消费者觉得自己购买的不只是橙子，更是一种精神和理念。

这种社区归属感使消费者更加认同褚橙的品牌理念，进一步加深了品牌共鸣。褚氏农业秉持"一群人的橙"的产品观，鼓励从员工到种植农人、从优秀的渠道合作者到上下游农资与科技伙伴、从乡土到城市消费者都参与到褚氏农业的产品建设中。这种开放系统的构建不仅使消费者更加了解褚橙的生产过程和产品属性，还使他们能够共享褚橙所蕴含的精神力量，进一步增强了消费者对褚橙的品牌共鸣。

2）神曲乐器的品牌共鸣案例分析

神曲乐器成功地在多个层面激发了消费者的深度情感连接和行为忠诚。当神曲乐器从沿海地带搬迁到内地贵州时，其忠诚的客户群体也愿意跟随品牌，这体现了消费者对品牌的极高认可度和依赖性。正安从昔日的山区农业大县，成为今天的"中国吉他之都"。在这里，以"正安吉他工匠"劳务品牌为原点，吉他"工业+文化+旅游"的产业生态圈持续扩围，释放出巨大的"音乐生产力"，给前来游玩的旅客创造了深刻印象，无论是当地居民还是游客都流连忘返，这种情感上的吸引进一步加深了消费者对品牌的喜爱和认同。再者，神曲乐器还构建了强烈的社区归属感与深度信任，长期稳定的合作关系和无须合同约束的订单安排，彰显了品牌与客户间的高度默契和信任。最后，消费者的主动介入，如口碑传播与推荐，特别是像俄罗斯吉他演奏家诺维科夫这样的个体不仅自己享受产品，还积极向周围人推荐中国贵州正安县产的吉他，进一步扩大了品牌的影响力和正面形象。

3）易点天下的品牌共鸣案例分析

易点天下的品牌共鸣案例分析揭示了该品牌在多个维度上与用户及合作伙伴建立了深刻的连接。首先，从行为忠诚的角度看，易点天下通过其全球覆盖和持续增长的用户基础，特别是月均付费率和月均续费率的显著提升，展现了用户对品牌的强烈依赖和持续支持。这种依赖不仅体现在用户数量的增加上，更体现在用户愿意为品牌的服务持续付费，显示了品牌在用户心中的高价值和不可替代性。其次，易点天下与谷歌的长期合作关系及其获得的"大陆地区最佳移动合作伙伴"称号，体现了合作伙伴对品牌的深度信任和认可。这种信任是建立在双方长期合作、共同成长的基础上的，是品牌实力和专业性的有力证明。此外，易点天下与腾讯云的合作展示了品牌与行业内其他领先企业的优势互补和共同发展的愿景。腾讯云对易点天下的认可和支持，不仅提升了品牌在行业内的地位，也增强了品牌与行业内其他企业的联系和合作，共同推动行业的发展和创新。同时，易点天下通过积极获取国内外各大技术提供商的 API（application program interface，应用程序接口），展现了品牌在资源整合和分享方面的积极态度。这种资源分享不仅有助于品牌提升自身的技术实力和服务质量，也为用户提供了更加丰富和多元的服务选择，增强了用户对品牌的满意度和忠诚度。易点天下通过在不同层面上与用户及合作伙伴建立深刻的连接，成功实现了品牌共鸣。这种共鸣不仅提升了品牌的知名度和影响力，也增强了品牌与用户和合作伙伴之间的信任与合作，为品牌的持续发展奠定了坚实的基础。

4. 基于动态能力理论的领导品牌成长期路径

通过对褚氏农业、神曲乐器、易点天下三家企业的案例进行研究，可以发现企业在成长期通过品牌传播、品牌联盟和品牌共鸣三要素的有效整合，成功扩大了其市场影响力。在多案例的研究中，企业如何利用这些关键要素，结合不同市场需求和行业特性，形成独特的竞争优势成了研究的重点。首先，品牌传播在成长期发挥了至关重要的作用。各企业通过线上线下多渠道的品牌推广，确保品牌能够在激烈的市场竞争中持续扩大其知名度。其次，品牌联盟在企业成长期对市场扩展和资源整合起到了关键作用。最后，品牌共鸣是企业在成长期中维系客户忠诚度和提升品牌价值的重要因素。因此，通过这三家企业在成长期品牌传播、品牌联盟和品牌共鸣三要素的有效整合与应用，企业不仅成功扩大了市场影响力，还为未来的长期发展奠定了坚实的基础。这一研究为其他企业在成长期如何利用关键要素实现市场突破提供了宝贵的经验和启示。企业通过在这些关键要素上的精确执行，逐步达成领导品牌的形成，如图11-1所示。

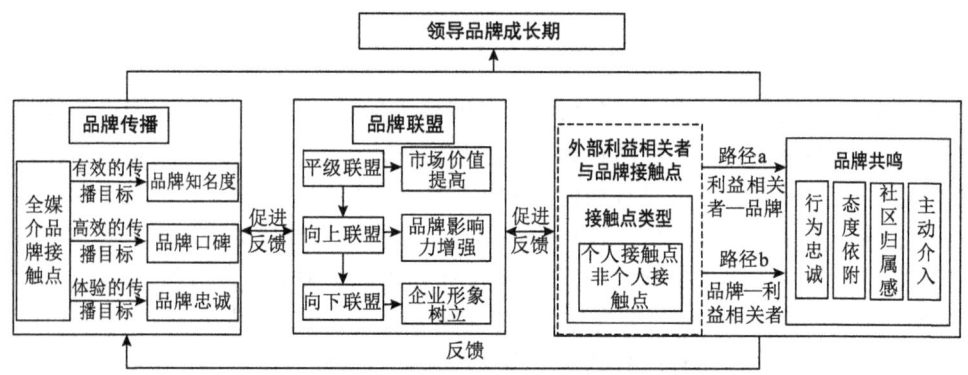

图11-1 基于动态能力理论的领导品牌成长期路径图

## 11.1.6 结论与建议

1. 研究结论

本章提出了品牌如何在成长期实现"叫得响"的几个实现路径。通过分析品牌在成长期的品牌传播、品牌联盟、品牌共鸣等方面的表现，探究企业是如何在各个层面进行创新性的发展，以及在哪些方面的共性能够为其他品牌的发展提供借鉴意义。

第一，在品牌传播方面，不同的企业具有不同的品牌定位，从而决定了目标客群的差异，这就需要企业从不同的接触点刺激消费反应。在这一过程中，品牌可能并不需要全方位、多渠道地进行传播，而是在匹配营销目标与消费客群的同时，选择最为有效的传播渠道。有效且高效的品牌传播不仅在提升品牌知名度、优化品牌口碑等方面具有独特的优势，而且在扩展市场、促进品牌联盟方面也发挥了重要的作用。

第二，品牌联盟作为成长阶段大部分品牌必然经历的一个过程，对于品牌做大做强发挥着至关重要的作用。依据品牌在所发展行业中的地位，品牌联盟分为平级联盟、向上联盟和向下联盟三个方向，不同方向的联盟代表了不同的发展目标。虽然品牌处于成长阶段，但是对于不同的发展目标，品牌所采用的联盟方式也是千差万别的，权力的运用、资源的分配、客群的细分都是进行品牌联盟要关注的因素，但最为核心的则应该是选择与自身发展可以产生共鸣的其他品牌。

第三，品牌共鸣是客户与品牌、社会其他各方与品牌之间更深层次关系的体现，包含了行为忠诚、态度依附、社区归属感和主动介入四个方面。通过全面的接触点体验管理，品牌无论在感性影响力还是理性影响力方面都对各方利益相关者产生了更为深入的吸引力与认同感。通过这种品牌共鸣情感的确立，更有利于品牌传递自己的品牌价值观，拓宽市场份额，维系已有客户，从而扩大品牌的市场影响力。

第四，在品牌的成长期，品牌传播、品牌联盟和品牌共鸣三者之间相互作用，协同发展。品牌传播通过广泛的市场推广提升品牌知名度，吸引潜在的合作伙伴，形成品牌联盟。品牌联盟通过资源整合增强品牌的市场竞争力和影响力，进而加深与消费者的情感联系，提升品牌共鸣。品牌共鸣则通过消费者的积极反馈和情感连接，推动品牌传播的优化和深化，形成品牌传播、品牌联盟和品牌共鸣的正向循环，最终推动品牌在市场中的持续增长与稳固。

2. 理论贡献

本章内容主要关注了品牌在成长期，企业如何通过品牌传播、品牌联盟、品牌共鸣等三方面内容促进品牌实现"叫得响"的目标，探讨在不同背景下，品牌实现这一目标的路径差异。基于此研究内容，本章的理论贡献主要表现为以下三个方面。

第一，深化动态能力理论在品牌管理中的应用，丰富了该理论的研究领域。

动态能力理论强调面对不断变化的环境，对所拥有的内外部资源进行重新调配，本章揭示了品牌在成长期如何通过动态能力的整合（Teece et al.，1997），其在演化过程中打破了传统的资源静态分析的视角，更加适应当下信息、资源快速流动的发展现状。动态能力理论的优势使其广泛应用在各个领域，尤其对于企业发展来说更是各项资源不断匹配的过程，因此，本章扩展了该理论在品牌成长中的应用场景。品牌需要不断适应市场需求，通过传播吸引联盟资源，通过联盟资源提升品牌共鸣，并在这一过程中优化品牌传播策略。这种基于反馈的动态调整为动态能力理论在品牌管理中的应用提供了新的视角，丰富了动态能力理论的应用情景。

第二，丰富了品牌在成长期的差异化路径研究。多重建构的资源选择与动态能力的不断演化，使企业在成长过程中面临着诸多选择，中小企业如何加快构建品牌成长进程，不仅是企业发展的脉络，也是社会进程演进的重要环节（曾国军等，2022）。本章扩展了品牌成长路径的研究，通过分析品牌传播、品牌联盟和品牌共鸣的协同作用，研究不仅揭示了品牌在成长期的发展机制，还指出了品牌如何通过三者的交互作用实现持续的市场扩展和品牌价值提升，并且在此过程中为品牌如何找到有效的途径提供了一些理论指导与实践启发，助力于品牌实现"叫得响"的目标。

第三，探究了品牌传播、品牌联盟、品牌共鸣之间的互动机制。数字化技术推动了品牌传播渠道的创新。越来越多的学者关注跨渠道整合，强调品牌在传播过程中，应该协调各类渠道目标，增强创造协同效应（崔兴文和史亚莉，2020）。在品牌传播过程中，信息接收方不仅仅是目标客群，也会是各方利益相关者，因而基于共同的价值观形成品牌联盟，产生溢出效应（简予繁等，2021）。品牌发展过程中品牌方与消费者之间价值观的契合，会诱发消费者对品牌产生"同悲同喜"的情感连接（王海忠，2021）。在此过程中，品牌传播的方式及内容不仅会引发消费者的认同，也会引发品牌间的认同，从而产生品牌共鸣或品牌联盟。本章研究内容突出了品牌与消费者互动的重要性、品牌与品牌间互动的重要性。品牌成长对于要素的挖掘并不是单一的静态的阶段，而是在与消费者或其他利益相关各方的交互中动态调整的。因此，本章对利益相关者的研究内容也进行了丰富的补充，有助于推动构建和谐共生的品牌关系。

3. 管理启示

本章通过对案例企业的研究分析，对品牌成长期的企业提出了一些管理启示。

第一，精准识别有效的品牌传播渠道。在不同的品牌定位与目标客群驱动下，品牌的传播渠道各有侧重。例如，针对B端（企业）的客户，品牌可能更依赖于各种行业展会、技术交流会、产品推荐会等方式宣传产品，但是针对C端（消费者）的客户，品牌则会更加倾向于线上线下的多渠道方式进行推广，以通过更加广泛的覆盖面让客户了解产品与服务。因此，品牌应该依据自身的发展特点，找寻有效的品牌传播渠道，提升传播效果。

第二，通过品牌联盟实现资源整合。不同的品牌在成长阶段都不是独立发展的个体，必然与各利益相关主体相互关联。品牌在成长阶段已经形成了自己的发展体系，并具备了一定的品牌影响力，因此在寻找战略联盟的过程中具有一定的吸引力。不同方向的品牌联盟则取决于品牌在行业发展中所处的地位，品牌可以依据适宜的行业地位，对资源分配、利益协调以及价值观匹配等方面进行合理整合，寻找助力于自身发展的合作伙伴。

第三，注重引发相关方的品牌共鸣。品牌共鸣作为各方对于品牌的深层次情感连接，最终有助于推动品牌认同的形成。品牌共鸣的产生是由多种因素诱发的，如优质的产品品质、良好的客户体验、完善的服务保障等。最重要的是品牌经营过程中对于价值观的传递，这一核心要素既有利于构建稳定的品牌合作关系，也有助于维系良好的客户关系，是助力企业提升品牌形象、扩大品牌影响力的有效手段。

第四，利用动态反馈机制优化品牌战略。企业应建立动态的品牌管理体系，及时跟踪市场变化和消费者反馈，通过动态调整品牌传播和联盟策略，保持品牌在快速变化的市场环境中的灵活性和竞争力。

## 11.1.7　研究局限与未来研究

品牌的成长对于企业的持续发展来说是一个关键的过渡阶段，本章基于动态能力理论对不同品牌的成长阶段进行了充分探讨。但是由于市场环境的复杂性，研究不可能全面地考虑各类因素的影响力，如不同地域的品牌成长是否受到地域文化的影响，或者在数字化背景下不同定位的品牌对技术感知能力的强弱影响等。因此，在复杂多变的市场背景下，品牌成长期如何实现"叫得响"仍存在较多的未挖掘的因素。

因此，在未来的研究中，我们可以从以下几个方面展开进一步的研究。首先，充分识别品牌产品与客户之间的主导地位，明确是品牌主导还是客户主导。对于品牌主导型的企业，产品供不应求，品牌成长的关键是扩大产量；对于客户主导型的企业，产品供大于求，如何进行差异化营销则是取胜的关键。其次，在品牌联盟方面，未来研究可以关注如何在激烈的市场竞争中找寻价值观一致的合作者，以及价值观是如何驱动品牌联盟的创建；什么样的品牌联盟更有利于品牌影响力的扩大;品牌联盟的利益各方是环状联系还是线性联系更有利于整个联盟的发展。最后,在品牌共鸣方面,什么样的营销方式更容易引发品牌共鸣;消费者对于品牌产生共鸣是否利于口碑传播,这种口碑传播方式是否有利于品牌降低宣传成本;利益各方产生的品牌共鸣是否是相互促进的;品牌成长期的共鸣是否应该嵌套进消费者生活的多个方面,以促进更高层面的价值观传播,形成品牌忠诚。

## 11.2 基于领导品牌成长期的政策建议

区域发展、国家发展的竞争日益激烈,品牌建设已经成为国家和企业提升竞争力的关键因素。品牌在持续发展过程中面临着诸多挑战与机遇,品牌成长期是品牌做大做强的关键阶段,政府作为与品牌发展息息相关的利益相关者,在各方面对品牌的支持都是推动加强区域领导品牌建设的关键环节。一方面,品牌在成长期面临技术突破、人才留存、资金扩张等内部发展因素的制约;另一方面,品牌会面临对于现有产品的市场竞争力、市场份额扩展的挑战。新产品研发等外部发展因素的制约,内外部因素的并存压力对于品牌成长期的企业也是巨大的挑战。但是,当下一些政策扶持可能更加侧重于传统的经济补贴,如税收减免、政府补贴等,对于如何在新的发展形势下,探索出更加适合不同区域、不同产业、不同企业的扶持政策,以更好地支持品牌成长,仍需要进一步探索。

在品牌成长期,政府对于品牌进一步的推动作用更加聚焦在如何扩大品牌影响力,塑造更加优质的品牌形象,建立具有标杆代表形象的品牌。因此,政府在提供政策帮扶时可以考虑从以下几方面展开行动。

第一,建设品牌专业化服务平台,助力塑造优质品牌形象。政府可以通过建设品牌服务平台,鼓励企业在产品设计、文化传递、技术创新、传播途径等方面不断与品牌建设相融合,推广品牌传播的影响力。在此基础上,再响应商务部发布的关于实施商标品牌的战略,政府可以进一步加强商标品牌指导站建设,加强对于知名商标品牌的培育,以此引导企业在成长过程中诚信经营,积极履行社会责任,塑造良好品牌形象,将品牌建设作为企业核心资产管理,加强品牌核心价值和品牌竞争力建设,不断做强做大品牌建设。

第二,加强培育领导品牌。政府可以通过政策激励重点行业和知名企业开展品牌建设活动,培育知名产业链和领导品牌,通过对领导品牌的建立,发挥其对于引领区域内品牌、行业内品牌的带头示范作用,以增强这类领导品牌对品牌发展期企业的推动作用。除此之外,政府可以推动骨干企业特别是中央企业进一步发挥引领示范作用,深入贯彻实施中央企业品牌提升专项活动,促进品牌建设与企业发展良性结合,总结出具有中国特色的品牌成长建设之路。政府对于领导品牌的推动建设，利于发挥其在中小企业品牌成长过程中的导向作用，强化品牌发展的重要性。

第三，加强品牌保护，维护品牌成长期企业的合法权益。政府需要从法律层面出发，统筹推进对于商标、字号、专利、著作权、专利权等有关品牌发展的专项保护工作，依法严厉打击对于品牌成长过程中的各类侵权行为。不断加强跨部门、跨区域、跨行业之间的联动协同机制，加强对于知识产权、商标信息的公共服务资源的供给，推进对于地理标识等数据信息的共享，加强信用领域的体系建设。支持企业对于商标等有关品牌成长过程中的维权保护，完善争端诉讼解决机制，优化服务流程，让企业在品牌成长中的自我保护更加顺畅高效。

第四，加强品牌宣传教育，扩大品牌传播的影响力。政府可以通过开展品牌日活动、知识宣传教育活动，推动全社会形成爱护品牌形象、享受品牌推广的良好氛围。也可以尝试举办品牌博览会、开办地方特色品牌宣传活动，让地方品牌向区域品牌、国内知名品牌、国际知名品牌的方向不断发展壮大。此外，政府也可以鼓励企业积极利用网络传播的优势特征，在线上讲好品牌故事，让品牌传播跨越地域的限制，不断进行更加多样化、多层次的品牌内容传播，打响企业品牌，开创品牌发展壮大之路。

总之，政府在品牌成长期更加坚定地维护品牌权益、积极开拓品牌传播的途径、扩大品牌影响力，对于品牌的成长具有积极的推动作用。

# 参 考 文 献

崔兴文, 史亚莉. 2020. 实体零售商跨渠道整合的演进过程研究[J]. 软科学, 34(12): 134-139.

简予繁, 朱丽雅, 周志民. 2021. 品牌跨界联合态度的生成机制: 基于消费者灵感理论视角[J]. 南开管理评论, 24(2): 25-38.

王海忠. 2021. 高级品牌管理[M]. 北京: 清华大学出版社: 291-294.

曾国军, 王荷, 徐雨晨. 2022. 他山之石, 如何攻玉: 小企业拼凑外部资源加快品牌建设机理研究[J]. 南开管理评论, 25(6): 29-40.

Ailawadi K L, Farris P W. 2017. Managing multi-and omni-channel distribution: metrics and research directions[J]. Journal of Retailing, 93(1): 120-135.

Barreto I. 2010. Dynamic capabilities: a review of past research and an agenda for the future[J]. Journal of Management, 36(1): 256-280.

Frazier G L. 1983. On the measurement of interfirm power in channels of distribution[J]. Journal of Marketing Research, 20(2): 158-166.

Gupta S, Lehmann D R, Stuart J A. 2004. Valuing customers[J]. Journal of Marketing Research, 41: 7-18.

Keller K L. 2009. Building strong brands in a modern marketing communications environment[J].

Journal of Marketing Communications, 15(2/3): 139-155.

Peltier J W, Schibrowsky J A, Schultz D E. 2002. Leveraging customer information to develop sequential communication strategies[J]. Journal of Advertising Research, 42(4): 1-16.

Priem R L, Butler J E. 2001. Is the resource-based "view" a useful perspective for strategic management research? [J] Academy of Management Review, 26(1): 22-40.

Teece D J, Pisano G, Shuen A. 1997. Dynamic capabilities and strategic management[J]. Strategic Management Journal, 18(7): 509-533.

Winter S G. 2003. Understanding dynamic capabilities[J]. Strategic Management Journal, 24(10): 991-995.

Yin R K. 2009. Case Study Research: Design and Methods[M]. 4th ed. New York: Sage Publications.

Zahra S A, Sapienza H J, Davidsson P. 2006. Entrepreneurship and dynamic capabilities: a review, model and research agenda[J]. Journal of Management Studies, 43(4): 917-955.

# 第 12 章

# 西部地区中小企业领导品牌发展期的路径分析

## 12.1 领导品牌发展期的路径分析

### 12.1.1 引言

品牌在不断发展的进程中,经历了从形成期的开拓市场,到成长期的逐步扩张,再到发展期的巩固市场三个阶段,如何能在激烈的市场竞争中不断突出重围,是保持品牌持久发展的关键要素。品牌在进入发展期后,更加注重与品牌相关的利益相关者的关系。通过全方位的接触点体验管理加强与客户有效的联系,利用身份构建不断引发各界对于多元品牌的认同,在不断的价值涌现迭代过程中,最终营造一个和谐共生的品牌生态系统。因此,处于发展期的品牌建设如何规划才能实现持久发展,是品牌面临的发展难题。

基于 SDL,本章探讨了品牌在发展期的路径构建,特别关注接触点体验管理、多元品牌认同以及品牌生态系统三要素在企业成长中的关键作用。从品牌发展角度看,接触点体验管理作为客户体验管理的内容,通过对客户接触点内容的不同刺激来影响品牌带给客户的体验,这种体验包括情感体验、认知体验、思维体验等多种体验内容(Lemon and Verhoef, 2016; Klaus and Maklan, 2013)。在数字经济快速发展背景下,品牌的发展更加离不开各利益相关者的多元认同,这种来自各方的多元认同有助于帮助品牌在发展过程中形成稳定和谐的共生关系,建立持久的发展优势(李纯青等, 2018)。在品牌不断发展壮大的过程中,品牌生态系统的构建也是学者所研究的重点内容。该观点的提出既强调了品牌作为生态系统核心主体的重要性,也发现了系统内各成员合作共赢的重要性,从发展的视角来看,生态系统的提出改变了传统商业环境中的竞争观念,更加提倡合作共赢的伙伴关系的构建(江远涛, 2016; 王兴元, 2006)。

然而,已有研究在某些方面存在局限性。首先,大多数研究主要集中于品牌的形成期，对品牌发展期的系统性分析较为匮乏，尤其是如何通过三要素的协同作用来推动品牌成长的研究相对不足。其次，现有研究多侧重于某一单一要素的分析，缺乏对接触点体验管理、多元品牌认同、品牌生态系统三者相互作用的深入探讨。

因此，本章通过案例研究法，对褚氏农业、拓普达和梦驼铃三家案例企业进行深入分析。旨在通过对不同行业领域以及不同地区的案例企业进行对比分析，探究在发展期不同品牌是如何通过不同的路径选择来实现企业的长效发展，为中小企业品牌发展提供理论指导和实践启发。

### 12.1.2 文献评述

SDL 的提出为品牌管理提供了新的视角，强调服务经济的核心是消费者与企业之间的价值共创（Vargo and Lusch，2004）。这一理论认为，消费者不再是被动的产品接收者，而是在企业提供的服务过程中，作为主动参与者，发挥积极作用。消费者可以通过企业提供的互动平台，参与到产品设计和服务流程的各个环节，从而与企业共同创造价值（Prahalad and Ramaswamy，2000）。

这种互动式的价值共创使得企业能够更好地满足个性化需求，并提升客户满意度与品牌忠诚度。有学者在实践中进一步发展了这种观点，提出服务逻辑应包含消费者和供应商双方的服务逻辑，且供应商的服务逻辑必须以消费者为导向（Grönroos，2008）。也就是说，企业需要通过与消费者的互动来推动产品和服务的持续改进。这种互相依赖的关系使得消费者在企业价值创造过程中扮演关键角色，不仅帮助企业更好地满足客户需求，还增强了品牌认同感与市场竞争力。

目前学者对于 SDL 理论的应用，主要关注了资源整合（Vargo and Lusch，2004）、价值共创（Xie et al.，2016）、服务生态系统（Lusch 和 Nambisan，2015）等主要研究方向，并且在研究中主要将消费者作为一个整体，未能充分考虑其他主体的影响。本章在探索品牌发展历程中，进一步探究在多方利益相关者的参与下，如何更好地实现价值共创，以推动品牌的持久发展。

### 12.1.3 研究方法

在学术研究中，选择适当的案例研究数量对确保研究结论的稳健性和说服力尤为重要。研究表明，与单一案例相比，采用多案例研究能够得出更加有力且扎实的结论（Yin，2009）。多案例的研究设计可以帮助构建出具有更广泛适用性和深度的理论框架。本章聚焦于领导品牌在发展期的成长路径，特别分析了接触点体验管理、多元品牌认同以及品牌生态系统这三大要素的构建及其运行机制与市场效果。研究深入探讨了这一过程中可能存在的因果关系和关键影响因素。通过深入剖析多个成功品牌的发展期案例，我们能够更加全面地理解品牌在发展期的成长路径，并探讨这些策略如何通过有效的接触点体验管理、多元品牌认同以及品牌生态系统的构建来促进品牌的可持续发展。

1. 案例选择

本章基于研究主题，结合案例对象选取的典型性、数据的可获取性，选择褚氏农业、拓普达、梦驼铃三家企业作为案例研究对象。

第一，考虑到研究对象的典型性，研究选取了褚氏农业作为第一产业的代表，其作为一家专业生产果橙的企业，在发展过程中对于价值的重视使其在品牌发展期的地位得到了社会大众的广泛认可。拓普达作为一家专业生产钛加工制品的品牌，其业务范围主要涉及第二产业，当下品牌发展过程中的特色是其对于多元品牌认同以及品牌生态系统中的优异表现，使其收获了品牌发展中各方的高度认可。梦驼铃作为西部地区物流行业的佼佼者，其在数字化物流方面的创新极大地推动了宁夏地区物流行业的发展，并在社会责任承担方面也得到了公众与政府的广泛认可。因此，这三家案例企业分别代表了品牌发展期不同的发展方向和不同的发展特点，为我们进行案例分析提供了良好的分析资料。

第二，在案例研究的数据的可获取性方面，褚氏农业、拓普达和梦驼铃分别作为云南省、陕西省、宁夏回族自治区的领导品牌，在公开渠道展示了丰富的经营数据和市场反馈信息。这些信息涵盖了品牌发展历程、产品定位、社会评价等多维度的内容，并且，我们通过对企业内部相关人员的访谈也再次验证了信息的真实性。数据的丰富性以及可靠的获取途径为我们进行多案例研究奠定了基础，有助于深入挖掘发展期品牌实现良好发展的有效途径。

2. 数据收集

本章通过综合利用公开资料、学术文献、行业数据库和市场调研以及网络资源等二手数据，确保了数据的全面性以及信息的丰富性。公开资料提供了研究对象的业务范围和品牌发展的详细历程；学术文献为品牌发展期的相关理论提供了理论支持；行业数据和市场调研展示了市场对于品牌发展的口碑以及品牌发展的行业地位；网络资源捕捉了品牌发展的特色案例。通过对这些数据的严格筛选和综合分析，研究对比了不同品牌在发展期的独特优势，通过揭示这些现象或行为背后的共通之处，旨在为其他品牌的发展建言献策。具体数据收集信息如表 12-1 所示。

表 12-1 数据收集信息

| 案例企业 | 数据来源 | | 数据内容 | 字数/万字 |
| --- | --- | --- | --- | --- |
| 褚氏农业 | 一手数据 | A1 线上访谈：集团董事长 | 品牌理念、企业发展 | 2.00 |
| | 二手数据 | A2 企业公开资料（包括网页、公众号、商域账号、公开报道） | 战略发展、科技创新、营销渠道、产业布局 | 2.50 |
| | | A3 政府报道 | 社会贡献、经济发展、产业带动 | 0.90 |
| 拓普达 | 一手数据 | B1 线上访谈：董事长秘书兼董事长助理 | 品牌发展、业务类型、市场开拓 | 3.20 |
| | 二手数据 | B2 企业公开资料（包括网页、公众号、商域账号、公开报道） | 产品类型、品牌发展、价值理念、企业介绍 | 0.63 |
| | | B3 政府报道 | 企业业绩、发展状况 | 0.27 |
| 梦驼铃 | 一手数据 | C1 线上访谈：集团副总裁 | 企业商业模式及价值创造路径 | 2.30 |
| | 二手数据 | C2 企业公开资料（包括网页、公众号、商域账号、公开报道） | 综合发展、技术应用、产业模式 | 1.80 |
| | | C3 政府报道 | 转型升级、模式探索 | 0.15 |

## 12.1.4 案例描述

1. 褚氏农业的案例描述

褚氏农业作为一家扎根于云南省的果橙品牌，在发展过程中不断强调要实现从"一个人的橙"向"一群人的橙"转变，让品牌在发展中为更多的人带来福祉。褚氏农业在发展过程中，充分利用新时代的工具，如大数据和网络，为企业发展提供支撑。同时，褚氏农业充分发挥人的核心作用，认为企业的未来关键在于年轻人能否把企业做好、把农业做好。为此，褚氏农业积极探索生态融合的企业发展模式，追求共生、共享，实现企业需求与生态需求的融合，共同构建生长式、循环式的生态企业。在生产方面，褚氏农业以龙陵鲜果分拣及精深加工厂正式投产为契机，充分发挥品牌优势，持续致力于产业链发展和产品附加值提升。在科技创新方面，科技小院的助力实现了产学融合和服务效能提升，促进了产业、科技与人才的融合。一方面，企业积极承担社会责任，为想要回家乡建设的青年提供了就业机会；另一方面，招揽回来的人才为企业解决实际的技术难题，创造产业价值，推动企业不断发展壮大。同时，科技小院也为当地农民带来了实实在在的好处，帮助他们提高种植技术，增加收入。在营造更好的消费者体验方面，褚氏农业推出小规格包装云冠橙的上线，覆盖了更多客户群体，带动了更多消费者的尝鲜热情。褚橙农业自营店铺和开放平台旗舰店的上线，也丰富了消费者的购物选择。新上线的两大店铺将共享供应链，保障直供产品品质和配送及售后服务。褚氏农业在发展中不断调动各方积极性，充分协调品牌发展中利益相关者的和谐共生关系。

2. 拓普达的案例描述

拓普达是一家集研发、生产、销售、贸易为一体的高端装备钛合金材料制品企业。公司入选陕西省瞪羚企业，展现出高成长性和创新活力。同时，还跻身陕西省制造业单项冠军示范企业，成为钛产业链链主企业。拓普达重视创新研发，拥有多项专利和行业标准，在国内处于领先地位。这些成就不仅为拓普达赢得了荣誉，也为整个钛产业的发展做出了重要贡献。拓普达坚持走产学研合作之路，与中国科学院、西部超导材料科技股份有限公司等多家科研机构以及西安交通大学、西北大学等高校建立了"产、学、研"一体化合作机制。在这一合作机制下，公司大大提高了科技创新和成果转化能力。通过与科研机构和高校的合作，公司创造了相关领域的亮点，形成了资源整合的聚集点，占领了相关行业的制高点。在新能源领域，拓普达积极布局钛在新能源领域的应用。与此同时，在产业布局方面，拓普达也尝试探索钛在消费电子产品领域的应用，不断扩大市场份额。通过拓展市场应用，拓普达钛业实现了多元化发展，为品牌的持续发展注入了新的动力。在扩大生产规模的同时，拓普达还将致力于提高市场占有率，通过加强市场营销和品牌推广，拓展国内外市场渠道，提升产品的知名度和美誉度。在扩大品牌影响力方面，拓普达积极参加国内外行业展会和学术交流活动，展示最新技术和产品，与客户建立更紧密的合作关系。同时，加强与上下游企业的合作，构建更加完善的产业链生态系统，共同推动钛产业的发展。

3. 梦驼铃的案例描述

梦驼铃深耕物流产业链，积极拥抱物联网大数据技术，倾力打造智慧物流全场景服务平台。旗下拥有梦驼铃、驼大师、卡车宝贝等多个品牌，为物流产业全链条发展注入新动能。在数字化发展方面，梦驼铃数字经济基地已成为全国领先的数字经济平台，这里展示着以梦驼铃物流产业数字化平台为基础的数字物流与供应链生态圈，包括货主数字化、司机数字化、商家数字化等。梦驼铃通过大数据分析物流各个环节的数据信息，建立了准确了解市场需求的巨大信息库，实现物流产业数字化的降本增效。在发展中，梦驼铃通过整合资源，优化运输方案，为货主和司机搭建了高效的物流服务平台。无论是小件快递还是大宗货物，梦驼铃都能以高效、安全的方式完成运输任务。在场景搭建方面，梦驼铃也坚持以物流数字为抓手，积极拥抱数字经济发展先机，通过物联网大数据技术，构建起智慧物流全场景服务平台，打造人、车、货、场、资金、票据的全链条闭环式产业链条，达到降本增效的目的。以物流产业全链条数字化赋能运输过程，实现上下游智能链接。梦驼铃也十分重视人才与创新的重要性。一方面，聚合数字人才，不断创新物流方案产品，自主研发了148项物流数字化产品；另一方面，积极与高校合作培养人才，深化校企"对接"，把人才链建到产业链上，并且在承担社会责任方面，通过专业共建、定向培养、产教融合、实训落地等方式，有效地解决了数字化人才毕业即就业的问题，为企业和行业发展注入源源不断的活力。梦驼铃的持久发展，不仅为宁夏物流产业带来了新的活力，也为其他物流企业的发展提供了良好的借鉴思路。

### 12.1.5　案例分析

1. 接触点体验管理

在品牌发展阶段，不同的品牌对于客户管理也呈现出不同的引导机制，平稳客户旅程与黏性客户旅程带给客户的体验也呈现出较为明显的差异化。因此，接触点体验管理的丰富化，有助于有效提升不同目标客户群的体验价值。

1）褚氏农业的接触点体验管理

褚氏农业对质量的重视贯穿始终，从种植环节开始就采用先进的技术检测每棵果树的成长。在哀牢山的果园里，农户严格按照技术规程进行疏剪枝条、花朵，保证果实大小均匀、品相亮丽。每年八月开始，每半个月对当年产出的褚橙进行一次质量检验，确保每一枚褚橙都品质如一。采摘下来的果子还要经过严格筛选，精确到毫米的果径、0.5克的重量以及无损检测糖度、酸度快检等多道工序，只为将最优质的橙子送到消费者手中。以稳定的高品质支撑高端定位，让消费者愿意为这份品质买单，也让褚橙在市场上站稳脚跟。在价值传递方面，褚氏农业签约邓雅文和孙佳琪两位运动员为代言人，为褚氏农业品牌注入了新的活力。以两位运动员拼搏的精神激励年轻人对于梦想的追求和建设美好家乡的鼓励，并且在更广阔的舞台传播了褚氏农业的品牌知名度和影响力。褚氏农业在接触点体验管理方面，不断深耕产品品质，讲好品牌故事，传递品牌价值。通过加强与消费者的互动,展现中国农业的魅力,带给消费者独特的体验价值。

2)拓普达的接触点体验管理

拓普达专注于产品的研发,在品牌发展中也始终将产品品质作为企业经营的首要目标。该公司成立于2010年,集研发、生产、销售、贸易为一体,是以钛为原料的高端设备制造企业,公司发展的战略远景是成为世界级高端装备用的钛合金专业制造商。在这一发展目标的支持下,拓普达对于技术的钻研,为其带来了包括国家级的专精特新"小巨人"、陕西省制造业单项冠军示范企业等多种称号。在核心产品的制造方面,拓普达也紧紧围绕五个方向不断精进。一是参与国家重大武器装备的制造,二是研发海洋与航天专用的钛合金材料,三是对于新能源发展所需电池的研发,四是对于日常用品的钛合金替换,五是对于军需用品的生产研发。在发展过程中,拓普达通过对大数据的运用,利用数据的贯通和上下游供应链的贯通,去协同整个工艺的生产,包括整个设计端和最终的应用以及对于客户体验的运用,共享其数字价值。拓普达对于客户体验管理方面的布局始终坚持产品导向,不断以产品品质维系客户关系,为客户提供平稳的客户旅程,提供更好的客户体验价值。

3)梦驼铃的接触点体验管理

梦驼铃积极借助物联网、大数据等先进技术建设智慧物流平台。通过汇集货运运输需求与供给,利用大数据资源分析车辆运营情况,梦驼铃成功构建起合理的产品销售渠道,有效解决了货主端、司机端、商家端、承运商端等不同运输端以及运输环节存在的问题。将货主的交易和履约情况以信用等级方式在平台上予以体现,这使得司机能够更加快速准确地判断货主情况,从而高效顺利地完成交易。精准定位、实时监测、智能预警等功能,一方面打破了传统货物运输过程不透明、跨组织协调管控难等发展瓶颈;另一方面,通过平台抓取到的数据为司机找到最优质的货源,为货主匹配最合适的车辆,实现运输过程的降本增效。梦驼铃致力于打造车后服务生态,为司机提供全职业生命周期服务。从司机决定购买车开始,梦驼铃就可为司机朋友提供驾考服务、车辆贷款服务、保险服务、运输接单服务、加油加气补贴、车辆维修保养、运输路途中的餐饮与住宿,以及司机家庭关怀、二手车销售、创业贷款补助等各类服务。梦驼铃以客户为中心,不断优化客户体验,为降低物流成本、推动区域经济发展做出持续努力。

2. 多元品牌认同

在品牌发展期,不同企业通过意义建构来推动实现多元品牌认同。品牌的外部利益相关者通过顿悟、模仿、探索、共创、共生来实现品牌在认知、评价、情感三方面的多元品牌认同。

1）褚氏农业的多元品牌认同

褚氏农业在品牌发展中，通过价值观的共同认可，不断吸引志同道合的合作者共同奋斗，以推动褚氏农业不断创造新的辉煌。在身份构建方面，褚氏农业与云南大学、云南农业大学等开展技术合作，为果橙的培育以及选果等流程不断进行技术创新，培育更加适合消费者口感的果橙。在认同路径方面，褚氏农业秉持"一群人的橙"的发展理念。对待员工，提供培训机会，为员工的创收提供途径。对待合作方，褚氏农业选择志同道合的合作商，坚信诚信经营，不断以品质作为生产销售的底线，对于遇到困难的合作伙伴也是伸出援助之手，共渡难关。对待消费者，褚氏农业依据果橙的不同口感进行分类，方便消费者对于产品的选择，并且在售后方面，坚持积极处理的原则。对待社会公众，褚氏农业在采摘高峰期，对于零工的工资结算做到日结，绝不拖欠工资。正是对于品牌价值观的坚守，褚氏农业与消费者、合作方的双向认可，推动了褚氏农业多元品牌认同局面的形成，推动了其更好的发展与传承。

2）拓普达的多元品牌认同

拓普达在品牌发展过程中不断坚持技术突破，完善产品品质、开发产品品类，以保持其在行业内的佼佼者地位。在身份构建方面，拓普达与西北工业大学、哈尔滨工业大学、南京理工大学等名校积极开展技术合作，不断紧跟技术发展最前沿，为产品的发展及创新保驾护航。在认同路径方面，拓普达秉承积极探索的心态，一方面积极参加国内外的各种展会，学习先进的技术和产品，进行行业间的交流与沟通；另一方面，拓普达不断深挖市场需求，不仅局限于对于钛产品有大量需求的制造业，更进一步地关注到市场发展过程中的一些市场空白，包括对于一些可以用钛产品进行替代优化的产品等。正是拓普达对技术、市场、产品的不断挖掘探索，使其虽然作为一家民企，但是在客户群体方面仍能维持一些高端客群，为品牌创建了一种无形的口碑传播以及一种多元化的品牌认同。在拓普达精益求精的追求下，专精特新"小巨人"、瞪羚企业、陕西省制造业单项冠军示范企业等多项荣誉称号的获得，不仅仅是企业发展过程中的荣誉，更饱含了社会各方对拓普达发展的高度认同。

3）梦驼铃的多元品牌认同

梦驼铃在发展过程中，打破原有物流产业的发展模式，利用数字化技术，不断拓展物流发展新场景。梦驼铃以物流为纽带，为宁夏九大产业提供数字化升级服务。以贺兰山东麓葡萄酒为例，进行数字化升级，打通资源进出宁夏的各个环节，酒庄抱团引进资源节省成本。对于煤炭业，采用数字磅房和无人磅房提升进出场效率；采用区块链技术解决煤质检验互信；采用数字化打通采购、生产、仓库、销售、结算与物流协同；采用大数据解决车货匹配运力调度；链接梦驼铃车后平台，降低车辆运营成本。结合产业结构打造产业集聚区，推动宁夏三产协同发展，助推一、二产业高质量协同发展。梦驼铃在促进经济发展的同时，也积极践行社会责任，充分关注司机群体的权益。公司成立了"梦驼铃司机基金会"，旨在帮助司机改善工作条件、完善待遇保障、优化供应链。公司还在物流集散园区等地建立一批"司机之家"，为货车司机提供医疗急救、充电休憩、托老托幼等暖心服务。这些举措为司机提供了实实在在的帮助，也体现了梦驼铃的社会责任感。梦驼铃在经济与社会方面的勇担责任，收获了上下游各方与社会各界对这一品牌的高度认同。

3. 品牌生态系统

品牌在生态系统建设过程中，主要基于涌现理论，不断吸收环境变化过程中的有利资源，利用与各类资源之间的互动，逐步通过品牌价值的涌现，最终构建与多方利益者相关的品牌生态系统。

1) 褚氏农业的品牌生态系统

褚氏农业传承了奋发创新的进取精神，在做好农业发展的同时，更加注重对于农业精神的传承，大家对褚氏农业的认可，不仅仅是对褚氏产品的认可，更加是对褚氏农业所传递出来的价值观的认可。在营销活动方面，褚氏农业在创办初期，凭借优质的产品品质和良好的售后服务，吸引了大量客群对于褚氏农业的认可，伴随褚氏农业社会声誉的不断提升，其在市场推广方面也得到了更为有利的条件。在客户感知方面，褚氏农业传递出来的奋力拼搏的精神也被广大消费者所认可，尤其是在包装方面，对于创始人的展现更加体现了精神的传承。在客户反馈信息的收集方面，我们可以看到消费者除了对产品的好评外，也更多地赞扬了褚氏农业的精神传承。在市场业绩方面，褚氏农业积累了与自己价值观相一致的品牌并行发展，依赖良好的声誉，一直保持销量的领先，并且在供给需求上，更是供不应求，展现出优越的市场表现。在品牌生态圈和品牌生态系统构建方面，褚氏农业从研发、生产、销售等方面也积极创建属于自己的品牌生态系统，与利益相关各方保持良好的合作关系。在研发方面，褚氏农业与云南大学、云南农业大学积极合作，对于果橙的培育以及品质的调配都具有严格的培育流程。在内部员工管理方面，建有自己的培训中心，不断提升员工技能，以提升员工的切实收入。在对外宣传方面，在保留已有的传播渠道外，褚氏农业还助力大学的福利，以社会声誉的提升带动品牌的发展。因此，褚氏农业通过与内外部利益相关者的资源互动，形成了有助于品牌发展的品牌生态系统。

2）拓普达的品牌生态系统

拓普达作为一家专注于钛合金材料制品及碳纤维制品研发、生产、销售及贸易的专精特新企业，其在品牌发展过程中不仅深耕于产品品质，而且注重对上下游供应链关系的有效维护，为品牌的发展构建了良好的生态系统。在营销活动方面，拓普达凭借优越的性能，在钛行业内使这一品牌成了令客户信赖的名片。因此，面对客户的个性化定制，拓普达也可以及时跟随客户产品的应用场景，不断创新产品类型，更加匹配生产下游的需求。在客户感知方面，拓普达面对的更多是 B 端客户，并且客户的特殊性使得产品性能成为客户选择拓普达的首选要素，正是对于产品性能的优质保障，拓普达带给客户的是更加专业与负责的品牌形象。在市场业绩方面，拓普达每年可以为航空、武器装备、深海、石油等领域提供产品五万吨，是国内拥有径锻机最多、产量最高、覆盖范围最广的钛及钛合金产品研发制造企业。在品牌生态圈和品牌生态系统构建方面，在钛行业内，优质的产品品质稳固了拓普达在陕西省的佼佼者地位；在政府方面，包括工信系统，对于拓普达的发展也是给予了大力的支持，鼓励其作为民营企业的代表不断发展壮大；在客户方面，持续的合作则是对于拓普达最真诚的信赖；在内部员工方面，拓普达积极鼓励有技术、有能力的员工不断发展，并且在相应的配套设施方面给予大力支持。拓普达与发展过程中所涉及的利益相关者形成的和谐共生的生态系统，为品牌的发展提供了稳定的环境以及充满希望的发展前景。

3）梦驼铃的品牌生态系统

梦驼铃深耕物流产业链，积极拥抱物联网大数据技术，倾力打造智慧物流全场景服务平台，其发展愿景就是成为领先的物流产业集聚运营商，推动物流行业的现代化和高效运转。在营销活动方面，梦驼铃也积极运用数字技术，尝试通过公众号宣传或者开发直播平台进行品牌的线上宣传，在线下宣传方面，梦驼铃建立了自己的物流生态系统，通过司机群体之间的口口相传进行宣传。在客户感知方面，通过区域化的服务，提升了服务的触达率和触达覆盖面，让客户更加真切地感受到差异化的服务，更能满足客户的需求，避免同一答复带来的弊端。在市场业绩方面，第一个业务板块是数字物流，通过数字技术的运用实现物流的快速结算；第二个业务板块是物流生态，其核心是围绕物流行业的周边衍生服务，主要聚焦于以司机服务和售后市场为支撑的业务拓展；第三个是底盘平台，主要为来往的司机提供一些后勤保障，助力运输。通过三大主营板块的相互配合，梦驼铃的市场份额也在不断提升。在品牌生态圈和品牌生态系统构建方面，梦驼铃作为一个物流企业，在社会责任承担方面，也会积极扶持当地一些三方物流企业，因为这些企业有时会作为梦驼铃的上游企业，那么梦驼铃就负责承运；有时梦驼铃也会把自己的运输订单转接给这些三方企业，实现快速便捷运输，从而形成了独属于自己的品牌生态系统。

4. 品牌发展期路径分析

通过对褚氏农业、拓普达、梦驼铃等三家企业的案例进行研究，可以发现企业在发展期通过接触点体验管理、多元品牌认同和品牌生态系统三要素的有效整合，推动可持续发展的实现。在这些多案例的研究中，企业如何利用这些关键要素，根据不同市场需求和行业特性，形成独特的市场竞争力成为研究的重点。

首先，接触点体验管理在企业发展期中发挥着至关重要的作用。各企业通过优化客户与品牌的每一个接触点，确保客户体验的一致性和高质量，从而增强了客户的品牌忠诚度。褚氏农业、拓普达、梦驼铃等三家案例企业在发展过程中虽然面对不同的客户群体与不同的产品推广，但是都注重对于客户体验价值的创造，都在针对性地提供适合品牌自身发展的接触点体验管理方法。

其次，多元品牌认同是企业在发展期扩大市场影响力的重要工具。通过整合不同利益相关者的需求，企业能够建立起广泛的品牌认同体系。褚氏农业、拓普达、梦驼铃在发展过程中不仅重视经济收益的获得，而且在与社会各界的交流中，更加注重利益相关各方的协同发展，在构建良好品牌影响力的同时，增强了品牌的多元认同。

最后，品牌生态系统的构建为企业在发展期提供了强大的支持，确保其在复杂的市场环境中保持竞争力。褚氏农业、拓普达、梦驼铃三家案例企业对于利益相关各方的积极推动，不仅收获了各方对于品牌的多元认可，也积极构建了属于自己的品牌生态系统，为品牌的持久发展营造了更加和谐有序的发展环境，具体见图12-1。

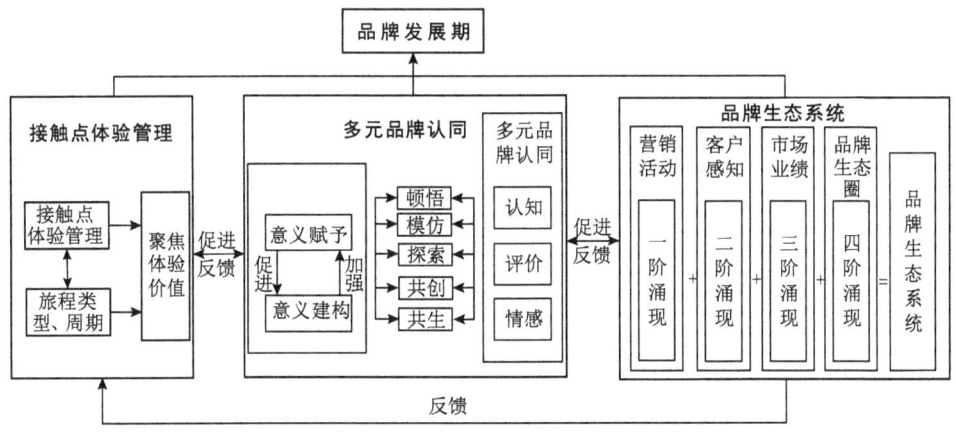

图12-1 基于SDL的品牌发展期路径图

因此，通过对这三家企业在发展期进行接触点体验管理、多元品牌认同和品牌生态系统三要素的有效应用与整合，企业不仅实现了可持续发展，还为未来的市场扩展奠定了坚实的基础。这一研究为其他企业在发展期如何通过关键要素实现市场突破提供了宝贵的经验与启示。

### 12.1.6 结论与建议

1. 研究结论

本章通过对褚氏农业、拓普达、梦驼铃等三家案例企业进行深入分析，观察品牌在接触点体验管理、多元品牌认同、品牌生态系统等三方面的不同表现，探究企业如何在品牌发展期实现向领导品牌的跨越。研究结果如下。

第一，接触点体验管理推动多元品牌认同的形成，基于 SDL，接触点体验管理通过优化客户在不同接触点上的互动，使企业不仅仅是产品的提供者，而是与客户共同创造价值的合作伙伴。企业通过在不同客户旅程和不同周期内的接触点差异化管理，针对产品的差异性和消费者消费导向的差异性，为消费者提供不一样的消费体验，并且在接触点体验管理过程中品牌也在加强消费者由个体认同向群体认同的转变，以创造更加积极的消费体验。

第二，品牌在发展期更加关注与利益相关者之间的关系，通过不断强化各利益相关者的认同路径，以此来增强对品牌身份的感知与认同。通过对顿悟、模仿、探索、共创、共生五条路径的分析，客户的认同也被划分为认知、评价、情感。品牌可以依据利益相关者对于自身发展过程的重要程度以及沟通的差异性，选择不同的认同路径，从而引发不同的认同结果，更加多样性地激发多元品牌认同，形成良好的品牌形象，实现品牌的持久发展。

第三，品牌生态系统的构建为品牌营造了和谐共生的生态系统。在此生态系统的形成过程中，和谐共生的局面并非由线性增长促成的，而是通过品牌在不同阶段的涌现过程中迭代形成的。通过这一生态系统，企业能够从不同的利益相关者处获得实时反馈，从而不断优化接触点体验管理。生态系统中的合作伙伴与客户为企业提供了宝贵的数据和洞察，使得品牌能够精准调整与客户的互动方式，持续改善服务质量。这种反馈机制使得接触点体验管理得以动态优化，从而增强客户满意度并提升品牌的市场竞争力。

因此，基于接触点体验管理、多元品牌认同、品牌生态系统的相互协作，为品牌发展期品牌的持续发展提供了有效助力。三者的相互作用形成了一个良性循环，帮助企业在发展期实现"做得久"的目标，通过持续提供价值来保持品牌的长期竞争力与市场影响力。

2. 理论贡献

本章内容主要关注了在品牌发展期，企业如何通过接触点体验管理、多元品牌认同、品牌生态系统等三方面促进品牌实现"做得久"的目标，探讨不同要素与资源互动背景下这一目标实现的路径差异。基于此研究内容，本章的理论贡献主要表现为以下三个方面。

第一，深化了 SDL 在品牌管理中的应用，丰富了该理论的应用情境。SDL 强调产品供应商在与消费者之间进行互动时，不再是单纯的接受与被接受的关系，更加强调消费者的主动地位，主张在发挥消费者主动意愿的同时，实现与品牌发展价值的共同创造（Vargo and Lusch，2004；Grönroos，2008）。目前，对于 SDL 的研究主要关注了在企业发展过程中对于消费者地位的重视，但是，企业或者品牌的持续良好发展离不开多方利益相关者的共同配合，消费者只是利益相关者中的一个重要代表。本章在 SDL 的框架下，强调了品牌通过与消费者、合作伙伴的互动共创价值。通过分析接触点体验管理、多元品牌认同以及品牌生态系统的相互作用，揭示了企业如何通过优化服务体验来增强品牌的市场竞争力与客户忠诚度，如何以 SDL 作为连接各方利益相关者的桥梁，实现更长远的发展。

第二，丰富了品牌在发展期的成长路径研究。加强品牌建设，实现品牌的长期发展，不仅是大型企业的发展目标，也是中小企业品牌建设的重要目标（曾国军等，2022）。资源与能力受限的中小企业如何在数字化进程中，充分利用发展红利，维护与利益相关方的协同共生关系，实现资源互补，实现长久发展是品牌演进历程中需要重点关注的内容。本章展示了企业如何在品牌发展期通过三者的协同作用构建持续竞争优势，这为品牌成长路径的研究提供了新的理论框架，尤其是在服务导向的市场环境中，企业如何通过服务创新和生态系统建设实现品牌的长期增长。

第三，加强了接触点体验管理、多元品牌认同和品牌生态系统之间的互动机制研究，本章强调了接触点体验管理如何通过优化品牌与客户的每次互动，推动多元品牌认同的形成，以及如何构建品牌生态系统。接触点体验管理作为品牌传播的重要途径，从品牌角度来看，接触点有助于拉近消费者与品牌之间的关系，有助于形成更好的消费者-品牌关系（Lemon and Verhoef，2016）。多元品牌认同则是伴随数字经济的发展，形成了与其利益相关者之间的协同共生的关系（李纯青等，2018），品牌生态系统则是在品牌发展中基于多元品牌认同更为高阶的发展阶段。本章强调品牌接触点体验管理与多元品牌认同、品牌生态系统三者之间的互动机制，展示了企业在多元市场和文化背景下，如何通过服务优化增强品牌的认同度,从而最终促成品牌生态系统的构建。

3. 管理启示

本章通过对案例企业的观察分析,给品牌发展期的企业提出了一些管理启示。

第一,优化接触点体验管理。品牌在接触点体验管理中应充分考虑不同体验周期与不同旅程模式的特点,充分挖掘客户需求,动态化调整接触点刺激,不断提升客户的品牌忠诚与满意度,增强品牌竞争力。在品牌发展过程中的接触点体验管理,则更加关注对于消费者互动的管理,因为在此阶段的发展过程中,消费者已经知晓品牌的产品或服务,对于品牌后续的迭代产品如何能更加深入地了解,则是品牌需要重点进行管理的内容。

第二,推动多元品牌认同的构建。品牌需要整合不同利益相关者的需求与期望,确保品牌在多元文化和市场中被广泛认同。企业应加强与客户、供应商、政府、合作伙伴等多方的沟通和交流,形成多元的品牌认同,提高市场占比和品牌的长期发展能力。在建立多元品牌认同过程中,如何促进各方认同的相互促进也是推动品牌发展的关键要素。

第三,建立强大的品牌生态系统。企业应通过与合作伙伴的深度协作构建品牌生态系统,推动资源整合与共创价值。品牌生态系统不仅能够提升企业的市场适应性,还能够通过合作互利共赢,增强企业的长期竞争优势。品牌生态系统的构建有利于形成发展合力,在品牌影响力与品牌声誉的传播方面都提供强劲助力。

总之,品牌的持续发展,不仅需要为客户提供良好的体验,还需要与各方利益相关者形成对品牌的高度认同,构建属于自己的和谐生态系统。

## 12.1.7 研究局限与未来研究

品牌的发展是一个因地制宜、与时俱进的过程。我们通过动态化的视角探究了品牌在发展期如何实现更加持久的品牌拓展。但是由于市场变化的复杂性,以及品牌在产品服务、地域差异、技术差异等方面的不同表现,本章对于如何实现品牌发展期的壮大仍存在一些尚未探究的因素。挖掘品牌发展过程中影响品牌发展导向的关键因素,是需要我们进一步研究和探索的关键内容。

因此,在未来的研究中,我们可以从以下几方面来展开进一步的探讨。首先,品牌在发展期最需要解决的问题是什么;哪些因素制约了这一时期品牌的进一步发展;品牌在这一时期的内部要素与外部要素是否与之前相比发生了明显的变化;品牌的产品和服务的迭代是否满足了消费者的需求与市场的变化。其次,品牌在发展期对于与各方关系的注重,是经济价值驱动还是文化价值驱动;在不同的价值驱动下，品牌的发展导向需要做出哪些调整；在多元品牌认同过程中品牌应该优先创建哪种方面的认同；这些不同利益相关者对于品牌的认同是相互促进还是没有关联的。最后，基于品牌生态系统的建立，品牌在发展中是如何有效平衡各方利益的；品牌生态系统的创建在哪些层面上优化了品牌的经营与发展；品牌未来的发展方向是对自有品牌的发展壮大，还是开始考虑创建其他品牌；是继续独自发展品牌还是考虑进行品牌联盟开创联合品牌等。

## 12.2 基于领导品牌发展期的政策建议

在品牌发展期，企业的市场份额以及品牌影响力逐步稳固并不断向新的领域拓展，这一阶段，品牌在不断加强自身价值输出的同时，更加强调与利益相关者之间和谐共生关系的维系。企业越来越关注品牌的重要性，一方面，市场仍保持着激烈的竞争，新品牌不断涌现，消费者需求的变化，品牌需要与时俱进才能保持持续的竞争力；另一方面，品牌在发展期也容易面临人才流失、创新不足等问题，出现品牌影响力下降等负面发展的趋势。在这个阶段，政府政策更多地关注如何引导品牌持续创新、维护品牌形象、加强品牌监管等方面。品牌作为高质量发展的重要象征，加强品牌建设是推动企业稳步发展、建设民众幸福生活的重要途径，政府对于品牌发展期的政策扶持更加体现了对于经济发展与创建美好生活的美丽愿景。

在品牌发展期，政府对于品牌的扶持主要聚焦在如何让品牌发展更具活力，更能传达良好的价值观，更能走出区域限制开拓更广阔的范围。因此，政府在提供政策帮扶时可以考虑从以下几方面展开行动。

第一，丰富品牌文化内涵，积极构建品牌的核心价值。政府在品牌发展期的政策扶持可以更加关注品牌内在文化价值的塑造。中国具有浓厚的历史文化，不同内涵的价值观也在不同品牌的发展历程中被呈现出来，因而一些品牌方在接受采访时也会提及对于品牌蕴含的价值观的重视。政府不仅对推动地方经济发展承担着经济职能，也对传承中华民族优秀文化承担着文化职能。因此，如何在品牌持久良好的经营过程中，帮助品牌更能够被公众所认可，品牌所蕴含的中华文化才是品牌持久发展的核心要素。

第二，加强引导品牌积极开拓国际市场，培育国内国外市场并行前行。经济发展的全球化早已渗透在经济运行的各方面。政府在鼓励企业实施品牌国际化发展战略的同时，需要为企业提供更多的助力。首先，在政策导向方面，需要鼓励品牌走向国际，积极拓展国际市场；其次，在品牌推广方面，政府可以为企业提供更多的与国际交流的机会，包括开展各种国际展会、信息交流会等，帮助企业更加了解国际市场的规则；最后，政府可以联动有开拓国际市场需求的品牌，引导行业领导品牌带动中小企业品牌进行联盟，实现走向国际市场的互帮互助。

第三，营造品牌消费新地标，将品牌发展更加贴近民生。对于产品和服务直接面向个体消费者的品牌，政府可以构建品牌发展新地标。具有引领流量的核心经济地带、具有明显文化特色的地方展馆以及具有民族特色的民俗风情园等，都可以作为新的品牌引流优选地。政府可以鼓励品牌积极探索本地最具特色的发展方向，因地制宜，建设集合商业、文化、科技、旅游等一体的商业模式，在多特色的融合发展中让消费者近距离接触品牌推广，留下更加深刻的品牌印象。

总之，政府在品牌发展期如何让品牌具有持久的活力，具有更加广泛的影响力与更高程度的认可度，是发展期品牌更加需要考虑的核心要点。

# 参 考 文 献

江远涛. 2016. 商业生态圈："互联网+"时代，构建互赢共生的商业生态模式[M]. 北京: 当代世界出版社.
李纯青, 吕俊峰, 马宝龙, 等. 2018. 多元企业认同的身份构建及其张力调和机理[J]. 心理科学进展, 26(8): 1331-1348.
王兴元. 2006. 品牌生态系统结构及其适应复杂性探讨[J]. 科技进步与对策, (2): 85-88.
曾国军, 王荷, 徐雨晨. 2022. 他山之石，如何攻玉: 小企业拼凑外部资源加快品牌建设机理研究[J]. 南开管理评论, 25(6): 29-40.
Grönroos C. 2008. Service logic revisited: who creates value? and who co-creates?[J]. European Business Review, 20(4): 298-314.
Klaus P, Maklan S. 2013. Towards a better measure of customer experience[J]. International Journal of Market Research, 55(2): 227-246.
Lemon K N, Verhoef P C. 2016. Understanding customer experience throughout the customer journey[J]. Journal of Marketing, 80(6): 69-96.
Lusch R F, Nambisan S. 2015. Service innovation: a service-dominant logic perspective[J]. MIS Quarterly, 39(1): 155-176.
Prahalad C K, Ramaswamy V. 2000. Co-opting customer com-petence[J]. Harvard Business Review, 78(1/2): 79-87.
Vargo S L, Lusch R F. 2004. The four service marketing myths [J]. Journal of Service Research, 6(4): 324-335.
Xie K, Wu Y, Xiao J H, et al. 2016. Value co-creation between firms and customers: the role of big data-based cooperative assets[J]. Information and Management, 53(8): 1034-1048.
Yin R K. 2009. Case Study Research: Design and Methods[M]. 4th ed. New York: Sage Publications.

# 第五篇

## 西部地区中小企业领导品牌的发展方向

# 第 13 章

# 西部地区中小企业领导品牌的发展趋势

## 13.1 充分挖掘数字技术的带动作用

### 13.1.1 数字技术对品牌发展的重要性

在数字化时代,品牌建设面临着诸多新挑战。一方面,消费者的注意力更加容易受到信息的干扰。随着信息的爆炸和竞争的加剧,品牌需要在众多竞争对手中脱颖而出,吸引消费者的关注。另一方面,虚假信息和负面评价的传播也对品牌声誉构成了潜在威胁。因此,企业需要制定全面的品牌声誉管理策略,并利用数字化工具和技术对消极信息进行监测与应对。然而,数字技术也为品牌发展带来了新机遇。首先,数字平台和大数据的连接更加方便了品牌与消费者的沟通,解决了传统信息堵塞的问题。通过建立品牌社交媒体账号,企业可以与消费者进行实时互动,获取反馈信息,建立品牌与消费者之间的关系。其次,数字化时代的大数据分析技术使得品牌能够更准确地了解消费者的需求和行为模式,从而进行更加精准的产品定位与目标群体的细分。例如,品牌旗舰平台与品牌聚合平台的兴起不仅方便了消费者的消费行为,也为品牌价值观的传递提供了更加开放的平台。最后,数字化技术还为品牌建设提供了更多的创新手段。例如,褚氏农业利用数字化手段进行果橙的培育与筛选,通过对果实大小、甜度的精准划分,为不同需求的消费者提供了更加匹配的产品,让"所想"变成了"所得"。

总之,在数字化时代,品牌建设既面临着新挑战,也迎来了新机遇。品牌发展需要紧跟时代的步伐,善于利用数字技术来提升品牌影响力,应对挑战,抓住机遇,实现品牌的可持续发展。

## 13.1.2 数字技术带动品牌发展的具体举措

1. 精准定位目标市场

在数字时代，大数据分析成为品牌精准定位目标市场的有力武器。品牌可以通过收集和分析海量的消费者数据，包括在线行为、购买历史、浏览记录等，深入了解消费者的需求、喜好和行为模式。例如，基于大数据的市场细分与目标市场定位策略研究表明，大数据技术能够提高市场细分的精确度，通过数据驱动的消费者洞察，品牌可以挖掘出更多潜在市场细分，并实现对消费者需求的精细化把握。同时，借助大数据技术精准锁定目标市场，品牌可以基于用户画像进行定位，通过收集和分析用户数据，形成具有代表性的用户画像，准确理解目标市场的特点和需求。这种精准定位有助于企业制定更具针对性的营销策略，提高营销效果，提升品牌影响力。

2. 打造个性化品牌形象

数字平台为品牌打造个性化品牌形象提供了广阔的空间。品牌可以利用社交媒体、短视频等数字平台，展示品牌的文化内涵、产品特点和服务优势。例如，可以通过社交媒体与数字化平台，打造个性化定制品牌的影响力与市场份额。通过明确品牌核心价值，设计独特的视觉识别系统，打造品牌故事和文化，不断推出新产品，提供定制化服务，强化技术研发和创新能力，企业能够塑造出独特的品牌形象，吸引更多消费者的关注。同时，数字化技术使得品牌与消费者的互动更加个性化和精准，通过及时捕捉市场趋势和消费者反馈，品牌可以快速地调整品牌策略，进一步强化品牌的个性化形象。

3. 实现与消费者深度互动

数字平台为品牌与消费者实现深度互动提供了丰富的渠道。企业可以通过数字平台，与消费者进行实时沟通、反馈和互动，了解消费者的意见和建议。例如，数字化品牌战略还可以实现与消费者的深度互动，品牌可以通过数字平台提供丰富的互动渠道，如社交媒体、在线论坛、品牌 APP 等，消费者可以在这些平台上与品牌进行实时交流，分享使用心得，提出反馈意见。品牌则可以通过这些渠道及时回应消费者，解决他们的问题，收集他们的建议，从而不断完善产品和服务。此外，数字化技术使得互动更为个性化和精准，通过大数据分析，品牌可以为消费者提供定制化的互动体验，提升消费者的参与感和归属感，为品牌带来更多的创新灵感和市场机会。

4. 推动品牌发展扩量提质

数字技术在品牌发展过程中发挥着重要作用,有助于推动增品种、提品质、创品牌,满足人民美好生活需要。在增品种方面,发挥数字技术在精准挖掘消费者需求、提升研发设计水平、创新协同制造新模式等方面的作用,推出更多创新产品顺应消费升级趋势。在提品质方面,工业 APP、自动化控制、数字化溯源等关键数字技术和核心装备应用程度进一步提高,重点行业智慧供应链管理能力和质量管控能力不断增强。在创品牌方面,利用数字技术不断创新生产服务和商业模式,打造沉浸式、体验式、互动式消费场景,通过线上线下融合实现全域营销,品牌实力和影响力稳步提升。

5. 助推设计品牌发展

在数字经济背景下,品牌企业可以通过数字化转型建立竞争优势。品牌需要清晰自身数字化发展方向,从实际解决问题的角度进行思考。一方面,品牌发展要与外部环境相适应,结合经济政策环境、所处行业市场分析,做好数字化需求方和供给方的工作。另一方面,品牌发展可以通过数字化创新,解决信息化建设服务业务和管理能力薄弱、标准化建设不系统等问题。通过数字化转型,品牌可以利用信息数字技术赋能管理运营和产业发展,促进品牌生态系统的创建,实现品牌、市场立体维度扩张,强化资源配置能力,实现品牌价值创造模式创新升级。

## 13.1.3　数字技术引领品牌发展的未来展望

随着科技的不断进步,数字技术必将持续为品牌发展注入强大动力。在未来,品牌应积极拥抱数字化,实现可持续发展。

一方面,大数据分析将更加精准和深入。随着数据采集技术的不断升级和算法的持续优化,品牌能够更准确地洞察消费者的潜在需求和未来趋势。例如,通过对消费者的社交媒体互动、在线购物行为以及生活方式数据的综合分析,品牌可以提前预测流行趋势,从而在产品研发和营销策略制定上抢占先机。同时,人工智能技术将在品牌决策中发挥更大的作用。通过机器学习和深度学习算法,人工智能可以自动分析大量数据,为品牌提供更智能的市场预测、产品推荐和客户服务解决方案。

另一方面,虚拟现实和增强现实技术将为品牌带来全新的营销体验。消费者可以通过这两项技术身临其境地体验品牌产品和服务，增强品牌与消费者之间的互动和情感连接。例如，家居品牌可以利用增强现实技术让消费者在自己家中预览家具的摆放效果，提高购买决策的准确性和信心。同时，区块链技术将为品牌的供应链管理和消费者信任建立提供有力保障。区块链的不可篡改和可追溯性特点可以确保产品的来源与质量，提高消费者对品牌的信任度。

此外，数字技术还将推动品牌的全球化发展。通过跨境电商平台和社交媒体，品牌可以更轻松地拓展国际市场，实现全球品牌影响力的提升。同时，数字营销工具和数据分析技术可以帮助品牌更好地了解不同国家及地区的消费者需求和文化差异，制定更具针对性的营销策略。

总之，数字技术在未来将继续引领品牌发展，品牌只有积极拥抱数字化，不断创新和优化数字营销策略，才能在激烈的市场竞争中实现可持续发展。

## 13.2　积极融合西部地区的民族特色

### 13.2.1　民族特色对品牌发展的重要性

民族特色对品牌发展有着至关重要的作用。首先，民族特色能够极大地丰富品牌内涵。每个民族都有其独特的历史、文化、艺术和风俗，这些元素为品牌提供了深厚的文化底蕴和丰富的创意源泉。以圣源地毯为例，其精准地把握了民族品牌突围的核心要素，充分利用藏毯这一国家级非物质文化遗产的独特优势，将藏族文化元素深度融合于产品设计与生产之中，创造出独具特色的品牌形象。藏毯作为世界三大名毯之一，其精湛的编织技艺、独特的图案设计以及深厚的文化内涵，使得圣源地毯在国际市场上独树一帜。公司通过不断研发创新，将藏族文化元素以更加现代、时尚的方式呈现，既保留了传统文化的精髓，又满足了现代消费者的审美需求，从而实现了产品的差异化竞争。

其次，民族特色可以提升品牌辨识度。在市场竞争日益激烈的今天，品牌辨识度是吸引消费者的关键因素之一。具有鲜明民族特色的品牌，往往能够在众多品牌中脱颖而出，给消费者留下深刻的印象。昆仑物流根植于昆仑山脉的雄伟与神秘之中，巧妙地将昆仑文化这一地域性标志融入其品牌构建的每一个环节。公司名称取用"昆仑"二字，不仅彰显了企业的地域归属感，更赋予了品牌以山川之雄伟、文化之深厚的寓意。公司进一步挖掘昆仑文化的精神内涵，通过打造昆仑圣境不夜城这一集休闲、娱乐、文化展示于一体的综合体，不仅丰富了当地民众和游客的精神文化生活，也为企业的品牌形象增添了浓厚的文化色彩。其中，生活配套馆、昆仑文化展示展览馆及博物馆的设立，更是全方位、多层次地展现了昆仑文化的独特魅力，增强了品牌的识别度与影响力。

此外，民族特色还能为品牌带来情感共鸣。消费者在购买产品时，不仅仅是在购买一种商品，更是在购买一种情感体验和文化认同。民族特色品牌能够唤起消费者对本民族文化的归属感和自豪感，从而建立起与消费者之间的情感纽带。例如，在品牌营销中加入民族元素，讲述民族故事，能够让消费者在了解品牌的同时，感受到浓郁的民族文化氛围，增强对品牌的认同感和忠诚度。

## 13.2.2 品牌发展与民族特色相融合的策略

1. 设计途径的探索

民族风格与品牌的交融：民族风格和品牌的结合并非简单的概念组合，而是通过鲜活、详尽的形象展示，将富有吸引力的民族风格与品牌相融合，品牌具有强大的吸引力和特色，甚至成为某种象征。在融合过程中，要从局部到整体统一结合，既要赋予品牌鲜明个性，又要突出品牌宗旨。西藏旅游通过挖掘和展示藏族文化的精髓，为品牌注入人格力量与灵魂，构建了一个充满异域风情的旅游品牌。这一品牌不仅传递了西藏的自然美景，更深刻体现了其深厚的文化底蕴和独特的民族风情。同时西藏旅游巧妙运用民族元素，增强品牌吸引力，实现了民族风格与旅游品牌的完美交融，赢得了国内外游客的广泛赞誉。

品牌民族风格个性的运用：品牌民族设计风格的展示是消费者了解品牌的重要部分。从品牌设计的角度看，西藏旅游充分利用了藏族文化的独特元素，这些元素被巧妙地融入品牌的形象设计中，形成了鲜明的品牌识别度。在保持民族文化特色的同时，西藏旅游也注重运用现代宣传手段，通过独具特色的图片、生动形象的视频、达人亲身经历等方式展现出西藏的自然美景和人文风情。从产品开发与创新的角度看，西藏旅游通过挖掘和整理藏族的历史文化、民俗风情等资源，设计出具有文化内涵的旅游线路和体验项目。例如，根据冈仁波齐作为宗教圣地这一地位，开发出了朝圣、摄影、观赏等多形式的旅游产品，吸引游客前往感受藏传佛教的庄严与神秘、捕捉神山的壮丽景色和独特光影、参与藏族传统节日庆典、观赏藏族歌舞表演等，深入了解藏族文化。

2. 文旅融合的构建策略

文旅融合趋势对旅游品牌构建有着重要影响。文化资源向文化资本转化，民族文化资源可提高资源附加值。旅游业作为新兴产业，可与文化产业融合，改变项目单一性和内容同质性问题。文旅融合背景下，文化旅游品牌构建应遵循差异性和创新性原则。

差异性原则：首先，通过深入挖掘旅游目的地的独特文化资源，如历史遗迹的历史内涵、民俗风情的独特表达以及非物质文化遗产的深厚底蕴等，可以构建出品牌独有的文化内核，使游客在体验中感受到与众不同的文化氛围和历史传承。其次，强调旅游目的地的地域特色是增强品牌辨识度的关键，将地理环境、气候条件、民族风情等融入品牌建设中，不仅能让游客在视觉上获得独特的享受，更能在心灵上产生深刻的共鸣，从而加深对品牌的记忆与认同。最后，通过差异化策略突出自身的独特优势，不仅要明确自身的核心竞争力，而且在品牌传播中不断强化这些优势，同时，针对目标游客群体的需求与偏好，制定差异化的营销策略，以吸引并留住更多游客，从而在激烈的市场竞争中占据有利地位。

创新性原则：文化旅游品牌构建离不开创新，可以通过产品创新、营销创新和服务创新三个方面进行。在产品创新方面，品牌应积极融合现代科技与文化创意，打破传统界限，通过开发虚拟现实和增强现实体验项目，为游客带来沉浸式文化体验；同时应进一步推出定制化旅游产品，根据游客的兴趣等个性化需求，量身打造专属行程，提升旅游体验的满意度；此外还能通过联名产品、主题展览等形式，拓宽品牌边界。在营销创新方面，品牌可以利用社交媒体、短视频平台等，实施精准营销策略，根据用户画像推送定制化内容，提升品牌曝光度和吸引力；同时创作高质量、有深度的内容，如旅游攻略、文化故事等，以情感共鸣和价值传递为核心，吸引并留住游客；此外，通过举办文化节庆、主题展览、互动体验等线下活动，让游客在参与中感受品牌的独特魅力，并通过口碑效应扩大品牌影响力。在服务创新方面，通过引入智能设备等方式提升客户体验，如智能导览系统的应用能够显著提升游览的便捷性和灵活性；通过智能监控系统实时监测景区的人流量、安全状况等，为游客提供更加安全、有序的游览环境。

3. 展望品牌与民族特色的融合之路

品牌与民族特色的融合在未来具有巨大的重要性与潜力。在全球化的时代背景下，消费者对于独特性和文化内涵的追求日益增长。民族特色为品牌提供了丰富的创意资源和情感连接，使品牌能够在激烈的市场竞争中脱颖而出。

从重要性方面来看，品牌与民族特色的融合有助于传承和弘扬民族文化。随着现代化的进程加快，许多民族特色面临着被遗忘的风险。通过品牌的力量，可以将民族文化以更具吸引力的方式呈现给消费者，让更多人了解和喜爱民族文化。

同时，品牌与民族特色的融合也有助于提升国家的文化软实力。在全球经济竞争中，文化软实力越来越成为一个国家综合实力的重要组成部分。具有民族特色的品牌可以代表国家的文化形象，走向世界舞台，提升国家的文化影响力。昆仑物流与昆仑文化的融合，不仅在品牌发展方面推动了企业的壮大，更加推动了昆仑文化的传播，扩展了品牌的文化影响力。

从潜力方面来看，随着科技的不断进步和消费者需求的不断变化，品牌与民族特色的融合还有很大的发展空间。一方面，科技创新可以为品牌与民族特色的融合提供更多的可能性。例如，利用虚拟现实、增强现实等技术，可以让消费者更加身临其境地感受民族文化的魅力；利用大数据、人工智能等技术，可以更好地了解消费者需求，为品牌的创新发展提供支持。另一方面，消费者对于个性化、定制化产品的需求不断增加，品牌可以通过融合民族特色，为消费者提供更加独特的产品和服务。

对未来品牌与民族特色的融合之路，我们充满期待。我们期待更多的品牌能够认识到民族特色的价值，积极探索品牌与民族特色的融合方式，创造出更多具有文化内涵和市场竞争力的产品。我们也期待政府、企业和社会各界能够共同努力，为品牌与民族特色的融合创造良好的环境和条件。相信在各方的共同努力下，品牌与民族特色的融合必将迎来更加美好的未来。

# 第 14 章

# 基于品牌发展方向的建议方案

## 14.1 促进企业品牌的科技创新与产业创新融合

### 14.1.1 引言

在全球化和技术革命的推动下,科技创新与产业创新已成为推动经济增长和社会发展的关键动力。随着新兴技术的不断涌现,如人工智能、大数据、物联网等,企业和产业面临着前所未有的变革机遇。在这一背景下,科技创新与产业创新的融合不仅关系到企业竞争力的提升,也关系到整个产业乃至国家创新体系的构建和完善。

本章旨在探讨科技创新与产业创新融合的内在机制及其对企业价值实现的影响。通过分析企业如何通过科技创新提升产品和服务的竞争力,以及如何通过产业创新优化商业模式和市场定位,本章试图揭示两者融合对企业持续成长和品牌建设的重要性。同时,本章也将关注创新生态系统中多元主体的互动作用,以及这些互动如何促进知识和技术的流动,加速科技成果的商业化和产业化进程。

本章采用案例研究方法,深入探讨了三家在科技创新与产业创新融合方面表现突出的企业:亿林枸杞、圣源地毯和梦驼铃。通过对亿林枸杞、圣源地毯、梦驼铃的商业模式、创新策略和市场表现进行深入分析,旨在揭示企业如何通过科技创新提升产品和服务的竞争力,以及如何通过产业创新优化商业模式和市场定位。研究内容涵盖了企业如何整合内外部资源、如何构建和参与创新生态系统,以及如何通过创新活动实现品牌价值提升和市场竞争力增强。

## 14.1.2 文献评述

1. 创新生态系统

创新生态系统是指在一定区域内,由企业、政府、高校、科研机构、金融机构等多元主体相互作用形成的网络结构,它们共同参与知识创造、技术转移和产品创新过程,以促进区域经济的持续发展和竞争力提升(Iansiti and Levien, 2004)。创新生态系统的核心特征包括开放性、动态性和协同性。开放性意味着系统对外部资源和知识的接纳,动态性体现在系统内部结构和关系的不断调整,而协同性则强调多元主体间的合作与互动(Adner, 2017)。这些特征共同作用,促进了创新生态系统内部的知识流动和技术进步,加速了科技成果的商业化和产业化进程。创新生态系统的构成要素涵盖了科技创新、组织创新、商业模式创新等多个方面。

科技创新是推动产业升级的关键,组织创新则涉及企业内部结构和管理方式的变革,商业模式创新则关注如何通过新的商业模式实现价值创造(Chesbrough, 2014)。创新生态系统的运作机制包括知识共享、技术合作、市场协同等。知识共享是创新生态系统中信息和知识流动的基础,技术合作则是不同主体间通过合作实现技术突破的重要方式,市场协同则涉及市场需求的共同理解和满足(Lavie and Rosenkopf, 2006)。创新生态系统视角下,产业创新融合是指不同产业领域间的知识和技术交流,以及由此产生的新产品、新服务和新市场。这种融合不仅促进了产业内部的创新,也为跨产业的创新合作提供了可能(Jacobides et al., 2018)。

当下对于创新生态系统的研究主要分为两个流派。第一个流派是从生态系统的构成角度出发,主要考虑核心成员与其他参与者在生态系统中的贡献(Adner and Feiler, 2019);第二个流派是从生态系统的组织结构方面出发,探究不同的组织结构对促进生态系统发展的影响(Adner, 2017)。然而这两大流派对于创新生态系统的研究忽视了在企业发展情境下,科技创新与产业创新对于推动创新生态系统形成的推动作用。因此,本章在时代发展的背景下探究科技创新与产业创业融合促进创新生态系统的形成机制。

2. 科技创新

科技创新是企业成长的关键因素,它不仅包括产品和技术的改进,还涉及管理创新和组织结构的优化。在数字经济背景下,科技型企业的商业模式创新受到数字经济的显著正向影响，其中资源生态位和市场生态位的"态"与"势"属性均对创新产生积极作用（曹路苹等，2024）。

此外，科技创新与非科技创新的融合对提升创业质量至关重要，这一点在不同类型制造企业的创新策略及其演化机制中得到了体现（宋正刚等，2019）。政策环境，包括科技政策、税收优惠和财政补贴，对激励企业研发和创新活动起到了重要作用，其中财政补贴对企业科技创新具有显著的短期激励效应（尚洪涛和王士晓，2020）。这些发现强调了科技创新在企业发展中的核心地位，以及创新政策在促进技术进步中的重要性。

科技创新的广泛内涵，对于推动企业发展变革具有极其重要的作用。然而，作为创新生态系统中的一个组成部分，科技创新如何与其他创新相互作用以实现创新主体的价值最大化仍是需要我们不断关注和深入探究的关键问题。

### 3. 产业创新

产业创新作为推动经济增长和提升企业竞争力的关键因素，正受到越来越多学者的关注。在这一领域，产业创新生态系统中多主体互动对价值创造具有明显重要性，强调了核心企业如何通过与其他主体的合作促进知识和资源的共享，从而加速创新过程（Adner，2017）。此外，学者探讨了核心企业间的竞争与合作关系对创新生态系统价值创造的显著影响，指出这种竞合关系是推动产业创新的关键动力（Hoffmann et al.，2018）。

进一步地，创新行为在数字产业创新生态系统中的作用也得到了深入研究。核心企业可以通过建立数字技术接口、开源和战略性知识披露等创新行为，协调与其他主体的互动关系，这些行为对于促进生态系统内的价值共创至关重要（Alexy et al.，2013）。同时，也有学者强调了基于数据资源的差异化创新战略在为用户创造差异化价值方面的作用，这表明了创新行为对产业创新成功的直接影响（Brea，2023）。随着产业创新生态系统的发展，其价值创造过程呈现出明显的动态演化特征。在其研究中有学者提出了一个理论框架，归纳了从新兴阶段的颠覆性创新价值，到发展阶段的协同价值，再到成熟阶段的质量价值创造的演化规律，为理解产业创新生态系统的演化提供了有价值的视角（焦豪，2023）。

然而，学者对于产业创新的研究更加关注于产业创新的主体，即企业通过价值共创角度实现快速发展。但是产业创新的发展离不开技术创新的推动，本章旨在通过探究科技创新与产业创新之间的有效融合，以发现产业创新有效推动企业发展的动力源泉。

## 14.1.3 研究方法

在学术研究中，案例研究的数量选择对于确保研究结论的稳健性和说服力至关重要。研究指出，相较于单一案例，两个或更多案例的研究能够提供更加坚实和有说服力的结论（Yin，2009）。通过多案例研究，可以构建具有更普适性和深度的理论。本部分的问题聚焦于科技创新与产业创新融合如何推动企业价值实现，探讨其"是什么""为什么""怎样做"的问题，即关注企业价值实现的过程和背后的因果逻辑。这种方法不仅有助于我们理解企业如何在快速变化的市场中通过科技创新与产业创新的融合找到并实施有效的价值创造策略，而且能够为其他企业提供宝贵的经验和启示，帮助它们在发展过程中制定和优化自己的创新策略，以实现可持续的价值增长和竞争优势。

1. 案例选择

本部分选择了亿林枸杞、圣源地毯和梦驼铃三家企业作为案例研究对象，选择这些企业是基于它们在各自产业中的典型性、数据的可获取性以及研究的便利性。

首先，就典型性而言，亿林枸杞代表了青海省柴达木盆地的特色农业，该地区是中国重要的有机枸杞生产基地，拥有得天独厚的自然条件和生态环境。亿林枸杞展现了从传统农业向有机农业转型的全过程，其产品远销欧洲市场，体现了农产品品牌化和国际化的发展趋势。圣源地毯则代表了青海省的文化产业，特别是藏毯制造，其所在地西宁市被誉为"藏毯之都"。圣源地毯的产品结合了传统手工艺与现代设计，远销世界各地，展现了文化产品如何通过创新和品牌化走向国际市场。梦驼铃则代表了现代服务业，特别是数字化物流领域，它利用大数据和物联网技术提供物流解决方案，体现了服务业如何通过技术创新提升品牌价值和市场竞争力。这三个案例分别代表了不同产业的品牌形成期特点，为研究品牌从无到有的过程提供了丰富的实践和洞见。

其次，在数据的可获取性方面，研究对三家企业的负责人进行访谈获取一手信息和资料。亿林枸杞、圣源地毯和梦驼铃作为各自行业内的知名企业，均积累了丰富的运营数据和市场反馈。亿林枸杞的出口数据、有机认证信息和种植规模，圣源地毯的设计专利、销售额和国际项目案例，以及梦驼铃的物流平台运营数据、技术创新成果和客户评价，都为研究提供了翔实的信息基础。这些数据不仅包括销售业绩、市场份额等基本指标，还涵盖了客户满意度、品牌忠诚度等关键的用户反馈信息。数据的丰富性和翔实性为研究者提供了多维度的分析视角，有助于深入理解这些企业品牌化过程的动态和市场表现。

最后，在研究的便利性方面，亿林枸杞、圣源地毯和梦驼铃分别代表了特色农业、文化产业与现代服务业，涵盖了从传统农业转型、文化产品创新到数字化服务升级的多个领域。这些企业不仅是当地经济的支柱，更是各自产业品牌化发展的典型代表。其丰富的实践经验和明确的发展路径，为研究品牌从无到有的形成过程提供了极具代表性的案例基础，便于研究者从不同维度展开分析。并且，企业相关人员积极开放的态度，也为我们一手数据的收集提供了便利的途径。

2. 数据收集

本部分通过综合利用线上访谈的一手资料，公开资料、学术文献、行业数据库和市场调研以及网络资源等二手数据，确保了数据的全面性和深度。公开资料提供了企业科技创新和产业创新的详细数据；学术文献为科技创新与产业创新融合的理论基础和实践应用提供了支撑；行业数据库和市场调研揭示了企业的科技市场定位策略；网络资源捕捉了科技品牌形象和科技创新市场趋势。通过对这些数据的严格筛选和综合分析，研究揭示了企业如何通过科技创新和产业创新的融合构建品牌核心竞争力，并为其他企业提供策略借鉴。具体数据收集信息如表14-1所示。

表14-1 数据收集信息（一）

| 案例企业 | | 数据来源 | 数据内容 | 字数/万字 |
| --- | --- | --- | --- | --- |
| 亿林枸杞 | 一手数据 | A1 线上访谈：董事长 | 企业价值创造路径及科技应用 | 1.20 |
| | 二手数据 | A2 企业公开资料（包括网页、公众号、商域账号、公开报道） | 企业市场表现，盈利状况 | 1.70 |
| | | A3 政府报道 | 技术应用，产业发展 | 0.31 |
| 圣源地毯 | 一手数据 | B1 线上访谈：董事长 | 企业价值创造路径及科技应用 | 2.50 |
| | 二手数据 | B2 企业公开资料（包括网页、公众号、商域账号、公开报道） | 工艺流程，产业链，供应链 | 1.30 |
| | | B3 政府报道 | 技术应用，产业发展 | 0.62 |
| 梦驼铃 | 一手数据 | C1 线上访谈：集团副总裁 | 企业商业模式及价值创造路径 | 2.30 |
| | 二手数据 | C2 企业公开资料（包括网页、公众号、商域账号、公开报道） | 综合发展，技术应用，产业模式 | 1.80 |
| | | C3 政府报道 | 转型升级，模式探索 | 0.15 |

### 14.1.4　案例描述

1. 企业背景

亿林枸杞成立于 2007 年，位于青海省格尔木市昆仑经济开发区。公司专注于有机枸杞的种植、加工与销售，拥有 10 000 亩的有机枸杞种植基地。亿林枸杞以"保护生态环境、发展有机农业"为核心理念，依托柴达木地区的自然条件，生产高品质的有机枸杞。其产品主要出口至法国、德国、比利时等欧洲国家，连续多年枸杞出口额位居青海省第一。亿林枸杞通过了多项国际有机产品认证，并获得了"全国优质道地中药材'十佳规范化种植基地'"称号，展现了其在有机枸杞产业中的领先地位和品牌影响力。

圣源地毯成立于 2007 年，位于青海省西宁市南川工业园区，是一家集地毯设计、研发、生产、营销、检测为一体的集团化、国际化地毯行业领军企业。公司主要产品包括阿克明斯特地毯、手工枪刺地毯、手工编织藏毯及艺术挂毯等，以其独特的设计和精湛的工艺，将传统手工艺与现代生产技术相结合。圣源地毯的产品通过了多项国际认证，远销美国、德国、法国、意大利、澳大利亚、日本和中东等国家及地区。公司以"打造世界一流的藏（地）毯企业"为愿景，致力于传统手工地毯生产工艺的传承与创新，不断推动藏毯产业的发展。

梦驼铃成立于 2015 年，位于宁夏银川市，是一家专注于物流行业的数字化转型和智慧物流解决方案提供的企业。公司深度运用大数据、区块链和物联网技术，系统提升现代物流行业的运营效率。梦驼铃通过其智慧物流平台，为货主和司机提供高效的车货匹配服务，有效解决了物流行业的痛点问题，推动了物流业的高质量发展。公司被评为全国物流与信息化优秀案例，并在物流数字化产品的研发上拥有多项专利和软件著作权。梦驼铃致力于成为数字经济集聚区综合运营商，为区域产业发展提供基于数据分析和技术支撑的全链路、全要素、全体系数字化服务。

2. 企业科技创新与产业创新融合实现

亿林枸杞通过采用物理冷榨及高压微粒化技术，确保了有机枸杞的原汁原味和果香浓郁的极致口感，其产品远销世界 30 多个国家和地区，80%的产品出口欧洲，连续 12 年的枸杞出口额都位列青海省第一，占全省枸杞出口总额的 50%以上。亿林枸杞的种植基地位于昆仑山脚下，与千年野生枸杞林相邻，其有机枸杞鲜果只采自亿林有机枸杞基地，该基地自 2009 年至今，连续通过了中国、欧盟、美国的有机认证。亿林枸杞的科技创新不仅体现在产品加工技术上，还体现在其对有机种植的坚持和对产品质量的严格把控上。

圣源地毯则在传统藏毯技艺的基础上，通过科技创新，实现了传统工艺与现代技术的有机结合。企业在产品的功能、设计、工艺和标准等方面不断创新，特别是在个性化定制的销售模式上投入了大量技术研发力量。圣源地毯利用青海省本地资源优势，与国内知名设计师合作，优化设计理念，创新设计风格，扩展目标客户服务群体。企业还加大了对智能设备的投入，如智能纱架、自动络筒机、智能枪刺机器人等，以提高生产效率和产品质量。圣源地毯的科技创新和产业创新融合，使其产品畅销欧洲、中东、北美、澳大利亚等40多个国家和地区，成为青海省绿色有机农畜产品输出地的龙头代表企业。

梦驼铃则在物流数字化领域取得了显著成就。企业自主研发了宁夏首家全场景物流数字化服务平台，该平台的研发和使用不仅实现了传统物流业向数字化迈进的迭代升级，也使得梦驼铃成为区域行业标杆。梦驼铃通过深度运用大数据、区块链和物联网技术，系统提升了现代物流行业的运营效率。企业还自主研发了148项物流数字化产品，拥有物流领域相关专利16项、软件著作权64项、注册商标42项。梦驼铃的科技创新和产业创新融合，使其成为西北领先的数字经济集聚区综合运营商，服务货主3000余家，平台注册司机超过68万名，运输车次757万车，运输重量超2.8亿吨。

### 14.1.5 案例分析

1. 需求端：市场创新

客户需求催生价值主张，当企业提供的产品或服务精准匹配这些需求时，便能提升客户满意度，并激发客户对更多创新解决方案的期待，从而推动企业不断创新，从需求端出发对企业的分析如下所示。

亿林枸杞通过其有机枸杞的生产和加工，满足了市场对健康食品的需求。公司的价值主张在于提供纯天然、无添加的有机产品，这一点通过其产品连续多年出口额位列青海省第一得到了体现，显示了其产品与市场需求的高度匹配。客户对亿林枸杞的高度满意和信任，进一步推动了公司在有机食品领域的深入创新和发展。

圣源地毯通过结合传统工艺和现代设计，创造出既具有民族特色又符合现代审美的地毯产品。其价值主张在于提供个性化、多样化的地毯解决方案，这一点在其产品被用于人民大会堂、成都天府国际机场等重要场所得到了体现。圣源地毯的高端市场场景匹配，不仅满足了客户的需求，也赢得了市场的广泛认可，推动了公司在地毯行业的持续创新。

梦驼铃通过数字化转型，提供一站式 SaaS 云平台和综合物流管理工具，致力于提升物流行业的运营效率。其价值主张在于通过技术创新满足市场对高效物流服务的需求。梦驼铃通过智能匹配和轨迹追踪，实现了物流服务的高效场景匹配，这一点在其平台注册司机数量和运输车次的增长中得到了体现。客户对梦驼铃服务的满意和信任，进一步推动了公司在智慧物流领域的创新和发展。

2. 供给端：科技创新

企业的科技创新路径从供给端出发，通常经历四个阶段：首先是"知识探索与研究"，企业通过深入研究来探索新知识领域；接着是"概念验证与技术孵化"，将研究成果转化为可实施的概念和技术原型；然后是"技术创新与开发"，对这些原型进行改进和优化；最后是"技术转移与商业化"，将创新成果推向市场，实现商业价值。这一连贯路径确保了企业创新活动与市场需求的有效对接，从供给端出发对企业科技创新的分析如下所示。

亿林枸杞在"知识探索与研究"阶段，坚持以"保护生态环境、发展有机农业"为核心理念，专注于有机枸杞的种植与加工。在"概念验证与技术孵化"阶段，公司与中国医学科学院药用植物研究所合作，解决了枸杞种植中的病虫害问题，并制定了操作规程。在"技术创新与开发"阶段，亿林枸杞采用古法炮制结合现代技术，确保了枸杞产品的品质。最终，在"技术转移与商业化"阶段，亿林枸杞通过建立标准化生产体系和品牌建设，成功将产品出口到欧洲多国，实现了商业化。

圣源地毯在"知识探索与研究"阶段，依托青海省丰富的羊毛资源，继承并发展了藏毯的传统手工艺。在"概念验证与技术孵化"阶段，公司引进了国内外先进的生产设备，如阿克明织机，进行技术革新。在"技术创新与开发"阶段，圣源地毯通过供给侧结构性改革，推出了阻燃、抗菌等功能性地毯，满足高端市场需求。在"技术转移与商业化"阶段，公司通过集研发、设计、生产、展示、营销于一体的产业发展集群，将产品销售到全球 40 多个国家和地区，实现了品牌的国际化。

梦驼铃在"知识探索与研究"阶段，通过分析物流行业的市场需求和发展趋势，确定了智慧物流的发展方向。在"概念验证与技术孵化"阶段，公司建立了智慧物流全场景服务平台，实现了物流运输需求与供给的有效对接。在"技术创新与开发"阶段，梦驼铃通过物联网、大数据等技术，优化了物流运输的数字化升级。到了"技术转移与商业化"阶段，公司不仅提升了物流效率，还通过与高校合作培养数字化人才，推动了物流产业的集聚和区域经济的发展。

### 3. 供给端：产业创新

企业产业创新通常遵循四个关键步骤：首先，通过生态系统培育构建，为企业创新提供肥沃土壤；其次，在创新识别协同探索阶段，与合作伙伴共同识别并验证创新机会；再次，在创新实施系统集成阶段将创新理念整合到实际产品和服务中；最后，在市场扩散系统扩展阶段，将创新成果推广至市场，实现产业的持续增长和扩张。这一路径确保了创新活动从概念到市场的顺利转化，从供给端出发对企业产业创新的分析如下所示。

亿林枸杞通过在青藏高原的独特生态环境中培育有机枸杞，成功构建了一个高质量的生态系统。公司创新性地采用传统与现代相结合的种植技术，既确保了产品的纯天然和高品质，又满足了市场对健康食品的需求，使其在产品品质保障与市场开拓之间进行了协同发展探索模式的有益尝试。亿林枸杞的创新实施体现在其严格的质量控制和加工工艺上，如物理冷榨及高压微粒化技术的应用，保留了枸杞的原始风味和营养。此外，亿林枸杞通过获得国际有机认证和建立完善的追溯体系，实现了产品的市场扩散和品牌的系统扩展，其产品远销欧洲，成为青海省枸杞产业的领军企业。

圣源地毯集通过结合传统藏毯工艺与现代设计理念，不仅实现了藏毯工艺的延续传承与创新转化，更带动了当地羊毛产业链升级，形成文化保护、产业创新与区域经济发展的可持续生态体系。公司在创新识别协同探索方面的努力表现在与设计师和工艺师的紧密合作，不断推出新款式和新功能的地毯。在创新实施系统集成方面，圣源地毯通过引进先进的生产设备和技术，提高了生产效率和产品的质量控制水平。在市场扩散系统扩展方面，圣源地毯通过参与国际展会和建立全球销售网络，成功将产品推向国际市场，提升了品牌的全球知名度和市场占有率。

梦驼铃通过构建智慧物流平台，创新性地解决了物流行业的诸多痛点，如运输效率低下和信息不透明等问题。公司在生态系统培育构建方面，通过整合物流产业链的上下游资源，打造了一个高效协同的物流生态系统。在创新识别协同探索方面，梦驼铃通过与科研机构和高校的合作，不断探索和应用新技术，如区块链和大数据分析，以提升物流服务的智能化水平。在创新实施系统集成阶段，梦驼铃通过将物联网技术、大数据分析与传统物流场景深度融合，实现了从货运匹配优化到全程可视化管控的物流体系落地。在市场扩散系统扩展方面，梦驼铃通过与大型企业的合作和平台的推广，迅速扩大了其服务范围和市场份额，成为物流行业创新的典范。

### 4. 科技创新与产业创新要素组合

需求端的作用机制起始于客户价值主张的形成，这是客户基于个人需求对产

## 第 14 章 基于品牌发展方向的建议方案

品或服务的期望和要求。当企业提供的产品或服务与客户的价值主张相匹配时，客户的满意度得以提升。这种匹配程度越高，客户的忠诚度和满意度也越强，进而推动客户对品牌的价值主张的深化。深化的价值主张进一步驱动企业的创新活动，从而形成一个正向的反馈循环。从外部视角来看，客户需求的演变和深化为企业创新提供了方向，促进企业不断调整和优化其产品和服务，以更好地满足市场需求。

供给端的作用机制则从企业的内部创新过程开始。企业通过知识探索与研究，积累和创造新的知识，为后续的创新活动奠定基础。随后，企业进入概念验证与技术孵化阶段，对创新概念进行评估和测试，以确保其可行性和市场潜力。技术创新与开发阶段是将创新概念转化为实际产品或服务的过程，这一阶段需要企业投入大量的研发资源。最后，技术转移与商业化阶段是将技术创新成果转化为商业产品，实现其市场价值。同时，企业通过生态系统培育构建、创新识别协同探索、创新实施系统集成，以及市场扩散系统扩展等步骤，推动产业创新，实现产业升级和品牌成长。

科技创新与产业创新的融合是推动品牌成长的关键。这一融合过程通过创新生态系统中的创新主体、创新资源和创新环境三个核心要素的相互作用来实现。企业作为创新生态系统的主体，通过整合内外部资源，与合作伙伴、供应商、客户等多方协同，共同推动创新活动。资源包括技术、资本、信息等，是创新活动的物质基础。环境则包括市场、政策、文化等因素，为创新活动提供外部条件。这三者的耦合和互动，共同推动了企业的品牌成长，使得企业能够在激烈的市场竞争中保持领先地位，实现可持续发展。基于企业科技创新和产业创新融合对品牌成长的作用机制如图 14-1 所示。

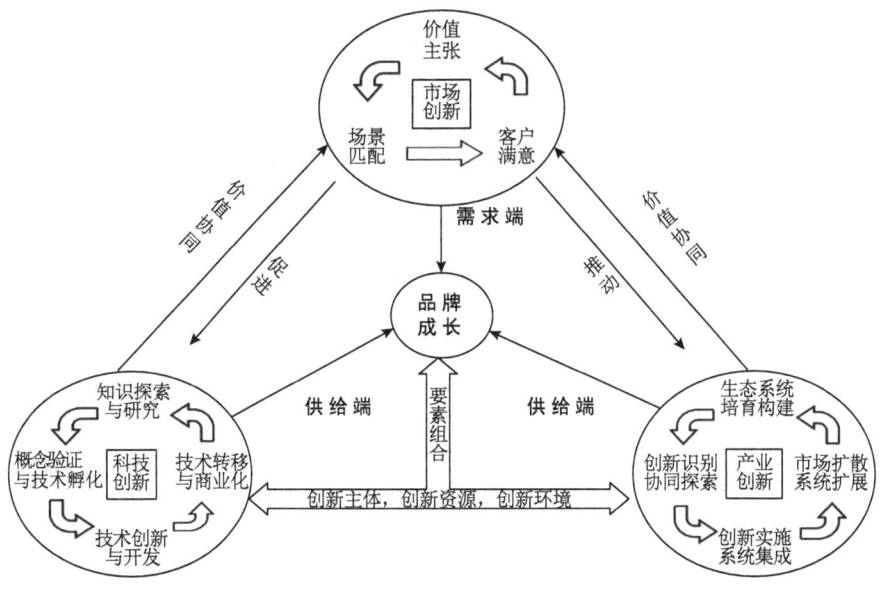

图 14-1 企业科技创新和产业创新融合对品牌成长的作用机制

### 14.1.6 结论与建议

1. 研究结论

企业要想保持竞争力并实现可持续发展，必须不断地进行科技创新与产业创新。本部分从需求端和供给端两个维度出发，深入分析了企业如何通过科技创新与产业创新的融合来提升品牌价值和市场竞争力。以下是对研究结论的详细阐述。

第一，需求端的分析表明，客户的期望和市场的需求变化是企业创新的重要驱动力。企业通过深入理解客户需求，能够更精准地定位市场，开发出满足市场需求的创新产品和服务。这种以市场为导向的创新策略不仅能够提升客户满意度，还能够增强品牌忠诚度，从而为企业带来长期的客户基础和稳定的收入来源。例如，通过持续的产品和服务创新，企业能够更好地满足客户的个性化需求，提供更加丰富和多样化的选择，这在提高客户体验的同时，也为企业创造了新的增长点。

第二，供给端分析揭示了企业内部的技术创新和产业创新能力对于推动企业成长至关重要。企业通过加强研发投入、优化创新流程、培养创新人才等措施，能够增强自身的科技创新能力，为产业创新提供坚实的技术支撑。技术创新不仅包括新产品的开发，还包括新工艺、新材料的应用，以及生产效率的提升。产业创新则涉及整个产业链的优化和升级，包括供应链管理、商业模式创新等。这些创新活动有助于企业提高生产效率，降低成本，增强产品的市场竞争力，从而在激烈的市场竞争中占据有利地位。

第三，需求端与供给端的有效对接是企业创新成功的关键。企业需要建立灵活的创新机制，以快速响应市场变化，将科技创新成果转化为产业创新的实际行动。这要求企业不仅要关注科技创新本身，还要关注创新成果的商业化过程，确保创新成果能够迅速转化为市场上的产品和服务。通过有效的创新管理，企业能够缩短产品从研发到市场的时间，提高创新效率，加快创新成果的产业化步伐，进而实现品牌价值的提升和市场竞争力的增强。

2. 理论贡献

本部分探索科技创新与产业创新融合的内在机制及其对企业品牌成长和市场竞争力的影响。通过深入分析，提出了一系列理论贡献，旨在丰富现有文献并为管理实践提供指导。以下是对研究理论贡献的总结。

第一，研究扩展了创新生态系统理论的应用范围，将其应用于分析企业科技创新与产业创新融合的过程。生态系统作为一种包容度较高的组织架构，其在价值创造以及价值分配等方面必定伴随不同的生态场景，从而呈现不一样的方式（Jacobides et al., 2018）。但是目前对于生态系统的研究较多关注了企业这一主体的嵌入对创新生态系统的影响，较少关注创新生态系统本身构成的相互作用（谭劲松等，2021）。研究丰富了创新生态系统理论在解释企业创新行为方面的应用。这一理论贡献不仅加深了对创新生态系统内部动态的理解，也为研究企业如何在复杂的市场环境中实现创新提供了新的分析框架。

第二，研究从需求端和供给端的双重视角，提出了科技创新与产业创新融合的理论模型。现有研究也从技术、产品、商业模式以及企业间联合等方面对科技创新与产业创新的动力因素进行了分析，但是缺乏从动态演进视角对创新的发展进行一个动态分析（Adner，2017；谭劲松等，2021）。因此，本部分结合了创新驱动力的内外部因素，分别从市场需求外部驱动和企业创新能力内部驱动两个方面，探究在动态演进视角下科技创新与产业创新的演进历程，并且关注了这两种创新是如何有效融合以实现品牌持续成长的。通过这一模型，研究为理解企业如何平衡外部市场需求和内部创新资源配置提供了理论支持，同时也为创新管理实践提供了新的视角。

第三，研究通过案例分析，深化了对创新生态系统中知识流动和技术转移机制的理解。现有研究发现创新生态系统并不是自发形成的，其对于内外部要素的流动以及主体之间的合作也具有较高的匹配性需求（谭劲松等，2021）。研究通过案例分析揭示了企业如何通过创新生态系统中的互动，促进知识和技术的流动，以及这些流动如何转化为实际的创新成果。这一理论贡献强调了创新生态系统中协同作用的重要性，指出了企业在生态系统中不仅要关注自身的创新活动，还要关注与其他主体的互动和合作。这种互动和合作能够促进资源的有效配置，加速创新理念的实施，从而提高整个系统的创新绩效。

3. 管理启示

本部分通过对科技创新和产业创新融合过程的深入分析，为企业管理提供了宝贵的理论见解和实践指导。以下是基于本部分理论贡献的管理启示，旨在帮助企业领导者更好地理解和应用创新融合策略，以实现企业的长期发展。

第一，管理者应当认识到创新生态系统在促进企业创新中的重要作用，并积极参与构建和优化这一系统。通过与供应商、客户、竞争对手、研究机构等多方主体的合作与互动，企业可以更有效地获取和整合资源，加速知识和技术的流动，从而推动创新活动，并提升创新绩效。

第二，企业需要在需求端和供给端之间找到平衡点，以确保创新活动既能够满足市场需求，又能够发挥企业内部的创新潜力。管理者应当密切关注市场动态和客户需求，同时加强研发投入和人才培养，以确保企业能够快速响应市场变化，并持续提供创新的产品和服务。

第三，企业应当重视内部创新文化和协同机制的建设，以促进不同部门、团队以及外部合作伙伴之间的协作。通过建立跨功能的创新团队、实施开放的沟通渠道和激励机制，企业可以激发员工的创新精神，促进创意的产生和实施，从而提高整体的创新效率和效果。

### 14.1.7 研究局限与未来研究

对于研究的局限性，主要有以下两点。首先，研究对于生态系统外部环境的考量不足，尤其是宏观经济波动、政策变化等外部因素对创新融合过程的影响。这些外部因素可能会对企业的研发投入、创新合作以及市场准入等方面产生重要影响，从而间接作用于企业的创新活动和产业升级。其次，研究在理论模型构建时，未能充分考虑不同类型企业在创新过程中的特殊性。例如，初创企业与成熟企业在资源获取、创新策略、组织结构和文化等方面存在显著差异，这些差异可能会对创新融合的路径和效果产生重要影响。初创企业可能更依赖于风险投资和网络关系来获取资源，而成熟企业则可能更侧重于内部研发和市场导向的创新。

针对上述研究局限，未来的研究可以从以下两个方向进行深入探索。首先，未来的研究应当将宏观经济波动、政策变化等外部环境因素纳入创新生态系统的分析框架中。这可以通过构建更为复杂的模型来实现，例如，运用宏观经济模型来分析经济周期对企业创新行为的影响，或者采用政策分析工具来评估不同政策措施对创新活动的激励或抑制作用。此外，还可以通过跨时段的比较研究，来观察不同经济和政策环境下企业创新策略的调整与创新绩效的变化。其次，未来的研究应当更加关注不同类型企业在创新过程中的特殊性。这可以通过开展纵向研究或比较研究来实现，深入分析初创企业与成熟企业在创新资源获取、创新策略选择、组织结构调整和创新文化建设等方面的差异。

## 14.2 促进企业品牌平台化的建设

### 14.2.1 引言

数字化平台的发展已成为品牌商创造价值的强大中介，挑战了传统品牌发展与消费者之间的互动关系，亟须构建与消费者目标相匹配的品牌平台以实现品牌的持续发展。在品牌平台的推动下，品牌与消费者之间的沟通实现了实时交流，打破了信息传输不畅的局面。通过品牌平台的展示，消费者不仅能够获取商品信息，对于品牌发展的全貌也能进行更加深入的了解，形成与品牌之间的紧密联系。

本部分采用多案例研究方法，探索了在不同品牌平台目标模块构建下，消费者众包与众发的双向互动如何影响消费者体验价值。研究表明，品牌平台在不同的品牌目标驱动下会构建不同类型的数字化平台，以实现不同的品牌发展目标；品牌平台的兴起为消费者与品牌的互动提供了更广泛的途径，众包与众发概念的提出丰富了消费者互动的内涵；消费者与品牌平台的双向互动促进了不同消费者体验价值的产生。本部分拓展了品牌平台背景下消费者互动的内涵，通过探究不同互动情境下消费者体验价值的变化，为品牌平台的建设丰富了理论内涵与实践启示。

本部分聚焦于在品牌平台的背景下，消费者与平台之间的互动关系如何影响消费者体验价值的产生。研究通过深入分析红星美羚、西藏旅游、飞利达科技、褚氏农业等四家企业的案例，探讨如何更好地搭建品牌平台为消费者提供良好的体验价值。研究旨在探索不同经营目标下的品牌平台如何通过影响众包与众发两种消费者的互动方式，来促成产生不同的消费者体验价值，为领导品牌数字化平台的发展提供了指导方向。

### 14.2.2 文献评述

1. 品牌平台化

数字化平台正以独有的算法影响着消费者、商家、市场的交换方式，以及消费文化、消费观念的转变（Kozinets et al., 2017）。这些平台越来越多地控制着品牌与消费者之间的联系，然而品牌方也希望通过平台实现与消费者的有效互动（Bei and Gielens, 2023）。因此，开发出一种全新的品牌平台概念，以品牌平台价值创造作为核心，品牌可以掌握与消费者之间互动的程度，因此将品牌平台定义为消费者众包与众发的场所（Wichmann et al., 2022）。消费者众包是指消费者通过平台互动来获取价值，消费者众发是指通过互动来为其他消费者提供价值（Wichmann et al., 2022; Howe, 2008）。

在品牌平台化的发展过程中，最先涌现出的是品牌聚合平台，用以实现购买者与品牌方之间的商业互动（Wichmann et al., 2022）。虽然品牌聚合平台的创建得到了广泛成功，但其商业目标的特性也导致品牌退化、品牌内部竞争等缺点的出现（Bei and Gielens, 2023）。在此背景下，品牌旗舰平台应运而生，品牌旗舰平台作为参与者之间多功能互动的中介，提供了平台内创造价值的巨大机会

(Ramaswamy and Ozcan，2018），并且将品牌价值创造的重心由产品服务转移到价值关系等更加持续的目标追求中（Wichmann et al.，2022）。因此，伴随不同目标平台的兴起，品牌平台的发展也呈现出不同的价值追求与发展前景。

然而，现有研究将品牌平台作为品牌销售的一个全新渠道，更加关注平台在建设过程中的目标导向，忽视了不同平台带给消费者感知价值的差异。在数智化平台的发展过程中，消费者目标的差异与互动的差异也反向影响了品牌平台的建设。在此背景下，品牌平台如何匹配平台目标与消费者目标，充分调动消费者互动方式以提升消费者体验价值，有助于完善平台的搭建与运营。

2. 消费者体验价值

体验价值的提出从消费者角度出发，强调了消费者在体验过程中获得的价值，体现了消费者对于价值的主观感受（Mathwick et al.，2001）。在SDL视角下，认为消费者获得的价值是个人体验与情境的结合，在消费者互动过程中涌现，因此，一些学者将消费者体验价值定义为产品或服务的使用价值（Grönroos and Voima，2013；Vargo et al.，2008），或者是基于更广泛情境下所产生的价值（张洪等，2022）。

体验价值的维度划分大致可以分为关联式、层次式、内在式三类，这一结果也在体验价值的研究中得到了广泛认可（张洪等，2022）。关联式的维度划分侧重于主动与被动价值、外在与内在价值两个核心维度，消费者视角决定了主被动价值，消费情境视角决定内外在价值（Holbrook，2006）。层次式的划分则从消费者需求出发，认为体验价值是一个复杂多样的复合体，但更加强调体验价值的层次性与消费者需求层次的匹配（张凤超和尤树洋，2009），因此该维度的划分也伴随不同的消费需求呈现出差异性。内在式的体验价值强调消费者主观感知对于体验价值的影响（Takatalo et al.，2008），但由于这种划分方式缺乏与情境的互动，所以在体验价值的研究发展中，逐步淡出了研究视野。

伴随数字化技术的进步，各类媒体技术与动态场景的高度融合，消费者也在个性化需求的驱使下，与品牌、平台、产品服务及其他客户群体进行多场景实时互动，从而收获了多层次的、丰富的体验价值（Roy et al.，2019）。而人工智能、大数据等新兴技术的出现激发了学者关注不同情境下客户体验价值的差异，如智能服务场景（Roy et al.，2019）、物联网背景下的新零售（Balaji and Roy，2017）等。因此，消费者体验价值的维度也在不同的研究情境中呈现出差异化（张洪等，2022）。

在体验价值多维度的研究中，学者对于产生体验价值的各类因素进行了充分的讨论。但是，在各类研究中虽然也考虑了消费者互动的影响因素，却忽略了对于消费者与品牌互动过程中价值的流向，在互动过程中，消费者价值的获取与传递对于消费者感知价值的影响具有极大的差异。我们在研究中考虑了这种互动的双向价值流动，以探讨在平台化背景下消费者感知价值的差异性。

### 14.2.3 研究方法

研究方法的选择取决于我们确定的研究问题，因此，本部分选择多案例研究方法作为主要研究方法。相比于管理学中常用的问卷调查法，案例研究法能够捕获翔实广泛的调查资料，并且对于发现新现象、提出新观点、构建新过程、完善新理论具有独特的研究优势（Pettigrew，1990；毛基业和李晓燕，2010），从而有利于在实践中把握研究对象的整体面貌与关键特征（Eisenhardt，1989；Eisenhardt and Graebner，2007）。本部分聚焦领导品牌发展期的数字化平台建设，探究消费者通过与平台的双向互动以及不同的互动模式，是如何影响品牌平台化的建设对消费者体验价值的影响，从而为不同目标驱使的品牌平台化的建设的发展建言献策，以促进品牌平台更加丰富消费者的体验价值，并推动平台的健康持续发展。

1. 案例选择

针对本部分研究，案例企业主要选取红星美羚、飞利达科技、西藏旅游、褚氏农业作为案例研究对象。选取依据主要依照典型性、数据的可获取性及与主旨匹配等原则。

第一，针对研究案例的典型性来说，红星美羚是一家乳品制造零售的民营企业，被誉为农业产业化国家重点龙头企业，在品牌平台建设过程中以商品销售为中心。飞利达科技基于数字技术，由数据驱动、平台支撑，打造基于数字平台的经济关系，深耕"垂直行业+互联网数字化"，打造"2+2"主营业务生态，在品牌平台建设方面主要以上下游沟通为主。西藏旅游作为一家景区运营与旅游服务的综合性旅游公司，在进行一体化运营方面，搭建了自己的数字化平台，其主要运营目标是维系与客户之间的良好关系。褚氏农业以种植和销售高品质的冰糖橙而闻名，在从品质到品牌再到产业化的发展过程中，褚氏农业也开启了数字化的布局，传承发展的理念也在褚氏农业数字化的搭建过程中得到了充分体现。这四个案例品牌的选取既考虑了其在各自地区发展的领导地位，也考虑了案例品牌在企业性质、行业类别、经营地区以及平台目标的差异性，为品牌平台的多元化研究提供了丰富的研究背景。

第二，在案例数据的可获取性方面，红星美羚、飞利达科技、西藏旅游、褚氏农业作为西部地区中小企业领导品牌的代表，在自己所构建的品牌平台上充分展示了企业的主营业务、发展脉络、市场地位及与政府合作的相关报道。此外，在其他官方渠道,如微信、政府报道等渠道上也展示出企业发展的相关信息。因此,四家企业的翔实数据为研究主题提供了丰富的资料积累与多元的研究视角,有助于分析在多元化的市场中品牌平台对消费者体验价值的动态影响。

第三,在案例选取的主旨匹配方面,在品牌平台多元化研究中,选取红星美羚、飞利达科技、西藏旅游、褚氏农业这四家案例品牌具有重要意义。一方面,从研究案例的典型性来看,这四家企业在各自领域及地区都有着突出地位,且在企业性质上涵盖民营企业等不同类型,行业类别涉及乳品制造零售、数字科技平台打造、景区运营与旅游服务、冰糖橙种植销售等,经营地区各有差异,平台目标也分别呈现以商品销售为中心、上下游沟通为主、维系客户关系良好以及品质到品牌再到产业化发展中的数字化布局等不同特点,为品牌平台的多元化研究提供了丰富且多样的研究背景。另一方面,从案例数据的可获取性角度而言,作为西部地区中小企业领导品牌的代表,这四家企业在自身构建的品牌平台上充分展示了主营业务、发展脉络、市场地位及与政府合作的相关报道,同时在微信、政府报道等其他官方渠道上也展现出企业发展相关信息,这些翔实数据为研究主题提供了丰富的资料积累与多元的研究视角,有助于深入分析在多元化市场中品牌平台对消费者体验价值的动态影响。

2. 数据收集

本部分对于案例品牌数据的收集主要通过公开资料、学术文献、市场调研等方式,以多渠道的数据收集来确保数据的全面性与可靠性。公开资料提供了企业发展的基本数据,包括产品及市场的发展情况;学术文献提供了品牌企业的独特发展方向与理论支撑;市场调研分析了品牌的最新发展方向与模式创新。通过综合的数据收集与资料分析,解释了品牌企业在品牌平台的构建中呈现出何种差异,并以此探讨如何契合消费者的互动来提升体验价值。具体数据收集信息如表 14-2 所示。

表 14-2 数据收集信息(二)

| 案例企业 | | 数据来源 | 数据内容 | 字数/万字 |
| --- | --- | --- | --- | --- |
| 红星美羚 | 一手数据 | A1 企业负责人谈话 | 企业经营理念、品牌发展 | 1.60 |
| | 二手数据 | A2 企业公开资料(包括网页、公众号、品牌平台、公开报道) | 产品介绍、基地介绍、品牌联系、产业布局、企业战略 | 3.10 |
| | | A3 政府报道 | 企业责任、市场发展、品牌声誉 | 0.21 |

续表

| 案例企业 | | 数据来源 | 数据内容 | 字数/万字 |
|---|---|---|---|---|
| 西藏旅游 | 一手数据 | B1 企业负责人谈话 | 经营理念、品牌发展 | 1.50 |
| | 二手数据 | B2 企业公开资料（包括网页、公众号、品牌平台、公开报道） | 发展历程、服务介绍、经营状况、互动交流 | 4.50 |
| | | B3 政府报道 | 行业贡献、发展方向 | 0.13 |
| 飞利达科技 | 一手数据 | C1 企业内部资料 | 经营管理模式、发展前景 | 1.30 |
| | 二手数据 | C2 企业公开资料（包括网页、公众号、品牌平台、公开报道） | 业务领域、发展历程、企业文化、战略方向 | 1.90 |
| | | C3 政府报道 | 企业责任、市场范围及分布 | 0.20 |
| 褚氏农业 | 一手数据 | D1 企业负责人谈话 | 品牌理念、企业发展 | 2.00 |
| | 二手数据 | D2 企业公开资料（包括网页、公众号、品牌平台、公开报道） | 战略发展、科技创新、营销渠道、产业布局 | 2.50 |
| | | D3 政府报道 | 社会贡献、经济发展、产业带动 | 0.90 |

## 14.2.4 案例描述

本部分将所选的四个案例进行描述，以便于后面进行案例研究的分析。

1. 红星美羚的案例描述

红星美羚创建于1998年，是国内率先生产羊奶粉的企业，是农业产业化国家重点龙头企业。红星美羚地处"奶山羊之乡""中国羊乳之都"陕西富平，是集奶山羊良种繁育、科学养殖、羊乳制品研发、生产加工与销售于一体的全产业链经营企业。红星美羚以社会需求为导向，以产业升级为目的，以消费者健康为初心，以奉献羊奶臻品为抓手，以产业助力乡村振兴为己任，形成奶山羊产业闭环式安全链。公司被认定为农业产业化国家重点龙头企业、陕西省高新技术企业、国家级贫困县重点扶贫产品供应商名录（第一批）婴幼儿配方奶粉生产企业、陕西省重点产业链"链主"企业、陕西省质量标杆企业。红星美羚自建自控奶源基地，精选优质牧草种植，全球选育奶山羊良种，以奶山羊生态养殖为理念，打造科学养殖体系及良种繁育体系。企业率先创建奶山羊机械化挤奶站，实行"适度规模养殖、集中机械化挤奶、冷链贮运、奶款直付奶农"的奶源质量安全管理模式,从源头确保每一滴鲜奶的品质。公司已形成婴幼儿配方羊奶粉、成人羊奶粉、保健羊奶粉、液态奶及羊酸奶等为主的系列产品,行销全国各地。红星美羚将始终秉承良心做乳的理念,在多年羊乳制品生产加工及出口的经验上,产品将进一步多元化满足多样消费需求,加强渠道深耕,加速国际市场布局,不断提升品牌传播的数字化水平,助推奶山羊产业健康可持续发展,打造具有国际影响力的民族品牌。

2. 西藏旅游的案例描述

西藏旅游是西藏自治区第一家,也是唯一一家旅游业上市公司。公司主要从事旅游景区运营、旅游服务和旅游商业运营业务,是区内拥有多家A级景区的行业领军企业。作为西藏地区旅游行业的领导品牌,其在业务扩展、资源获取等方面具有强大的核心竞争力。近年来,西藏旅游积极引进专业团队,聚焦产品创新、市场营销、智慧景区、运营效率等能力建设,实行产品服务一体化运营模式,借助数字化平台,搭建自营面客端平台、服务反馈体系等,在提升景区软硬件服务能力的同时,不断加深政企协同,营造良好的市场氛围和互动机制,促进运营效率全面提升。在丰富客户旅游体验方面,西藏旅游以构建"九大垂直自然带"产品体系为目标,围绕"雪山+冰川+湖泊+峡谷+湿地"生态系统及高原特色动植物资源,形成九大垂直自然带概念,打造梯级产品服务体系。契合游客日益多样化的消费需求,把林芝旅游从单纯的观光游,提升为自然体验、高原康养、冰川探秘、生物多样性科普等新型产品矩阵。伴随数字化平台的发展,西藏旅游开始完善智慧旅游平台的建设,重点打造数字化运营平台、销售综合系统,以及智慧旅游小程序、微信公众平台等,通过平台助力业务升级的同时,也通过生态内容植入带动景区与村集体旅游项目的融合共生,推进全域旅游的创新实践。通过二十多年的运营发展,西藏旅游在运营管理、资源整合、智慧能力建设等方面形成了适合自身发展的核心能力,通过不断打磨、重塑,公司经营能力和数字化治理能力不断增强,区域性品牌影响力不断扩大。

3. 飞利达科技的案例描述

飞利达科技基于数字技术,以平台支撑为主,打造基于数字平台的经济关系,深耕"垂直行业+互联网数字化",打造"2+2"主营业务生态。通过在消费电子及钢铁流通领域的长期行业积累,依托自身技术研发,创新搭建了消费电子流通行业综合服务平台"手机e站"和钢铁流通行业综合服务平台"钢铁e站",打通垂直行业链的各个环节，为行业链的厂商、分销商、零售商、终端客户等提供软件服务、硬件产品、增值业务等综合服务。同时，依托公司在全国各地的资源，公司拓展了数字化和新能源两个新兴业务。在前期的发展过程中，飞利达科技为了支持业务的发展，开发了手机驿站的 APP，用来连接手机产品的大 B 端、小 B 端、消费者，实现货物的畅通运输，并且实现服务的有效扩展。飞利达科技在自己的垂直平台上，实现了集交易、知识、数据和技术等综合服务为一体的互联网产业平台。因此，飞利达科技在品牌平台的建设方面更加关注企业发展的上下游连接关系，以促进利益相关方之间的高效沟通。

4. 褚氏农业的案例描述

褚氏农业是一家成立于 2018 年的企业，其经营范围包括果树种植管理、水果销售、苗木培育与销售、有机肥加工与销售、果树种植技术咨询及技术推广以及农业技术服务等。褚氏农业以种植和销售高品质的冰糖橙而闻名，拥有"褚橙""云冠橙""褚橙庄园"等注册商标。其中，"褚橙"被评为"中国驰名商标""中国十大柑橘品牌""中国果品百强品牌""云南省名牌农产品"，并且连续五年获得"云南省十大名果"的称号。在数字化技术的推动下，褚氏农业开始通过数字化赋能来提升公司整体运营效率。在生产基地，褚氏农业建立的实验室利用卫星遥感测控和测土施肥等技术来监测土壤的营养情况，并且科学技术的运用使得水果的分级实现了标准化，更加科学高效地进行产品分类，对新技术的探索和运用让种植过程更加科学规范，从而大幅提高了种植的效率。褚氏农业秉持"一群人的橙"的产品观，从员工到种植农人、从优秀的渠道合作者到上下游农资与科技伙伴、从乡土到城市消费者，都参与到褚氏农业的产品建设中，正是在这样开放包容的生态系统中，大家共享褚橙带来的精神力量，不断在此激励下一路前行。褚氏农业对于品牌建设的注重以及市场推广的宣传，使得其产品不仅在国内市场受到认可，也在国际市场的道路上积极探索。

## 14.2.5 案例分析

品牌平台的搭建主要依据不同品牌目标进行，从而使得消费者在依据自己的消费目标与品牌进行互动时也会产生不同的互动方式及互动强度，从而激发不一样的体验价值。通过对四家案例企业的选取，将通过品牌目标、消费者互动、体验价值来具体分析品牌平台对于消费者体验价值的影响。

1. 品牌目标

依据品牌平台建立目标的不同,可以将品牌平台划分为商业目标、沟通目标、关系目标、价值目标。在不同的目标驱动下,品牌平台的营销手段、沟通途径、展现方式均存在差异性。

红星美羚在数字化技术的推动下,以社会需求为导向,以优质羊奶品为抓手,在品牌平台搭建过程中,在品牌及产品展示部分进行了主要推介,对于产品系列、产品内容、基地溯源等相关内容均进行了详细介绍。与天猫店铺、京东商城等品牌聚合平台进行一键触达,直接满足消费者下单的需求,便利了消费者对于商品购买的需求及其对于所购买产品信息获取的便利性。"做乳品就是做良心,要做让自己孩子都爱吃、可以放心吃的羊乳制品",红星美羚始终秉持良心做乳的理念,持续延链、补链、强链,不断通过优质产品与丰富品种的展示,获取更多消费者的认可。在品牌平台的搭建中,红星美羚简约易用的展示界面也为消费者提供了便捷的操作流程。因此,红星美羚在品牌平台的建设中体现了以商业价值为主的特征。

飞利达科技作为一家面对 B 端的企业,在通信行业的发展过程中不断紧跟行业发展的前沿,在品牌平台的建设过程中,也充分体现出企业积极尝试的身影。目前最新的平台建设是手机驿站这样的尝试,这个平台的推广使得未来不管是大 B 端还是小 B 端的客户,都可以在平台上查询订单的情况、出货量的情况、营业收入的情况等,从而实现一键直达,解决了传统软件运行的复杂性。例如,飞利达科技副总经理接受访谈说,"飞利达科技早期进入通信行业的时候,对于整个通信行业的链条就是在这一个省的渠道,那对这一个省来说其实就是渠道全覆盖了"。正是这类线上平台的搭建,使得飞利达科技上下游的相关者可以充分实现信息共享,达到一个有效的连通。

西藏旅游作为西藏区域内最早进行旅游开发与运营的企业,在区内的旅游资源、市场份额、服务水平方面均具有一定主导优势,在此基础上,西藏旅游开始推出智慧化管理工具,强调以数字化快速获取有效信息、改善游客体验、优化内部管理效率。与此同时,公司推出的数字化运营平台、综合销售系统、智慧旅游小程序、微信公众平台等均作为品牌平台的支持平台,为品牌的发展与服务体系形成积极支撑,并且在平台的建设方面积极引入旅游文化的相关概念,不断吸引消费者与平台进行良好互动,形成良好的消费者体验。尤其作为典型的服务行业,西藏旅游也在平台建设方面实现了"一键触达",从企业角度出发,可以提升管理效率,从消费者视角看,可以及时满足消费者疑问,实现实时互动,有利于维护良好的客户关系。

## 第 14 章 基于品牌发展方向的建议方案

褚氏农业以种植和销售高品质的冰糖橙而闻名,拥有"褚橙""云冠橙""褚橙庄园"等注册商标。褚橙的发展离不开品牌的发展,从品质到品牌再到产业化发展,褚氏农业也开启了数字化农业的发展布局。2021 年,阿里巴巴从产业、人才、科技三个方面推出助力乡村振兴的"热土计划",通过平台的生态、技术力量帮助乡村产业对接市场,助力特色农产品打造品牌,帮品牌农产品叫得更响,让农民因"品牌农业"享受更多红利。集团董事长在接受采访时说到,"消费者对于'励志橙'的认可,是因为其承载了物质和精神两个维度,这也是让我们感到光荣的事情"。在平台的建设中,褚橙农业的董事长也多次提及要构建品牌的价值体系、企业的价值体系,围绕价值体系不断深耕农业,发展壮大褚橙,因此,褚氏农业平台的搭建已经不局限于销售产品,也更加注重于精神价值的推广。

2. 消费者互动

在不同的品牌平台下,消费者的互动方式也呈现出不一样的表达方式。消费者可以通过获取信息来进行有效互动,即众包。消费者也可以通过分享信息来与平台互动,即众发。因此,我们在测量消费者互动的维度上采用众包与众发两个维度。

红星美羚在品牌平台的建设中,坚持产品理念为主的原则,在与消费者互动的界面中,也以展示产品系列为主。在消费者众包方面,在互动界面,平台主要以品牌理念、经典系列、婴幼儿系列、羊乳与营养等四大板块为主,并且在每一产品系列中,充分展示了每一个产品的产品配方、产品特点、适用人群,充分为消费者购买红星美羚的产品提供了相关信息。在消费者众发方面,平台会设置留言框,消费者可以通过这种渠道与官方客服进行交流,以提供自己的意见与建议。红星美羚也开展了开放工厂的活动,秉持"在阳光下生产,在监督下提升,天天都是开放日,人人都是监督员"的理念,通过线上与线下的相互配合,让社会各界见证了产品生产的全过程。

飞利达科技作为一家面对 B 端客户的企业,其在发展过程中的主要连接点与面对 C 端的企业存在一些差异性,但是在消费者参与方面也是有异曲同工之处。在消费者众包方面,飞利达科技凭借自己的资金实力、运营模式、平台建设的优势,吸引 B 端的客户加入合作,通过资源的共享实现商业上的互利共赢。在飞利达科技自主开发的平台端口,B 端客户可以充分获取相应的产品资源与客户资源,有助于业务的开发与推广。在消费者众发方面,飞利达科技提供了广阔的参与平台,能够为广大供应商与分销商进一步地分享自己的资源,以解决资源与货源不匹配的问题。B 端客户可以通过缴纳 KA(key account,关键客户)会费,进行信息与资源的深层次沟通和获取,达到深度合作,推动飞利达科技整个品牌生态系统的良好发展。

西藏旅游的主要发展理念是为消费者提供娱乐化的体验。因此，在众包方面，在品牌平台的搭建过程中，平台设置了景区虚拟现实全景展示，通过对雅鲁藏布大峡谷进行全景展示，并对场景选择、全景邀拍、景区简介进行了特别说明，为消费者获取景区信息提供了方便快捷的渠道。此外，在平台搭建中，还设置了预订中心模块，将门票预订、票务预订、酒店预订、团队预订设置了快捷进入模式，带给消费者简单便捷的获取信息的途径。伴随平台智能化的开发，西藏旅游还在平台界面设置人工智能小助手，"我是旅游智能小伙伴，您的西藏旅行小助手，可以帮您解决旅行问题哦，您可以尝试问我如下问题……"平易近人的语气更是拉近品牌与消费者之间的关系与互动。在众发方面，西藏旅游积极打通抖音平台与微信平台，开辟了消费者与品牌的实时互动，为消费者充分表达自己的想法提供了多种路径，有助于输出自己对于西藏旅游的情感态度，提升了贡献意见的参与度。

褚氏农业在品牌平台的搭建过程中，强调以宣传褚氏农业的价值观作为主导目标，因此在褚橙微博官方、褚橙抖音、褚橙淘宝旗舰店等品牌平台的搭建中，注重与消费者的高度互动。在众包方面，各类平台展示了产品的分类、产地、拣选、包装及特点，并且为消费者提供了查询验证真伪的入口，有效避免了假货的混淆。在此基本信息之外，褚橙还将"一群人的橙"做了展示视频，通过视频介绍了褚橙的发展理念及其价值观。在众发方面，褚橙公开了官方的邮箱，并设置褚橙与云冠橙的微博直达入口，开通褚橙超话，实现消费者与品牌官方的高效互动，在与消费者不断提供交流的同时，褚橙也在不断以奥运代言人的视频激励消费者，共同奋进。

3. 体验价值

消费者在不同的品牌平台中的不同互动表现，直接影响了消费者体验价值。因此，我们在研究中发现，在这四类品牌平台搭建背景下，消费者体验价值也呈现出不一样的表现，分别为实用价值、赋能价值、享乐价值、精神价值。

红星美羚凭借着自己的奶源优势、良种优势、养殖优势、地缘优势稳固了产品的优质品质，从而被评为陕西省质量标杆企业。正是在这样的以产品品质为主的品牌定位下，红星美羚品牌平台的建设也坚持了以产品为主。消费者在品牌平台中也常常会评论"老品牌了，值得信赖"；"这是第二次购买了，感觉还不错"等，这些来自消费者肯定背后的坚守。公司对于品质的把控，使其在品牌平台的建设中也透露出产品的核心理念，推动品牌更加聚力前行。

飞利达科技凭借着自己的技术优势，在消费电子流通行业与钢铁流通行业的垂直平台的建立中,直接打通了行业链的各个环节,为厂商、零售商、分销商、终端客户提供软件、硬件、增值服务等各项服务,不断地在全国范围内拓展数字化与新能源的业务。因此,在飞利达科技的上下游客户的体验中,可以发现对于飞利达科技提供的服务以及产品,其各方利益相关者都表现出高度认可的情感,认为与飞利达科技的合作为其带来了实际所需的价值,增强了自身发展业务的能力。

西藏旅游在品牌平台建设过程中,挑战了传统的平台运营方式,会定期邀请网红主播入驻自己的直播间,通过与消费者的互动、与西藏当地居民的互动,不断传播西藏当地的人文情怀以及独特景色,让消费者在实时互动中体验西藏的风土人情,这也就是媒体所说的玩转新玩法。在平台上团队预订或者私人出行预订方面,西藏旅游会为每一名游客提供专属导游,充分考虑游客的想法与建议,不断更新行程路线,这也为其他想去西藏旅行的游客不断提供最优旅行路线,充实旅程中的享乐体验。

褚氏农业在新一代领路人的带领下,在不断传承褚橙精神的同时,也致力于推动企业的数字化转型和智慧农业的发展。从"一个人的橙"到"一群人的橙",见证了褚氏农业发展的拼搏与奋斗。在平台的互动中,消费者的大部分评价也在肯定褚橙品质的同时,更加赞扬对褚氏精神的发挥与传承,"一起祝福农业,助力农业,为农业奋斗"则体现了认可褚橙的消费者对褚橙所散发出的价值观的高度认可,也体现了消费者体验价值的升华。

4. 品牌平台对消费体验价值的影响

通过对四家案例企业的研究发现,在不同品牌平台搭建过程中,消费者互动方式与强度的差异会明显影响消费者体验价值的产生。具体来说,品牌在发展过程中有不同的追求目标,可以分为商业目标、沟通目标、关系目标、价值目标,在不同的目标驱动下,企业对于平台的搭建以及展示方式也存在差异性。在此背景下,消费者在不同品牌平台上的互动方式也呈现出差异性。在商业目标追求下的消费者,众包与众发的参与程度都较低,消费者感知到的是产品和服务带来的实用价值。在以沟通为目标的品牌平台中,消费者更加关注知识与能力的获取,在此阶段众包的程度较高,众发的程度较低,因此,消费者会感知到赋能价值。在以关系为目标的品牌平台中,消费者主要追求美感以及愉悦感,众包的参与度较低,众发的参与度较高,更加强调对于想法的输出与表达,因此感受到的是享乐价值。在以价值为首要目标的品牌平台中,消费者众包与众发程度都较高,主要在于丰富自己的认知,因此,最终感知到精神价值。有关消费者-品牌平台互动对消费者体验价值的影响结果如图14-2所示。

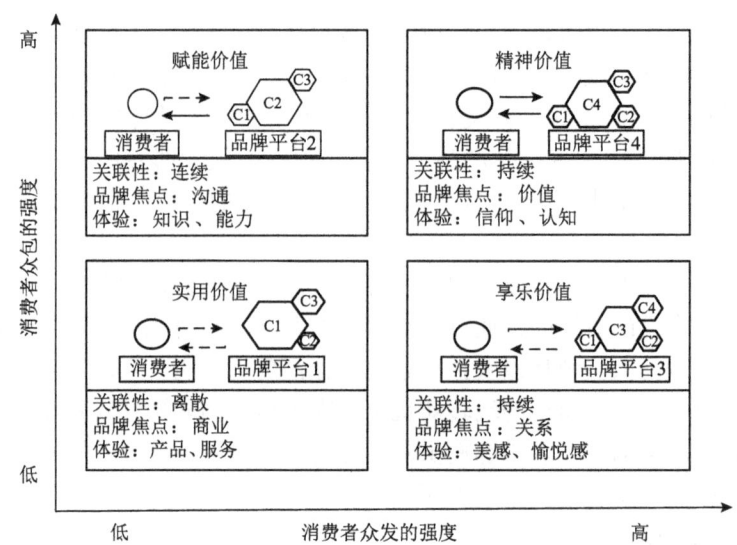

图 14-2 消费者-品牌平台互动对消费者体验价值的影响结果
⬡表示品牌平台的搭建目标，其中 C1 表示商业目标，C2 表示沟通目标，C3 表示关系目标，C4 表示价值目标

### 14.2.6 结论与建议

1. 研究结论

本部分通过对红星美羚、飞利达科技、西藏旅游、褚氏农业的案例进行分析，探讨了在四类不同平台目标推动下的消费者互动情境，以探究平台化如何影响消费者体验的产生，研究结果如下。

第一，品牌平台的搭建由最初的品牌聚合平台发展为品牌旗舰平台，旗舰平台的兴起克服了聚合平台在激化品牌内部竞争、弱化品牌形象方面的缺点。其独特之处在于围绕产品或服务的核心目标构建品牌平台，并且最终旨在强化品牌形象、促进品牌持续强势发展。品牌平台的搭建主要以满足品牌发展的首要目标为主，并允许其兼顾实现其他消费者目标。品牌发展的目标主要涵盖商业目标、沟通目标、关系目标、价值目标，通过不同形式的品牌平台搭建可以吸引相应消费目标的消费者进行有效互动，从而促成对应品牌目标与消费目标的同步实现。

第二，消费者在平台中的互动方式可以划分为众包与众发，众包是指消费者从平台获取资源的一种互动形式，众发是指消费者为其他参与者提供产品或服务，从而分享资源的一种互动方式。消费者通过众包与众发的方式达到消费目标。消费者在追求实现消费目标的过程中是有层次性的，其对于高层次消费目标的追求可能就涉及高的互动能力,因此,消费者的互动方向与互动强度最终会影响消费目标的实现,并且在与平台的交互过程中也会产生不同的体验价值。

第三,消费者体验价值的差异性来源于消费者消费目标与品牌互动之间的相互作用。不同的品牌平台追求不同的品牌焦点,这就导致在平台搭建过程中对于消费者互动的内容以及方式会产生差异性,并且由于不同的消费者也会在消费过程中追求不同的消费目标,因此,二者目标的匹配性以及消费者互动的感知差异最终会影响体验价值的差异。体验价值会伴随消费者互动的方式以及层次性所展现出来,最终表现为实用价值、赋能价值、享乐价值、精神价值。

2. 理论贡献

本部分关注了品牌平台的搭建,并且重点关注了在此情境下消费者互动方式的不同如何创造不同的体验价值。基于此研究背景,本部分的理论贡献主要体现在以下三个方面。

第一,拓宽了消费者体验价值产生的途径,丰富了体验价值的内涵。消费者体验价值最初的定义是指消费者从参与过程中获得的价值,体现了消费者的主观感知(Mathwick et al.,2001)。但是,在后续关于体验价值的研究中,学者对于体验价值的感知进行了划分,分为消费者感知到的价值与消费者为企业创造的价值(Kumar and Reinartz,2016)。因此,对于消费者体验价值的研究越来越关注于对交互过程的感知和对交互结果的评判(申光龙等,2016)。本部分在探讨消费者体验价值的影响因素中,也对交互过程进行了划分,从消费者众包与消费者众发这两个互动维度对消费者体验价值的产生进行了分析。

第二,构建了品牌平台化影响消费者体验价值的模型,丰富了数智化平台的研究内容。品牌平台的发展扩展了商业聚合的功能,推进了信息的交流与传播(Wichmann et al.,2022)。随着品牌平台化的发展,其也被分为不同类型,然而这种划分方式并未考虑买卖双方之间的价值创造,也并未考虑平台功能组合以及匹配性对于综合效益的影响(Kozinets et al.,2021)。通过对品牌平台化成果的深入剖析,可以发现,借助平台架构搭建起与消费者沟通互动的桥梁,有助于实现价值的创造(Wichmann et al.,2022)。因此,通过构建模型,揭示了平台目标与消费者目标匹配的重要性,为品牌在市场发展中如何吸引理想的目标群体提供了新思路。

第三,延伸了价值共创理论在消费者体验价值中的影响。为了区别传统企业创造价值的方式,价值共创的理念被提出用以研究客户与企业共同参与价值创造的过程(Prahalad and Ramaswamy,2000)。在营销领域的价值共创,关注了价值创造的导向、能力、实践以及结果,并据此提出了互动要素对于价值共创的重要性。本部分进一步验证了价值共创对于消费者体验价值产生的重要性，拓展了该理论的实践意义。通过消费者与平台的双向互动，解释了为何在不同的平台中会产生不同的消费者体验价值，为品牌加强与消费者之间的联系创新了新的实践途径。

3. 管理启示

本部分强调了品牌平台化在数字化背景下实现智能营销的一种全新发展路径。首先，品牌在数字化平台创建过程中应充分了解品牌所要实现的发展目标，并以此来吸引相应目标的客群，从而在平台化建设过程中充分挖掘消费者互动频率与互动强度，以此来吸引更多的消费者，扩大品牌影响力，实现有效的品牌延伸，充分发挥品牌平台搭建的资源优势。

其次，品牌应该关注消费者在品牌平台中的互动方式。消费者众包与众发的互动方式，真实展现了消费者消费目标的差异性，这就激励品牌平台在建设平台互动界面过程中，应充分考虑消费者的互动路径，提供更为广泛的互动方式，从而激励消费者的互动心理，增强体验价值的产生。品牌可以依赖平台所获得的庞大客户群与行业联系，强化众包与众发，形成强大的网络优势，充分发挥其在调动消费者互动方面的优势。

最后，品牌应该关注消费者体验价值的创造，积极的体验价值利于营造消费者与品牌方之间互利共赢的局面。品牌平台化展示了更多的信息，为消费者提供了更多的互动方式，利于增强消费者品牌的忠诚度，不断促进品牌的持续发展，形成良好的口碑。

## 14.2.7　研究局限与未来研究

品牌平台化的兴起伴随着不同品牌运营目标的追求，在此背景下，平台的设计也具有不同的展示方式，因此，充分探讨品牌平台的目标以及消费者目标，是营造一个良好互动氛围的重要前提。基于企业发展的差异性，对于品牌平台构建目标可能并未充分挖掘，或者对于消费者目标的追求也未能充分展示，这就需要调研更多的企业进行论证，加以完善。

品牌平台化的搭建是基于数字化技术的兴起，为消费者提供了一个更加通畅的沟通平台，打破了传统渠道营销的方式，使得品牌与消费者之间实现了实时沟通。但是，当下对于平台的研究大多集中于品牌聚合平台，对于品牌旗舰平台的研究较少，但是我们发现，在实际运行过程中，品牌旗舰平台享有更多的自主权，并且对于品牌形象的展示、品牌声誉的传播更具有独特的优势。因此，在未来的研究中可以进一步探究旗舰平台的构建是否对于提升消费者体验具有重要的价值。此外，在对品牌平台的研究中，可以进一步探究品牌平台的构建，在平台的展示要素中存在众多展示内容，如何依据平台建设目标，分层次、有优先级地展示，更加有效地吸引客户并传递信息，可能也是未来品牌平台发展的研究热点。

## 14.3 促进企业品牌人机共生的构建

### 14.3.1 引言

在数字化技术、人工智能战略驱动背景下，人机交互的场景、强度、紧密性都呈现出空前的热烈程度（Jarrahi，2018）。人工智能正在以更加具体与更加相关的方式改变着消费者的生活，不同的社会情境、文化背景以及智能对象的发展水平都在显著影响着人机交互的程度（Puntoni et al.，2021）。人机共生已成为各个行业广泛热议的前沿命题，由此引发了众多学者对于人机关系的多方面研究（孙伟平，2023）。

人工智能的出现，推动了人机关系的转变，从最初的人机替代、到人机合作、再到人机共生的协同关系，表明了人类与智能对象协同发展的演进过程（Wilson and Daugherty，2018）。当前人机共生关系的研究更多聚焦在消费者体验与营销领域，将人工智能引入产品与服务中可以为消费者带来体验价值，而在消费者体验产生的过程中则充满了消费者与智能对象的不断交互，正是这些不同的人工智能场景，激发了消费者不同的体验（Puntoni et al.，2021）。当下对于人机共生体验的研究大多关注于平台单向影响人机体验的角度，本部分在人机交互背景下，研究以消费者为主体的品牌体验与以智能对象为主体的对象体验如何代表人机交互体验，从而最终达到人机共生体验的协同关系。

本部分聚焦于品牌与智能对象的交互组合，通过对昆仑物流、易点天下、拓普达、百瑞源等四家案例企业进行深入分析，探讨品牌与智能对象的不同组合如何影响人机体验，最终如何实现人机共生体验。研究旨在寻找品牌与智能对象的最佳组合，为领导品牌在数字化转型与人工智能方面的和谐发展建言献策。

### 14.3.2 文献评述

1. 人机共生体验

人机共生的理念，最早用来指人与计算机合作发展的一种预期状态

（Licklider，1960），由最初以机器为中心的理念转变为以人为中心的理念（Glikson and Woolley，2020）。在万物互联的背景下，人机共生的情境给参与者带来了全然不同的体验，这种体验不但涉及人与机器的各种组合，也涉及人与机器的交互场景，从而在多方面的共同影响下产生不同的人机体验（李纯青等，2024）。现有研究表明，这种体验蕴含了参与者在交互过程中获得的体验以及展现出来的能力（Hoffman and Novak，2018）。

人机共生体验在目前研究中主要分为三类体验。第一类是人工智能客户体验，即指消费者与人工智能进行交互之后产生的体验，强调不同人工智能情境下消费者的不同体验（Puntoni et al.，2021）。第二类是物联网客户体验，其认为传统以人为中心的消费体验无法代替所有的物联网背景下的消费者体验，在此背景下，以智能对象为中心的体验展现了对象的能力以及体验。由于体验是具备从基本体验到感知体验再到意识体验的层次性，所以对象体验的提出更加具有实际价值（Hoffman and Novak，2018）。第三类是多参与者平台体验，基于价值共创理论视角在人机交互背景下，探究平台上的各类接触点是如何影响客户体验的（Mahadevan and Shainesh，2024）。人机共生体验的形成表现出实时性、交互性、迭代性特征，对于研究涵盖对象体验的人机共生体验更加符合人机交互的研究背景（李纯青等，2024；Hoffman and Novak，2018）。

然而，已有研究主要关注对于人机共生体验是如何在平台中产生的，忽略了智能对象的体验，而这种体验作为与人类互动的结果也将会再次影响与人类的体验结果。品牌在智能化发展过程中，也是不断训练智能对象能力，并且不断加深与其互动的过程。在此情境下，领导品牌通过培育品牌与智能对象之间的组合来协调人和机器的关系，加强品牌与智能对象之间的组合，这有助于促进和谐人机共生关系的形成。

2. 组合理论

组合理论最初用来研究复杂的社会关系，是来自思辨现实主义哲学学派的一种经典理论，该理论强调在对等的人类主体与非人类主体之间的互动所导致的变动的关系（de Landa，2002）。组合理论转变了传统的以人为中心的基本看法，即物体所具备的所有关系均依赖于其消费者，该理论认为物体本身所具备的能力或物质属性可以体现出物体感知到的体验。这种来自物体的体验作为体验的另一个主体感知层面，与以人为中心的感知体验会产生一种相互作用的机制，这种机制及其匹配程度就充分体现了组合理论的重要性（Harman，2002）。

组合理论越来越多地应用于消费领域和营销领域（Kozinets et al.，2017；Martin and Schouten，2014；Chalmers et al.，2013），并且其对于部分与整体相互作用的探讨，体现出关系的一种外在性结果（de Landa，2002），这对于我们研究人机共生体验的形成机制具有极其重要的指导意义。

然而，对于组合理论的研究虽然在消费学领域也得到了广泛应用，但是伴随消费环境的变化，在人工智能背景下，组合的内容也发生了改变，这种内容上的变化也对组合的结果产生了影响。本部分在消费者体验领域聚焦于人工智能体验，将以人为中心的品牌体验，与以智能对象为中心的对象体验进行组合体验的探究，深入分析在不同的组合下，各类体验呈现何种不同变化，在此基础上进一步探究如何才能促成人机共生体验的形成。

### 14.3.3 研究方法

本部分采用多案例研究方法，相比于单案例研究，多案例的对比研究更容易突出案例对象的差异化特征，加强研究论证的普适性与可靠性（Yin，2009）。本部分聚焦于人机交互背景，研究品牌与智能对象的组合是如何通过局部-整体的互动来影响品牌体验与对象体验的。我们选取的案例企业均是引进了智能化技术的企业，符合了人工智能高度发展的企业背景，以此来研究在最新智能化背景下人机共生经验是如何产生的，以及其对于品牌未来的智能化发展有何推动作用。

1. 案例选择

本部分选择了昆仑物流、易点天下、拓普达、百瑞源作为案例研究对象，在选择过程中坚持了案例对象的典型性、数据的可获取性等特征。

第一，在典型性方面，昆仑物流作为一家具有代表性的物流运输企业，其在企业内部的智能化管理、外部的智能化追踪检测系统等方面均体现了企业对新兴技术的运用及积极尝试。易点天下作为国际化的智能营销服务商，在营销推广领域深入运用人工智能技术，以自主开发的智能化平台来实现人与科技的高效互动。拓普达是一家专注于钛合金材料制品及碳纤维制品的研发、生产、销售及贸易的公司，其在技术创新与产品研发方面取得了较为突出的成绩，其所在行业以及客户属性的特殊性，使得拓普达在人工智能发展背景下，对于人工智能技术的运用仅仅停留在了初始的数字化阶段。百瑞源作为一家从事枸杞研发、种植、生产、销售的龙头企业，其在企业的数字化以及人工智能方面积极探索，对于品牌的发展也不断尝试用新兴技术助力。四家案例企业均具备了在数字化技术以及人工智能方向快速发展的典型特征。

第二，在数据的可获取性方面，昆仑物流、易点天下、拓普达、百瑞源作为西部地区中小企业领导品牌的代表，均积累了丰富的运营数据、市场反馈和客户评价。这些数据不仅包括销售业绩、市场份额等基本指标，还涵盖了客户群体、业务分布等关键的市场推广信息。数据的丰富性和翔实性为研究者提供了多维度的分析视角，有助于深入理解这些企业在发展阶段是如何通过对新兴技术的掌握实现人与机器协同共生的发展。

2. 数据收集

本部分对于案例品牌数据的收集主要通过公开资料、学术文献、市场调研等方式，以多渠道的数据收集来确保数据的全面性与可靠性。公开资料提供了企业发展的基本数据，包括产品及市场的发展情况；学术文献提供了品牌企业的独特发展方向与理论支撑；市场调研分析了品牌的最新发展方向与模式创新。通过综合的数据收集与资料分析，解释了品牌企业在品牌平台的构建中呈现出何种差异，并以此探讨如何契合消费者的互动来提升体验价值。具体数据收集信息如表 14-3 所示。

表 14-3 数据收集信息（三）

| 案例企业 | | 数据来源 | 数据内容 | 字数/万字 |
| --- | --- | --- | --- | --- |
| 昆仑物流 | 一手数据 | A1 线上访谈：总裁助理 | 发展模式、发展方向 | 1.40 |
| | 二手数据 | A2 企业公开资料（包括网页、公众号、品牌平台、公开报道） | 技术应用、产业模式、发展理念 | 2.30 |
| | | A3 政府报道 | 转型升级、模式探索 | 1.10 |
| 易点天下 | 一手数据 | B1 线上访谈：联合创始人 | 业务结构、发展方向 | 2.50 |
| | 二手数据 | B2 企业公开资料（包括网页、公众号、品牌平台、公开报道） | 品牌理念、战略模式、市场分布、AI 互动 | 2.70 |
| | | B3 政府报道 | 发展方向、技术创新 | 0.21 |
| 拓普达 | 一手数据 | C1 线上访谈：董事长助理兼秘书 | 品牌发展、业务类型、市场开拓 | 3.20 |
| | 二手数据 | C2 企业公开资料（包括网页、公众号、品牌平台、公开报道） | 产品类型、品牌发展、价值理念、企业介绍 | 0.63 |
| | | C3 政府报道 | 企业业绩、发展状况 | 0.27 |
| 百瑞源 | 一手数据 | D1 线上访谈：集团总裁 | 品牌传播、数字化应用 | 3.10 |
| | 二手数据 | D2 企业公开资料（包括网页、公众号、品牌平台、公开报道） | 产品发展、品牌推广、价值理念、市场占比 | 2.80 |
| | | D3 政府报道 | 企业发展、企业责任 | 1.50 |

### 14.3.4 案例描述

本部分将对所选的四家案例企业进行描述,为后面的案例分析打下基础。

1. 昆仑物流的案例描述

昆仑物流作为国家 4A 级的物流企业,其所创建的格尔木昆仑物流园,也是被誉为"国际陆港"的物流园区。其在发展过程中推动整个大西北和周边地区在产业、物流上互联互通,进而融入新丝绸之路经济带以及巴基斯坦、尼泊尔等中亚和南亚经济带。昆仑物流作为一家面对 B 端客户的企业,其在数字化方面的运用主要体现在货运平台的建立上。通过该平台的建立,解决了资金流方面的不通畅问题,实现了线上交易,更加方便了货运司机的货款支付问题。另外,通过智能化指挥中心的建立,也方便了企业追踪司机的信息,并且利于货运信息的有效配单。昆仑物流探索实施了"1246"发展战略,力争成为国际贸易与物流的"桥头堡"和具有国际竞争力的现代化商贸流通企业。企业出于关怀司机群体所成立的司机之家,也被评为全国百家"司机之家"之一,同时也是全青海省第一批被中国公路学会评定为全国"AAAAA"级的司机之家。在未来的发展方向中,昆仑物流将不断通过引进新技术、新业态、新模式,打造氢能源产业园,提升产业的规模集聚效应,更好地发挥领导品牌的带动示范作用。

2. 易点天下的案例描述

易点天下作为国际化智能营销服务商,始终秉持"科技使世界变得更平"的企业使命,致力于为客户提供全球营销推广服务,帮助其高效地获取用户、提升品牌知名度、实现商业化变现。易点天下不仅积累了丰富的全球营销经验,还掌握了先进的广告技术和海量的数据积累与分析能力,助力众多中国企业在全球范围内实现国际化布局与本土化落地。易点天下凭借丰富的业务实践经验与全球营销经验,积累了多元的互联网媒体资源以及优质的广告主客户资源,可以为各行业广告主提供全球化的效果广告服务。其在商业数字化营销平台构建方面也独具特色,通过 Cyberklick 营造了电商出海、游戏出海、APP 出海、泛娱乐出海、品牌出海、国内营销、入海营销等七种数智化场景,以实现全域直达的目标。在数智化平台搭建过程中,公司可以有效捕捉市场目标客户,实现创意多元化,稳定不同终端客户体验,从而扩展品牌声量。Cyberklick 作为易点天下旗下的商业智能化数字营销平台,坚持以"营销技术+创意服务"助力企业实现商业增长,并成功为电商、游戏、工具应用、教育等行业优质企业提供定制化的出海、入海及国内解决方案。公司旨在依托智能化数字营销平台通过数据与算法驱动的营销科技矩阵，为客户打造全价值链服务体系，助力优质企业获得全球商业成功。创意数智化平台的搭建使得易点天下正在向着引领品牌全球化新浪潮的方向不断迈进。

3. 拓普达的案例描述

拓普达是一家专注于钛合金材料制品及碳纤维制品的研发、生产、销售及贸易的公司。其在技术创新方面坚持自主研发，填补了国内多项技术空白，实现了长效发展。同时，拓普达积极响应国家环保号召，将先进设备与绿色理念相结合，秉持可持续性发展理念不断前行。其产品广泛应用于海洋工程、油气勘探、航空航天、医疗及化工等多个关键领域，并于2022年入选国家级专精特新"小巨人"企业公示名单。拓普达以"卓越品质、奉献社会"的企业使命为核心，通过上乘品质和专业服务赢得了消费者的信赖和忠诚。在数字化技术推动下，拓普达也在内部的发展过程中不断尝试新型技术的应用，如内部供应链流程的优化，更加精准迅速地找到故障零部件的位置及其故障原因，因此智能化技术在拓普达内部的应用也为企业的流畅运行提供了助力。拓普达在品牌化、专业化的发展理念下，不断深耕技术的进步，更好地诠释了"拓普天下、达有所成"的品牌发展愿景。

4. 百瑞源的案例描述

百瑞源是一家专业从事枸杞科技研发、有机种植、生产加工、市场营销、文化旅游的全产业链企业。百瑞源荣获了"中国驰名商标""农业产业化国家重点龙头企业"等众多荣誉称号，也与多所知名院校以及科研所建立了紧密合作联系，孕育了自己专门的研发基地、检测中心以及智能化数字化生产中心，形成一二三产、线上线下、传统与现代融合发展的百瑞源模式。在宁夏，人们都说百瑞源枸杞贵，但还是越来越多的人认可其品质，百瑞源的好品质使其成了大家口口相传的值得信赖的品牌。百瑞源在营销传播过程中，也不断探索新的发展方式，通过直播的方式不断尝试与消费者更好的互动，并且在百瑞源的品牌平台建设过程中，也引用了虚拟现实实景展示，让消费者足不出户就可以充分了解百瑞源的品牌历史、研发基地、种植中心等相关信息。此外，在智能化方面，百瑞源也是采用了扫脸过称的方式，快速实时地实现了日工资的结算。在百瑞源不断追求卓越的发展过程中，笃行"让中国人吃上中国好枸杞"的使命，立志成为一个受人尊重的百年品牌。

### 14.3.5 案例分析

1. 品牌体验

根据品牌与品牌-智能对象组合的互动结果，品牌体验分为品牌延伸、品牌提升、品牌限制、品牌削减四种表现，所选择的四家案例企业在智能化发展背景下，带给消费者的品牌体验也分别呈现出不同的表现。

昆仑物流在连接数字化技术的应用方面，针对 B 端与 C 端分别做了不同的尝试。在面对 B 端时，昆仑物流响应无车承运人及网络货运的政策，通过智能化技术连接了线上交易与线上追踪，既方便了司机群体对于订单的追踪交付，也方便平台追踪司机的线路，以提供最佳路线实现风险的规避。在面对 C 端时，昆仑物流及时在园区内部的建设、办公场景方面实现了智能化的推广，提升了员工的工作效率。在采访公司相关负责人时，其介绍到，"昆仑物流建立的昆昌供应链网络货运平台，通过平台实现线上交易与线上成交，不仅方便了各方的沟通与交流，也实现了防止上当受骗的功能"。因此，昆仑物流虽然作为一家物流运输企业，但是在数字化的尝试和人工智能的探索方面还是积极前进，实现品牌能力的向外扩展，使得品牌与智能对象的交互成为可能，从而实现了品牌延伸。

易点天下作为企业国际化智能营销服务商，始终秉持"科技使世界变得更平"的企业使命，致力于为客户提供全球营销推广服务，帮助其高效地获取用户、提升品牌知名度、实现商业化变现。CyberMedia 是易点天下开发的一站式智能服务平台，通过庞大的数据管理系统和业务处理体系以及数据与算法驱动的营销科技矩阵，提供行业级营销解决方案。在智能化水平的不断加持下，易点天下能够突破空间的局限性，更加广泛地服务于全球各类商业品牌的发展需求。公司联合创始人在接受采访时介绍，"我们最初是希望做一套系统，从网络接收订单，到平台分发订单，再到完成项目交付，实现自动一体化，这也是我们最初做数字化的一个雏形"。正是这样一种初心的秉持，推动易点天下不断精进智能化水平。因此，易点天下在智能化营销方面能够与多家全球头部品牌企业保持稳定合作关系，也是其品牌内部实力提升的充分展现。

拓普达作为有色金属材料加工领域的佼佼者，其凭借卓越的技术实力和创新能力在行业发展中占据一席之地。其核心业务板块分别为钛材专业服务商、武器轻量化的高端材料、深海石油装备等三个主要业务板块，加之客户群体的特殊性，导致拓普达在智能化或数字化应用方面略微受到一些限制。因此其在营销宣传方面，无法像其他企业一样可以通过数字化平台进行大量的宣传推广，只能将智能化技术应用于一些内部流程优化以及技术改造方面。拓普达的相关负责人在接受采访时介绍，"引进人工智能技术还是比较困难的，因为源于受委托方的要求，很多内容涉及机密信息，所以就比较像信息孤岛"。正是"信息孤岛"的比喻，使得我们较为形象地理解了人工智能在一些领域的局限性。所以，一些产品的特殊性使得拓普达在与智能对象的互动方面受到了限制。

百瑞源作为从事枸杞科技研发、有机种植、生产加工、市场营销、文化旅游的全产业链企业，在数字化发展的时代背景下，也积极引进人工智能的技术应用。在品牌的营销宣传方面，也涉足直播领域进行线上传播，在线上宣传过程中，百瑞源不仅仅采用传统的直播方式，而且引进人工智能机器人作为主播对产品进行宣传。但是对于机器人直播的方式，由于机器人发展的局限性，无法充分识别客户的真实需求与困惑、精准回答消费者的疑问，直播间的消费者互动及体验有所欠缺。与真人主播相比，机器人主播的外形也对沟通产生一些阻碍，无法引发消费者的共情，因此机器人直播的引进对于品牌传播来说削减了传播的效力，使得品牌-消费者互动受限，削减了品牌体验。

2. 智能对象体验

根据对象与品牌-智能对象组合的互动结果，智能对象体验分为对象延伸、对象提升、对象限制、对象削减四种表现。拟人化的对象体验更多地体现出智能化的发展与应用水平。

昆仑物流在数字技术的运用中，其智能对象是为品牌发展提供基础数据支持的系统。在该系统的运用中，使得员工的考勤以及日常办公写作更加智能，并且更加便捷，因此智能对象通过自身专属的能力为其用户扩展了能力，这也就是对象延伸的体现。此外，昆仑物流建立的昆昌供应链，可以针对货物运输流、发票流、资金流的流转方向，进行有效监控，以此来降低运输风险、税务风险、资金风险等，通过降低内外部感知风险来增强智能对象的功能延伸。在这样的对象系统运行中，智能化优化了对象对于基本经验的处理能力，使得其拓宽了与外界的接触与功能范围。

易点天下在智能化水平发展方面取得了领先的发展地位。Cyberklick、Yeahmobi等作为易点天下创建的数字化营销服务平台，在数据采集、用户画像、机器学习、自动优化等领域不断实现突破，使得品牌在海内外的广告营销更加贴近品牌形象、更加适应当地市场发展情况。具体来说。易点天下为了赋能对象智能化水平，发布了数字人技术的应用，实现了通过数字技术帮助广告组解决广告素材的问题，并且利用精准的广告算法，实现良好的广告推广效果。因此，这类智能广告营销平台作为易点天下所创造的智能对象，其在与客户的交互中实现能力的提升。

拓普达通过与监测机构平台的互联互通，能够将产品信息与监测信息结合起来，为企业内部检测产品提供了快速通道。但是，对于外界人工智能的快速发展来说，拓普达的智能化水平受到一些行业性质与产品性质的限制特别明显，也正如其董事长助理所说，这些拓普达发展中与众不同的地方使得拓普达在对外宣传或者与新技术的接触方面，仿佛成了一座孤岛。在采访拓普达相关负责人时，其提及"拓普达内部简单的数字化运用没办法像商业化那样真正让数据循环起来，可能人家是大数据，而我们叫作小数据，只能够实现局域网里面的信息共享"。因此，智能对象水平的层级就影响了拓普达与外界沟通交流的能力，使得智能对象在发展过程中的能力受到削弱。

百瑞源在人工智能方面积极尝试，在品牌传播的过程中也创新性地引进机器人主播，但是由于机器人发展的局限性，其在与客户沟通交流方面、提升客户体验方面仍有较大欠缺。通过目前的尝试结果来看，消费者对于机器人主播的认同并不是很高，仍需要一个渐进的接受过程。百瑞源董事长在接受采访时曾向我们介绍，"机器人主播与消费者的互动还是过于生硬，就是没有人这样灵活，这个问题目前智能化还解决不了，他可能更多的是程序化的，缺少情感上的这种交互"。因此，在机器人主播作为品牌传播媒介的过程中，智能对象本身发展的局限性导致对象与外界的互动受到了限制，不能实现高效传播。

3. 人机共生体验

品牌体验与对象体验的交互结果分别作为以人为中心的体验和以对象为中心的体验，代表了人机交互的体验，因此不同的交互影响了人机共生体验的不同表现。

昆仑物流通过昆昌供应链的这个网络货运平台，对司机的信息进行收集，通过对司机的驾龄、货车类型、货物类型进行相应数据的收集，不断依据货物运输方的要求进行最优匹配。在货车行驶过程中，平台也可以监测司机的行程轨迹，实时传输，这样通过数据的收集可以及时地掌握司机动态，如司机运输线路的物流轨迹、货物装卸的地点标记、付款的流程等。智能化与数字化技术的运用，不仅保证了司机师傅运输过程的安全性与可靠性，也更加优化了运输线路与资源分配，大大提升了运输效率与运输收益。因此，在昆仑物流智能化的推进过程中，人与智能对象的交互中可能更多感知的是数据捕获体验。

易点天下通过开发运营多种类的智能化运营平台，不断与多家大型企业进行合作。例如，易点天下与腾讯云在云计算、媒体及泛娱乐生态等领域展开合作，共同加速企业数智化出海步伐。同时，易点天下在企业成立之初便不断积累云计算的能力，专注于高性能模型、高效率工具平台，以加深与各企业之间的合作联系。易点天下作为一家智能化营销的品牌企业，在与智能对象的接触中，更多地展示出与其客户关联方的紧密联系。例如，易点天下平台界面的数字人、灵活真实的动态展示，拉近了其与客户之间的距离并加强了情感交流，这也是人机共生中社交体验的重要展示内容。

拓普达在大数据等新兴技术的迭代发展下，也尝试将这些技术运用于产品的研发与生产，但是由于客户群体的特殊性以及产品的特殊性，拓普达对于智能对象技术的运用更加集中在内部流程优化上。例如，利用数字化将产品检测中的信息进行分类，利用算法推演有问题的产品并对其进行及时筛选，以便能够找到故障的原因并及时进行完善。拓普达智能化技术的运用更多体现在对于信息的汇总，借助收集来的信息进行下一步决策。正是这种与智能对象的信息传输互动使得拓普达对于人机共生的体验更多展现为智能化体验中的分类体验。

百瑞源在人工智能的运用方面，尝试了智能机器人作为主播在直播间进行线上宣传的方式。在此过程中，智能机器人作为百瑞源品牌的员工，对产品进行介绍，对品牌进行介绍，并与潜在消费者进行互动，充分展现了作为一名营销人员的角色。百瑞源通过智能化，将一些流程化的信息赋权给智能机器人，授权其完成一些基础性工作任务。因此，百瑞源在赋予机器人这种职能的同时，更多的是感受到了一种赋权的体验，而这种体验正是人机共生体验中委托体验的积极展示，不仅缓解了基础性、重复性工作对于人力资源的耗费，而且更加高效化与精准化。

4. 基于品牌-智能对象的人机共生体验

通过对昆仑物流、易点天下、拓普达、百瑞源四家企业的案例进行研究，可以发现，针对不同用户需求的数字化技术的应用，差异化的对象体验在与积极的品牌体验相匹配的情况下才能更加和谐地实现人机共生体验。

具体来说，通过品牌和智能对象与品牌-智能对象的交互体验，将体验划分为四种类型，分别是自我延伸、自我提升、自我限制、自我削减。通过自我延伸，有形的和数字的财产可以为消费者的身份与功能做出贡献，扩展他们的自我感觉，给他们的生活带来更多的意义，而通过自我提升，可以使体验者通过成为集合的一部分而拥有更多的能力。自我限制体验的产生则会使体验者对组合产生的结果产生拒绝，自我削减体验的产生虽然使体验者接受组合的结果，但是也会对体验结果产生负面影响。这四类体验结果在以智能对象为主体的体验中则表现为智能对象能力的转换。因此，在不同维度的品牌体验与对象体验中激发了人机共生体验，人机共生体验的结果也伴随智能对象所提供的体验而呈现不一样的体验结果。

因此，基于品牌-智能对象组合理论的人机共生体验形成机制如图14-3所示。

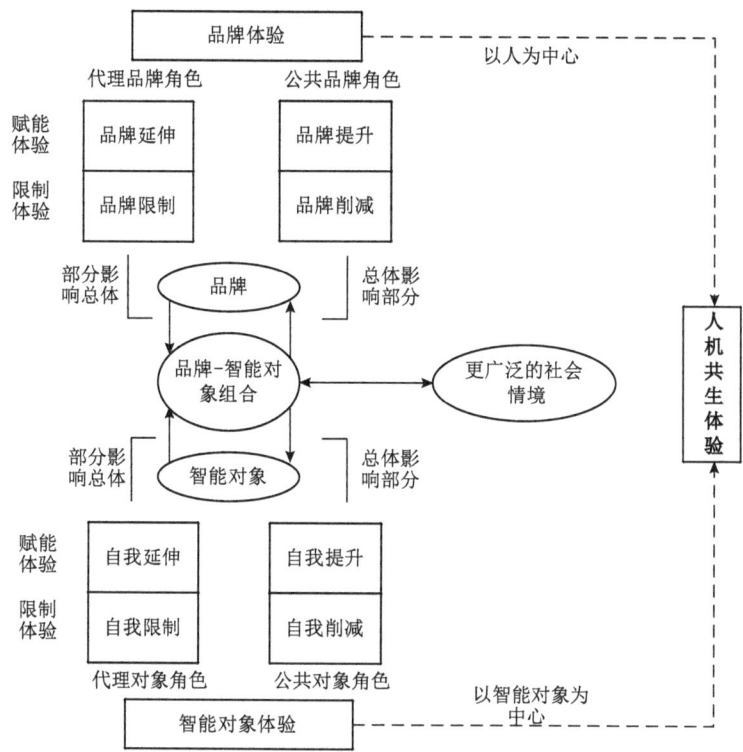

图 14-3　基于品牌-智能对象组合理论的人机共生体验形成机制

## 14.3.6　结论与建议

1. 研究结论

本部分通过对昆仑物流、易点天下、拓普达、百瑞源等四家企业的案例进行分析，探讨了在不同的品牌与品牌-智能对象的组合、对象与品牌-智能对象的组合的维度下，以人为中心的品牌体验和以智能对象为中心的智能对象体验是如何影响人机共生体验产生的。具体研究结果如下。

第一，品牌体验的产生来源于品牌与智能对象的互动。在数字化发展背景下，依据体验的积极与消极来划分，品牌体验可以分为两大类，分别是赋能体验与限制体验。结合品牌与品牌-智能对象组合的划分，体验可以划分为代理品牌与公共品牌，在此两维度的共同交互下，品牌体验可以划分为品牌延伸、品牌提升、品牌限制与品牌削减四个维度。因此，在不同的品牌-智能对象组合下，品牌体验会呈现出不一样的结果，并呈现出较大的差异性。

第二，智能对象体验的产生也来源于品牌-智能对象的互动。智能对象体验的提出主要是一种拟人化的体验，主要指智能对象展现出来的一种能力，依据这种能力的输出，智能对象体验划分为赋能体验、限制体验。结合智能对象与品牌-智能对象组合的划分，智能对象体验可以划分为自我延伸、自我提升、自我限制与自我削减四维度。因此，智能对象依据输出能力的差异化，拟人化的智能对象体验也呈现不同的展现形式。

第三，品牌体验强调以人为中心的体验，智能对象体验强调以智能对象为中心的体验。在数字化与人工智能发展的进程中，人与智能对象的交互是产生人机共生体验的重要诱因。因此，品牌在引进智能技术的背景下，更多的是在与智能对象进行交互，并且依据智能对象的能力以及反馈不断调整，从而不断提升品牌的发展能力。

2. 理论贡献

本部分从组合理论视角探讨了人机交互背景下品牌体验与智能对象体验如何促进人机共生体验的形成，并对现有研究做出以下三个方面理论贡献。

第一，本部分细化了品牌体验的变化过程，丰富了品牌体验的理论研究。首先，现有文献大多聚焦于品牌体验的积极影响，对于品牌体验带来的消极影响较少涉及，本部分通过结合消费者对于品牌体验的行为结果，将品牌体验划分为赋能体验与限制体验，描述了品牌体验结果的双面性，完整描述了品牌体验的结果。其次，对于品牌体验维度的划分，现有研究多从外部刺激入手探究客户对于品牌的情感及行为上的差异，对于品牌与客户之间的互动是如何影响品牌体验的研究较为薄弱。本部分通过引入品牌属性以及与整体环境的互动来探究品牌体验的变化。总之，本部分通过引入品牌体验的双面性以及品牌与外部环境的互动，最终将品牌体验划分为品牌延伸、品牌提升、品牌限制、品牌削减四个维度。

第二，拓宽了客户体验的主体，丰富了客户体验的内涵。针对客户体验主体的研究，主体的范畴大致经历了以个体消费者、利益相关者、其他参与者为主体等由少到多的演化过程，并且在客户体验内涵研究中，研究主体聚焦以人为中心，关注参与者的主观情感变化（李纯青等，2024）。人工智能时代的到来为智能对象的意识变化提供了契机，智能对象开始转变为有意识的个体。因此，我们引入智能对象体验的定义，将其在不同情境下人机交互过程中展现出来的能力赋予为智能对象体验的内涵。因为客户体验总是依赖于对象-对象之间的交互，智能对象体验也在交互中影响消费者的情感与行为。

第三，本部分构建的人机共生体验模型，丰富了人机交互背景下人机共生体验的产生模式。人机交互的出现，激励了学者对于人机共生体验的研究。目前对于人机共生体验的形成机制主要集中在客户决策过程、多参与者平台互动（Mahadevan and Shainesh，2024）等方面。本部分在人机交互背景下，从认知视角出发，构建以人为中心的品牌体验与以智能对象为中心的智能对象体验的交互模型，充分考虑具备积极体验和消极体验的品牌与智能对象之间的不同交互，是如何影响人机共生体验的。研究发现智能对象体验与品牌体验的同步优化最终会促成良好人机共生体验的形成。

3. 管理启示

本部分在管理实践方面为发展期领导品牌如何实现人机共生协同发展提供了一些建议与启示。首先，技术的发展推动了生产方式和消费方式的转变，线上营销正在积极打开消费者的消费视野。数字化技术的发展便利了品牌与消费者之间的互动和交流，成了当下营销的关键要素。在数字化技术的推动下，品牌的发展也已经从最初单一的人用机器向人机共生方面积极转变。在此过程中，品牌方可以积极找寻适合自己发展的数字化技术，构建适合自身运行的智能对象，在技术推动中实现品牌数字化转型。

其次，在融合消费者与品牌创建的智能对象的互动过程中，应该更加关注在不同消费者-对象组合背景下的自我体验与公共体验的交互，从而找到更能激发自我正向体验的互动路径，积极改善人机共生体验的实现路径。不同的人机交互场景对于交互双方的不同认知是存在显著差异的，对于品牌消费产品的不同特性、消费者个性对于产品的不同敏感度，以及交互过程中产生的差异性都有可能影响交互体验。因此，如何找到适合品牌对应的交互方式与交互程度是值得品牌在发展过程中不断探索的问题。

最后，在人机共生体验的构建方面，品牌方所感知到的人机共生体验可能更多地倾向于品牌组织内部员工、流程、机器等的协同运转；消费者感知到的人机共生体验则可能更倾向于如何通过人工智能实现与品牌方的良好互动，以实现自己消费目标的优质体验。企业内部的机器与员工的交互、企业外部产品或服务与客户的交互、不同方向的交互共同作用于品牌发展过程中对于人工智能技术的运用程度。不同的人机交互主体会产生不同的交互体验，而如何平衡这些交互体验，使得总交互体验价值最大化，是品牌发展要综合考量的问题。

## 14.3.7　研究局限与未来研究

人机共生体验的发展需要人与机器的高度融合，才能呈现出一种最佳的体验状态。但是现实发展中受到多方因素的影响，导致在人与机器的交互过程中存在众多干扰因素。本部分着重探究了在品牌与智能对象交互背景下，品牌-智能对象的组合形态是如何影响人机体验的，在此基础上寻找最佳的组合以实现人机共生体验。但是，在品牌引进人工智能的发展过程中，存在多方影响因素，如何更加全面地考虑多方因素对于人机共生体验的影响有待进一步完善。

在品牌不断引进人工智能技术的发展趋势下，不同品牌定位、不同目标群体、不同商业模式的品牌都在积极尝试人工智能对于品牌发展的带动作用。但是通过案例企业的分析我们可以发现，人工智能所带来的人机共生体验并不都是积极的，因此，在未来的研究中深刻地找寻这种消极影响的原因可能对于促进品牌智能化发展也是具有重要价值的。此外，对于人机共生体验的未来研究，我们可以关注更多应用场景下人机共生体验的差异性，如生产场景、教育场景、医疗场景等，在不同的场景下，互动程度与认知程度是否对人机共生体验产生不同的感受。最后，对于人工智能发展过程中关键技术的突破是否会改变消费者认知，这种认知的转变是积极有益的还是消极被动的，认知的转变对于消费者行为会产生哪些影响，这种行为又会对人机共生体验产生何种影响等问题也值得深入研究。关于人机共生体验的研究尚处在探索阶段，技术的不断进步必将对人机共生体验带来更加深入的演进变化。

# 参 考 文 献

曹路苹, 郭韬, 李盼盼. 2024. 科技创新生态位、数字经济与科技型企业商业模式创新[J]. 科技进步与对策, 41(14): 21-30.

焦豪. 2023. 数字平台生态观：数字经济时代的管理理论新视角[J]. 中国工业经济, (7): 122-141.

李纯青, 郝日艳, 贺文华. 2024. 当机器人也有体验时：人机共生体验的研究脉络、理论视角和未来研究[J]. 西北大学学报（哲学社会科学版）, 54(5): 1-15.

毛基业, 李晓燕. 2010. 理论在案例研究中的作用：中国企业管理案例论坛（2009）综述与范文分析[J]. 管理世界, (2): 106-113, 140.

尚洪涛, 王士晓. 2020. 创新补贴、企业技术产出与价值实现[J]. 科技进步与对策, 37(23): 108-114.

申光龙, 彭晓东, 秦鹏飞. 2016. 虚拟品牌社区顾客间互动对顾客参与价值共创的影响研究：以体验价值为中介变量[J]. 管理学报, 13(12): 1808-1816.

宋正刚, 张玉利, 何良兴. 2019. 高质量创业：如何提高创业活动创新性?——对两家"科技小巨人"企业的跨案例研究[J]. 科技进步与对策, 36(5): 1-10.

孙伟平. 2023. 智能时代的新型人机关系及其构建[J]. 湖北大学学报（哲学社会科学版）, 50(3): 18-25, 168.

谭劲松, 宋娟, 陈晓红. 2021. 产业创新生态系统的形成与演进："架构者"变迁及其战略行为演变[J]. 管理世界, 37(9): 167-191.

王君华, 刘亚超. 2024. 中国龙头科技企业技术创新能力驱动路径研究: 基于fsQCA研究方法[J]. 科技进步与对策, 41(3): 114-122.

张凤超, 尤树洋. 2009. 体验价值结构维度理论模型评介[J]. 外国经济与管理, 31(8): 46-52.

张洪, 江运君, 鲁耀斌, 等. 2022. 社会化媒体赋能的顾客共创体验价值: 多维度结构与多层次影响效应[J]. 管理世界, 38(2): 10-17.

Adner R. 2017. Ecosystem as structure [J]. Journal of Management, 43(1): 39-58.

Adner R, Feiler D. 2019. Interdependence, perception and investment choices: an experimental approach to decision making in innovation ecosystems[J]. Organization Science, 30: 109-125.

Alexy O, George G, Salter A J. 2013. Cui bono? The selective revealing of knowledge and its implications for innovative activity[J]. Academy of Management Review, 38(2): 270-291.

Balaji M S, Roy S K. 2017. Value co-creation with internet of things technology in the retail industry[J]. Journal of Marketing Management, 33(1/2): 7-31.

Bei Z L, Gielens K. 2023. The one-party versus third-party platform conundrum: how can brands thrive?[J]. Journal of Marketing, 87(2): 253-274.

Brea E. 2023. A framework for mapping actor roles and their innovation potential in digital ecosystems[J]. Technovation, 125: 102783.

Canniford R, Shankar A. 2013. Purifying practices: how consumers assemble romantic experiences of nature[J]. Journal of Consumer Research, 39(5): 1051-1069.

Chalmers T T, Price L L, Schau H J. 2013. When differences unite: resource dependence in heterogeneous consumption communities[J]. Journal of Consumer Research, 39(5): 1010-1033.

Chesbrough H. 2014. Managerial implications of open innovation[J]. California Management Review, 56(4): 52-74.

de Landa M. 2002. Intensive Science and Virtual Philosophy[M]. London: Continuum.

Eisenhardt K, Graebner M E. 2007. Theory building from cases: opportunities and challenges[J]. Academy of Management Journal, 50(1): 25-32.

Eisenhardt K M. 1989. Building theories from case study research[J]. The Academy of Management Review, 14(4): 532-550.

Glikson E, Woolley A W. 2020. Human trust in artificial intelligence: review of empirical research[J]. Academy of Management Annals, 14(2): 627-660.

Grönroos C, Voima P. 2013. Critical service logic: making sense of value creation and co-creation[J]. Journal of the Academy of Marketing Science, 41(2): 133-150.

Harman G. 2002. Tool-Being: Heidegger and the Metaphysics of Objects[M]. Peru, IL: Carus Publishing Company.

Hoffman D L, Novak T P. 2018. Consumer and object experience in the internet of things: an assemblage theory approach[J]. Journal of Consumer Research, 44(6): 1178-1204.

Hoffmann W, Lavie D, Reuer J J, et al. 2018. The interplay of competition and cooperation[J]. Strategic Management Journal, 39(12): 3033-3052.

Holbrook M B. 2006. Consumption experience, customer value and subjective personal introspection: an illustrative photographic essay[J]. Journal of Business Research, 59(6): 714-725.

Howe J. 2008. Crowdsourcing: Why the Power of the Crowd Is Driving the Future of Business[M].

New York: Crown Business.

Iansiti M, Levien R. 2004. The Keystone Advantage: What the New Dynamics of Business Ecosystems Mean for Strategy, Innovation, and Sustainability[M]. Boston, Mass: Harvard Business School Press.

Jacobides M G, Cennamo C, Gawer A. 2018. Towards a theory of ecosystems[J]. Strategic Management Journal, 39(8): 2255-2276.

Jarrahi M H. 2018. Artificial intelligence and the future of work: human-AI symbiosis in organizational decision making[J]. Business Horizons, 61(4): 577-586.

Kozinets R, Patterson A, Ashman R. 2017. Networks of desire: how technology increases our passion to consume[J]. Journal of Consumer Research, 43(5): 659-682.

Kozinets R V, Ferreira D A, Chimenti P. 2021. How do platforms empower consumers? Insights from the affordances and constraints of reclame aqui[J]. Journal of Consumer Research, 48(3): 428-455.

Kumar V, Reinartz W. 2016. Creating enduring customer value[J]. Journal of Marketing, 80(6): 36-68.

Lavie D, Rosenkopf L. 2006. Balancing exploration and exploitation in alliance formation[J]. Academy of Management Journal, 49(4): 797-818.

Licklider J C R. 1960. Man-computer symbiosis[J]. IRE Transactions on Human Factors in Electronics, (1): 4-11.

Mahadevan D, Shainesh G. 2024. Conceptualizing customer experience in multi-actor platforms[J]. AMS Review, 14(1): 83-103.

Martin D M, Schouten J W. 2014. Consumption-driven market emergence[J]. Journal of Consumer Research, 40(5): 855-870.

Mathwick C, Malhotra N, Rigdon E E. 2001. Experiential value: conceptualization, measurement and application in the catalog and Internet shopping environment[J]. Journal of Retailing, 77: 39-56.

Pettigrew A M. 1990. Longitudinal field research on change: theory and practice[J]. Organization Science, 1(3): 267-292.

Prahalad C K, Ramaswamy V. 2000. Co-opting customer competence[J]. Harvard Business Review, 78(1): 79-87.

Puntoni S, Reczek R W, Giesler M, et al. 2021. Consumers and artificial intelligence: an experiential perspective[J]. Journal of Marketing, 85(1): 131-151.

Ramaswamy V, Ozcan K. 2018. Offerings as digitalized interactive platforms: a conceptual framework and implications[J]. Journal of Marketing, 82(4): 19-31.

Roy S K, Singh G, Hope M, et al. 2019. The rise of smart consumers: role of smart servicescape and smart consumer experience co-creation[J]. Journal of Marketing Management, 35(15/16): 1480-1513.

Takatalo J, Nyman G, Laaksonen L. 2008. Components of human experience in virtual environments[J]. Computers in Human Behavior, 24(1): 1-15.

Vargo S L, Maglio P P, Akaka M A. 2008. On value and value co-creation: a service systems and service logic perspective[J]. European Management Journal, 26(3): 145-152.

Wichmann J R K, Wiegand N, Reinartz W J. 2022. The platformization of brands[J]. Journal of

Marketing, 86(1): 109-131.

Wilson H J, Daugherty P R. 2018. Collaborative intelligence: humans and AI are joining forces[J]. Harvard Business Review, 96(4): 114-123.

Yin R K. 2009. Case Study Research: Design and Methods[M]. 4th ed. New York: Sage Publications.